실전!
Core ML을 활용한
**머신러닝
iOS 앱 개발**

**인공지능을 활용한
객체 인식, 감정 탐지,
스타일 전이, 스케치 인식 구현**

실전! Core ML을 활용한 머신러닝 iOS 앱 개발
인공지능을 활용한 객체인식, 감정탐지, 스타일 전이, 스케치 인식 구현

지은이 조수아 뉴햄
옮긴이 김정인
펴낸이 박찬규   엮은이 윤가희   디자인 북누리   표지디자인 Arowa & Arowana

펴낸곳 위키북스   전화 031-955-3658, 3659   팩스 031-955-3660
주소 경기도 파주시 문발로 115, 311호 (파주출판도시, 세종출판벤처타운)

가격 27,000   페이지 356   책규격 188 x 240mm

초판 발행 2019년 04월 25일
ISBN 979-11-5839-135-5 (93000)

등록번호 제406-2006-000036호   등록일자 2006년 05월 19일
홈페이지 wikibook.co.kr   전자우편 wikibook@wikibook.co.kr

Copyright ⓒ Packt Publishing 2018.
First published in the English language under the title 'Machine Learning with Core ML - (9781788838290)'
Korean translation copyright ⓒ 2019 by WIKIBOOKS

이 책의 한국어판 저작권은 저작권자와의 독점 계약으로 위키북스가 소유합니다.
신 저작권법에 의해 한국 내에서 보호를 받는 저작물이므로 무단 전재와 복제를 금합니다.
이 책의 내용에 대한 추가 지원과 문의는 위키북스 출판사 홈페이지 wikibook.co.kr이나
이메일 wikibook@wikibook.co.kr을 이용해 주세요.

이 도서의 국립중앙도서관 출판시도서목록(CIP)은
서지정보유통지원시스템 홈페이지(http://seoji.nl.go.kr)와
국가자료공동목록시스템(http://www.nl.go.kr/kolisnet)에서 이용하실 수 있습니다.
CIP제어번호 CIP2019014173

실전!
Core ML을 활용한
머신러닝
iOS 앱 개발

인공지능을 활용한
객체 인식, 감정 탐지,
스타일 전이, 스케치 인식 구현

죠슈아 뉴햄 지음
/
김정인 옮김

저자

조슈아 뉴햄(Joshua Newnham)은 디자인과 인공지능(artificial intelligence, AI) 사이의 교차 지점, 특히 컴퓨터 설계와 인간 컴퓨터 상호작용 분야에 중점을 두고 있는 글로벌 디자인 기업인 메서드(Method)에서 기술을 선도하고 있다.

이전에 그는 엔지니어와 크리에이티브 사이의 협업 도구를 만드는 가상 현실(Virtual Reality, VR)과 증강 현실(Augmented Reality, AR) 스튜디오인 Master of Pie의 기술 임원이었다.

> 가장 먼저 내 아내와 아들에게 고마움을 전하고 싶다. 그들은 이 책을 쓰는 동안, 아니 내 삶에 한결같은 지지를 보내 주었고, 용기와 영감을 불어넣어 주었다.
>
> 책을 쓴다는 건 결코 쉬운 일이 아니다. 이 책을 끊임없이 다듬어준 Packt 팀이 없었더라면 400페이지가 넘는 산만한 글을 밤새도록 읽어야 했을 것이다. 그러니 이 책이 나오도록 도움을 준 팀에 매우 감사드린다.

편집자

실파 카케라(Shilpa Kakeraa)는 인공 지능 솔루션 기업인 미라 테크놀로지(Myraa Technologies)의 선도적인 솔루션 전문가이자 창업자다. 그녀는 독립 기업가이면서 실무 개발자이기도 한 최첨단 기술을 보유한 혁신가이다. 미라를 설립하기 전에는 싱가포르 B2C 회사에서 아키텍트로 일하면서 인도 최고 기업 금융 서비스 회사를 위한 베이 에어리어 스타트업의 데이터 엔지니어링 그룹을 이끌었다. 그녀는 전 세계적으로 활발하게 기술 강연을 하고 있다. 그녀는 인간의 삶에 효과적으로 영향을 미치기 위해 연구와 혁신의 산물을 상업화하기를 꿈꾼다.

> 이 책을 리뷰하는 내내 흥미진진했으며 놀라운 경험이었다. 이 책의 검토를 맡겨준 Packt 출판사에 감사드린다. 디자인과 디테일의 아름다움에 관해 쓴 이 책의 저자와 실용적인 구현을 위해 애쓴 친애하는 벗 탄비 바트(Tanvi Bhatt)와 미라 테크놀로지 전문가들에게 감사드린다.

01 머신러닝 소개

머신러닝이란 무엇인가?	2
ML 알고리즘 소개	5
넷플릭스 – 추천 생성하기	5
Shadow draw – 프리핸드 드로잉을 위한 실시간 사용자 가이드	8
셔터스톡(Shutterstock) – 구도 기반의 이미지 검색	13
iOS 키보드 예측 – 다음 글자 예측	16
일반적인 ML 작업 흐름	19
요약	20

02 애플 Core ML 소개

훈련과 추론의 차이	22
에지에서의 추론	23
Core ML	25
작업 흐름	26
학습 알고리즘	28
스웨덴 자동차 보험	28
지원 학습 알고리즘	34
고려사항	36
요약	37

03 실세계에서 객체 인식하기

이미지 이해하기	40
객체 인식	44
데이터 캡처	44
데이터 전처리	54
추론하기	65
요약	66

04 CNN을 활용한 감정 탐지

얼굴 표정	68
입력 데이터와 선처리	72
종합	95
요약	103

05 실세계에서 객체 위치 측정

객체 위치 측정과 객체 탐지	106
케라스 Tiny YOLO를 Core ML로 변환하기	117
사진을 쉽게 찾는 방법	126
배치로 최적화	156
요약	160

06 스타일 전이로 예술 창작하기

한 이미지에서 다른 이미지로 스타일 옮기기	162
스타일 전이를 더 빠르게 하는 방법	168
케라스 모델을 Core ML로 변환하기	170
스위프트에서 맞춤 계층 구축하기	181
계층 속도 높이기	191
GPU 활용하기	193
모델 가중치 줄이기	196
요약	201

07 CNN으로 드로잉 보조하기

지능형 인터페이스를 구현해야 하는 이유	204
드로잉	205
사용자 스케치 인식하기	220
훈련 데이터와 모델 검토	221
스케치 분류하기	223
시각적 유사성을 기준으로 정렬하기	239
요약	252

08 RNN으로 드로잉 보조하기

드로잉 보조하기	254
드로잉 분류에 사용할 순환 신경망	255
입력 데이터와 전처리	261
종합	277
요약	291

09 CNN을 활용한 객체 분할

픽셀 분류하기	293
원하는 효과를 내기 위한 데이터 – 액션 샷	297
사진 효과 애플리케이션 구축하기	301
확률적 결과 활용하기	319
모델 개선하기	319
제약 조건을 두어 설계하기	320
휴리스틱 포함	321
사후 처리 및 앙상블 기법	321
인적 보조	322
요약	323

10 Create ML 소개

전형적인 작업 흐름	325
데이터 준비하기	326
모델 생성 및 훈련	330
모델 매개변수	334
모델 메타데이터	334
다른 작업 흐름(그래픽 버전)	335
마무리	336
요약	337

우리는 컴퓨터가 도구가 아닌 동반자가 되어 가고 있는 컴퓨팅의 새로운 시대로 넘어가는 과도기에 살고 있다. 우리 주머니에 넣고 다니는 기기는 우리 세상과 우리를 더 잘 이해하게 될 것이고 이는 우리가 기기와 상호작용하고 그것을 사용하는 방식에 지대한 영향을 끼칠 것이다.

하지만 지금으로서는 이처럼 흥미로운 발전의 수많은 부분이 연구원들의 실험실에 갇혀 있고, 사용자에게 다가가기 쉽게 만들어 주는 디자이너와 개발자의 손까지 들어오지 않았다. 이는 세부 사항들이 막혀 있기 때문은 아니다. 오히려 대부분의 경우 세부 사항들은 자유롭게 사용할 수 있다.

이 차이는 어느 정도는 우리가 아는 것을 고수함으로써 얻는 만족감 때문으로 이로 인해 사용자는 모든 일을 직접 하고 버튼도 직접 탭한다. 적어도 이 책을 통해 여러분이 저 밖에서 무슨 일이 일어나고 있는지 그리고 새로운 경험을 만들거나 기존 경험을 개선하기 위해 이를 어떻게 활용할지 관심을 두게 되기 바란다.

이 책에서는 심층 신경망의 동작 방식과 적용 방안을 이해할 수 있도록 도와주는 일련의 예제가 담겨 있다.

이 책은 이미지와 사진을 더 잘 이해하기 위한 몇 가지 모델에 초점을 맞추고 있다. 특히 이 모델을 조정하는 방법과 iOS 플랫폼에 적용하는 방법을 살펴볼 것이다. 이렇게 이미지 기반의 모델과 iOS 플랫폼에 한해 중점적으로 다룬 이유는 이미지가 갖는 시각적 특성이 개념을 시각화하여 보여주기 훨씬 쉬우며 아이폰은 모델을 실험하는 데 있어 완벽한 환경을 제공하기 때문이다.

그러니 이 책을 학습하면서 여기에서 소개한 모델을 어떻게 활용할지, 그리고 우리가 어떤 새로운 경험을 만들어낼 수 있는지에 대한 새로운 방식을 생각해보기 바란다.

대상 독자

이 책은 세 가지 독자 그룹을 대상으로 한다. 우선 머신러닝(machine learning, ML)을 학습하고 적용하는 데 관심 있는 중급 정도의 iOS 개발자다. 이 책에서 사용된 개념과 모델의 기반이 되는 직관적 지식을 다루기 때문에 일부 ML 개념을 설명하는 것이 유용할 수는 있지만 반드시 필요한 것은 아니다.

두 번째 그룹은 ML 경험은 있으나 iOS 개발 경험은 없어 Core ML을 이해하기 위한 참고 자료를 찾고 있는 독자들이다. 이 그룹은 이 책을 iOS 개발 기초를 다루는 책과 함께 보는 것이 좋다.

마지막 그룹은 얼마나 다양한 모델이 iOS 플랫폼에 적용되고 있는지 알고 싶은 숙련된 iOS 개발자와 ML 전문가다.

이 책에서 다루는 내용

1장, '머신러닝 소개'에서는 ML을 간단하게 소개한다. 여기에는 ML 모델의 핵심 개념, 문제 유형, 알고리즘, 모델을 생성하고 사용하기 위한 일반적인 작업 흐름에 대한 설명이 포함돼 있다. 끝으로 ML이 적용된 몇 가지 예제를 살펴볼 것이다.

2장, '애플 Core ML 소개'에서는 Core ML을 소개하며, 이 프레임워크가 무엇을 다루고 무엇을 다루지 않는지와 이를 사용하는 일반적인 작업 흐름을 설명한다.

3장, '객체 인식'에서는 처음부터 끝까지 Core ML로 앱을 만드는 방법을 검토한다. 마지막으로 우리는 모델을 얻고 프로젝트에 임포트해서 사용하는 전체 과정을 경험하게 될 것이다.

4장, 'CNN을 활용한 감정 탐지'에서는 컴퓨터가 우리를, 특히 우리의 기분을 더 잘 이해할 수 있는 가능성을 탐색한다. 어떻게 ML이 우리의 기분을 추론하는 것을 배우는지에 대한 직관적 지식을 얻고 다음으로 기분을 추론하는 앱을 만들어 실전에 적용해 본다. 또한 그 과정에서 비전(Vision) 프레임워크를 도입하고, 이 프레임워크가 Core ML을 어떻게 보완하는지 살펴본다.

5장, '실세계에서 객체 찾기'에서는 단일 객체를 인식하는 일을 넘어서 객체 탐지를 통해 단일 이미지 내에서 여러 객체를 인식하고 위치를 찾는 방법을 살펴본다. 그 모델이 어떻게 동작하는지 이해하고 나면, 계속해서 객체뿐 아니라 객체 구성에 의해 필터링하는 시각적 검색 앱에 적용해볼 것이다. 또한 이 장을 통해 고객 계층을 구현함으로써 Core ML을 확장할 기회를 갖게 될 것이다.

6장, '스타일 전이로 예술 창작하기'에서는 유명한 사진 효과 앱인 프리즈마(Prisma)의 비밀을 밝힌다. 먼저 모델이 이미지 스타일과 컨텐츠를 구분하는 법을 어떻게 배울 수 있는지 설명한 다음 한 이미지의 스타일을 다른 이미지에 적용하는 프리즈마 버전을 만들어볼 것이다. 마지막으로 모델을 최적화하는 방법을 살펴보는 것으로 마무리한다.

7장, 'CNN으로 드로잉 보조하기'에서는 이전 장에서 소개했던 개념을 사용해 사용자 스케치를 인식할 수 있는 앱을 만들어볼 것이다. 사용자가 무엇을 그리고자 했는지 인식했다면, CNN의 특징 벡터를 사용해 비슷한 대안 이미지를 찾는 방법을 살펴본다.

8장, 'RNN으로 드로잉 보조하기'에서는 이전 장에 이어서 스케치 분류를 위해 컨볼루션 신경망(convolution neural network, CNN)을 순환 신경망(recurrent neural network, RNN)으로 대체하면서 RNN을 소개하고 이 모델이 이미지에 어떻게 적용될 수 있는지 보여준다. 시퀀스를 학습하는 방법을 설명하고, 원격으로 Core ML을 내려 받아 컴파일하는 방법도 상세히 알아볼 것이다.

9장, 'CNN을 활용한 객체 세분화'에서는 ActionShot 사진 앱을 만드는 방법을 알아본다. 그 과정에서 또다른 모델과 그에 따른 개념을 소개하고 직접 데이터를 준비하고 처리해 볼 것이다.

10장, 'Create ML 소개'는 마지막 장으로 스위프트(Swift)를 사용해 Xcode에서 Core ML 모델을 생성하고 훈련시키기 위한 프레임워크인 Create ML을 소개한다. 이 장을 마치면, 각자 맞춤 모델을 빠르게 생성하고 훈련시켜 배포하는 방법을 알게 될 것이다.

이 책을 최대한 활용하려면

이 책 예제를 따라가려면 다음과 같은 소프트웨어가 필요하다.

- macOS 10.13 이상
- Xcode 9.2 이상
- iOS 11.0 이상(기기와 시뮬레이터)

Core ML2에 의존성을 갖는 예제를 실행하려면 다음 소프트웨어가 필요하다.

- macOS 10.14
- Xcode 10.0 베타
- iOS 12(기기와 시뮬레이터)

Core ML Tools 파이썬 패키지를 사용해서 예제를 따라하려면 https://notebooks.azure.com(또는 다른 주피터 노트북 서비스 공급자)를 사용하는 것이 좋다. 하지만 로컬에서 실행하거나 모델을 훈련시키려면 다음 소프트웨어가 필요할 것이다.

- 파이썬 2.7
- 주피터 노트북 1.0
- 텐서플로우 1.0.0 이상
- NumPy 1.12.1 이상
- Core ML Tools 0.9(Core ML 2 예제의 경우 2.0)

예제 코드 파일 내려받기

이 책의 예제 코드 파일은 www.packtpub.com에서 각자 계정으로 내려받을 수 있다. 이 책을 다른 곳에서 구매했다면 www.packtpub.com/support에 가서 등록하면 이메일로 직접 파일을 받아볼 수 있다.

다음 단계에 따라 파일을 내려받을 수 있다.

1. www.packtpub.com에 로그인 또는 등록한다.
2. SUPPORT 탭을 선택한다.
3. Code Downloads & Errata를 클릭한다.
4. Search 박스에서 책 이름을 입력하고 화면상의 안내를 따른다.

파일을 내려받았다면 다음 프로그램의 최신 버전을 사용해 파일 압축을 푼다.

- **윈도우용**: WinRAR/7-Zip
- **macOS용**: Zipeg/iZip/UnRarX
- **리눅스용**: 7-Zip/PeaZip

이 책의 코드는 깃허브에도 호스팅되어 있다(https://github.com/PacktPublishing/Machine-Learning-with-Core-ML). 코드에 업데이트된 부분이 있다면 기존 깃허브 리포지토리에도 업데이트될 것이다.

또한 출판사에서 제공하는 도서와 동영상 안내 책자(https://github.com/PacktPublishing)에서도 내려받을 수 있다. 지금 확인해 보자!

컬러 이미지 내려 받기

우리는 이 책에 사용된 화면과 도표의 컬러 이미지를 포함한 PDF 파일도 제공한다. http://www.packtpub.com/sites/default/files/downloads/MachineLearningwithCoreML_ColorImages.pdf에서 내려 받을 수 있다.

> 이 책에서 사용된 예제와 컬러 이미지는 위키북스 홈페이지에서도 내려받을 수 있습니다.
> https://wikibook.co.kr/

표기법

이 책에서는 몇 가지 표기법을 사용하고 있다.

CodeInText: 텍스트 안에서 코드, 데이터베이스 테이블 이름, 폴더 이름, 파일 이름, 파일 확장자, 경로명, 더미 URL, 사용자 입력, 트위터 핸들을 가리킨다. 예를 들면, '클래스 최상단에 VideoCaptureDelegate 프로토콜이 정의되어 있다.' 와 같이 표기한다.

코드는 다음과 같이 표기한다.

```
public protocol VideoCaptureDelegate: class {
    func onFrameCaptured(
      videoCapture: VideoCapture,
      pixelBuffer:CVPixelBuffer?,
      timestamp:CMTime)
}
```

코드 중 특히 일부에 관심을 끌고 싶을 때, 관련 행이나 항목을 굵은 글씨체로 표기한다.

```
@IBOutlet var previewView:CapturePreviewView!
@IBOutlet var classifiedLabel:UILabel!

let videoCapture : VideoCapture = VideoCapture()
```

굵은 글씨체: 새로운 용어, 중요한 단어, 화면에서 보게 될 단어를 나타낸다. 예를 들어, 메뉴나 대화 상자의 단어가 다음처럼 텍스트 형태로 등장할 때 사용한다. 예를 들면 '**관리** 패널에서 **시스템 정보**를 선택하라'처럼 말이다.

 경고나 알아 두어야 할 중요한 내용을 표시함

 팁이나 요령을 표시함

01

머신러닝 소개

이 책을 시작하면서 먼저 미래를 자세히 들여다보고 우리가 컴퓨터와 어떻게 상호작용하는지 생각해보자. 우리가 계속해서 키보드를 두들겨서 이메일을 작성하고 정보에 접근하기 위해 패스워드를 입력해야 하는 오늘날의 컴퓨터와 다르게, 미래의 컴퓨터는 우리의 얼굴이나 음성, 행동을 쉽게 인식할 수 있을 것이다. 행동을 취하기 위해 단계별 지침이 필요한 오늘날의 컴퓨터와는 다르게 미래의 컴퓨터는 우리의 의도를 예상하고, 우리가 다른 사람들과 하는 것처럼 컴퓨터와 대화하는 자연스러운 방법을 제공하고 나아가 우리 목표를 달성할 수 있도록 도울 것이다. 우리 컴퓨터는 우리뿐 아니라 우리 친구, 의사 등도 함께 도울 것이다. 우리 컴퓨터는 우리 문 앞에 식료품을 배달할 수도 있고 점점 복잡해지고 정보가 넘쳐나는 현실 세계와의 인터페이스가 될 수 있다.

미래에 대한 이러한 예상이 흥미로운 것은 더 이상 공상 과학 소설의 영역이 아니라 새로 부상하는 현실이라는 점이다. 이를 이끄는 주요 원동력 중 하나로 컴퓨터에 인간의 지각력을 부여해서 물리적 세계와 디지털 세계를 보고, 듣고, 이해하는 능력을 갖추게 하는 **머신러닝(Machine Learning, ML)** 기술의 발전과 채택을 들 수 있다.

최근 3~4년 사이에 눈에 띄는 발전을 이뤘음에도 대부분의 이론과 잠재력은 사용자의 손에 주어지기보다는 연구 프로젝트와 논문에 갇혀 있다. 그에 따라 이 책에서는 개발자가 이 개념을 더 잘 이해할 수 있게 돕는 것을 목표로 한다. 이 책을 통해 여러분은 이러한 이론들을 현실에 적용함으로써 그 미래에 도달할 수 있게 될 것이다. 그 미래란 컴퓨터가 우리 세상을 이해하지 못해 우리를 노예로 삼는 것이 아니라 우리의 부족한 부분을 채워주는 미래를 말한다.

Core ML이 추론만 수행할 수 있다는 제한 때문에 이 책은 ML을 다룬 다른 책들과는 달리 ML 적용에 중점을 두었다. 특히 우리는 ML의 세부 내용보다는 주로 컴퓨터 비전 애플리케이션에 초점을 맞출 것이다. 그렇지만 ML을 제대로 활용하기 위해 각 예제와 관련된 개념을 간단하게 소개할 것이다.

실전 예제로 들어가기 전에 먼저 ML이 무엇인지 어떻게 적용할 수 있는지 이해해보자. 이 장에서는 다음과 같은 내용을 다룰 것이다.

- 먼저 ML을 소개한다. 우리는 ML이 전통 프로그래밍과 어떻게 다른지와 왜 ML을 선택하는지 배울 것이다.
- 오늘날 ML이 사용되는 방식을 보여주는 몇 가지 예제를 그에 사용된 데이터 형식과 ML 알고리즘과 함께 살펴본다.
- 마지막으로 ML 프로젝트에 대한 일반 작업 흐름을 보여준다.

우선 ML이 무엇인지, 왜 모두가 ML을 말하는지 논의하는 것으로 시작하자.

머신러닝이란 무엇인가?

ML은 1950년대 컴퓨터가 우리 인간과 비슷한 수준의 자동화된 지능을 제공하는 컴퓨터를 갖는 것을 목표로 한 컴퓨터 과학 분야 중 하나인 **인공지능(Artificial Intelligence, AI)**의 하위 분야이다.

초기 AI는 상당한 양의 규칙을 정의함으로써 성공했는데, 이 방식을 컴퓨터가 전문가의 결정을 모방하도록 만든 **기호적 인공지능(Symbolic AI)**이라고 한다. 이 방식은 많은 분야에서 잘 동작했으나 전문 시스템을 만들려면 전문가가 필요하다는 단점이 있다. 이뿐 아니라 그들의 전문성이 어쨌든 디지털화 돼야 하며, 일반적으로 명시적인 프로그래밍(explicit programming)이 필요했다.

이러한 문제를 극복하기 위해 ML은 규칙을 직접 만드는 대신 사례(example)와 경험(experience)을 통해 배우는 다른 방식을 제공한다. 이 방식 역시 이산적이지 않고 확률적이라는 점에서 전통 프로그래밍과 다르다. 즉, 전통적인 프로그래밍에서는 명시적으로 정의되고 처리되지 않은 모호한 입력이 주어

겼을 때 실패할 가능성이 높으나 ML은 흐릿한 정도나 불확실성을 전통 프로그래밍보다 훨씬 잘 다룰 수 있다.

나는 구글 엔지니어 조쉬 고든(Josh Gordon)이 ML 소개 동영상에서 사용한 예제를 빌려와 ML의 차이점과 가치를 강조할 것이다.

여러분이 사과와 오렌지를 구분해야 한다고 가정하자. 먼저 전통 프로그래밍이라 부르는 방식을 사용해 이를 해결해보자[1].

이때 입력은 각 이미지의 픽셀 배열이며 각 입력에 대해 사과와 오렌지를 구분할 수 있는 몇 가지 규칙을 명시적으로 정의해야 할 것이다. 앞의 예제를 사용해 단순히 주황색 픽셀과 녹색 픽셀의 개수를 세서 이 문제를 해결할 수 있다. 녹색 픽셀의 비율이 높은 곳이 사과로 분류되고, 주황색 픽셀 비율이 높은 곳이 오렌지로 분류될 것이다. 이 예제에서는 이 방식이 잘 동작하겠지만 입력이 더 복잡하다면 제대로 동작하지 않는다[2].

---

[1] 컬러 이미지는 위키북스 홈페이지의 'Core ML을 활용한 머신러닝'에서 확인해주세요.
[2] 컬러 이미지는 위키북스 홈페이지의 'Core ML을 활용한 머신러닝'에서 확인해주세요.

새로운 이미지를 받으면 위에서 본 것처럼 간단한 색 픽셀을 세는 함수로는 더 이상 사과와 오렌지를 제대로 구분하거나 사과를 분류할 수 없다. 새로 입력받은 색조를 처리하려면 함수를 다시 구현해야 한다. 그러다 보면 함수의 복잡도는 증가하게 되고, 입력에 밀접하게 결합되어 다른 입력에 대해 일반화될 가능성은 작아진다. 이렇게 만들어진 함수는 다음 코드와 비슷할 것이다.

```swift
func countColors(_ image:UIImage) -> [(color:UIColor, count:Int)]{
  // 엄청 긴 코드
}

func detectEdges(_ image:UIImage) -> [(x1:Int, y1:Int, x2:Int, y2:Int)]
{
  // 엄청 긴 코드
}

func analyseTexture(_ image:UIImage) -> [String]
{
  // 엄청 긴 코드
}

func fitBoundingBox(_ image:UIImage) -> [(x:Int, y:Int, w:Int, h:Int)]
{
  // 엄청 긴 코드
}
```

이 함수를 다음 다이어그램에서 보여주듯이 레이블(사과나 오렌지)에 대한 입력 관계를 모델링한 모델이라고 생각할 수 있다.

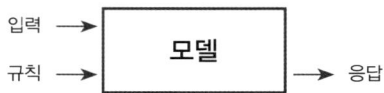

이에 대한 대안으로 우리가 관심을 두고 있는 접근법은 이 모델이 자동으로 사례를 사용하도록 만드는 것이며 본질적으로 이것이 ML의 전부다. ML은 규칙으로는 정의할 가능성이 거의 없는 복잡한 작업을 모델링하기 위한 효과적인 도구를 제공한다.

ML 모델을 생성하는 단계를 **훈련(training)** 단계라 하며 선택된 ML 알고리즘 유형과 공급되는 데이터에 따라 훈련 방식이 결정된다. 모델이 훈련됐다면, 다시 말해 학습됐다면 다음 그림처럼 이 모델을 사용해 데이터로부터 추론할 수 있다.

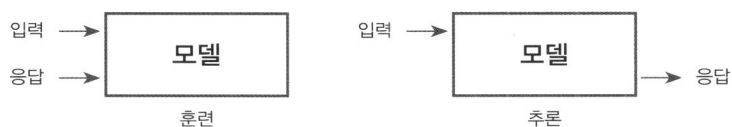

여기에서 보여준 오렌지와 사과를 분류하는 예제는 **분류기(classifier)**, 더 구체적으로는 다중 범주 분류기(multi-class classifier)라는 유형의 ML 알고리즘이다. 이 모델은 **지도(supervision)**를 통해 훈련됐다. 다시 말해 입력 사례와 그에 연결된 레이블(혹은 범주)을 함께 공급한다. 훈련 유형과 함께 존재하는 ML 알고리즘의 유형을 이해하는 것이 필요하다. 다음 절에서 이 주제를 살펴볼 것이다.

ML 알고리즘 소개

이 절에서는 ML이 어떻게 사용되는지에 대한 몇 가지 예제를 살펴보고 각 예제별로 데이터 유형, 학습 방식, ML 알고리즘을 알아볼 것이다. 이 절을 마칠 때면 ML으로 무엇을 할 수 있는지에 대한 영감을 얻고, 데이터 유형, 알고리즘, 학습 방식에 어떤 것들이 있는지 이해하기 바란다.

 이 절에서 데이터 유형, 알고리즘, 학습 방식을 소개하면서 실제 예제를 보여줄 것이다. 여기에서 우리는 데이터 표현이나 예제 구현 방식을 정확하게 설명하는 것이 아니라, 이론을 좀 더 실체적으로 이해하기 위한 방식으로 이 예제를 사용했음을 알아두자.

넷플릭스 – 추천 생성하기

ML을 다룬 책 중에서 추천 엔진을 언급하지 않은 책은 없다. 아마 추천 엔진이 가장 잘 알려진 ML 응용 분야 중 하나일 것이다. 부분적으로 이는 넷플릭스(Netflix)가 **추천**이라고도 하는 영화 평가 예측을 위해 백만 달러의 상금을 걸고 대회를 개최했을 때 주목받은 덕분이다. 이에 더해 아마존이 상업적으로 성공하면서 추천 시스템을 널리 사용하게 됐다.

추천 엔진의 목표는 특정 제품이나 서비스를 어떤 사람이 원할지 예측하는 것이다. 넷플릭스 사업 형태에서 추천 엔진이라면 사용자에게 영화나 TV 쇼를 추천하는 것을 뜻한다.

추천을 생성하는 한 가지 직관적인 방법으로는 한 사람이 자신과 비슷한 기호를 갖는 사람에게서 추천받는 현실 세계를 모방하려는 것이다. 무엇이 유사성을 만들어내는지는 적용 분야에 따라 다르다. 예를 들어, 각자 식당을 추천해달라고 부탁할 친구 그룹과 영화를 추천해달라고 부탁한 친구 그룹이 따로 있을 것이다. 이 그룹은 그들의 기호가 해당 특정 분야에서 여러분과 얼마나 비슷한 취향을 갖는지에 따라 결정된다. 우리는 사용자 기반 **협업 필터링**(Collaborative Filtering, CF) 알고리즘을 사용해 이를 복제할 수 있다. 이 알고리즘은 각 사용자 사이의 거리를 구한 다음 이 거리를 유사도(similarity) 지표로 사용해서 특정 사용자가 좋아할 만한 영화를 추론한다. 다시 말해 더 유사한 사람들이 다른 선호를 가진 사람보다 예측에 더 많이 기여할 것이다. 넷플릭스에서 가져올 데이터 형식을 살펴보자.

User	Movie	Rating
0. Jo	A: Monsters Inc	5
	B: The Bourne Identity	2
	C: The Martian	2
	D: Blade Runner	1
1: Sam	C: The Martian	4
	D: Blade Runner	4
	E: The Matrix	4
	F: Inception	5
2. Chris	B: The Bourne Identity	4
	C: The Martian	5
	D: Blade Runner	5
	F: Inception	4

각 사례마다 사용자, 영화, 그 영화에 할당된 평점이 있다. 각 사용자 사이의 유사성을 찾으려면 먼저 각 쌍의 사용자 사이에 공통된 영화에 대한 유클리드 거리(Euclidean distance)를 계산하면 된다. 유클리드 거리를 사용하면 가장 비슷하지 않은 사용자들 사이의 값이 크다. 우리는 유클리드 거리를 역수로 취한 값을 결과로 제공하는데, 이 경우 1은 기호가 완전히 일치하는 경우를 의미하고, 0은 두 사용자가 가장 다름을 뜻한다. 다음은 유클리드 거리 공식이며 두 사용자 사이의 유사도를 계산할 때 사용되는 함수이다.

$$\sqrt{\sum (rating_{a,i} - rating_{b,i})^2}$$

유클리드 거리와 유사도 계산 공식

```swift
func calcSimilarity(userRatingsA: [String:Float],
userRatingsB:[String:Float]) -> Float{
  var distance = userRatingsA.map( { (movieRating) -> Float in
    if userRatingsB[movieRating.key] == nil{
      return 0
    }
    let diff = movieRating.value - (userRatingsB[movieRating.key] ?? 0)
    return diff * diff
  }).reduce(0) { (prev, curr) -> Float in
    return prev + curr
  }.squareRoot()
  return 1 / (1 + distance)
}
```

이를 보다 구체적으로 설명하기 위해 샘(Sam)과 가장 비슷한 취향의 사용자를 찾는 방법을 검토하자. 샘의 영화 평점은 다음과 같다. ["The Martian" : 4, "Blade Runner" : 4, "The Matrix" : 4, "Inception" : 5]. 이제 샘과 조(Jo)의 유사도를 계산하고 샘과 크리스(Chris)의 유사도를 계산해보자.

샘과 조

조가 매긴 영화 평점은 다음과 같다. ["Monsters Inc." : 5, "The Bourne Identity" : 2, "The Martian" : 2, "Blade Runner" : 1]. 사용자별 평점 집합의 교집합의 유사도를 계산하면 0.22를 얻는다.

샘과 크리스

기전 계산과 비슷하지만 이번에는 크리스의 영화 평점(["The Bourne Identity" : 4, "The Martian" : 5, 'Blade Runner" : 5, "Inception" : 4])을 사용해서 유사도를 계산하면 0.37을 얻는다.

우리가 직접 검사해도 조보다 크리스가 샘과 더 비슷하다는 것을 알 수 있고, 유사도 점수로도 크리스가 조보다 더 높은 값을 가지므로 마찬가지 내용을 보여준다.

왜 그렇게 동작하는지 살펴보기 위해 다음 그래프에서 보듯이 차트에 각 사용자의 평점을 투영해보자.

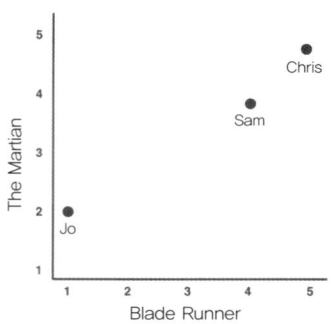

앞의 그래프는 선호도 공간에 사용자를 점으로 찍어서 보여주며, 이 선호도 공간에서 두 사용자가 가까울수록 이들이 선호하는 바가 더 비슷하다. 여기서는 두 축만 보여주지만 앞의 표에서 봤듯이 여러 차원으로 확장될 수도 있다.

이제 이 유사도를 특정 사용자가 특정 영화에 부여할 평점을 예측하는 데 기여하는 가중치로 사용할 수 있게 됐다. 그런 다음 이 예측을 사용해 사용자가 보고 싶을 것 같은 영화를 몇 가지 추천할 수 있다.

이 방식은 **비지도 학습(unsupervised learning)**의 하나인 **클러스터링(clustering)** 알고리즘의 한 유형이다. 비지도 학습은 사례에 연결된 레이블이 없는 학습 방식으로 ML 알고리즘은 데이터 내에서 패턴을 찾는다. 다른 비지도 학습 알고리즘으로는 연관 규칙 분석 알고리즘(Apriori algorithm, 또는 장바구니 분석 basket analysis)과 K-평균(K-means)이 있다.

추천은 방대한 정보가 있어서 사용자에게 보여주기 전에 필터링하고 순위를 할당하는 것이 이로운 경우라면 항상 적용할 수 있다. 추천 작업이 기기에서 수행된다면 결과를 필터링하고 순위를 부여할 때 사용자의 개인적 상황을 통합하는 등 많은 이점이 있다.

Shadow draw - 프리핸드 드로잉을 위한 실시간 사용자 가이드

AI는 인간과 기계 사이의 시너지 효과를 강조하기 위해 때로 **증강 지능(Augmented Intelligence, AI)**이라고도 하며, 우리를 대체하는 것이 아니라 우리의 능력을 강화시키는 시스템이라는 점에 방점을 찍는다.

최근에 유명해지기 시작한, 특히 개인적으로 관심을 두고 있는 영역은 창작 보조 시스템(assisted creation system)으로 **인간-컴퓨터 상호작용(human-computer interaction, HCI)**과 ML 분야의 교차점에 위치하는 영역이다. 이는 그림 그리기, 글쓰기, 동영상 녹화, 음악 만들기 등 창작 활동을 보조하기 위해 만들어진 시스템이다.

이 절에서 논의할 예제는 shadow draw로 2011년 마이크로소프트에서 Y.J. Lee, L. Zitnick, M. Cohen이 수행한 연구 프로젝트이다. Shadow draw는 사용자가 그림을 그릴 때 기존 객체 데이터셋으로부터 참조 이미지를 찾아 정렬시키고, 사용자가 윤곽선으로 사용할 수 있도록 배경에 희미하게 그림자로 렌더링해서 보여줌으로써 보조하는 시스템이다. 예를 들어, 사용자가 자전거를 그리고 있다고 예측되면 시스템은 다음 그림처럼 자전거를 그리는 것을 보조하기 위해 사용자 펜 아래에 희미한 윤곽선을 렌더링한다.

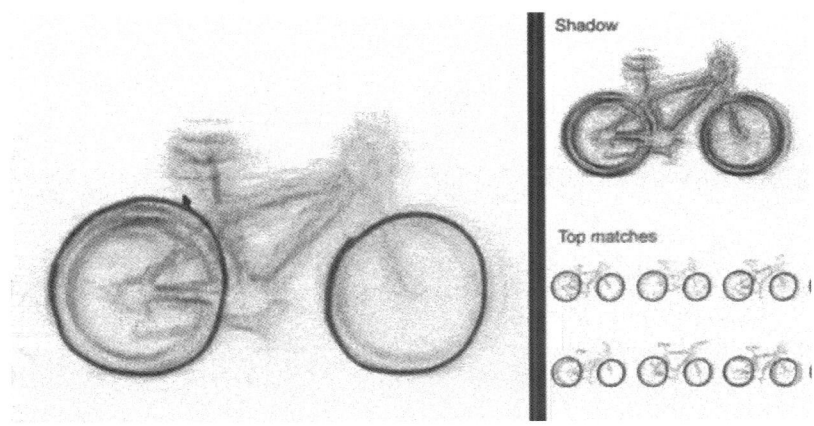

이전에 했듯이 이 문제에 어떻게 접근할지를 특히 스케치를 분류하는 데 초점을 맞춰 검토해보자. 다시 말해 우리는 사용자가 그리는 객체가 무엇인지 예측할 것이다. 이 과정을 통해 새로운 유형의 데이터, 알고리즘, ML 적용 분야를 알게 될 것이다.

이 프로젝트에 사용된 데이터셋은 얼굴, 자동차, 자전거 등 40개 범주에 대한 쿼리를 통해 인터넷에서 수집한 3만 개의 자연 이미지로 구성돼 있다. 이 이미지들은 범주별로 개별 디렉터리에 저장돼 있다. 다음 그림은 그중 몇 가지 예를 보여준다.

원시 데이터를 얻고 나면 여느 ML 프로젝트와 마찬가지로 **데이터 전처리(data preprocessing)**와 **특징 공학(feature engineering)**을 수행한다. 아래 그림은 다음 작업으로 이루어진 전처리 과정을 보여준다.

- 이미지 배율 재조정
- 흑백 이미지로 변환
- 윤곽선 탐지

다음 단계로 데이터를 ML 알고리즘에서 좀 더 의미 있고 유용한 것으로 추출해야 한다. 이 과정을 **특징 공학(feature engineering)**이라고 하며 일반적인 ML 작업 흐름에서 핵심 단계이다.

한 가지 방식으로는 여기에서 설명할 **시각 단어 주머니(bag of visual words)**를 생성하는 것이다. 이는 근본적으로 각 이미지를 설명하고, 한데 묶으면 각 범주를 설명하기 위해 사용되는 특징(시각 단어)의 히스토그램이다. 특징을 구성하는 것은 데이터와 ML 알고리즘에 따라 다르다. 예를 들어, 다음 그림처럼 각 이미지에서 색을 추출해서 세면, 색이 특징이 되고 그것이 모여 이미지를 설명하게 된다.

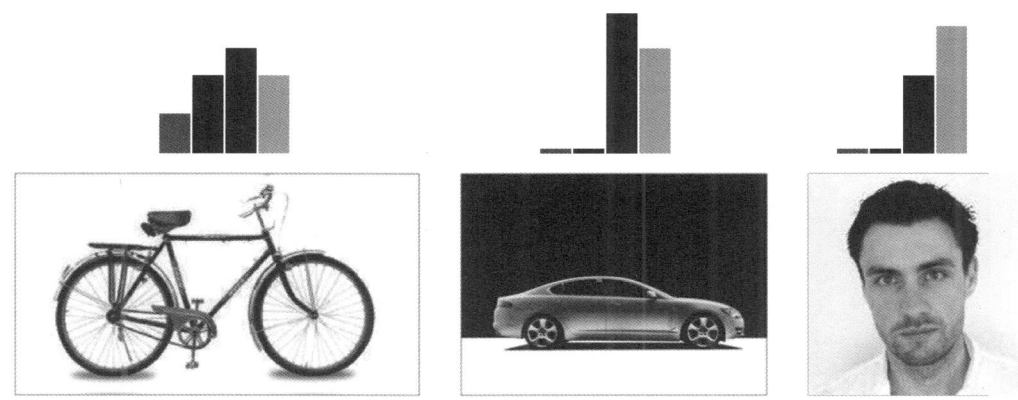

하지만 여기서는 스케치를 다루기 때문에 우리는 상당히 거친, 즉 이미지의 일반 구조를 캡슐화하는 일반적인 획 방향을 캡처할 수 있는 것이 필요하다. 예를 들어, 우리가 네모와 원을 묘사한다면 네모는 가로와 세로의 획으로 구성되지만, 원은 대체로 사선 획으로 구성된다. 이 특징을 추출하기 위해 **HOG**(histogram of oriented gradients, 방향성 있는 경사의 히스토그램)라는 컴퓨터 비전 알고리즘을 사용할 수 있다. 이미지 처리가 끝나면 결과로 이미지 구획별 경사 방향의 히스토그램을 얻게 된다. 이것이 우리가 바로 원하는 것이다! 개념을 이해하기 쉽게 표현해보면 하나의 이미지에 대해 이 절차는 다음처럼 요약해볼 수 있다.

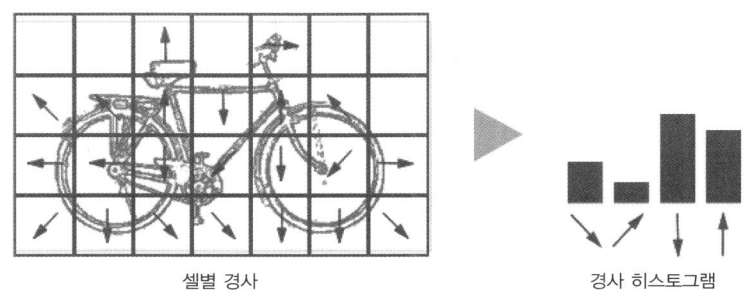

셀별 경사 경사 히스토그램

데이터셋의 이미지를 모두 처리하고 나면 각 범주를 식별하기 위해 사용될 수 있는 히스토그램을 구한다. 이를 위해 **비지도 학습**(unsupervised learning) 클러스터링 기법인 **K-평균**(K-means)을 사용하며, 여기에서 각 범주의 히스토그램은 해당 클러스터의 중심이다. 우리 이미지가 그룹별로 클러스터링 됐으면 범주 기술자 역할을 하게 될 각 그룹의 중심(평균) 히스토그램을 추출한다.

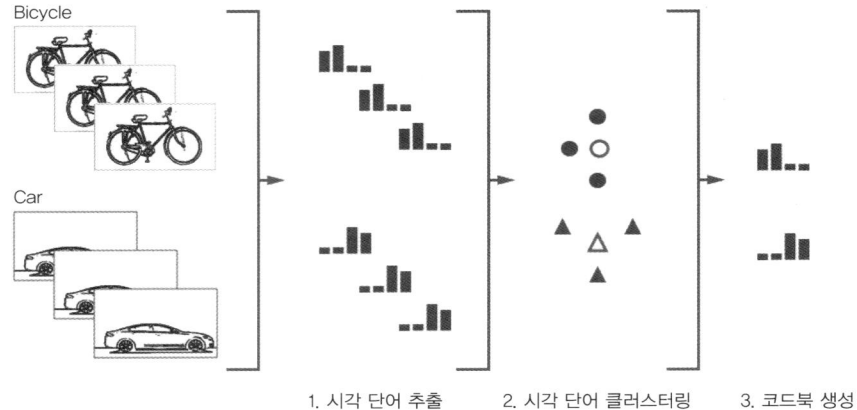

1. 시각 단어 추출   2. 시각 단어 클러스터링   3. 코드북 생성

범주별 히스토그램(코드북)을 얻고 나면 각 이미지에서 추출된 특징(시각 단어)과 그에 연결된 범주(레이블)를 사용해 **분류기(classifier)**를 훈련시키면 된다. 효과적이면서 널리 사용되고 있는 분류기로는 **서포트 벡터 머신(support vector machines, SVM)**이 있다. SVM은 이 범주들을 가장 잘 구분하는 초평면(hyperplane)을 구한다. 여기에서 '가장 잘'이라는 표현은 범주에 속한 멤버들 사이의 거리가 가장 멀다는 것을 의미한다. '초(hyper)'라는 용어를 쓴 것은 범주가 선형 평면(우리가 공간 내에서 작업하기 때문에 평면이다)으로 분리될 수 있게 벡터를 고차원 공간으로 변환하기 때문이다. 다음 그림은 이 방식이 어떻게 2차원 공간에서 두 개의 범주를 구하는지 보여준다.

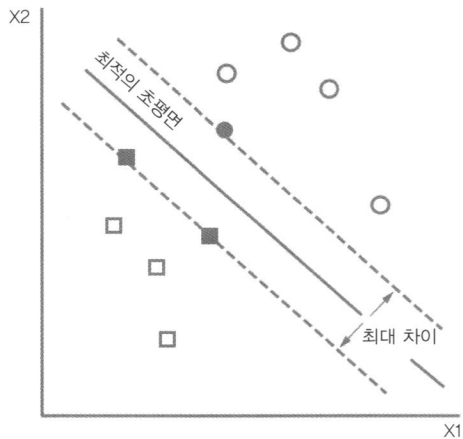

이제 우리 모델이 훈련됐으니 사용자가 그리고 있는 이미지를 실시간으로 분류해 사용자에게 그들이 그리고 싶은 객체(또는 최소한 우리가 사용자가 그릴 것으로 예측한 객체를 언급)의 희미한 윤곽선을 제공함으로써 보조할 수 있다. 아이폰이나 아이패드 같은 터치 인터페이스에 완벽하게 어울린다! 이 모델은 그림 그리기뿐 아니라, 이미지 기반 검색이나 노트 작성처럼 사용자에게서 입력을 받아야 하는 경우라면 므두 보조할 수 있다.

디 예제를 통해 특징 공학과 **비지도 학습**이 데이터를 보강하는 방법을 살펴봤다. 이를 통해 우리 모델은 **지도 학습** 알고리즘인 SVM을 사용해 **분류**를 충분히 수행하기 쉽게 만들어 준다. 심층 신경망 이전에는 특징 공학이 ML의 핵심 단계였으며 때로는 다음의 이유로 제한 요인이기도 했다.

- 특수 기술과 때로는 영역 전문성이 필요하다.
- 의미 있는 특징을 찾고 추출할 수 있는 사람에 따라 좌우된다.
- 추출된 특징이 모집단 전체에 걸쳐 일반화돼야 한다. 즉, 모든 사례에 적용될 수 있을 정도로 표현력이 있어야 한다.

다음 예제에서는 특징 공학의 많은 부분을 자체적으로 해결하는 **컨볼루션 신경망**(convolutional neural network, CNN 또는 ConvNet)을 소개한다.

실제 프로젝트와 접근 방식을 설명하는 논문은 http://vision.cs.utexas.edu/projects/shadowdraw/shadowdraw.html에서 찾아볼 수 있다.

셔터스톡(Shutterstock) - 구도 기반의 이미지 검색

과거 10년 동안 웹에서 생성되고 소비되는 이미지 콘텐츠는 기하급수적으로 증가했지만, CNN이 성공을 거두기 전까지는 단순히 수작업으로 할당된 태그를 기반으로 한 키워드 검색을 통해야 이미지를 찾을 수 있었다. 이 모든 것은 2012년쯤에 A. Krizhevsky, I. Sutskever, G. E. Hinton이 쓴 논문 ImageNet Classification with Deep Convolutional Networks가 나오면서 바뀌었다. 이 논문에는 2012년 **ImageNet Large-Scale Visual Recognition Challenge(ILSVRC)**에서 우승할 때 사용됐던 아키텍처가 설명돼 있다. 이 대회는 컴퓨터 비전 분야의 올림픽에 해당하며, 각 팀은 분류, 탐지, 객체 위치 측정과 같은 다양한 컴퓨터 비전 작업을 두고 경쟁한다. 그리고 그 첫해에 CNN은 테스트 오류율 15.4%로 1위를 차지했다(그다음을 차지한 모델의 테스트 오류율은 26.2%였다).

최근(2017년 10월)에 셔터스톡은 CNN의 최신 용도 중 하나를 발표했는데 여기서는 사용자가 하나의 이미지에서 여러 항목을 찾는 것뿐 아니라 그 항목들의 구성도 검색할 수 있도록 해준다. 다음 화면은 컴퓨터 왼쪽에 새끼 고양이가 있는 구성의 새끼 고양이와 컴퓨터를 검색한 예다.

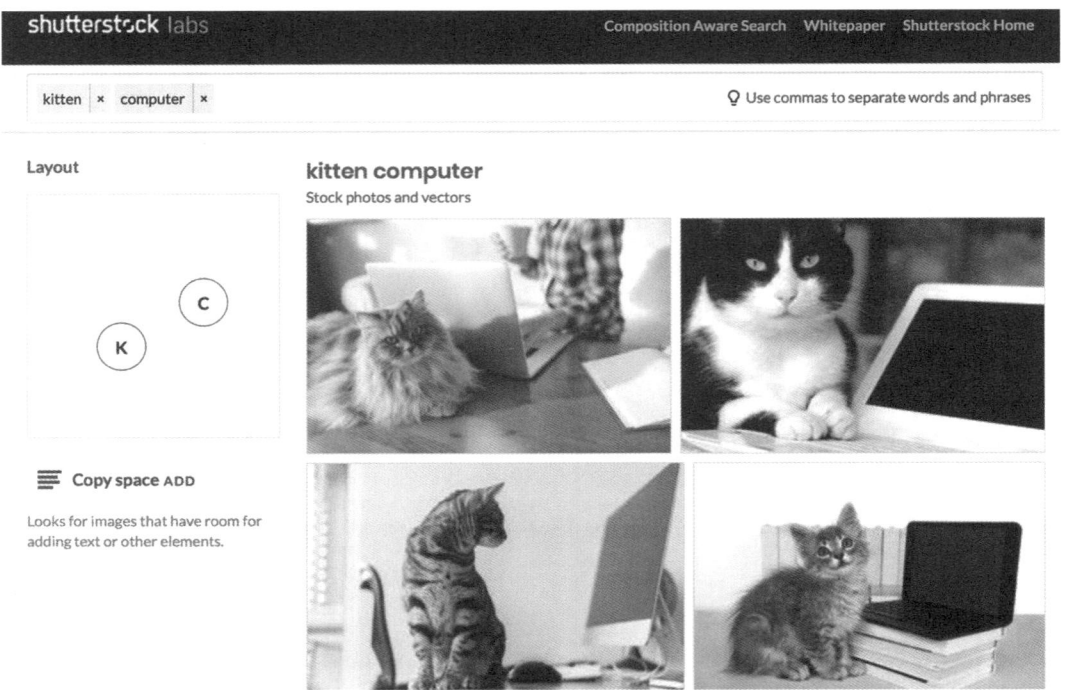

그렇다면 CNN은 무엇일까? 앞서 말했듯이 CNN은 공간 정보를 유지하는 능력 때문에 시각 콘텐츠에 가장 잘 어울리는 신경망 유형이다. CNN은 우리가 이미지를 부분으로 나누어 각 부분별 특징을 추출하기 위한 필터를 명시적으로 정의했던 이전 예제와 어느 정도 비슷하다. CNN은 이와 비슷한 작업을 수행하지만 이전 예제와 다르게 필터가 명시적으로 정의되지 않는다. 필터는 훈련을 통해 학습되며, 단일 계층에 한정되지 않고 수많은 계층으로 구성된다. 각 계층은 이전 계층을 기반으로 구성되고, 계층을 지날 때마다 그 표현이 점점 더 추상적으로 변한다(여기서 추상적이란 고차원으로, 즉 픽셀을 모양으로 표현하는 것을 뜻한다).

이 설명을 돕기 위해 다음 그림에서는 신경망이 고양이에 대한 이해를 높이는 방법을 시각화한다. 첫 번째 계층의 필터는 윤곽선과 모서리 등 단순한 특징을 필터링한다. 다음 계층은 이러한 고유 필터를 가진 계층을 기반으로 구성되어 고양이 모양이나 부분 같은 고차원 개념을 추출한다. 이 고차원 개념이 결합되어 분류에 사용된다.

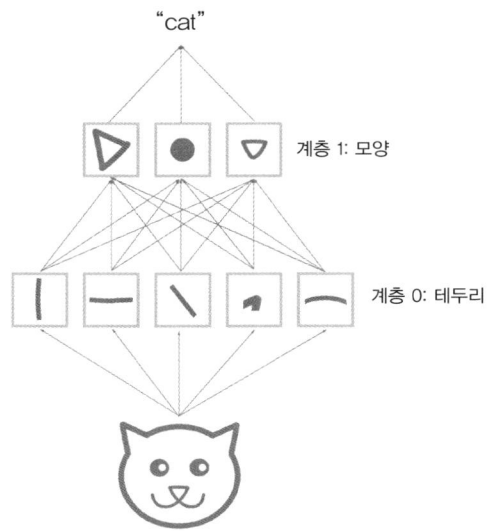

데이터를 더 깊이 이해하고 수작업 특징 공학에 대한 의존도를 낮추는 이 능력 덕분에 심층 신경망이 지난 몇 년 동안 가장 널리 사용된 ML 알고리즘 중 하나가 됐다.

모델을 훈련시키기 위해 신경망에 입력으로 이미지를, 기대 출력으로 레이블을 사용하는 사례를 공급한다. 충분한 사례가 주어지면 모델은 각 레이블에 대한 내부 표현 방식을 구축한다. 이 표현 방식은 **지도 학습**의 한 유형인 **분류**에 충분히 사용될 수 있다.

마지막으로 항목 또는 여러 항목의 위치를 찾아야 한다. 이를 달성하기 위해 네트워크 가중치를 검사해서 특정 범주를 활성화한 픽셀을 찾은 다음 가장 큰 가중치를 갖는 입력 주변에 윤곽 상자를 만든다.

이제 이미지 내에서 항목과 그 위치를 식별했다. 이 정보를 사용해 이미지 저장소를 전처리하고 검색 쿼리를 통해 접근할 수 있게 메타데이터로 캐시에 저장한다. 이 발상은 나중에 사용자가 사진 앨범에서 이미지 검색하는 것을 지원하기 위해 이 버전을 구현할 때 다시 살펴볼 것이다.

이 절에서는 ML을 사용해 사용자 경험을 개선하는 방법을 보여줬으며, 특징의 근접도를 유지하고 고차원 추상화를 구축하는 것이 중요한 시각적 컨텍스트에 잘 부합하는 신경망인 CNN을 간단히 소개했다. 다음 절에서는 사용자 경험을 개선하는 다른 사례와 텍스트처럼 순차적인 데이터에 잘 어울리는 신경망 유형을 소개함으로써 계속해서 ML 응용 분야를 살펴보겠다.

iOS 키보드 예측 – 다음 글자 예측

사용성 전문가인 자레드 스풀(Jared Spool)에 따르면 '좋은 디자인은 잘 됐다면 눈에 띄지 않는다'. 이는 ML에서도 마찬가지다. ML이 적용됐다는 것을 사용자는 알 필요가 없으며 때로는(자주) ML을 절묘하게 사용하면 매우 효과적임을 보여준다.

이를 보여주는 좋은 예는 **동적 타깃 크기 재조정(dynamic target resizing)**이라고 하는 iOS 기능이다. 이 기능은 사용자가 iOS 키보드를 입력할 때마다 동작하며, 이때 적극적으로 사용자가 입력하고자 하는 단어를 예측하려고 한다.

이 예측을 사용해 iOS 키보드는 이미 입력된 글자들을 기반으로 가장 가능성 높은 키의 터치 영역을 동적으로 변경한다(위 그림에서 회색 동그라미).

예를 들어 앞의 그림에서 보면 사용자가 "Hell"을 입력했다. 이제 사용자가 다음에 탭할 글자로 가장 가능성이 높은 것이 "o"라고 추정하는 것은 합리적이다. 영어를 아는 우리로서는 직관적이지만, 기계가 이를 알게 하려면 어떻게 가르쳐야 할까?

여기에서 **순환 신경망(recurrent neural network, RNN)**이 사용된다. 순환 신경망은 시간이 지나도 상태를 유지하는 신경망 유형이다. 이 유지되는 상태를 메모리 형태로 생각할 수 있고, 이는 RNN을 텍스트 같은 순차적 데이터(입력과 출력이 서로 의존성을 갖는 데이터라면 모두)에 적합하게 만든다. 이 상태는 다음 그림에서 보듯이 셀의 출력에서 나오는 피드백 루프를 사용하여 생성된다.

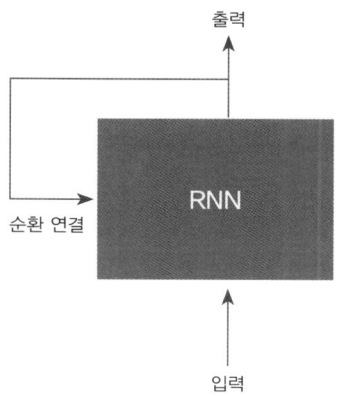

앞의 그림은 단일 RNN 셀을 보여준다. 시간에 따라 이 셀을 펼쳐 보면 다음과 같다.

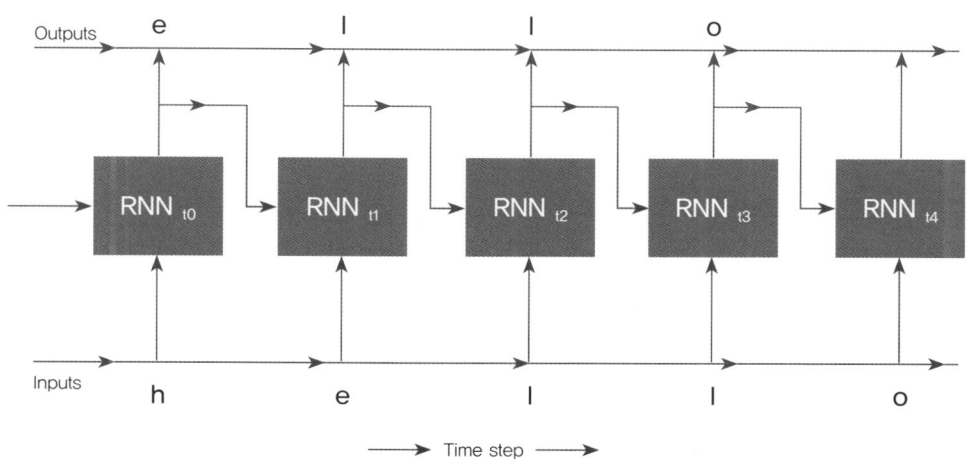

앞의 그림은 우리 예제처럼 hello를 사용했을 때 5 시간 단계(time step)를 지나는 과정을 펼쳐 놓은 RNN이다. 각 시간 단계에서 RNN은 다음에 올 것 같은 글자를 예측한다. 이 예측은 훈련으로 얻은 내부 언어 표현과 뒤따른 입력에 의해 결정된다. 이 내부 표현은 앞에서 보여줬듯이 출력이 다음 시간 단계의 입력을 사용하는 텍스트 샘플에서 훈련시킴으로써 구축된다. 일단 훈련되면 추론에서 다음 출력을 얻기 위해(시퀀스 즉, 단어를 생성하기 위해) 출력으로부터 예측된 글자를 네트워크에 공급한다는 점을 제외하면 비슷한 경로를 따른다.

신경망과 대부분의 ML 알고리즘은 숫자가 입력돼야 하므로 글자를 숫자로 변환해 다시 입력해야 한다. 텍스트(글자와 단어)를 처리할 때 일반적으로 **원-핫 인코딩**(one-hot encoding)과 **임베딩**(embedding)의 두 가지 방식을 사용한다. 텍스트를 처리하는 방식에 감을 잡기 위해 각 방식을 간단히 살펴보자.

텍스트(글자와 단어)는 범주형으로 간주되며 이는 텍스트와 값 사이에 상속 관계가 없기 때문에 텍스트를 단일 숫자로 표현할 수 없음을 의미한다. 다시 말해 the에 10을, cat에 20을 할당하면 cat이 the보다 큰 값을 가짐을 뜻한다. 따라서 그 대신 텍스트를 편향값이 도입되지 않는 것으로 인코딩해야 한다. 한 가지 해결책으로 원-핫 인코딩을 사용해 인코딩하는 것이다. 원-핫 인코딩은 크기가 어휘(우리의 경우 글자 개수) 길이인 배열에 특정 문자의 인덱스를 1로 설정하고 나머지는 0으로 설정한다. 다음 그림은 말뭉치 'hello'에 대한 인코딩 절차이다.

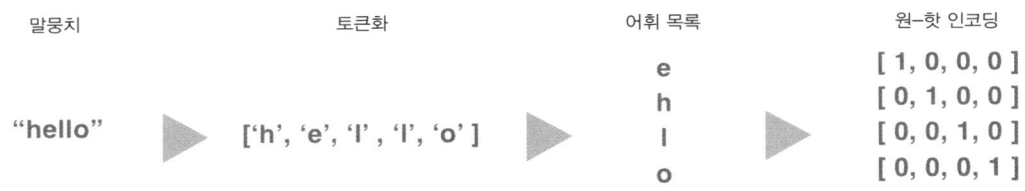

앞의 다이어그램은 글자를 인코딩할 때 필요한 단계를 보여준다. 먼저 말뭉치를 개별 글자로 분할한다(개별 글자를 **토큰**(token)이라고 하며 이 절차를 **토큰화**(tokenization)라 한다). 그런 다음 어휘 목록 역할을 할 집합을 생성하고 마지막으로 이 어휘 목록의 각 글자를 벡터에 할당해서 인코딩한다.

 여기서는 텍스트를 ML 알고리즘에 전달하기 전에 텍스트 준비에 필요한 단계 중 일부만 보여주었다.

입력이 인코딩됐다면 이를 네트워크에 공급할 수 있다. 출력 또한 가장 큰 값을 갖는 인덱스가 가능성이 높은 글자가 되어 이 형식으로 표현될 것이다. 예를 들어, 'e'가 예측됐다면 가장 가능성 있는 출력은 [0.95, 0.2, 0.2, 0.1]과 같은 모습을 하고 있을 것이다.

하지만 원-핫 인코딩에는 두 가지 문제가 있다. 먼저 어휘 목록이 커지면 매우 희박한 데이터 구조가 만들어질 것이다. 이렇게 되면 메모리를 비효율적으로 사용할 뿐 아니라 훈련과 추론을 위해 추가적인 계산이 필요하다. 두 번째 문제는 단어로 작업할 때 더 분명하게 드러나는데, 인코딩된 다음에는 문맥상의 의미를 잃게 된다는 것이다. 예를 들어, **dog**와 **dogs**를 인코딩하면 인코딩이 끝났을 때 두 단어 사이의 관계는 사라진다.

○ 두 문제를 해결할 대안으로 임베딩을 사용한다. 임베딩은 일반적으로 각 토큰이 밀집된 벡터 표현을 사용해 훈련되어 맥락적 의미를 보존하는 네트워크에서 얻은 가중치이다. 이 책은 컴퓨터 비전 작업에 초점을 맞추고 있기 때문에 이보다 더 자세히 들어가지는 않을 것이다. 다만 텍스트(글자)를 ML 알고리즘이 받아들일 만한 것으로 인코딩해야 한다는 사실만 기억하자.

우리는 지도 학습과 유사하지만 명시적으로 레이블이 달리지 않은 채로 레이블을 추론하는 **약한 지도 학습**(weak supervision)을 사용해 모델을 훈련시킨다. 훈련됐으면 앞서 설명했던 **다중 범주 분류화**(multi-class classification)를 사용해 다음 글자를 예측할 수 있다.

지난 몇 년 동안 우리는 작문 보조(assistive writing)의 진화를 목격했다. 한 예로 구글의 스마트 리플라이(Smart Reply)를 들 수 있는데, 이 기능은 자동으로 짧은 이메일 응답을 생성하는 엔드-투-엔드(end-to-end) 방식을 제공한다.

이것으로 ML 문제 유형을 관련 데이터 유형, 알고리즘, 학습 방식과 함께 소개하는 간단한 과정을 마치겠다. 각 유형을 표면적으로만 다뤘지만 이 책을 따라가다 보면 더 많은 데이터 유형, 알고리즘, 학습 방식을 배우게 될 것이다.

다음 절에서는 이 장을 마무리하기 전에 한 발 물러나 훈련과 추론을 위한 전반적인 작업 흐름을 살펴보겠다.

일반적인 ML 작업 흐름

지금까지 보여줬던 예제를 하나하나 분석해보면 각 예제가 유사한 패턴을 따른다는 사실을 알 수 있다. 우선 문제나 원하는 기능을 정의한다. 원하는 바가 무엇인지 정의했다면 어떤 데이터가 필요한지, 그리고 사용할 수 있는 데이터가 무엇인지 식별한다. 데이터가 주어지면 다음 단계로 ML 모델을 생성하고 모델을 훈련시키기 위한 데이터를 준비한다.

훈련이 끝났으면 여기에서는 아직 논의하지 않았지만 ML 모델을 검증해야 한다. 즉, 이 모델이 우리가 그 모델로부터 얻고자 하는 바를 만족스러운 수준으로 달성했는지 테스트해야 한다. 한 가지 예를 들면, 정확한 예측을 할 수 있는지 테스트한다. 모델 훈련을 마쳤다면 훈련 집합에 포함되지 않은 실제 데이터를 공급해 모델을 사용하면 된다. 다음 다이어그램은 훈련과 추론 단계를 요약해서 보여준다.

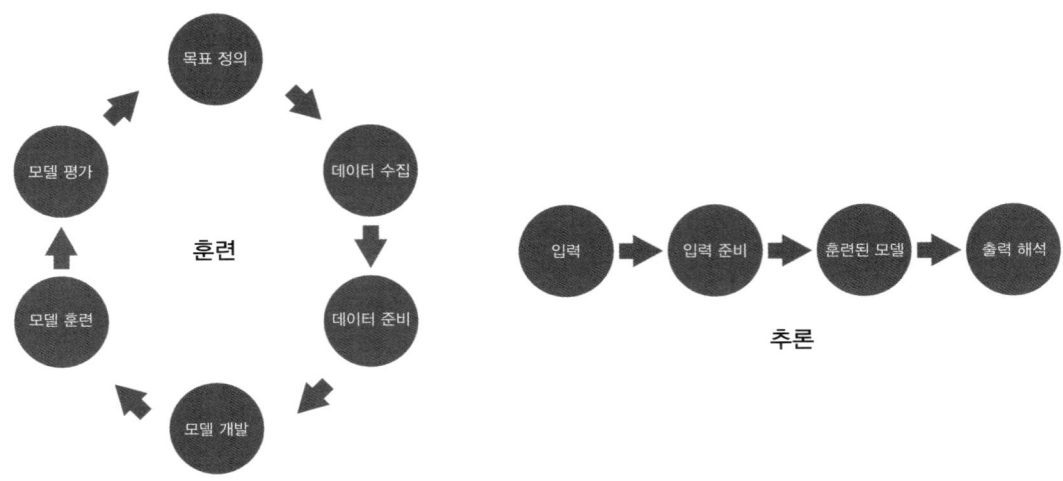

이 책에서는 대체로 훈련된 모델을 사용하지만 우리가 이 모델을 얻게 되기까지의 방법을 이해한다면 자신만의 지능형 앱을 생성할 때 도움이 된다는 것을 알 것이다. 이는 또한 여러분이 ML을 기존 데이터에 적용할 기회를 발견하는 데 도움이 되거나, 새로운 데이터 원천을 찾는 데 영감을 줄 것이다. 또한 훈련 데이터를 전처리하는 단계는 추론을 수행할 때 입력 데이터를 전처리하는 단계와 동일하다. 이 데이터 전처리는 이 책에서 가장 많은 시간을 들여 논의하고 구현할 내용이다.

요약

이 장에서는 ML을 소개하고 전형적인 프로그래밍과 비교해 고유한 가치가 무엇인지 살펴봤다. 그런 다음 ML을 적용한 다양한 응용프로그램을 알아보고 각각에서 쓰인 데이터 유형, 알고리즘, 학습 방식을 알아봤다. 이 방식이 ML의 동작 방식을 밝히고, 데이터를 활용해 사용자 경험을 개선하고 새로운 기능을 제공하는 방법을 생각해보는 기회가 되기 바란다. 이 책에서는 이러한 접근 방식으로 컴퓨터 비전과 관련된 예제 응용 프로그램을 통해 ML을 활용하는 것을 중점적으로 다룰 것이다.

다음 장에서는 ML 경험이 거의 없는 개발자도 쉽게 ML을 활용할 수 있도록 iOS에서 특별히 고안한 프레임워크인 Core ML을 소개할 것이다.

02
애플 Core ML 소개

이 장에서는 이 책에서 사용하게 될 프레임워크인 Core ML을 간단하게 소개하겠다. 그 전에 훈련과 추론이 무엇이지 그리고 이 둘이 어떻게 다른지 자세히 알아본 다음 iOS 기기에서 **머신러닝**(machine learning, ML)을 수행해야 하는 이유를 살펴보겠다.

이 장에서는 다음과 같은 내용을 다룰 것이다.

- 모델 훈련과 모델을 사용해 추론하는 것의 차이점
- 애플리케이션의 에지(edge)에서 추론을 수행해야 하는 동기와 기회
- Core ML과 일반적인 작업 흐름 소개
- 일부 ML 알고리즘에 대한 간단한 소개
- ML을 활용하는 응용 프로그램을 개발할 때 주의해야 할 사항

훈련과 추론의 차이

훈련과 추론의 차이는 학생이 학교에서 대수학 등을 배우는 것과 실세계에 적용하는 것 사이의 차이와 비슷하다. 학교에서는 학생에게 수많은 연습 문제가 주어지며, 각 연습 문제에 대해 학생이 문제를 풀어 답을 교사에게 제출하면 교사는 그 답이 맞았는지 틀렸는지에 대해 피드백을 준다. 초기에는 학생이 제출한 답이 맞기보다 틀릴 가능성이 더 크지만 문제를 많이 풀수록 학생은 개념을 이해하게 되고 그 결과 교사의 피드백은 대체로 정답으로 기울게 된다. 여기에서 학생은 대수학을 충분히 배웠다 생각하고 이를 실세계의 보지 못했던 문제에 적용할 수 있다. 이때 학생은 학교에서 수업 중에 문제를 풀었던 경험을 기반으로 자신 있게 대답할 수 있다.

ML 모델도 다르지 않다. 모델을 구축하는 초기 단계에서는 **훈련(training)** 단계를 거치게 되며 이 단계에서 모델은 수많은 사례를 제공받는다. 각 사례에 대해 피드백을 제공하는 교사 역할은 **손실 함수(loss function)**가 담당하며 결과적으로 이를 사용해 모델을 조정하여 손실(모델의 응답이 틀리는 정도)을 줄인다. 이 훈련 절차는 수많은 반복을 거치며 일반적으로 계산이 집약적으로 발생하지만 병렬로 처리할 기회를 제공한다(특히 신경망의 경우). 즉 수많은 계산을 병렬로 실행할 수 있다. 이러한 이유로 클라우드나 충분한 메모리와 계산 능력을 갖춘 전용 시스템에서 훈련시키는 것이 일반적이다. 이 훈련 절차는 다음 그림과 같다.

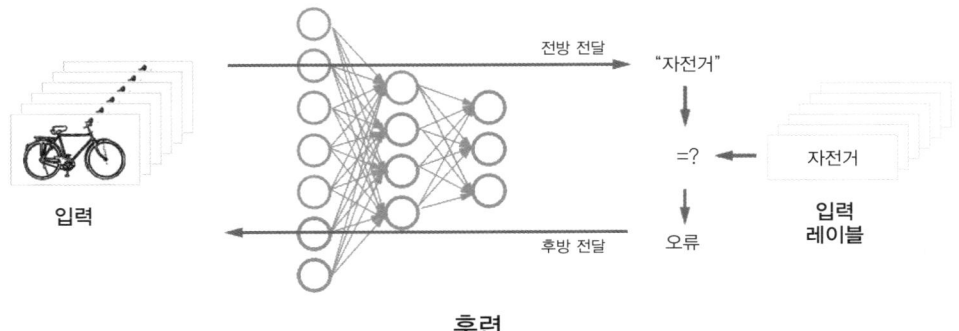

훈련

필요한 계산 능력을 잘 보여주기 위해 *Cortana Intelligence and Machine Learning Blog*에서 마이크로소프트 데이터 과학자 미구엘 피에로(Miguel Fierro)와 동료들이 18개의 계층으로 구성된 ResNet 아키텍처를 사용해 ImageNet 데이터셋(1,000개의 범주, 120만여 개의 사진으로 이루어진)에서 훈련시킬 때 필요한 인프라스트럭처와 시간을 상세히 설명하고 있다. 4개의 GPU, 24개의 CPU 코어, 224GB의 메모리를 가진 애저 N-시리즈 NC-24 가상 머신에서 30 세대를 훈련시키는 데 거의 3일이 걸렸다. 자세한 내용은 모두 다음 링크에서 확인할 수 있다. https://blogs.technet.microsoft.com/machinelearning/2016/11/15/imagenet-deep-neural-network-training-using-microsoft-rserver-and-azure-gpu-vms/

훈련이 끝났으면 모델은 이제 실세계에 적용될 준비가 됐다. 학생과 마찬가지로 아직 보지 못했던 문제를 해결하기 위해 모델을 배포하고 사용하면 된다. 이를 **추론**(inference)이라고 한다. 훈련과 달리, 추론에서는 훈련을 통해 얻은 이해, 즉 가중치와 계수를 사용해 한 번만 모델을 통과하면 된다. 게다가 모델의 일부는 더 이상 필요하지 않기 때문에 어느 정도 가지치기(pruning, 정확도에 영향을 주지 않는 덜 중요한 부분을 줄이는 기법)하여 모델을 더 최적화할 수 있다.

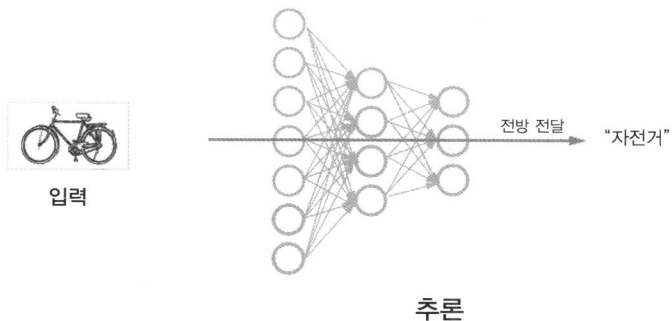

이러한 단일 전달, 가지치기 환경 때문에 스마트폰처럼 성능이 떨어지는 시스템에서도 추론할 수 있다. 하지만 왜 그래야 할까? 에지에서 추론했을 때의 이점은 무엇일까? 다음 절에서 알아보자.

에지에서의 추론

에지 컴퓨팅(edge computing)이 익숙하지 않은 독자들을 위해 간단히 설명하면, 계산을 위해 중앙 서버로 보내는 것이 아니라 네트워크의 가장자리 또는 에지에서 계산을 수행하는 것을 말한다. 에지 기기로는 자동차, 로봇, **IoT**(Internet of Things), 물론 스마트폰을 예로 들 수 있다.

계산을 데이터가 있는 에지에서 수행하려는 이유는 데이터를 네트워크를 통해 전송하는 일이 비용이 많이 들고 시간이 오래 걸려서 우리가 사용자에게 제공하고자 하는 경험에 지연이 발생하고 비용에 따른 제약이 발생하기 때문이다. 이러한 장애물을 제거하면 이전에는 가능하지 않았던 새로운 응용 프로그램을 만들 기회가 열리게 된다. 그 밖에도 추론을 에지에서 수행하면 데이터 보안 측면에서도 효과적이다. 개인 데이터를 네트워크를 통해 전송할 필요가 없기 때문에 악의를 가진 사용자가 개인 데이터를 불법적으로 취할 기회가 줄어든다.

다행히 하드웨어와 소프트웨어의 눈부신 발전으로 현재는 에지에서 추론을 수행하는 것이 가능해졌다.

이 책에서는 iOS에 ML을 적용하는 데 초점을 맞췄다. 모델 아키텍처와 훈련에 대한 **상세한 설명**은 생략했다. 현재로서는 모델을 훈련시키려면 상당한 계산 능력이 필요하고 이는 오늘날의 에지 디바이스 대부분에서 감당할 수 있는 수준이 아니기 때문이다. 그렇지만 가까운 미래에는 에지 디바이스의 성능이 향상되어 이러한 상황도 변할 것이며, 이와 함께 차세대 기술은 디바이스에 있는 개인 데이터를 사용해 모델을 조정하고 개인화하는 데에서 등장할 가능성이 매우 높다.

디바이스에서 ML을 사용하는 일반적인 경우를 정리해보면 다음과 같다.

- **음성 인식**: 현재 지속적으로 네트워크를 통해 데이터를 스트리밍하는 것보다 로컬에서 각성 단어(wake word, 또는 hot word)를 탐지하는 것이 일반적이다. 예를 들어 **헤이 시리(Hey Siri)**는 디바이스에서 로컬로 수행되며, 각성 단어를 탐지한 다음에는 그 뒤에 있을 처리들을 위해 사용자가 말하는 것을 서버로 전송한다.

- **이미지 인식**: 사용자가 사진 찍을 때 적절한 필터를 적용하거나 나중에 사진을 찾거나 비슷한 이미지를 하나로 묶기 위해 캡션을 추가하는 등의 도움을 주기 위해 기기가 자신이 보는 것을 이해할 수 있다면 유용할 것이다. 이러한 기능 추가가 원격 서버에 연결하는 것을 정당화할 만큼 중요하지는 않을지 모르지만, 로컬에서 수행될 수 있기 때문에 비용, 지연, 정보보안 문제를 걱정할 필요 없이 이 기능을 사용할 수 있다.

- **객체 위치 찾기**: 때로는 이미지에 무엇이 있는지 뿐 아니라 어디에 있는지를 아는 것이 유용하다. 한 가지 예로 **증강현실(augmented reality, AR)**을 들 수 있는데, 여기에서는 정보가 장면에 중첩된다. 증강 현실에서는 사용자 경험을 반응형으로 구성하는 것이 핵심이며 이를 위해서는 추론을 수행하는 데 시간적 지연이 거의 없어야 한다.

- **광학 문자 인식**: 최초로 신경망을 상용한 분야 중 하나는 1989년 미국 우체국에서 사용됐던 때나 지금이나 여전히 유용하다. 읽을 수 있다면 실제 사본을 디지털화하거나 계산을 수행하는 애플리케이션을 만들 수 있다. 이러한 애플리케이션의 예로는 번역이나 스도쿠 퍼즐 풀기를 들 수 있다.

- **번역**: 네트워크 연결 없이도 한 언어에서 다른 언어로 빠르면서도 정확하게 번역하는 것은 중요한 활용 사례로 AR이나 광학 문자 인식같이 지금까지 설명했던 시각 기반 시나리오를 보완한다.

- **동작 인식**: 동작 인식을 통해 리치 인터랙션 모드(rich interaction mode)를 제공해 사용자 경험을 개선하고 강화시킬 수 있는 바로 가기 기능이나 직관적인 사용자 상호작용이 가능해진다.

- **텍스트 예측**: 사용자가 다음에 입력할 단어를 예측하거나 사용자 응답을 예측하는 기능은 사용하기 꽤 까다롭고 어려운 것(스마트폰 소프트 키보드)을 그에 대응하는 전형적인 키보드와 비슷한 속도를 내거나 그보다 빠른 것으로 바꾸었다. 기기에서 이 추론을 수행할 수 있기 때문에 사용자 개인정보를 보호하고 반응형 응답을 제공하는 능력이 향상됐다. 이 기능은 요청이 원격 서버에 전달돼야 하는 경우에는 사용할 수 없다.
- **텍스트 분류**: 이 기능은 감정 분석부터 주제 발견에 이르기까지 모든 것을 아우르며, 여기에서 사용자에게 관련 콘텐츠를 추천하거나 중복되는 텍스트를 제거하는 등의 여러 유용한 애플리케이션이 비롯됐다.

이 같은 용도와 애플리케이션을 통해 에지에서 추론하는 것이 좋은 이유를 이해하기 바란다. 이는 기기 밖에서 추론할 때보다 더 높은 수준의 상호 작용을 제공할 수 있음을 의미한다. 이로써 기기의 네트워크 연결이 불안정하거나 네트워크에 연결돼 있지 않더라도 사용자 경험을 제공할 수 있다. 마지막으로 수요가 증가해도 서버 부하와 직접적인 관련이 없기 때문에 확장성이 좋다.

지금까지 추론이 무엇인지와 추론을 에지에서 수행하는 것이 왜 중요한지 소개했다. 다음 절에서는 iOS 기기에서 이를 가능하게 하는 프레임워크인 Core ML을 소개하겠다.

Core ML

iOS 11과 Core ML이 출시되면서 추론을 수행하는 일은 코드 몇 줄로 가능해졌다. iOS 11 이전에도 추론을 수행할 수 있었지만 사전 학습된 모델을 가져와서 **Accelerate**나 **metal performance shaders(MPSes)** 같은 기존 프레임워크를 사용해서 포팅하려면 몇 가지 작업이 필요했다. **Accelerate**와 MPSes는 여전히 Core ML 내부에서 사용되지만 Core ML에서 해당 모델이 이 내부 프레임워크 중 어느 것을 사용해야 할지 결정해준다(**Accelerate**는 메모리가 많이 필요한 작업을 위해 CPU를 사용하며, MPSes는 계산이 집약적으로 발생하는 작업을 위해 GPU를 사용한다). 또한 수많은 세부 사항을 추상화시킨다. 이 추상화 계층은 다음 그림과 같다.

기본 ML 성능 프레임워크	CoreML	
	Accelerate	Metal Performance Shaders
하드웨어	CPU	GPU

추가적인 계층도 있다. iOS 11은 얼굴 인식, 객체 추적, 번역, **개체명 인식**(named entity recognition, NER)처럼 이미지와 텍스트 데이터로 작업할 때 사용할 만한 많은 공통 작업을 더 추상화한 영역 특화된 계층을 도입하고 확장했다. 이러한 영역 특화된 계층들은 Vision과 NLP(natural language procession, 자연어 처리) 프레임워크에 캡슐화돼 있다. 여기에서 이 프레임워크를 더 자세히 살펴보지 않지만 나중에 이들을 사용할 기회가 있을 것이다.

	App	
영역 특화 프레임워크	Vision	NLP
기본 ML 성능 프레임워크	CoreML	
	Accelerate	Metal Performance Shaders
하드웨어	CPU	GPU

이 프레임워크들, 특히 Core ML에 보내기 전에 데이터를 준비하기 위해 사용할 수 있는 유용한 사전 처리 기법을 제공하는 영역 특화 프레임워크들은 상호 배타적이지 않으며 보통 함께 사용되는 경우가 많다.

그렇다면 Core ML은 정확히 무엇인가? Core ML은 여러분이 코드에서 ML 모델에 쉽게 접근하고 사용할 수 있게, ML 모델을 iOS에 가져와 표준 인터페이스로 감싸는 절차를 쉽게 만들어 주는 도구 묶음으로 보면 된다. 이제 Core ML로 작업할 때의 일반적인 작업 흐름을 자세히 살펴보겠다.

작업 흐름

앞서 설명했듯이 ML 작업 흐름은 **훈련**(training)과 **추론**(inference)의 두 가지 주요 작업으로 구성된다. 훈련에는 데이터를 획득하여 준비하고, 모델을 정의한 다음 실제로 훈련시키는 과정이 포함된다. 모델이 훈련하는 동안 만족스러운 결과를 얻고 적절한 예측을 수행할 수 있게 되면(모델이 본 적이 없는 데이터에 대해서도), 모델은 훈련 집합 외부의 데이터를 사용하여 추론하기 위해 배포되고 사용될 수 있다. Core ML은 훈련된 모델을 iOS로 쉽게 가져오는 도구 집합을 제공하며 **Core ML Tools**라는 파이썬 패키지로 출시됐다. 이 패키지를 사용하면 여러 인기 있는 패키지 중 하나로부터 모델(아키텍처와 가중치로 구성된)을 가져와서 .mlmodel 파일을 내보낸 다음 Xcode 프로젝트로 임포트할 수 있다.

임포트하고 나면 Xcode는 모델을 위한 인터페이스를 생성해 여러분에게 익숙한 코드를 통해 그 모델에 쉽게 접근할 수 있게 해준다. 마지막으로 애플리케이션을 구축할 때 모델은 더 최적화되어 애플리케이션 내부에 포함된다. 모델 생성 절차는 다음 그림과 같이 요약해볼 수 있다.

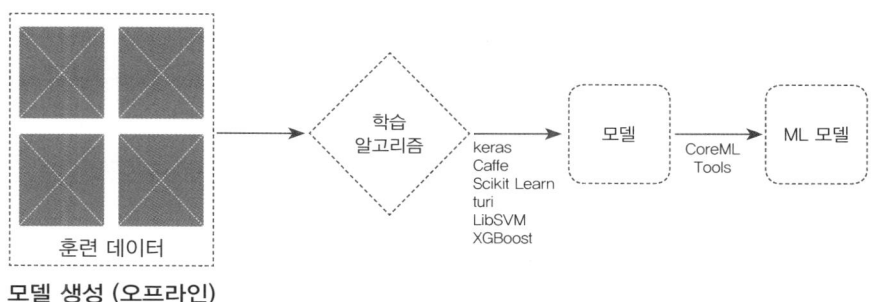

모델 생성 (오프라인)

앞의 그림은 지원하는 프레임워크 중 하나에서 제공하는 기존 모델을 사용하거나 처음부터 모델을 훈련시켜서 .mlmodel을 생성하는 절차를 보여준다. Core ML Tools는 Keras, turi, Caffe, scikit-learn, LibSVN, XGBoost 프레임워크를 포함하여 내부 혹은 서드파티 플러그인 프레임워크 대부분을 지원한다. 또한 애플은 이 패키지를 다른 프레임워크나 여러분이 직접 쉽게 사용할 수 있도록 모듈식으로 구성해 오픈 소스로 제공한다. 모델을 임포트하는 절차는 다음 그림과 같다.

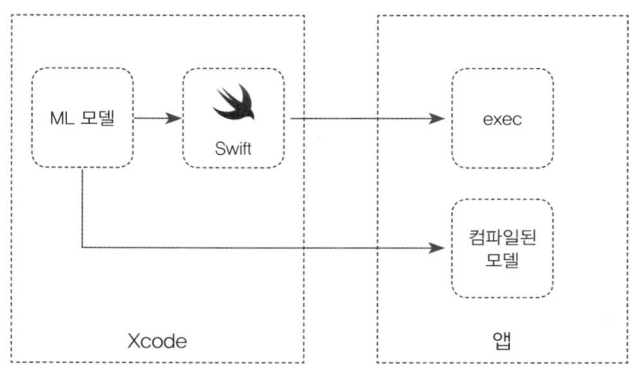

코드로서의 모델

게다가 Core ML과 더 밀접하게 통합되어 Core ML 모델 생성을 처리하는 **Turi Create, IBM Watson Services for Core ML, Create ML** 같은 프레임워크가 있다.

10장에서 Create ML을 소개할 것이다. Turi Create와 IBM Watson Services for Core ML을 더 배우고 싶은 독자는 다음 링크를 통해 공식 웹페이지를 참고하라.
Turi Create: https://github.com/apple/turicreate
IBM Watson Services for Core ML: https://developer.apple.com/ibm/

이전에 언급했듯이 모델이 임포트되면 Xcode는 **모델**과 모델의 **입력**과 **출력**을 감싸는 인터페이스를 생성한다. 이 책 나머지 부분을 통해 익숙해질 테니 여기에서는 더 자세히 다루지 않겠다.

앞의 그림에서 모델을 훈련시키고 임포트하는 작업 흐름을 살펴봤다. 이제 이 **모델**이 무엇이고 Core ML이 현재 무엇을 지원하는지 자세히 알아보자.

학습 알고리즘

1장 '머신러닝 소개'에서 다양한 종류의 학습 알고리즘을 보았고, ML은 실제로 사례 집합이 주어졌을 때 자동으로 규칙을 발견하는 절차라는 사실을 배웠다. 이 절차, 특히 지도 학습에 필요한 주요 구성 요소는 다음과 같다.

- **입력 데이터 포인트**: 이미지 분류의 경우 우리가 분류하고 싶은 분야, 예를 들어 동물 이미지가 필요하다.
- **입력에 대한 기대 출력**: 계속해서 앞서 예로 들었던 동물 이미지 분류를 생각해보면 기대 출력은 각 이미지에 연결된 레이블, 즉 예를 들어 고양이, 개 등이 될 것이다.
- **ML 알고리즘**: 이것은 입력 데이터 포인트를 의미 있는 출력으로 변환하는 방법을 자동으로 학습하기 위해 사용되는 알고리즘이다. 이 유도된 규칙의 집합을 모델이라고 하며 **훈련**이라는 학습 절차를 통해 유도된다.

간단한 예제를 통해 개념을 좀 더 구체적으로 살펴보자.

스웨덴 자동차 보험

아직 코드가 준비되지 않았다면 저장소(https://github.com/PacktPublishing/Machine-Learning-with-Core-ML)로 가서 최신 코드를 내려받자. 코드를 내려받았으면 Chapter2/Start/ 디렉터리로 가서 LinearRegression.playground 플레이그라운드를 열라.

우리는 청구 건수(x)가 주어졌을 때 전체 청구 내역의 전체 지급액(y)을 예측하는 모델을 만들 것이다. 여기에 사용할 데이터셋은 스웨덴의 자동차 보험금 청구 내역이다. 이 데이터셋은 2 열에 64 행으로 구성돼 있으며, 첫 번째 열은 청구 건수를 포함하고 있고 두 번째 열은 전체 청구 건에 대한 지급액을 포함하고 있다. 다음은 데이터셋에서 추출한 일부 내용이다.

Number of claims	Total payments for all claims in thousands of Swedish Kronor
108	392.5
19	46.2
13	15.7
124	422.2
...	...

 더 자세한 내용은 데이터 출처인 웹사이트(http://college.cengage.com/mathematics/brase/understandable_statistics/7e/students/datasets/slr/frames/slr06.html)에서 확인할 수 있다.

플레이그라운드 스크립트에서 ScatterPlotView 형식의 뷰를 생성하고 이를 플레이그라운드의 라이브 뷰에 할당하는 것을 볼 수 있다. 우리는 이 뷰를 사용해서 데이터와 모델 예측을 시각화할 것이다.

```
let view = ScatterPlotView(frame: CGRect(x: 20, y: 20, width: 300, height: 300))

PlaygroundPage.current.liveView = view
```

이 뷰를 사용함으로써 우리는 view.scatter(dataPoints:) 메서드를 이용해 데이터 포인트 배열을 그래프로 그리고 view.line(pointA:,pointB) 메서드를 이용해 선을 그릴 수 있다.

```
let csvData = parseCSV(contents:loadCSV(file:"SwedishAutoInsurance"))

let dataPoints = extractDataPoints(data: csvData, xKey: "claims", yKey: "payments")

view.scatter(dataPoints)
```

앞의 코드에서 먼저 데이터를 csvData 변수에 로딩하고 이를 강력한 형식의(strongly typed) 배열 DataPoint(우리 뷰에서 받는 강력한 형식의 데이터 객체)로 캐스팅한다. 이렇게 로딩된 데이터를 scatter 메서드를 통해 뷰로 전달하면 다음과 같은 출력을 렌더링한다.

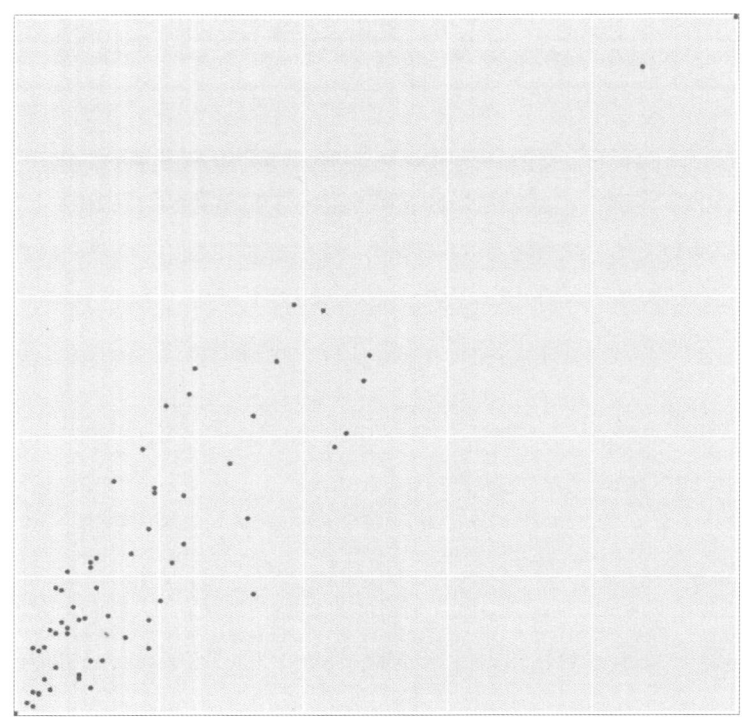

각 점은 청구 건수(x축)와 전체 청구 건에 대한 총 지급액(y축)을 가지고 점을 찍은 하나의 데이터 포인트를 나타낸다. 이 그래프에서 우리는 **청구 건수와 전체 청구 건에 대한 총 지급액** 사이에 선형 관계가 있다고 추론할 수 있다. 즉, **청구 건수**가 증가하면 **전체 청구 건에 대한 총 지급액**도 증가한다. 직관적으로 알아낸 이 사실을 사용해서 **청구 건수**가 주어졌을 때 **전체 청구 건에 대한 총 지급액**을 예상할 수 있는 선형 모델에 따라 데이터를 모델링 할 수도 있다. 여기에서 설명하고 있는 알고리즘 유형은 **단순 선형 회귀**이다. 근본적으로 이 알고리즘은 우리 데이터에 가장 잘 맞는 직선을 찾는다. 이를 함수로는 $y=w*x+b$로 표현할 수 있는데 여기에서 y는 **전체 청구 건에 대한 총 지급액**이고, x는 **청구 건수**이며, w는 t와 x 사이의 관계이고 b는 절편이다.

 선형 회귀는 연속된 값을 출력으로 내는 선형 함수로 매핑되는 회귀 모델 중 하나다. 예를 들어, **집값**을 모델링하고 예측한다면 입력으로는 아마 **침실 수, 욕실 수**가 있을 것이다. 입력과 출력 사이에 선형 상관관계가 있다는 가정하에, 이 두 특징을 사용해 집값을 예측하는 함수를 구하려고 할 것이다.

아주 간단하다! 다음 문제는 우리 데이터에 가장 잘 맞는 이 선을 구하는 것이다. 이를 위해 우리는 **경사 하강법(gradient descent)**이라는 방식을 사용할 것이다. 경사 하강법을 이론적, 기술적으로 상세하게 설명한 책들은 매우 많으니 여기에서는 일부 직관적인 지식만 설명하고 더 궁금한 독자들은 세부 내용을 각자 학습할 수 있을 것이다.

 경사 하강법은 함수를 최소화하는 일련의 알고리즘이다. 우리의 경우 실제 출력값에 대한 모델 출력값의 손실을 최소화한다. 이는 초기 매개변수(가중치나 계수)를 가지고 시작해서 계산된 손실을 최소화하기 위해 반복적으로 이 매개변수들을 조정함으로써 가능해진다. 이 조정값의 방향과 크기는 예측값이 기대 오차와 매개변수 기여도에 비해 얼마나 떨어져 있는지에 따라 결정된다.

경사 하강법은 최솟값을 찾는 과정으로 생각할 수 있다. 이 최솟값을 결정하는 것을 **손실 함수(loss function)**라 한다. 여기서 다루는 문제에서 손실 함수는 청구 건수에 대한 예측값과 실제 값 사이의 절대 오차가 될 것이다. 알고리즘은 각 변수(이 경우, w와 b)의 상대적 기여도를 계산해 조정된다. train 메서드를 통해 이 과정이 코드로 어떻게 구현되는지 보자.

```
func train(
    x:[CGFloat],
    y:[CGFloat],
    b:CGFloat=0.0,
    w:CGFloat=0.0,
    learningRate:CGFloat=0.00001,
    epochs:Int=100,
    trainingCallback: ((Int, Int, CGFloat, CGFloat) -> Void)? = nil) -> (b:CGFloat, w:CGFloat){
    var B = b // 편향값
    var W = w // 가중치
    let N = CGFloat(x.count) // 데이터 포인트 개수
    for epoch in 0...epochs{
        // TODO: b와 w에 대해 이번 세대의 경사를 저장할 변수 생성
        for i in 0..<x.count{
            // TODO: 예측 생성 (선형 방정식 y = b + x * w 사용)
            // TODO: 절대 오차 계산 (예측값 - 실제값)
            // TODO: 오차와 b()에 대해 경사 계산: 이를 해당 세대 편향값 경사에 더함
            // TODO: 오차와 w()에 대해 경사 계산: 이를 해당 세대 가중치 경사에 더함
        }
        // TODO: learningRate를 사용해 편향값(B)를 업데이트
        // TODO: learningRate를 사용해 가중치(W)를 업데이트
        if let trainingCallback = trainingCallback{
            trainingCallback(epoch, epochs, W, B)
```

```
        }
    }
    return (b:B, w:W)
}
```

train 메서드는 다음 인수를 취한다.

- x: 청구 건수를 담고 있는 DataPoint의 배열
- y: 지급 총액을 담고 있는 DataPoint의 배열
- b: 검색을 시작할 때 선형 함수에서 사용하는 난수
- w: 검색을 시작할 때 선형 함수에서 사용하는 또 다른 난수
- learningRate: 얼마나 빠르게 가중치를 조정할지 결정
- epochs: 반복 횟수. 한 번 반복할 때마다 예측을 생성하고, 예측과 기댓값의 차를 계산해서 그에 따라 계수를 조정함
- trainingCallback: 이 함수는 세대마다 진행 경과를 보고하기 위해 호출됨

다음으로 훈련시키는 동안 사용될 몇 가지 변수를 생성하고 검색을 시작한다 (for epoch in 0...epochs). 차례대로 TODO에서 하는 일을 살펴보고 코드로 바꿔 나가 보자.

먼저 변수 b와 w에 대한 경사를 담는 두 개의 매개변수를 생성한다. 이 두 변수는 손실 함수인 **절대 오차(absolute error)**를 최소화하기 위해 각 계수를 조정한 값이다.

```
// TODO: b와 w에 대해 이번 세대에서 사용할 경사를 저장하기 위한 변수 생성
var bGradient : CGFloat = 0.0
var wGradient : CGFloat = 0.0
```

다음으로 각 데이터 포인트를 반복하고, 데이터 포인트마다 예측을 수행한 다음 절대 오차를 계산한다.

```
// TODO: 예측 생성(선형 방정식 y = b + x * w 사용)
let yHat = W * x[i] + B
// TODO: 절대 오차 계산 (예측값 - 실제값)
let error = y[i] - yHat
```

이제 오차에 대한 편도함수를 계산한다. 이는 검색을 올바른 방향으로 조정하는 방법으로 생각하면 된다. 즉 편도 함수를 계산하면 오차를 최소화하기 위해 b와 w를 변경해야 하는 **방향**과 **크기**를 알 수 있다.

 이 과정은 모든 데이터 포인트를 반복한 다음에 끝난다. 즉, 모든 데이터 포인트에 의해 영향받는다. 그 대안으로 데이터 포인트마다 변경하거나 **배치(batch)**라 알려진 일부 데이터 포인트마다 업데이트할 수 있다.

```
// TODO: 오차와 b()에 대해 경사 계산: 이를 해당 세대 편향값 경사에 더함
B = B - (learningRate * bGradient)
// TODO: 오차와 w()에 대해 경사 계산: 이를 해당 세대 가중치 경사에 더함
W = W - (learningRate * wGradient)
```

데이터 포인트마다 반복한 다음 누적된 경사를 사용해서 계수 B와 W를 조정한다.

각 세대(epoch) 후에 현재 모델 계수를 사용해 선(데이터에 맞는 현재 가장 잘 맞는 선)을 그리기 위해 trainingCallback이 호출된다. 그 진행 과정을 그림으로 표현하면 다음과 같다.

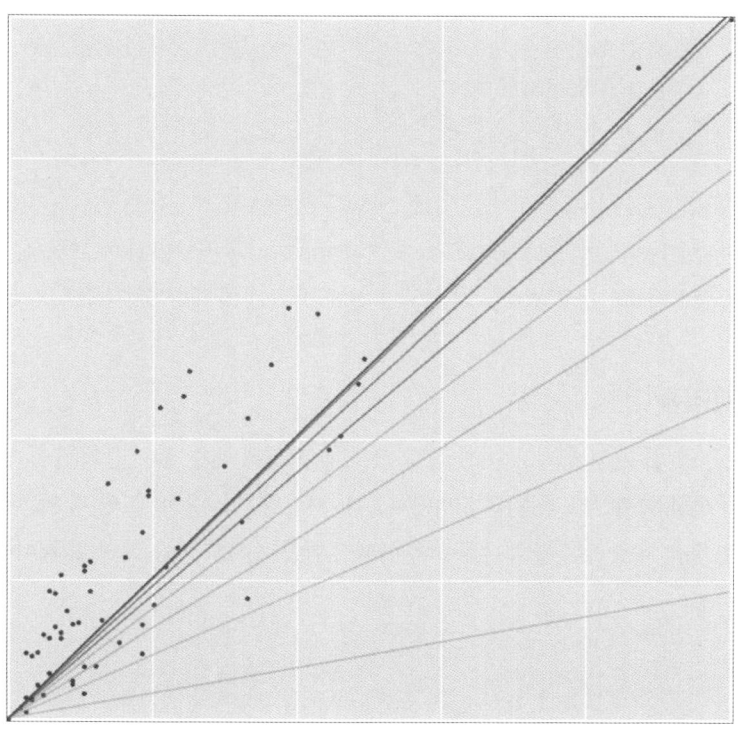

확실히 키가 없이 이를 해석하기는 어렵다. 하지만 다행히 패턴은 분명하다. 반복할 때마다 이 선은 데이터에 더 잘 맞아 들어간다. 100 세대가 지나면 다음 모델을 결과로 얻게 된다.

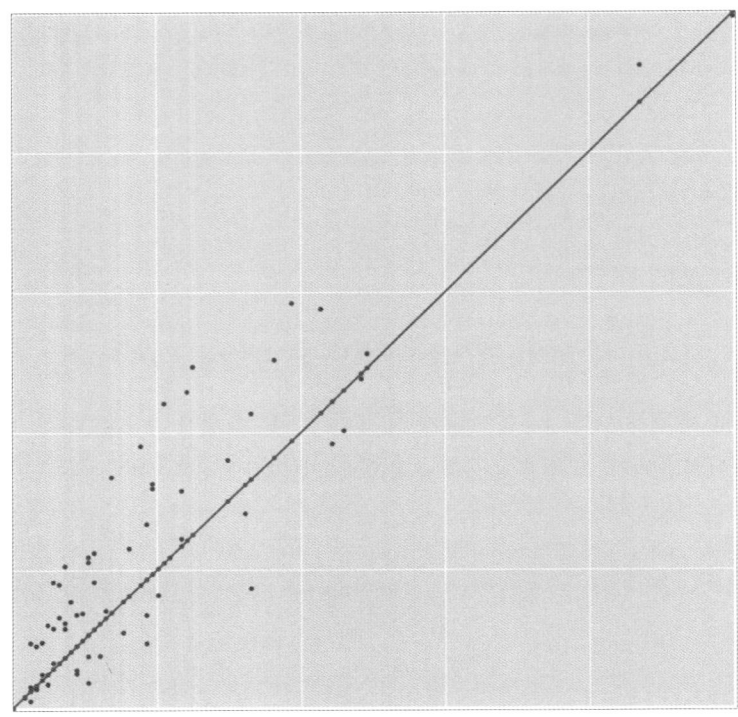

이 선을 설명하는 함수는 y = 0.733505317339142 + 3.4474988368438 * x이다. 이 모델을 사용하면 **청구 건수**가 주어졌을 때 단순히 x를 **청구 건수**로 대체하여 **전체 청구 건에 대한 총 지급액**을 예상할 수 있다.

지원 학습 알고리즘

이전 예제에서는 청구 건수(입력)가 주어졌을 때 전체 청구 건에 대한 총 지급액(출력)을 예측하는 모델을 구축하기 위해 **선형 회귀**(알고리즘)를 사용했다. 이는 ML에서 사용할 수 있는 수많은 알고리즘 중 하나이다. 다음 그림에서 이 중 일부를 보여주는데 **비지도 학습**과 **지도 학습**, **연속형 데이터**와 **범주형 데이터** 그룹으로 나뉜다.

머신러닝 알고리즘

	비지도 학습	지도 학습
연속형 데이터	클러스터링 & 차원 축소 SVD PCA K-Means	회귀 　선형 회귀 　다항 회귀 결정 트리 랜덤 포레스트 신경망
범주형 데이터	연관 규칙 분석 　Apriori 　FP-Growth 은닉 마르코프 모델	분류 　KNN 　분류 트리 　로지스틱 회귀 　나이브 베이즈 분류 　서포트 벡터 머신 　신경망

Core ML 모델을 생성하는 절차는 원천 프레임워크의 모델을 iOS에서 실행할 수 있는 것으로 전환하는 것이다. 다음 그림은 현재 Core ML에서 지원하는 학습 알고리즘을 보여준다.

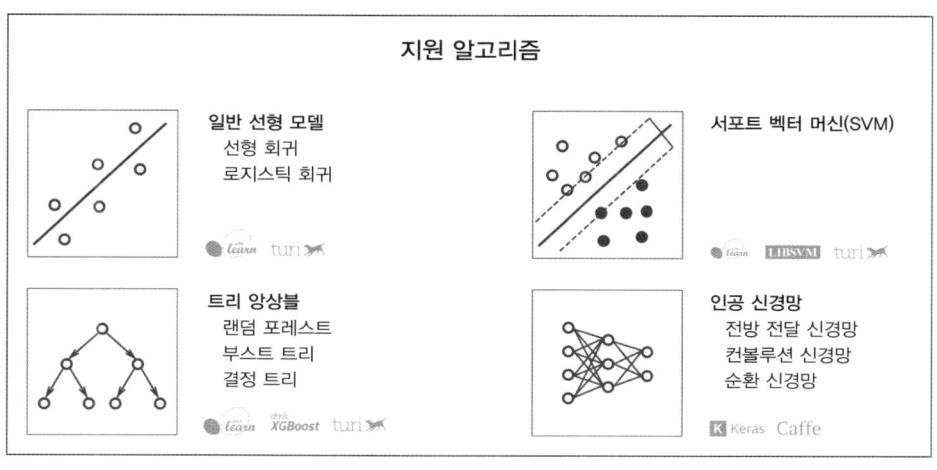

지원 알고리즘과 신경망은 대부분의 ML 작업에서 충분히 다목적으로 쓰일 수 있어야 하지만 이 분야가 얼마나 빠르게 바뀌는지 생각해보면 당연히 지원되지 않는 알고리즘을 만나게 될 것이다. 애플은 이 점을 예상하고 프레임워크를 확장할 수 있는 두 개의 프로토콜을 제공한다. MLCustomLayer는 맞춤 계층을 생성하기 위해 사용되며(나중에 다룰 것이다) MLCustomModel은 맞춤 모델을 생성하기 위해 사용된다.

이를 통해 어떤 경우에 Core ML이 일반적인 ML 작업 흐름에 잘 어울리는지, 왜 애플이 이러한 디자인 결정을 내렸는지에 대해 조금은 알게 됐을 것이다. 우리는 iOS 기기, 더 일반적으로는 에지에서 ML을 다룰 때 고려해야 할 사항을 고차원적으로 살펴봄으로써 이 장을 마무리하겠다.

고려사항

에지에서 ML을 수행할 때에는 성능 좋은 기기에서 실행될 때 누릴 수 있는 사치 중 일부는 잃게 된다(항상 바뀌기는 하지만). 다음은 주의해야 할 사항들이다.

- **모델 크기**: 앞에서 우리는 단순한 선형 회귀 모델을 구축하는 과정을 살펴봤다. 모델 자체는 두 개의 부동 소수점(편향 값과 가중치 계수)으로 구성된다. 물론 메모리 관점에서는 이 둘을 신경 쓸 필요가 없다. 하지만 딥 러닝 분야라면 크기가 수백 메가바이트에 해당하는 모델을 구하는 일이 보통이다. 예를 들어 애플 사이트에서 제공하는 VGG16 모델은 이미지 분류에 사용되는 ImageNet 데이터셋에서 훈련된 16개의 계층으로 구성된 전형적인 신경망 구조다. 이 모델은 500메가바이트를 넘는다. 현재 애플은 크기가 2기가바이트인 앱까지 허용하지만 그렇게 큰 파일을 내려받으라고 요청하면 사용자들은 포기할 것이다.

- **메모리**: 실행 파일 말고도 사용 가능한 작업 메모리 용량도 주의해야 한다. 데스크톱은 16~32기가바이트의 메모리를 갖고 있는 것이 일반적이지만 최신 아이폰(아이폰 8)에서 메모리는 겨우 2기가바이트(아이폰 X 기준으로 3기가바이트)다. 모바일 기기로는 인상적인 용량이지만 데스크톱과 비교하면 너무 차이가 난다. 디스크에서 얼마나 차지하는지보다 이 제약 조건이 모델 선택에 영향을 준다. 또한 메모리에 로딩해야 하는 것에는 모델만 있는 것이 아니라 레이블 데이터는 물론 추론에 사용될 입력 데이터도 있다는 점을 고려해야 한다.

- **속도**: 이것 역시 모델 크기(일반적인 상황에서)와 관련 있으며 각자의 특정 용도와 관련돼 있다. 다만 추론을 수행하는 일은 작업 흐름의 일부일 뿐이라는 사실을 기억하자. 입력 데이터를 로딩하고 전처리하는 것처럼 사전 처리와 사후 처리 작업 또한 고려해야 한다. 경우에 따라 성능 및 크기와 정확도를 맞바꿔야 할 수도 있다.

- **알고리즘 및 데이터 형식 지원 여부**: 이전 절에서는 Core ML이 현재 지원하는 알고리즘을 알아봤다. 이와 함께 Core ML은 일부 데이터 형식을 지원하는데, 편의상 다음 표에 요약하여 정리했다.

입력 유형	데이터 형식
숫자	Double, Int64
범주	String, Int64
이미지	CVPixelBuffer
배열	MLMultiArray
딕셔너리	[String : Double], [Int64, Double]

지금까지 모바일 기기에서 ML을 수행할 때 고려해야 할 몇 가지 사항을 알아봤다. 세부 사항은 어디에 사용되는지, 어떤 모델을 사용할 수 있는지에 따라 다르지만, 우리가 다루는 기기가 아무리 성능이 좋다 해도 모바일 기기라는 점을 잊지 말고 반드시 염두에 두어야 한다. 모바일 기기는 배터리로 실행되고 따라서 모바일 프로젝트라면 일반적으로 요구되는 전형적인 고려 사항과 최적화 문제에 영향을 받는다. 이러한 고려 사항은 자신만의 모델을 만들려는 사람들에게 해당되며 여기에는 ML을 활용할 계획이 있는 사람 대부분이 포함된다.

요약

이 장에서 훈련과 추론의 차이와 함께 전형적인 ML 작업 흐름과 Core ML이 적합한 경우를 알아봤다. 또한 Core ML은 단일 프레임워크라기 보다는 사전 학습된 모델을 iOS 플랫폼에 적용하고 여러분에게 익숙하고 단순한 인터페이스를 통해 애플리케이션에서 그 모델을 사용할 수 있도록 도와주는 도구 모음이라는 사실을 살펴봤다. 따라서 이 프레임워크는 ML을 대중화하여 수많은 iOS 앱 개발자들이 쉽게 활용할 수 있도록 제공한다.

다양한 앱이 폭발적으로 증가함에 따라 스마트폰이 대중화됐다. 이것이 사실이라면 다가올 AI로 강화된 앱의 폭발적 증가에 대비해야 한다. 그리고 이 장은 그 여정을 출발하고 이끌어줄 훌륭한 출발점으로, 이 여정에서 우리는 Core ML을 사용한 컴퓨터 비전과 관련된 다양한 개념과 예제를 살펴볼 것이다. 앞으로 나아갈 여정에는 다음 사항들이 포함된다.

- 카메라에서 공급되는 동영상을 통해 객체 인식하기
- 객체 탐지를 활용해 지능형 이미지 검색 기능을 구축함으로써 특정 객체와 위치를 기준으로 이미지 검색 기능 제공하기

- 얼굴 표정을 인식해 인간의 감정 상태를 추론하기
- 컨볼루션 신경망을 사용해 손으로 그린 스케치를 인식한 다음, 순환 신경망을 사용해 동일한 작업하기
- 프리즈마(Prisma) 앱의 스타일 전이 비결을 배우고 각자 버전을 구현하기
- 마지막으로 이미지 분할을 사용해 액션 샷(action shot) 효과 만들기

배울 내용이 많으니 바로 시작해보자!

03

실세계에서 객체 인식하기

이 장에서는 기본 Core ML 애플리케이션을 이용해 작업함으로써 **머신러닝**(machine learning, ML)과 Core ML을 본격적으로 알아보자. 이번 장에서는 사용자가 아이폰의 카메라로 무언가를 촬영하면, 이미지 분류 모델을 사용해서 그 장면에서 지배적으로 차지하는 객체를 분류해주는 앱을 살펴볼 것이다.

그런에 앞서 이미지 분류에 적합한 신경망의 하나인 컨볼루션 신경망(convolutional neural network, ConvNet 또는 CNN)의 개념을 알아보자. 스켈레톤 프로젝트를 시작으로, Core ML을 사용하면 ML을 앱에 통합시키는 것이 얼마나 쉬운지 보게 될 것이다.

이 장에서는 다음과 같은 내용을 다룰 것이다.

- 시스템이 이미지를 이해하는 방법에 대한 직관적인 지식 얻기
- 이 장에서 사용할 예제 애플리케이션 구축하기
- 사진 프레임을 캡처하고 Core ML 모델로 전달하기 전에 전처리하기
- Core ML 모델을 사용해 추론하고 결과 해석하기

컨볼루션 신경망은 보통 CNN 또는 ConvNet이라고 하며 이 용어들은 이 책에서 혼용된다.

이미지 이해하기

앞서 언급했듯이 이 책에서는 특정 ML 알고리즘을 이론적으로 깊게 다루지 않고 주요 개념만 소개할 것이다. 이로써 ML 알고리즘의 동작 원리를 직관적으로 이해할 수 있게 되어 이를 어디에 어떻게 적용하는지 알 수 있고 특정 주제를 깊이 있게 연구할 발판이 될 것이다. 이것이 ML에 접근하는 효과적인 방법이다.

 딥러닝을 잘 소개한 글로는 앤드류 트래스크(Andrew Trask)의 책 《Grokking Deep Learning》을 읽어 보기 바란다. ML을 전반적으로 소개한 글로는 토비 세가란(Topy Segaran)이 쓴 《집단지성 프로그래밍》을 추천한다.

이 절에서는 CNN을 소개할 것이다. 특히 CNN이 무엇인지와 왜 공간 데이터, 즉 이미지에 적합한지 알아볼 것이다. 그러나 CNN을 설명하기 전에 먼저 데이터를 점검한 다음 왜 CNN이 다른 대안인 완전 연결 신경망(fully connected neural network)이나 일반 신경망보다 성능이 좋은지 알아볼 것이다.

이 개념을 보여주기 위해 다음 숫자를 분류하는 작업을 생각해보자. 여기에서 각 숫자는 5회색조5픽셀 행렬로 표현돼 있다. 어두운 회색 픽셀은 값 1을 갖고 옅은 회색 픽셀은 값 0을 갖는다.

완전 연결 신경망(단일 은닉 계층)을 사용하면 우리 모델은 각 픽셀과 그에 연결된 레이블의 결합 확률을 학습할 수 있다. 즉, 모델은 레이블과 상관관계가 있는 픽셀에 양의 가중치를 할당하고 가장 가능성이 높은 출력을 가장 개연성 있는 레이블로 사용한다. 훈련시키는 동안 다음 그림처럼 각 이미지를 취해서 네트워크에 공급하기 전에 1차원으로 변환한다(flatten).

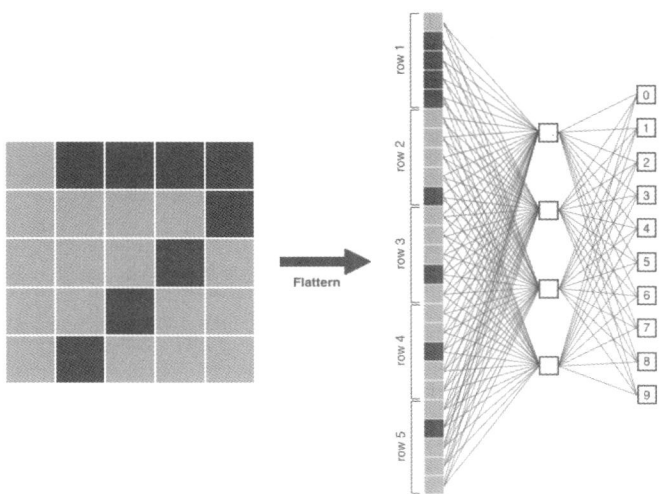

이 신경망은 놀라울 정도로 잘 동작한다. ML, 특히 딥러닝의 경험이 있는 독자라면 아마 MNIST 데이터셋을 접해 본 경험이 있을 것이다. 이 데이터셋은 레이블이 달린 손으로 쓴 숫자로 구성돼 있고 각 숫자는 28×28 크기의 회색조(0~255 범위의 픽셀값을 갖는 단일 채널) 이미지의 중심에 위치한다. 단일 계층의 완전 연결 네트워크를 사용하면 90%에 달하는 검증 정확도를 얻을 가능성이 높다. 하지만 다음 그림처럼 이 이미지를 더 큰 공간으로 옮겨 복잡성을 높이면 어떻게 될까?

완전 연결 네트워크는 공간 또는 위치적 관계에 대한 개념이 없다. 이 경우 모델은 모든 가능한 위치에서 각 숫자의 모든 변형을 학습해야 한다. 공간 데이터의 관계를 캡처하는 능력이 왜 중요한지 강조하기 위해, 2차원 정보를 폐기하는 네트워크를 사용해서 개와 고양이를 분류하는 작업처럼 더 복잡한 이미지를 학습해야 하는 경우를 생각해보자. 각 픽셀 자체로는 눈, 코, 귀처럼 복잡한 모양을 보여줄 수 없다. 이웃한 픽셀을 함께 고려할 때만 더 복잡한 모양을 표현할 수 있다.

개와 고양이를 구분하는 캐글 대회에서 가져온 이미지(https://www.kaggle.com/c/dogs-vs-cats)

원시 픽셀에서 끌어낼 수 있는 것, 즉 고차원 특징을 사용해 이미지를 표현할 수 있는 것이 필요하다. 숫자 데이터셋으로 돌아가서 분류 작업을 위해 고차원 특징을 추출하는 방법을 살펴보자. 앞의 예제에서 말했듯이 우리는 원시 픽셀을 무시하고 위치에 영향받지 않으며 2차원 공간 정보를 보존하는 특징 집합이 필요하다. 이미지 처리나 이미지 처리 도구에 익숙하다면 **테두리 탐지(edge detection)** 혹은 **테두리 필터(edge filter)**의 개념과 결과를 본 적이 있을 것이다. 간단하게 설명하면, 커널 집합을 전체 이미지에 걸쳐 이동시켜서 결과로 테두리가 강조된 이미지를 얻게 된다. 이 과정을 다이어그램으로 살펴보자. 우선 우리는 커널 집합을 가지고 있으며, 각 커널은 가로 테두리, 세로 테두리, 45도 각도의 테두리처럼 이미지의 구체적인 특징을 추출한다.

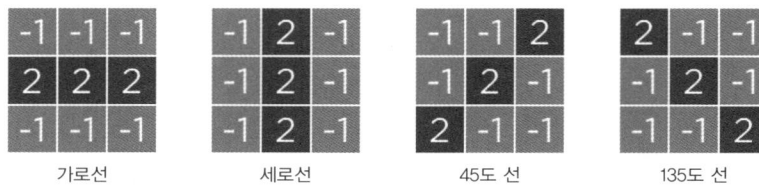

우리는 이미지에 각 필터를 전달해서 각 특징을 추출한다. 이를 그림으로 설명해보기 위해 숫자 하나를 가져와서 그 이미지에 세로선 커널을 전달해보자.

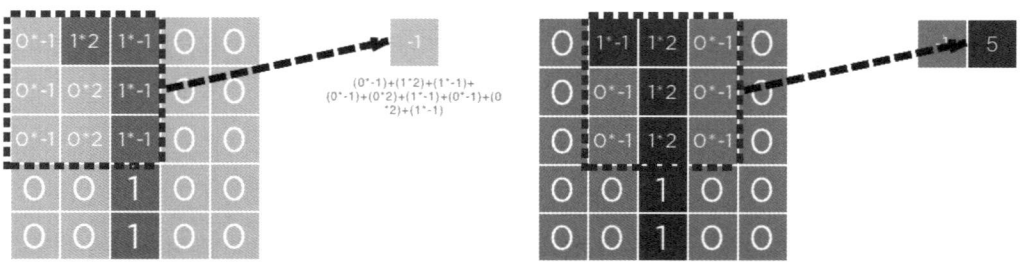

이전 그림에서 보여줬듯이 이미지에 세로선 커널을 이동시키면서 이미지와 커널 값을 사용해 새로운 이미지를 만든다. 이 과정은 다음 그림에서 보듯이 이미지의 경계에 이를 때까지 계속된다.

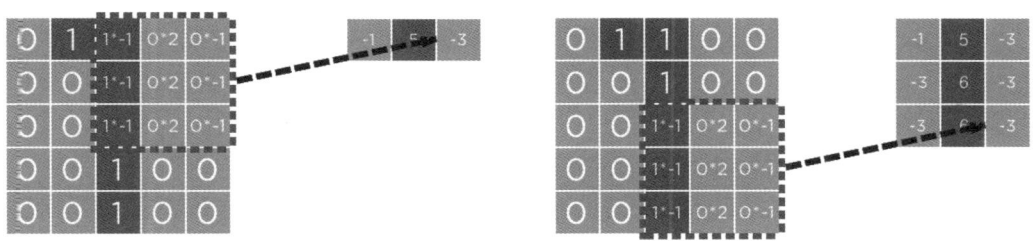

이 과정을 통해 이미지 내에서 탐지된 세로선의 존재를 보여주는 지도를 얻게 된다. 이 커널과 다른 커널을 사용하면 이제 픽셀 위치가 아니라 지배적인 경사를 사용해 각 범주를 묘사할 수 있다. 이러한 고차원의 추상화를 통해 더 복잡한 개체를 묘사할 뿐 아니라 위치와 상관없는 범주를 인식할 수 있다.

 커널을 다룰 때는 **스트라이드 값**(stride value)과 **패딩**(padding)을 알아둬야 한다. 스트라이드는 이미지 위에서 커널을 움직일 때 얼마의 간격으로 움직일지 결정한다. 이전 예제에서 스트라이드는 1로 설정돼 있다. 즉 커널을 한 칸씩만 이동시켰다. 패딩은 경계를 다루는 방법과 관련 있다. 여기에서는 valid를 사용하는데 이는 유효 범위 내에 있는 픽셀만 처리함을 뜻한다. same은 출력을 입력과 동일한 크기로 유지하기 위해 이미지 주변에 경계를 추가하는 방법을 뜻한다.

여기에서 수행한 작업을 **특징 공학**(feature engineering)이라고 하며, 신경망 특히 CNN에서는 자동으로 수행된다. 여기에서 이웃한 픽셀로부터 지역적인 특징을 추출하기 위해 이미지를 합성곱할 때 사용되는 일련의 커널(또는 컨볼루션 행렬)을 생성한다. 앞에서 특징을 추출한 예제와 다르게 이 커널들은 훈련 단계에서 학습된다. 커널이 자동으로 학습되기 때문에 이미지의 미세한 뉘앙스를 추출할 수 있는 여러 가지 필터를 만들 수 있고 이를 통해 효과적으로 컨볼루션 계층을 서로 쌓을 수 있다. 이로써 학습할 추상화 수준이 더 높아질 수 있다. 예를 들어, 첫 번째 계층에서는 단순한 테두리를 탐지하는 법을 학습하고, 두 번째 계층(이전에 추출된 특징에 동작해서)은 단순한 모양을 추출하는 법을 학습할 것이다. 계층이 더 깊어질수록 특징에 의해 달성되는 수준이 더 높아진다.

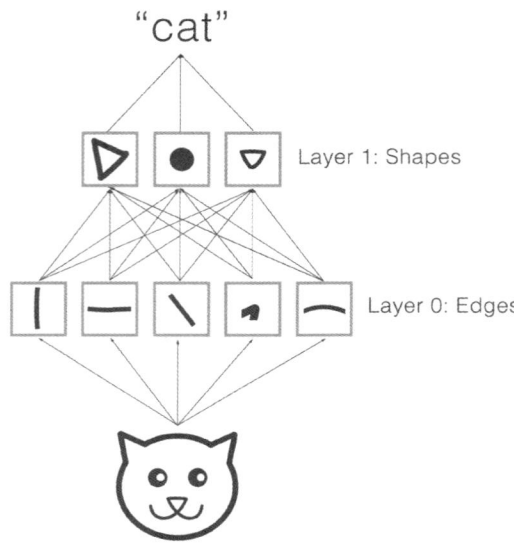

이제 세상을 효율적으로 묘사하기 위해 특징과 추상화 계층을 학습함으로써 세상을 이해할 수 있는 아키텍처를 갖게 됐다! 이제 사전 학습된 모델과 Core ML을 사용해서 스마트폰이 자신이 보는 객체를 인식할 수 있게 실제 적용해보자.

객체 인식

다시 말하지만 이 장의 목표는 보이는 것을 인식하는 응용 프로그램을 만드는 것이다. 가장 먼저 동영상 프레임을 캡처해서, 모델에서 처리할 수 있게 프레임을 준비하고, 마지막으로 추론을 수행하기 위해 Core ML 모델에 준비된 프레임을 공급할 것이다. 시작하자!

데이터 캡처

아직 코드를 받지 않았다면 저장소(https://github.com/packtpublishing/machine-learning-with-core-ml)에서 최신 코드를 내려받자. 코드를 내려받았으면 Chapter3/Start/ObjectRecognition/ 디렉터리에 가서 ObjectRecognition.xcodeproj 프로젝트를 연다. 프로젝트가 로딩되면 다음 그림처럼 이 장에서 사용할 스켈레톤 프로젝트를 보게 될 것이다.

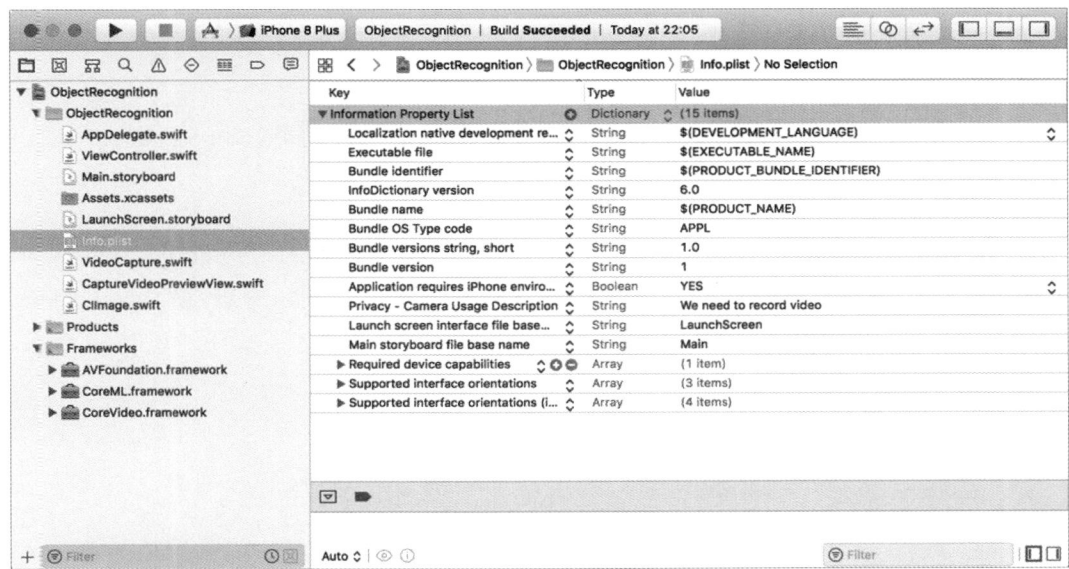

프로젝트를 둘러보는 데 도움이 되게 여기에서는 핵심 파일과 클래스와 주요 기능을 잠시 짚고 넘어가 겠다.

- `VideoCapture`는 동영상 프레임 캡처를 포함하여 카메라를 관리하고 다루는 작업을 한다.
- `CaptureVideoPreviewView.swift`는 `CapturePreviewView` 클래스를 포함하고 있으며, 캡처된 프레임을 표시하는 데 사용된다.
- `CIImage`는 `CIImage` 클래스에 편의 확장 기능을 제공하며, Core ML 모델에서 사용할 수 있도록 프레임을 준비할 때 사용된다.
- `VideoController`는 예상한 대로 애플리케이션을 위한 컨트롤러로 임포트된 Core ML 모델과의 인터페이스를 담당한다.

다음 절부터는 우리가 원하는 기능을 구현하기 위해 이 코드를 변경할 것이다. 첫 번째로 카메라에 접근해서 프레임을 캡처하겠다. 이 작업을 위해 애플에서 제공하는 iOS 프레임워크인 **AVFoundation**과 **CoreVideo**를 사용하겠다.

AVFoundation 프레임워크는 iOS와 다른 플랫폼에서 시청각 미디어를 캡처, 처리, 합성, 제어, 가져오기, 내보내기를 처리하는 클래스들을 아우른다. 이 장에서는 이 중 카메라와 미디어 캡처를 다루기 위해 일부만 살펴보지만, 애플 공식 사이트 https://developer.apple.com/documentation/avfoundation에서 AVFoundation에 대해 더 많이 배울 수 있다.

CoreVideo는 디지털 동영상을 처리하기 위해 파이프라인 기반의 API를 제공하여 Metal과 OpenGL에서 지원하는 기능을 사용해 처리 속도를 높일 수 있다.

우리는 VideoCapture 클래스에서 카메라를 설정하고 프레임을 캡처하는 작업을 처리하겠다. 이제 코드를 살펴보자. 왼쪽 패널에서 VideoCapture.swift를 선택해 편집 창에서 열어보자. 이 파일을 수정하기 전에, 이미 포함된 내용은 무엇이고 어떤 작업이 남았는지부터 점검하자.

클래스 맨 위에 VideoCaptureDelegate 프로토콜이 정의돼 있다.

```
public protocol VideoCaptureDelegate: class {
    func onFrameCaptured(
        videoCapture: VideoCapture,
        pixelBuffer:CVPixelBuffer?,
        timestamp:CMTime)
}
```

VideoCapture는 캡처된 프레임을 등록된 델리게이트(delegate)에 전달함으로써 VideoCapture 클래스가 온전히 프레임을 캡처하는 작업에만 집중할 수 있게 해준다. 우리가 델리게이트에 전달하는 것은 CVPixelBuffer 형식의 이미지 데이터(캡처된 프레임)와 CMTime 형식의 타임스탬프의 참조이다. CVPixelBuffer는 픽셀 데이터를 담는 데 특화된 CoreVideo 데이터 구조로 Core ML 모델에서 요구하는 데이터 구조이다(곧 이에 대해 살펴보겠다). CMTime은 동영상 프레임에서 바로 얻는 타임스탬프를 캡슐화하기 위한 데이터 구조다.

프로토콜 아래에는 VideoCapture 클래스의 스켈레톤 코드가 있다. 이 절에서는 이 코드를 프레임 캡처에 사용할 AVCaptureVideoDataOutputSampleBufferDelegate 프로토콜을 구현하기 위한 확장과 함께 구현하겠다.

```
public class VideoCapture : NSObject{
    public weak var delegate: VideoCaptureDelegate?
    public var fps = 15
    var lastTimestamp = CMTime()
    override init() {
```

```
        super.init()
    }
    private func initCamera() -> Bool
    {
        return true
    }
    public func asyncStartCapturing(completion: (() -> Void)? = nil)
    {
    }
    public func asyncStopCapturing(completion: (() -> Void)? = nil)
    {
    }
}
```

이 중 대부분은 따로 설명이 필요 없을 정도로 분명해서 그렇게 분명하지 않은 부분만 강조해서 보겠다. 먼저 fps와 lastTimestamp부터 살펴보자. 이 둘을 함께 사용해서 프레임을 델리게이트로 얼마나 빨리 전달할지 조절한다. 이를 조절하는 이유는 프레임을 캡처하는 속도가 프레임을 처리하는 속도보다 훨씬 빠르다는 가정 때문이다. 카메라가 느려지거나 빨라지는 것을 피하기 위해 명시적으로 프레임을 델리게이트에 얼마나 빨리 전달할지 명시적으로 제한한다. **초당 프레임 수(Frames per second, fps)**는 이 주기를 설정하는 반면 lastTimestamp는 프레임을 마지막으로 처리한 다음 경과 시간을 계산하기 위해 함께 사용된다.

이 밖에 여기에서 강조할 코드는 asyncStartCapturing와 asyncStopCapturing 메서드이다. 이 메서드들은 이름에서도 알 수 있듯이 각각 캡처 세션의 시작과 중지를 담당한다. 이 둘은 모두 시간이 다소 걸릴 수 있는 블로킹 메서드(blocking method)를 사용하기 때문에 블로킹으로 사용자 경험을 저해하는 것을 피하기 위해 메인 스레드에서 작업을 분리할 것이다.

마지막으로 볼 내용은 AVCaptureVideoDataOutputSampleBufferDelegate 프로토콜을 구현한 확장이다.

```
extension VideoCapture : AVCaptureVideoDataOutputSampleBufferDelegate{
    public func captureOutput(_ output: AVCaptureOutput,
                              didOutput sampleBuffer: CMSampleBuffer,
                              from connection: AVCaptureConnection)
    {
    }
}
```

세부 내용을 간단하게 논의하겠지만 근본적으로 카메라 프레임이 유입되는 것을 처리하기 위해 카메라에 할당한 델리게이트다. 그런 다음 이 클래스에 할당된 VideoCaptureDelegate 델리게이트로 전달한다.

이제 이 클래스의 메서드를 구현하자. initCamera로 시작해보자. 이 메서드에서 기기의 실제 카메라에서 프레임을 잡아 델리게이트 메서드에 전달할 파이프라인을 설정한다. 먼저 실제 카메라에 대한 참조를 가져온 다음 AVCaptureDeviceInput 클래스 인스턴스에 감싸서 실제 카메라와의 연결과 통신을 관리한다.

마지막으로 프레임을 보낼 곳을 추가하는데 여기에서 AVCaptureVideoDataOutput의 인스턴스를 사용하고 이 프레임을 받는 델리게이트로 할당한다. 이 파이프라인을 AVCaptureSession에 감싸는데, AVCaptureSession은 이 파이프라인을 조정하고 관리한다.

이제 필요한 인스턴스 변수를 정의하자. VideoCapture 클래스 내부에 다음 변수를 추가하자.

```
let captureSession = AVCaptureSession()
let sessionQueue = DispatchQueue(label: "session queue")
```

앞에서 captureSession의 목적을 언급하고 DispatchQueue도 소개했다. AVCaptureVideoDataOutput에 델리게이트를 추가할 때(새로운 프레임의 도착을 다루기 위해) DispatchQueue도 함께 전달해 어느 큐에서 프레임을 관리할지 제어할 수 있다. 이 예제에서는 사용자 인터페이스의 성능 저하를 피하기 위해 메인 스레드 밖에서 이미지 처리를 다룬다.

인스턴스 변수를 선언했으니 initCamera 메서드를 부분으로 나누어 살펴보자. 메서드 본문 안에 다음 코드를 추가하자.

```
captureSession.beginConfiguration()
captureSession.sessionPreset = AVCaptureSession.Preset.medium
```

beginConfiguration을 호출함으로써 captureSession에 여러 구성 작업을 일괄 처리하겠다는 신호를 보낸다. 이 변경 사항은 해당 세션의 commitConfiguration 메서드를 호출해서 커밋할 때까지 반영되지 않는다. 그리고 그다음으로 오는 코드에서 원하는 품질 수준을 설정한다.

```
guard let captureDevice = AVCaptureDevice.default(for: AVMediaType.video) else {
    print("ERROR: no video devices available")
    return false
```

```
}

guard let videoInput = try? AVCaptureDeviceInput(device: captureDevice) else {
    print("ERROR: could not create AVCaptureDeviceInput")
    return false
}

if captureSession.canAddInput(videoInput) {
    captureSession.addInput(videoInput)
}
```

그 다음 코드에서는 실제 장치를 얻는다. 여기에서 동영상을 기록할 수 있는 기본 장치를 얻지만 전면 카메라처럼 특정 기능을 갖춘 장치를 쉽게 검색할 수 있다. 성공적으로 장치를 얻었으면 이것을 실제 카메라에서 데이터를 캡처하는 AVCaptureDeviceInput 인스턴스에 감싸서 세션에 추가한다.

이제 이 프레임의 도착지를 추가해야 한다. 다시 initCamera 메서드에 다음 코드를 추가하자.

```
let videoOutput = AVCaptureVideoDataOutput()

let settings: [String : Any] = [
    kCVPixelBufferPixelFormatTypeKey as String: NSNumber(value: kCVPixelFormatType_32BGRA)
]
videoOutput.videoSettings = settings
videoOutput.alwaysDiscardsLateVideoFrames = true
videoOutput.setSampleBufferDelegate(self, queue: sessionQueue)
if captureSession.canAddOutput(videoOutput) {
    captureSession.addOutput(videoOutput)
}

videoOutput.connection(with: AVMediaType.video)?.videoOrientation = .portrait
```

앞의 코드에서 출력을 생성하고 구성하여 추가했다. 우리가 원하는 데이터를 정의하기 전에 먼저 AVCaptureVideoDataOutput 인스턴스를 인스턴스화하자. 여기에서는 풀컬러(kCVPixelFormatType_32BGRA)를 요구하지만 모델에 따라 회색조 이미지(kCVPixelFormatType_8IndexedGray_WhiteIsZero)를 요청하는 것이 더 효율적일 수 있다.

alwaysDiscardsLateVideoFrames를 true로 설정하면 디스패치 큐가 사용 중일 때 도착한 프레임은 모두 폐기된다(이 예제에서는 이 설정이 적절하다). 그런 다음 videoOutput.setSampleBufferDelegate(self, queue: sessionQueue) 메서드를 사용해 전용 디스패치 큐를 가지고 유입된 프레임을 전달하는 델리게이트를 구현한다. 출력을 구성했으면 이 출력을 구성 요청의 일부로 세션에 추가하면 된다. 이미지가 90도로 회전되는 것을 방지하기 위해 이미지를 세로 방향으로 요청한다.

마지막으로 이 구성을 커밋하는 문장을 추가하자. 다음을 실행해야 변경 사항의 효력이 발생한다.

```
captureSession.commitConfiguration()
```

이제 initCamera 메서드가 완성됐다. 이 세션을 시작하고 종료하는 메서드를 살펴보자. asyncStartCapturing 메서드 본문에 다음 코드를 추가하자.

```
sessionQueue.async {
    if !self.captureSession.isRunning{
        self.captureSession.startRunning()
    }
    
    if let completion = completion{
        DispatchQueue.main.async {
            completion()
        }
    }
}
```

앞서 언급했듯이 startRunning과 stopRunning 메서드는 메인 스레드를 블로킹하기 때문에 완료할 때까지 시간이 다소 걸릴 수 있다. 이러한 이유로 사용자 인터페이스의 대응 능력을 저하시키지 않도록 메인 스레드와 분리해 실행한다. startRunning을 호출하면 가입된 입력(카메라)부터 가입된 출력(델리게이트)까지의 데이터 흐름이 시작된다.

에러가 발생하면 AVCaptureSessionRuntimeError 알림을 통해 보고된다. 기본 NotificationCenter를 사용하여 알림 신청을 할 수 있다. 이와 유사하게 AVCaptureSessionDidStartRunning과 AVCaptureSessionDidStopRunning 알림을 통해 세션의 시작과 종료 시점도 알림 신청을 할 수 있다.

ㅇ와 유사하게 asyncStopCapturing 메서드에 다음 코드를 추가해 현재 세션을 종료시킬 수 있다.

```
sessionQueue.async {
    if self.captureSession.isRunning{
        self.captureSession.stopRunning()
    }

    if let completion = completion{
        DispatchQueue.main.async {
            completion()
        }
    }
}
```

initCamera 메서드 내부에 videoOutput.setSampleBufferDelegate(self, queue: sessionQueue) 문장을 사용해 도착하는 프레임을 처리하는 델리게이트를 구현한다. 이제 이를 처리하는 방법을 알아보자. 기억하겠지만 captureOutput 메서드 내에 AVCaptureVideoDataOutputSampleBufferDelegate 프로토콜을 구현하기 위해 VideoCapture 클래스의 확장을 포함했다. 다음 코드를 추가하자.

```
guard let delegate = self.delegate else{ return }

let timestamp = CMSampleBufferGetPresentationTimeStamp(sampleBuffer)

let elapsedTime = timestamp - lastTimestamp
if elapsedTime >= CMTimeMake(1, Int32(fps)) {

    lastTimestamp = timestamp
    let imageBuffer = CMSampleBufferGetImageBuffer(sampleBuffer)

    delegate.onFrameCaptured(videoCapture: self, pixelBuffer:imageBuffer, timestamp: timestamp)
}
```

이 코드를 살펴보기 전 이 메서드가 전달받은 매개변수가 무엇이며 어떻게 사용하는지 알아보는 것이 좋겠다. 첫 번째 매개변수 output은 AVCaptureVideoDataOutput 형식을 가지며 이 프레임이 비롯된 관련 출력을 뜻한다. 다음 매개변수는 sampleBuffer로 CMSampleBuffer 형식을 가지며 현재 프레임의 데이터에 접근하기 위해 사용된다. 프레임과 함께 각 프레임과 관련된 기간, 형식, 타임스탬프도 얻을 수 있다. 마지막 매개변수 connection은 AVCaptureConnection 형식을 가지며 받은 프레임과 관련된 연결에 대한 참조를 제공한다.

이제 코드를 검토하자. 먼저 델리게이트가 할당되지 않은 경우를 방지하고 그 경우 조기에 반환한다. 그리고 기억하겠지만 우리는 끊김 없는 경험을 보장하기 위해 프레임을 얼마나 자주 처리할지 조절하고 있으므로 마지막으로 프레임을 처리한 후 충분한 시간이 경과했는지 확인한다. 여기서는 시스템 시계를 사용하는 대신 let timestamp = CMSampleBufferGetPresentationTimeStamp(sampleBuffer) 문장을 통해 최신 프레임과 관련된 시각을 얻는다. 이렇게 하면 시스템의 절대 시각 대신 프레임과 관련된 상대적 시간을 측정한다. 충분한 시간이 지나면 CMSampleBufferGetImageBuffer(sampleBuffer) 문장을 통해 샘플의 이미지 버퍼에 대한 참조를 얻어 할당된 델리게이트에 전달한다.

이것으로 VideoCapture 클래스가 마무리됐다. ViewController를 사용하여 뷰에 연결하는 단계로 넘어가 보자. 먼저 코드로 넘어가기 전에 동영상 스트림을 보여줄 곳을 더 잘 이해하기 위해 스토리보드를 통해 인터페이스를 검토하자. Xcode에서 인터페이스 빌더(Interface Builder)를 열기 위해 왼쪽에 있는 **Project Navigator** 패널에서 Main.storyboard를 선택한다. 열었으면 다음 그림과 비슷한 레이아웃을 보게 될 것이다.

03 _ 실세계에서 객체 인식하기   53

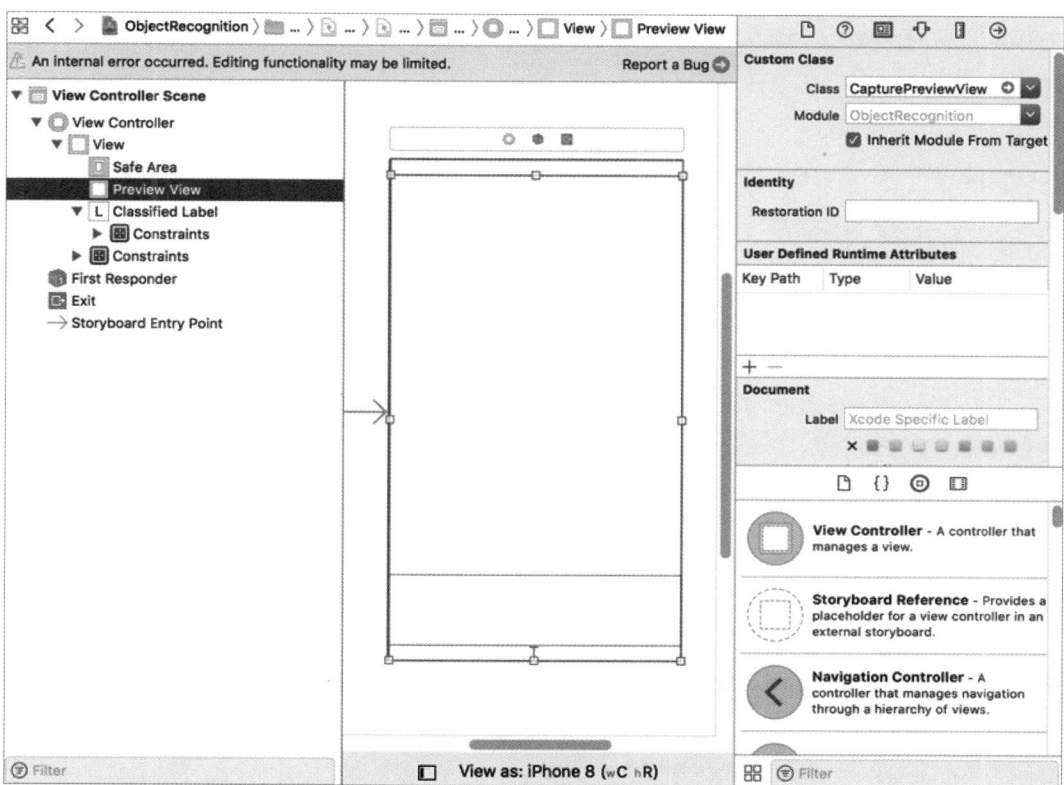

복잡할 것은 없다. 여기에는 결과를 묘사할 레이블과 동영상 프레임을 렌더링할 뷰가 있다. VideoPreview 뷰를 선택하고 거기에 할당된 클래스를 조사하면 CapturePreviewView라고 하는 렌더링을 처리하기 위한 맞춤 클래스를 보게 될 것이다. 이제 이 클래스의 코드를 살펴보고 필요한 부분을 바꾸자.

```
import AVFoundation
import UIKit

class CapturePreviewView: UIView {
}
```

다행히 AVFoundation은 특히 카메라에서 들어오는 프레임을 렌더링하기 위해 CALayer의 하위클래스를 제공한다. 우리는 해당 뷰의 layerClass 속성을 재정의하고 적절한 클래스를 반환하기만 하면 된다. 다음 코드를 CapturePreviewView 클래스에 추가하자.

```
override class var layerClass: AnyClass {
    return AVCaptureVideoPreviewLayer.self
}
```

이 메서드는 뷰를 생성하는 초기에 호출되어 이 뷰를 인스턴스화하고 그에 연결할 CALayer를 결정하는 데 사용된다. 앞서 말했지만 AVCaptureVideoPreviewLayer는 이름에서 알 수 있듯이 특히 동영상 프레임을 처리하기 위한 것이다. 프레임을 렌더링하려면 간단하게 AVCaptureSession에 AVCaptureVideoPreviewLayer.session 속성을 할당하면 된다. 지금 하자. 우선 **Xcode**에서 ViewController를 열어 다음 변수(굵은 글씨)를 추가한다.

```
@IBOutlet var previewView:CapturePreviewView!
@IBOutlet var classifiedLabel:UILabel!

let videoCapture : VideoCapture = VideoCapture()
```

previewView와 classifiedLabel은 **인터페이스 빌더**를 통해 인터페이스와 연결된 기존 변수들이다. 여기에서는 앞에서 구현했던 VideoCapture 인스턴스를 생성한다. 다음으로 previewView 계층에 세션을 할당하기 전에 VideoCapture 인스턴스를 사용해 카메라를 설정하고 시작할 것이다. ViewDidLoad 메서드에서 super.viewDidLoad() 문장 아래에 다음 코드를 추가한다.

```
if self.videoCapture.initCamera(){
    (self.previewView.layer as! AVCaptureVideoPreviewLayer).session =
        self.videoCapture.captureSession

    (self.previewView.layer as! AVCaptureVideoPreviewLayer).videoGravity =
        AVLayerVideoGravity.resizeAspectFill

    self.videoCapture.asyncStartCapturing()
} else{
    fatalError("Failed to init VideoCapture")
}
```

코드 대부분은 방금 구현한 메서드를 사용하기 때문에 익숙할 것이다. 먼저 VideoCamera 클래스의 initCamera 메서드를 호출해서 카메라를 초기화한다. 성공했다면 생성된 AVCaptureSession을 해당 계층의 세션에 할당한다. 또한 그 계층에 콘텐츠를 처리하는 방법을 알려준다. 이 경우 화면 비율을 유지하면서 화면을 채운다. 마지막으로 videoCapture.asyncStartCapturing()을 호출해 카메라를 시작한다.

끝났으면 모든 것이 제대로 동작하는지 테스트할 차례다. iOS 11 이상의 기기에서 빌드하고 배포한 다음 폰 화면에 렌더링된 동영상 프레임을 확인해야 한다.

다음 절에서는 추론(인식)을 수행하기 전에 모델을 위해 프레임을 캡처하고 처리하는 방법을 살펴보겠다.

데이터 전처리

이 단계에서는 카메라에서 받은 프레임을 렌더링하는 앱을 갖게 됐지만 아직 어떤 프레임도 받지 않은 상태다. 이를 위해 이전 절에서 구현한 대로 이 프레임을 받을 것이다. 기존의 ViewController 클래스에는 이미 기존에 구현한 VideoCaptureDelegate 프로토콜이 있다. 남은 일은 자신을 VideoCapture 인스턴스의 델리게이트로 할당하고 콜백 메서드의 세부 사항을 구현하는 것이다. 다음은 extension에 쓰일 코드다.

```
extension ViewController : VideoCaptureDelegate{
    func onFrameCaptured(videoCapture: VideoCapture, pixelBuffer:CVPixelBuffer?, timestamp:CMTime){
    }
}
```

 각자의 코딩 스타일에 따라 메인 클래스 내부에 프로토콜을 쉽게 구현할 수 있다. 나도 개인 스타일에 따라 확장을 사용해 프로토콜을 구현했다.

우선 프레임을 받기 위해 자신을 델리게이트로 할당하자. ViewController 클래스의 ViewDidLoad 메서드 내부에서 카메라를 초기화하기 바로 전에 다음 문장을 추가한다.

```
videoCapture.delegate = self
```

이제 이 델리게이트로 할당됐으니, 콜백을 통해 프레임을 받게 될 것이다(지정된 프레임 전송 속도로).

```
func onFrameCaptured(videoCapture: VideoCapture, pixelBuffer:CVPixelBuffer?, timestamp:CMTime){
    // TODO
}
```

이 메서드에서는 데이터를 준비해 프레임을 지배적으로 차지하는 객체를 분류하는 모델에 제공할 것이다. 모델에 따라 어떤 데이터를 입력으로 받는지는 모두 다르므로 어떤 데이터를 전달해야 할지 제대로 알아보기 위해 이 예제에서 사용할 훈련된 모델을 내려받아 프로젝트에 임포트하자.

훈련된 모델은 다양한 출처에서 얻을 수 있다. 경우에 따라서는 모델을 변환해야 할 수도 있고 직접 모델을 훈련시켜야 할 수도 있다. 하지만 여기서는 애플에서 제공하는 모델을 사용할 것이다. 웹 브라우저를 열어 https://developer.apple.com/machine-learning/에 가보자.

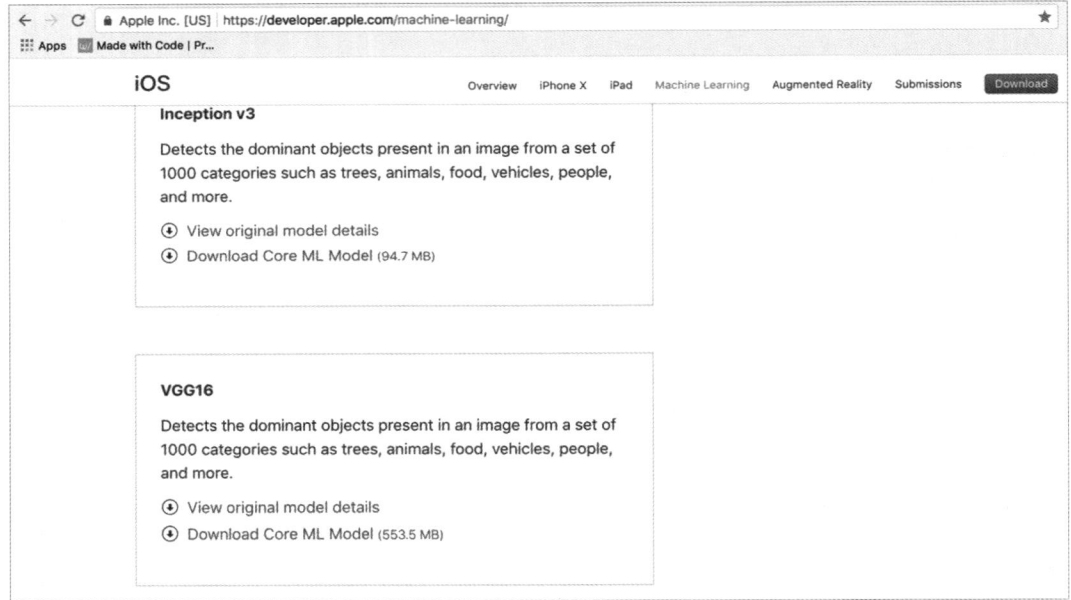

거기에서 애플이 다양한 종류의 사전 학습되어 전환된 모델을 제공하는 웹 페이지[3]로 찾아갈 수 있다. 편리하게도 애플이 제공하는 대부분의 모델은 특히 객체 분류를 위한 것이다. 우리가 가정한 사례를 생각해보면 규모가 큰 객체 배열을 가지고 훈련된 모델이 적합하다. 여기서 선택해 볼 만한 모델로는 **MobileNet, SqueezeNet, ResNet50, Inception v3, VGG16**이 있다. 이 중 대부분은 천만 개가 넘는 URL에서 가져온 이미지를 사람이 일일이 1,000개의 클래스 중 하나로 할당하여 구성한 ImageNet 데이터셋에서 훈련됐다. 원래 논문과 성능은 **View original model details** 링크를 클릭하면 확인할 수 있다. 이 예제에서는 규모와 정확도의 균형이 잘 잡혀 있는 **Inception v3**를 사용하겠다.

---

3 https://developer.apple.com/machine-learning/build-run-models/

여기에서는 Inception v3 모델을 사용하지만 모델을 바꾸는 것이 어렵지는 않다. 생성된 클래스 이름의 앞부분은 모델 이름이기 때문에 참조를 업데이트해야 하며 곧 보겠지만 모델이 기대하는 입력을 준수하는지 확인해야 한다 (Vision 프레임워크를 사용하면 이를 완화시킬 수 있다. 이에 대해서는 다음에 다시 다루겠다).

Download Core ML Model 링크를 클릭해 모델을 내려받고, Inceptionv3.mlmodel 파일을 Xcode 왼쪽의 **Project Navigator** 패널에 드래그한다. 필요한 경우 **Copy items if needed**에 체크하거나 모든 항목을 기본값으로 둔다. 다음 화면처럼 왼쪽에 있는 **Project Navigator** 패널의 Inceptionv3.mlmodel 파일을 선택해 **Editor** 영역에 세부 사항을 불러온다.

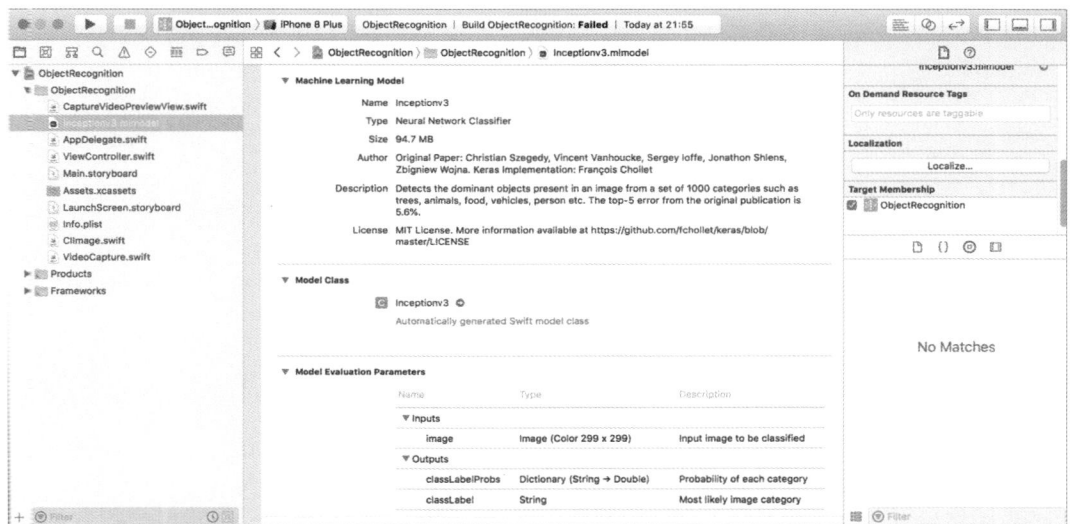

모델이 적절한 대상에 제대로 할당되도록 하는 것이 중요하다. 이 예제의 경우 오른쪽의 **Utilities** 패널에서 Target Membership으로 **ObjectRecognition**이 선택됐는지 확인하는 것을 뜻한다. 또한 모델의 입력과 출력에 주의하면 된다. 여기에서 모델은 입력으로 크기가 299회색조299인 컬러 이미지를 받아 문자열로 단일 클래스 레이블과 문자열-double 형의 딕셔너리 형태로 전체 범주에 대한 확률을 반환한다.

.mlmodel 파일이 임포트되면 Xcode는 모델 자체의 래퍼를 생성하고 모델과의 인터페이스에 입력과 출력 매개변수를 생성한다. 다음 그림과 같다.

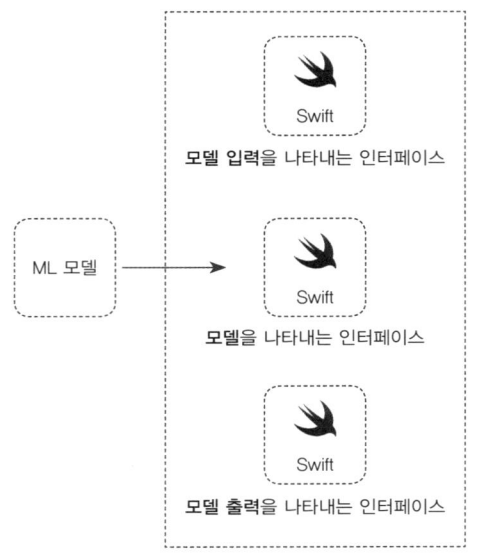

Core ML 모델과의 인터페이스

Model Class 부분에서 Inceptionv3 레이블 오른쪽에 있는 화살표 버튼을 눌러 쉽게 접근할 수 있다. 버튼을 누르면 다음 코드를 볼 수 있다(읽기 편하게 세 개의 블록으로 나누었다).

```swift
@available(macOS 10.13, iOS 11.0, tvOS 11.0, watchOS 4.0, *)
class Inceptionv3Input : MLFeatureProvider {

    /// 분류될 입력 이미지는 299x299 컬러 이미지 버퍼 (kCVPixelFormatType_32BGRA)
    var image: CVPixelBuffer

    var featureNames: Set<String> {
        get {
            return ["image"]
        }
    }

    func featureValue(for featureName: String) -> MLFeatureValue? {
        if (featureName == "image") {
            return MLFeatureValue(pixelBuffer: image)
        }
        return nil
```

```
    }

    init(image: CVPixelBuffer) {
        self.image = image
    }
}
```

앞 코드의 첫 번째 블록은 모델 입력 부분이다. 이 클래스는 모델의 특징값 컬렉션, 이 경우 이미지 특징을 표현하는 프로토콜인 MLFeatureProvider 프로토콜을 구현한다. 다음 코드에서 예상 데이터 구조인 CVPixelBuffer와 주석에 (간략하게) 선언된 명세를 볼 수 있다. 계속해서 출력을 위한 바인딩을 살펴보면서 생성된 클래스를 확인해보자.

```
@available(macOS 10.13, iOS 11.0, tvOS 11.0, watchOS 4.0, *)
class Inceptionv3Output : MLFeatureProvider {

    /// CoreML에서 제공되는 소스

    private let provider : MLFeatureProvider


    /// 범주별 확률은 문자열-double 형 딕셔너리로
    lazy var classLabelProbs: [String : Double] = {
        [unowned self] in return self.provider.featureValue(for: "classLabelProbs")
!.dictionaryValue as! [String : Double]
    }()

    /// 이미지가 속한 범주는 문자열 값으로
    lazy var classLabel: String = {
        [unowned self] in return self.provider.featureValue(for: "classLabel")!.stringValue
    }()

    var featureNames: Set<String> {
        return self.provider.featureNames
    }

    func featureValue(for featureName: String) -> MLFeatureValue? {
        return self.provider.featureValue(for: featureName)
```

```
    }

    init(classLabelProbs: [String : Double], classLabel: String) {
        self.provider = try! MLDictionaryFeatureProvider(dictionary:
["classLabelProbs" : MLFeatureValue(dictionary: classLabelProbs as [AnyHashable : NSNumber]),
"classLabel" : MLFeatureValue(string: classLabel)])
    }

    init(features: MLFeatureProvider) {
        self.provider = features
    }
}
```

앞에서 말했듯이, 출력은 확률 디렉터리와 지배적 범주를 나타내는 문자열로 각각은 속성으로 표현할 수도 있고 특징 이름을 전달하여 게터 메서드인 `featureValue(for featureName: String)` 을 사용해 접근할 수도 있다. 마지막으로 살펴볼 코드는 모델이다.

```
/// 모델 로딩과 예측을 위한 클래스
@available(macOS 10.13, iOS 11.0, tvOS 11.0, watchOS 4.0, *)
class Inceptionv3 {
    var model: MLModel

    /// 모델이 이 클래스와 동일한 번들에 설치됐다는 가정 하에 모델 URL
    class var urlOfModelInThisBundle : URL {
        let bundle = Bundle(for: Inceptionv3.self)
        return bundle.url(forResource: "Inceptionv3", withExtension:"mlmodelc")!
    }

    /**
        mlmodelc 파일 경로를 명시적으로 지정하여 모델 구성
            - 매개변수:
              - url: 모델의 파일 url
              - throws: 문제를 기술한 NSError 객체
    */
    init(contentsOf url: URL) throws {
        self.model = try MLModel(contentsOf: url)
    }
```

```swift
/// 앱에 번들로 포함된 모델을 자동으로 로딩해 모델 구성
convenience init() {
    try! self.init(contentsOf: type(of:self).urlOfModelInThisBundle)
}

/**
    구성 파일을 활용한 모델 구성
    - 매개변수:
        - configuration: 적절한 모델 구성
        - throws: 문제를 기술한 NSError 객체
*/
@available(macOS 10.14, iOS 12.0, tvOS 12.0, watchOS 5.0, *)
convenience init(configuration: MLModelConfiguration) throws {
    try self.init(contentsOf: type(of:self).urlOfModelInThisBundle, configuration: configuration)
}

/**
    mlmodelc 파일 경로를 명시적으로 지정하여 모델 구성
    - 매개변수:
        - url: 모델의 파일 url
        - configuration: 적절한 모델 구성
        - throws: 문제를 기술한 NSError 객체
*/
@available(macOS 10.14, iOS 12.0, tvOS 12.0, watchOS 5.0, *)
init(contentsOf url: URL, configuration: MLModelConfiguration) throws {
    self.model = try MLModel(contentsOf: url, configuration: configuration)
}

/**
    구조화된 인터페이스를 사용해 예측 생성
    - 매개변수:
        - input: Inceptionv3Input 예측 모델의 입력
    - throws: 문제를 기술한 NSError 객체
    - returns: Inceptionv3Output 예측 모델의 결과
*/
func prediction(input: Inceptionv3Input) throws -> Inceptionv3Output {
    return try self.prediction(input: input, options: MLPredictionOptions())
}
```

```swift
/**
    구조화된 인터페이스를 사용해 예측 생성
    - 매개변수:
      - input: Inceptionv3Input 예측 모델의 입력 ut
      - options: 예측 옵션
    - throws: 문제를 기술한 NSError 객체
    - returns: Inceptionv3Output 예측 모델의 결과
*/
func prediction(input: Inceptionv3Input, options: MLPredictionOptions)
throws -> Inceptionv3Output {
    let outFeatures = try model.prediction(from: input, options:options)
    return Inceptionv3Output(features: outFeatures)
}


/**
    편의 인터페이스를 사용해 예측 생성 ce
    - 매개변수:
       - image: 입력 이미지는 크기가 299 x 299인 컬러 이미지(kCVPixelFormatType_32BGRA)
버퍼로 분류됨
    - throws: 문제를 기술한 NSError 객체
    - returns: Inceptionv3Output 예측 모델의 결과
*/
func prediction(image: CVPixelBuffer) throws -> Inceptionv3Output {
    let input_ = Inceptionv3Input(image: image)
    return try self.prediction(input: input_)
}
```

이 클래스는 모델 클래스의 래퍼 클래스로 prediction(input: Inceptionv3Input)과 prediction(image: CVPixelBuffer) 메서드를 통해 추론을 수행하기 위한 강력한 형식의 메서드를 제공하며, 각 메서드는 앞에서 봤던 출력 클래스인 Inceptionv3Output을 반환한다. 이제 모델이 무엇을 받아들이는지 알게 됐으니 계속해서 캡처된 프레임을 모델에 제공하기 위해 필요한 전처리 기능을 구현해보자.

 Core ML 2부터는 배치로 작업할 수 있게 됐다. 모델을 Xcode 10+로 컴파일하면 추가로 <CODE>func predictions(from: MLBatchProvider, options: MLPredictionOptions)</CODE> 메서드를 볼 수 있는데 이를 사용하면 입력을 배치로 나누어 추론할 수 있다.

이 단계에서 카메라로부터 올바른 데이터 형식(CVPixelBuffer)과 이미지 포맷(캡처 비디오 출력 인스턴스 kCVPixelFormatType_32BGRA를 구성할 때 설정하면서 명시적으로 정의된 포맷)을 받게 된다. 하지만 모델에서 기대하는 299×299 크기보다 훨씬 더 큰 이미지를 받는다. 따라서 다음으로 이미지 크기를 조정하고 잘라내는 메서드를 만들 것이다.

우리가 받은 픽셀 데이터를 감싸고 처리하기 위해 CIImage를 확장하고 이와 함께 다시 원시 픽셀 데이터를 얻기 위해 CIContext를 사용할 것이다. CoreImage 프레임워크가 익숙하지 않은 독자라도 이미지를 효율적으로 처리하고 분석하기 위한 전용 프레임워크라는 것만 알면 된다. CIImage는 종종 CIFilter, CIContext, CIVector, CIColor 같은 CoreImage 클래스와 함께 사용되는 이 프레임워크의 기본 데이터 객체로 보면 된다. 여기에서는 CIImage를 살펴볼 텐데, CIContext와 함께 CIImage (CVPixelBuffer)로부터 원시 픽셀 데이터를 추출하기 위해 이미지를 조작하는 데 편리한 메서드를 제공하기 때문이다.

Xcode로 다시 돌아와서 **Project navigator**에서 CIImage.swift 파일을 선택한 다음 **Editor** 영역에서 이 파일을 열어보자. 이 파일에서 이미지 척도를 재조정하는 메서드와 Core ML 모델에서 요구하는 형식인 원시 픽셀 데이터(CVPixelBuffer)를 반환하는 메서드를 사용해 CIImage 클래스를 확장했다.

```
extension CIImage{

    func resize(size: CGSize) -> CIImage {
        fatalError("Not implemented")
    }

    func toPixelBuffer(context:CIContext,
                       size insize:CGSize? = nil,
                       gray:Bool=true) -> CVPixelBuffer?{
        fatalError("Not implemented")
    }
}
```

resize 메서드를 구현하자. 이 메서드에 원하는 이미지 크기를 전달하면 이를 사용해 상대적 척도를 계산한다. 그런 다음 이를 사용해 이미지 척도를 균일하게 조정한다. 다음 코드를 resize 메서드의 fatalError("Not implemented") 문장 자리에 대체해 넣으면 된다.

```
let scale = min(size.width,size.height) / min(self.extent.size.width, self.extent.size.height)
```

```
let resizedImage = self.transformed(
    by: CGAffineTransform(
        scaleX: scale,
        y: scale))
```

이미지가 정사각형 형태가 아니라면 세로든 가로든 초과하는 부분이 발생할 것이다. 이를 처리하기 위해 단순히 이미지를 가운데 위치시킨 다음 원하는 크기로 잘라낸다. 이 작업은 resize 메서드에 다음 코드를 추가하면 된다(앞의 코드 다음에 덧붙이면 된다).

```
let width = resizedImage.extent.width
let height = resizedImage.extent.height
let xOffset = (CGFloat(width) - size.width) / 2.0
let yOffset = (CGFloat(height) - size.height) / 2.0
let rect = CGRect(x: xOffset,
                  y: yOffset,
                  width: size.width,
                  height: size.height)

return resizedImage
    .clamped(to: rect)
    .cropped(to: CGRect(
        x: 0, y: 0,
        width: size.width,
        height: size.height))
```

이제 이미지 척도를 조정하는 기능까지 만들었다. 다음으로는 CIImage에서 CVPixelBuffer를 얻는 기능을 만들어보자. 이 기능은 toPixelBuffer 메서드 본문에 구현하자. 우선 메서드의 시그니처를 검토하고 어떤 기능이 필요한지 간단히 생각해보자.

```
func toPixelBuffer(context:CIContext, gray:Bool=true) -> CVPixelBuffer?{
    fatalError("Not implemented")
}
```

이 메서드는 CIContext와 이미지가 회색조 (단일 채널)여야 하는지 풀 컬러여야 하는지 가리키는 플래그를 받는다. CIContext는 이미지를 픽셀 버퍼(CVPixelBuffer)로 렌더링할 때 사용된다. 이제 toPixelBuffer를 하나씩 채워가며 구현해보자.

이미지 전처리 작업(크기 재조정, 회색조 변환, 정규화)은 Core ML 모델과 그 모델이 어떤 데이터에서 훈련됐는지에 따라 달라진다. 따라서 Xcode에서 Core ML 모델을 검사하면 이 매개변수들을 확인할 수 있다. 모델에서 필요한 입력은 299 x 299 크기의 컬러 이미지라는 것을 기억할 것이다. 이는 Core ML 모델이 컬러(채널이 3개)에 크기가 299 x 299인 이미지를 받는다는 뜻이다.

먼저 우리 이미지를 렌더링할 픽셀 버퍼를 만들자. 다음 코드를 toPixelBuffer 메서드의 fatalError("Not Implemented") 문에 대체해 넣자.

```
let attributes = [
    kCVPixelBufferCGImageCompatibilityKey:kCFBooleanTrue,
    kCVPixelBufferCGBitmapContextCompatibilityKey:kCFBooleanTrue
    ] as CFDictionary

var nullablePixelBuffer: CVPixelBuffer? = nil
let status = CVPixelBufferCreate(kCFAllocatorDefault,
                                 Int(self.extent.size.width),
                                 Int(self.extent.size.height),
                                 gray ? kCVPixelFormatType_OneComponent8 : kCVPixelFormatType_32ARGB,
                                 attributes,
                                 &nullablePixelBuffer)

guard status == kCVReturnSuccess, let pixelBuffer = nullablePixelBuffer
    else { return nil }
```

먼저 픽셀 버퍼의 호환성 요건을 정의하는 속성을 담을 배열을 만든다. 여기에서는 CGImage 형식(kCVPixelBufferCGImageCompatibilityKey)과 호환되고 CoreGraphics 비트맵 컨텍스트(kCVPixelBufferCGBitmapContextCompatibilityKey)와 호환돼야 한다고 지정한다.

그런 다음 계속해서 픽셀 버퍼를 만들고 호환성 속성, 포맷(gray 값에 따라 회색 또는 풀 컬러 중 하나), 너비, 높이, 변수를 가리키는 포인터를 전달한다. 그다음으로 널 값을 가질 수 있는 픽셀 버퍼를 풀고 호출이 성공적으로 완료될 수 있도록 한다. 이 중 하나가 false라면 NULL을 반환한다. 그렇지 않으면 CIImage를 새로 생성한 픽셀 버퍼로 렌더링할 수 있다. 다음 코드를 toPixelBuffer 메서드에 추가하라.

```
CVPixelBufferLockBaseAddress(pixelBuffer, CVPixelBufferLockFlags(rawValue:0))

context.render(self,
```

```
                    to: pixelBuffer,
                    bounds: CGRect(x: 0,
                                   y: 0,
                                   width: self.extent.size.width,
                                   height: self.extent.size.height),
                    colorSpace:gray ?
                    CGColorSpaceCreateDeviceGray() :
                    self.colorSpace)

CVPixelBufferUnlockBaseAddress(pixelBuffer, CVPixelBufferLockFlags(rawValue: 0))

return pixelBuffer
```

그림을 그리기 전에 `CVPixelBufferLockBaseAddress`를 통해 픽셀 버퍼의 주소를 잠그고 완료하면 `CVPixelBufferUnlockBaseAddress` 메서드를 사용해서 잠금을 해제한다. 이 과정은 CPU에서 픽셀 데이터에 접근할 때 반드시 거쳐야 하기 때문에 여기에서도 그 작업을 수행한다.

픽셀 버퍼의 주소를 잠갔으면 `CIContext`를 사용해서 대상 직사각형(이 경우 픽셀 버퍼의 전체 크기)과 앞서 말했듯이 gray 값에 따라 풀 컬러 혹은 회색으로 지정되는 대상 색 공간을 전달해 배열을 조정한 이미지를 버퍼로 렌더링한다. 픽셀 버퍼의 잠금을 해제한 다음 앞에서 설명했듯이 새롭게 생성된 픽셀 버퍼를 반환한다.

지금까지 두 개의 편의 메서드를 사용해 `CIImage`를 확장했다. 하나는 이미지 척도를 재조정하는 일을 하고 다른 하나는 픽셀 버퍼로 전환하는 일을 한다. 이제 데이터를 모델로 전달하기 전에 전처리 단계를 처리하기 위해 `ViewController` 클래스를 반환할 것이다. Xcode의 **Projector navigator** 패널에서 `ViewController.swift` 파일을 선택해서 소스 코드를 불러온 다음 `ViewController` 클래스 본문에 다음 변수를 추가한다.

```
let context = CIContext()
```

앞에서 설명했듯이 이미지를 픽셀 버퍼로 렌더링하는 `CIImage.toPixelBuffer` 메서드에 이 변수를 전달할 것이다. 이제 `onFrameCaptured` 메서드로 돌아와서 전처리에 사용하기 위해 방금 생성했던 메서드를 사용할 수 있도록 다음 코드를 추가한다.

```
guard let pixelBuffer = pixelBuffer else{ return }

// 모델에 쓰일 이미지 준비(크기 조정)
guard let scaledPixelBuffer = CIImage(cvImageBuffer: pixelBuffer)
    .resize(size: CGSize(width: 299, height: 299))
    .toPixelBuffer(context: context) else{ return }
```

먼저 pixelBuffer를 풀어 NULL이면 반환한다. 다음으로 현재 프레임을 전달해서 CIImage 인스턴스를 생성한 다음 척도를 299회색조299로 재조정하고 픽셀 버퍼로 렌더링하는(모델이 풀 컬러 이미지를 받기 때문에 gray 매개변수를 false로 설정) 확장 메서드를 연결한다. 성공했다면 추론을 위해 모델에 전달될 이미지가 반환된다. 다음 절에서는 이에 대해 알아보겠다.

추론하기

이것은 본격적인 코딩을 기대했던 독자들에게는 다소 실망스럽겠지만, 이러한 단순성은 이 프레임워크를 ML 모델로 작업하기 가장 쉬운 방법의 하나로 만들어 온 애플 엔지니어들의 노고에 경의를 표할 만하다. 더 이상 어려워할 필요 없이 마지막 부분을 정리하자. 먼저 이전 절에서 임포트했던 모델 인스턴스를 인스턴스화하자.

거의 첫머리에 있는 ViewController 클래스의 본문 안에 다음 줄을 추가한다.

```
let model = Inceptionv3()
```

모델이 준비됐다. onFrameCaptured 메서드에서 앞에서 우리가 떠났던 부분으로 돌아와서 다음 코드를 추가한다.

```
let prediction = try? self.model.prediction(image:scaledPixelBuffer)

// 레이블 업데이트
DispatchQueue.main.sync {
    classifiedLabel.text = prediction?.classLabel ?? "Unknown"
}
```

놓칠 경우를 대비해 추론을 수행하는 문장을 굵은 글씨로 표시했다. 여기까지다!

추론을 수행한 다음에는 단순히 classLabel 속성(가장 높은 확률을 갖는 클래스)을 UILabel, classifiedLabel에 할당한다.

마지막으로 코드를 빌드하고 배포하자. 우리가 만든 앱이 얼마나 잘 동작하는지 보기 위해 근처에 놓인 객체를 인식하자. 주변 공간을 조사했으면, 다시 돌아와 이 장을 마무리하고 더 크고 더 인상 깊은 예제로 넘어가자.

요약

이 장에서는 Core ML을 사용해 머신러닝을 수행하는 기초 단계로 객체 인식을 소개했다. 이미지로부터 패턴을 추출하는 데 매우 적합한 신경망인 CNN(ConvNet)을 소개했으며 컨볼루션 계층을 하나씩 추가해서 추상화 수준을 높이는 방법을 알아봤다. 다음으로 이렇게 소개한 내용을 활용해 애플리케이션에서 카메라를 통해 실세계를 인식할 수 있게 해주는 기능을 구현했다. 작업 대부분은 추론 자체를 수행하는 일보다는 추론하기 위한 준비 과정과 모델을 사용하는 일에 속한다. 지능 자체만으로는 유용하지 않다는 점을 반드시 알아 두자. 이 책에서 우리가 살펴볼 내용은 직관적이며 지능적인 경험을 제공하기 위해 학습된 모델을 활용해 애플리케이션을 만드는 것이다. 예를 들어 이 예제는 사용자가 주변 세계를 관찰함으로써 새로운 언어를 학습할 수 있게 해주는 언어 학습 도우미 앱으로 쉽게 바뀔 수 있다.

다음 장에서는 사람의 얼굴 표현을 인식해서 감정 상태를 추론하는 방법을 살펴봄으로써 Core ML을 활용한 컴퓨터 비전 영역에 대해 계속해서 알아보겠다.

04 CNN을 활용한 감정 탐지

최근까지도 컴퓨터와 상호작용하는 일은 전동 공구를 쓰는 일과 크게 다르지 않았다. 공구를 들고 전원을 켜서 직접 제어하고, 다음에 그 작업이 필요할 때까지 내려놓는다. 하지만 최근에 변화의 조짐이 보이기 시작했다. 컴퓨터에서 자연스러운 형태의 상호작용을 할 수 있게 됐고, 어디에서나 활용할 수 있고 역량이 향상돼 일상생활에 녹아들었다. 이렇게 컴퓨터는 아무 감정이 없는 멍청한 도구라기보다는 우리를 즐겁게 하고 보살피며 일하는 데 도움을 주는 친구 같아졌다.

이러한 변화로 컴퓨터가 우리의 감정 상태를 이해할 필요가 있게 됐다. 예를 들어 AI 봇 때문에 직장을 잃고 돌아왔는데 소셜 로봇이 농담을 건넨다면 불쾌할 것이다. 이는 **감성 컴퓨팅**(affective computing, 또는 **감정 AI**, artificial emotional intelligence / emotional AI)이라고 하는 분야로 인간의 감정을 인식, 해석, 처리하며 가장할 수 있는 시스템을 연구하는 분야이다. 이 첫 단계는 감정 상태를 인식하는 일이며, 이에 대해 이 장에서 알아보겠다. 먼저 이 장에서 사용할 데이터와 모델을 소개한 다음 아이폰에서 표정을 인식하는 문제를 해결하는 방법과 추론을 위해 데이터를 적절하게 전처리하는 방법을 살펴보겠다.

이 장에서는 다음과 같은 내용을 다룰 것이다.

- 전면 카메라 피드를 사용해서 실시간으로 여러분의 기분을 추론할 수 있는 간단한 애플리케이션을 만든다.
- Vision 프레임워크를 직접 사용해 보는 경험을 얻게 된다.
- **컨볼루션 신경망**(CNN, convolutional neural networks)이 어떻게 동작하는지와 에지에 어떻게 적용할 수 있는지 더 깊이 이해하고 직관적인 지식을 얻을 수 있다.

우선 여기에서 사용할 데이터와 모델을 살펴보자.

얼굴 표정

사람 얼굴은 감정을 나타내는 가장 강력한 지표 중 하나이다. 우리가 웃거나 울 때 우리의 감정을 표현해서 다른 사람들이 자기 마음을 엿볼 수 있게 한다. 이는 비언어적 의사소통의 한 형태로 분명히 다른 사람과의 대화의 50% 이상을 차지한다. 40개의 독립적으로 제어되는 근육 때문에 얼굴은 우리가 가진 가장 복잡한 시스템 중 하나가 됐으며 이것이 우리의 현재 감정 상태와 같이 매우 중요한 것을 의사소통하는 수단으로 사용하는 이유가 될 수 있다. 하지만 이러한 감정 상태를 분류할 수 있을까?

2013년 **ICML(International Conference on Machine Learning)**에서는 참가자들 사이에 28,000개 이상의 회색조 이미지의 훈련 데이터셋을 사용해 얼굴 표정 분류 모델을 만드는 대회를 개최했다. 이 데이터셋에는 분노(anger), 혐오(disgust), 두려움(fear), 행복(happiness), 슬픔(sadness), 놀람(surprise), 무표정(neutral) 중 하나로 레이블이 붙어 있다. 다음은 이 훈련 데이터의 샘플을 보여 준다(이 데이터는 `https://www.kaggle.com/c/challenges-in-representation-learning-facial-expression-recognition-challenge`에서 받을 수 있다).

앞서 말했듯이 훈련 데이터셋은 48×48 픽셀의 회색조 얼굴 이미지 28,709개로 구성돼 있으며 각 얼굴은 중앙에 위치하고 그 얼굴이 드러내는 감정을 정의하는 레이블에 연결돼 있다. 이 감정은 다음 레이블 중 하나를 갖게 된다(텍스트로 된 설명은 읽기 쉽도록 추가해 뒀다).

신경망(혹은 다른 머신러닝 알고리즘)은 실제로 혼자서는 아무 일도 할 수 없다. 신경망이 하는 일은 두 데이터셋(입력과 그에 대응하는 출력) 사이의 직간접적 상관관계를 찾는 것이다. 신경망이 학습하려면 입력과 출력 사이에 참인 상관관계가 존재하는 두 개의 의미 있는 데이터셋을 제시해야 한다. 새로운 데이터 문제를 다루려면 그에 맞는 예측 이론을 찾아내거나 데이터 시각화 혹은 그 밖의 탐색적 데이터 분석 기법을 사용해서 상관관계를 찾아야 한다. 그 과정에서 데이터를 훈련 데이터와 맞추기 위해 어떻게 준비해야 하는지 더 잘 이해할 수 있다.

훈련 데이터를 가지고 데이터를 시각화한 결과를 살펴보자. 여기에서 각 표정(happy, sad, angry 등) 사이에는 어떤 패턴이 존재한다고 가정한다. 시각적으로 이를 조사하는 한 가지 방법으로는 각 표정의 평균과 분산을 구하는 것이다. 이는 각 범주(표정 예시: happy, angry 등)별 전체 이미지를 가지고 평균과 표준 편차를 구해서 얻을 수 있다. 일부 표정의 결과는 다음 그림과 같다.

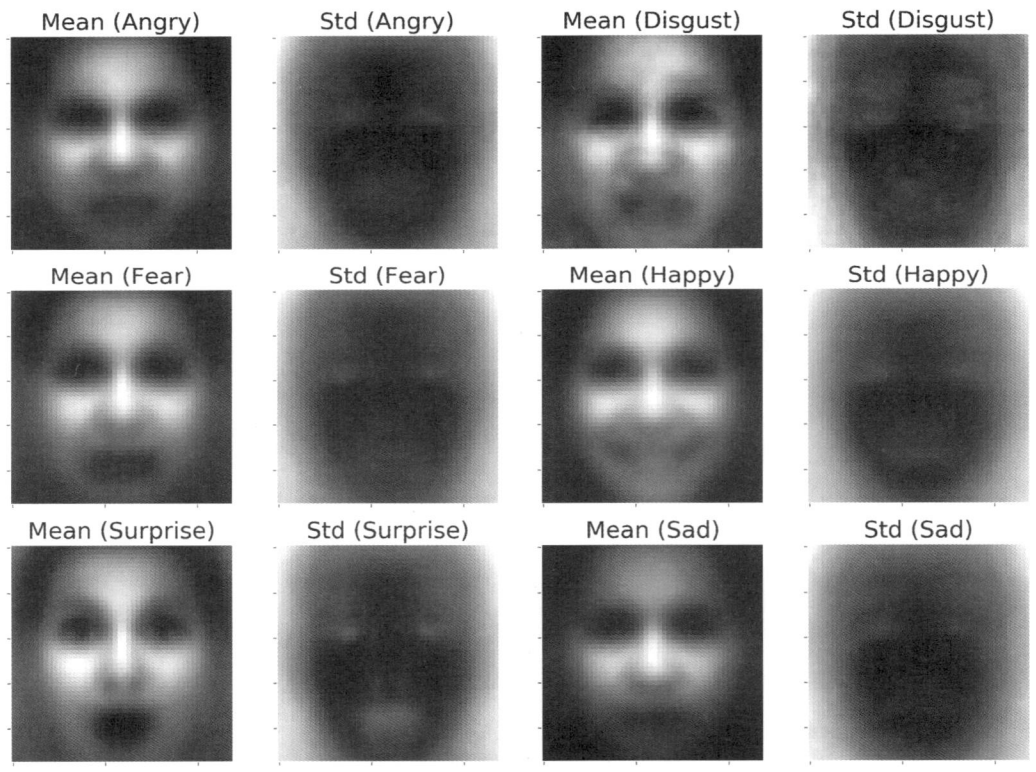

이렇게 오싹한 이미지를 얻고 나면 패턴이 존재한다는 것을 알 수 있고 모델에서 얼굴 표정을 인식할 수 있도록 학습하기 위해 무엇이 필요한지 이해할 수 있다. 여기에서 또 다른 주목할 만한 그리고 꽤 눈에 띄는 점으로는 혐오(Disgust) 표정의 분산을 들 수 있다. 이를 보면 모델에서 혐오 표정을 인식하도록 효과적으로 학습하기 어렵다는 점을 알 수 있다. 또 다른 점으로, 이 장에서 우리가 할 일에 더 적합한 점은 훈련 데이터가 얼굴 윤곽 밖으로 불필요한 부분이 거의 없는 얼굴 전면으로 구성돼 있으므로 모델이 어떤 입력값을 받는지 분명하게 보여준다. 이제 데이터에 대한 감을 잡았으니 계속해서 이 장에서 사용할 모델을 알아보겠다.

3장 '실세계에서 객체 인식하기'에서 CNN(ConvNet)을 소개했다. 따라서 이 장에서는 새로운 개념을 소개하는 것이 아니므로 모델의 세부 사항은 생략하고 CNN의 아키텍처와 입력 데이터 형식에 대해서만 참고로 설명하겠다.

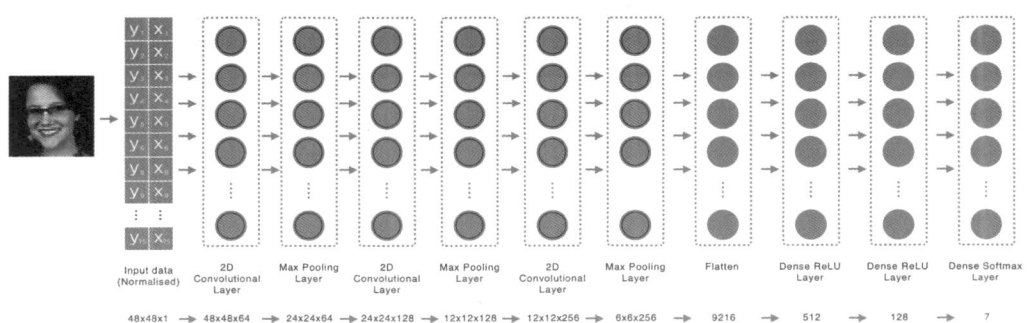

앞의 그림은 모델의 아키텍처를 시각화한 것이다. 전형적인 CNN 아키텍처로 컨볼루션 계층(convolutional layer)과 풀링 계층(pooling layer)을 쌓은 다음 평면화(flatten) 계층을 거쳐 일련의 완전 연결 계층(fully connected layer)으로 이어진다. 마지막으로 다중범주 분류를 위해 소프트맥스 활성화 계층으로 이어진다. 앞서 말했듯이 이 모델은 $48 \times 48 \times 1$(너비, 높이, 채널) 차원을 갖는 3차원 텐서를 입력으로 받는다. 모델에 큰 수(0~255)를 공급하는 것을 피하기 위해 입력을 정규화한다(각 픽셀을 255로 나누어 0.0~1.0 사이의 값을 갖게 한다). 모델은 주어진 입력이 각 범주에 해당할 확률을 출력한다. 다시 말해 각 범주가 해당 입력과 얼마나 상관관계가 있는지의 확률을 보여주는 7개의 결과를 출력한다. 예측을 만들려면 이 중 가장 확률이 높은 범주를 취하면 된다.

이 모델은 22,967개의 샘플에서 훈련됐고 나머지 5,742개의 샘플을 사용해서 검증했다. 15세대(epoch)를 훈련시키고 나면 모델은 검증 집합에 대해 약 59%의 정확도를 얻게 된다. 이 정확도는 이 책을 쓸 당시 기준으로 캐글 대회의 13위에 간신히 오를만한 수치다. 다음 그래프는 모델 훈련 과정에서 보여주는 훈련 정확도와 손실을 보여준다.

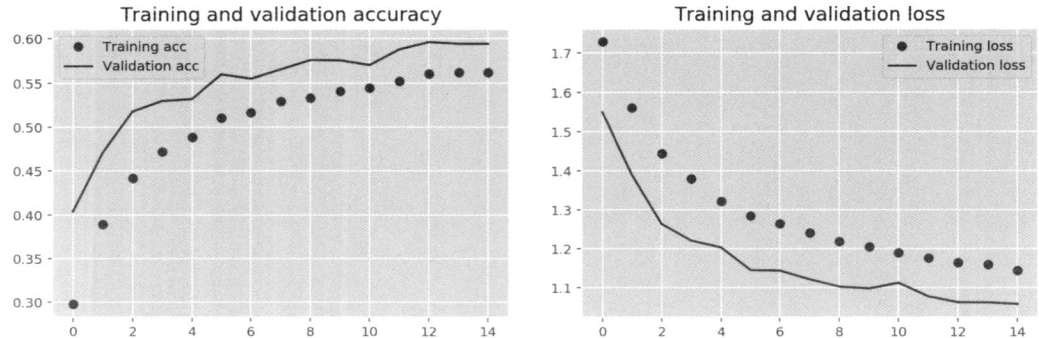

지금까지 이 장에서 사용할 데이터와 모델을 간략히 알아봤다. 크게 두 부분으로 요약하면 훈련 과정에 모델에 공급된 데이터에 대한 이해와 우리 모델이 겨우 59%의 정확도를 달성했다는 사실이다.

앞의 내용은 모델에 데이터를 공급하기 전 데이터를 얻고 처리하는 과정을 다뤘다. 두 번째 내용은 무엇이 정확도를 떨어뜨리는지 이해하고 어떻게 개선할 것인지 더 알아볼 기회가 될 것이다. 또한 이러한 제약으로 인해 마주하게 될 설계상의 어려운 점도 함께 보게 될 것이다.

이 장에서는 주로 앞부분의 내용을 다루며, 다음 절에서는 모델에 제공하기 전에 데이터를 얻고 선처리하는 방법을 알아보겠다.

입력 데이터와 선처리

이 절에서는 이미지를 모델에서 받아들일 수 있는 형태로 변환하기 위해 필요한 선처리 기능을 구현하겠다. 이 기능을 플레이그라운드 프로젝트에서 구현하고 다음 절에서 우리 프로젝트에 마이그레이션할 것이다.

아직 코드를 받지 않았다면 관련 저장소(https://github.com/packtpublishing/machine-learning-with-core-ml)에서 최신 코드를 내려받자. 코드를 내려받았으면 Chapter4/Start/ 디렉터리에 가서 ExploringExpressionRecognition.playground 플레이그라운드 프로젝트를 열자. 프로젝트가 로딩되면 다음 그림처럼 이 장에서 쓸 플레이그라운드를 볼 수 있을 것이다.

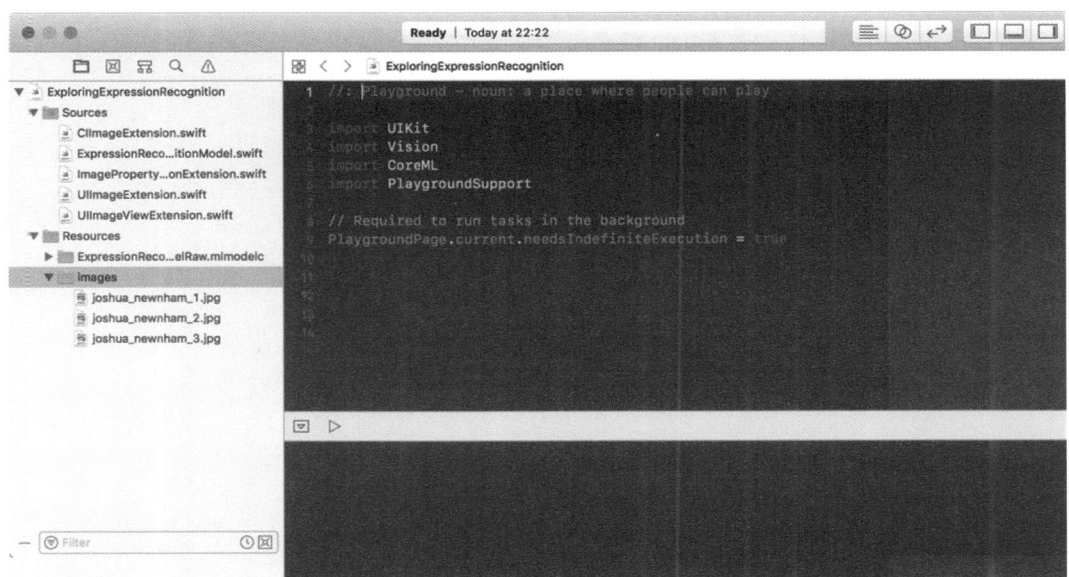

시작하기 전에 내 얼굴 이미지를 보지 않으려면 테스트 이미지를 여러분이 가진 이미지나 인터넷에서 저작권 없는 이미지를 가져와서 대체하기 바란다. 일련의 감정을 보여주는 이미지가 가장 좋다.

테스트 이미지와 함께 이 플레이그라운드에는 입력, 출력, 모델 자체에 생성된 래퍼를 가진 컴파일된 Core ML 모델(앞의 이미지에서 모델은 이미 소개했다)이 포함돼 있다. 또한 UIImage, UIImageView, CGImagePropertyOrientation 확장과 CIImage의 빈 확장이 포함돼 있으며 이에 대해서는 이 장의 뒤에서 다시 다룰 것이다. 이 외에도 이 플레이그라운드에서 우리가 작업할 이미지를 시각화하는 데 도움이 되는 유틸리티 함수를 제공한다.

코드를 살펴보기 전에, 간단히 우리가 실제로 무엇을 구현해야 할지 결정하기 위해 취할 접근법을 알아보자.

지금까지 머신러닝을 수행하는 과정은 꽤 단순했다. 입력 데이터 포맷을 구성하는 것 외에 모델에서 크게 다른 작업을 필요로 하지 않았다. 여기서는 그렇지 않다. 일반적으로 누군가를 찍은 사진은 여권 사진을 다룬 경우가 아니라면 얼굴만 포함돼 있거나 프레임에 얼굴이 잘 정렬돼 있지 않다.

첫 번째 방법은 점점 더 보편적으로 사용되고 있는 방법으로 원시 입력을 받아 적절한 결과를 산출할 수 있는 엔드-투-엔드 머신러닝 모델을 사용하는 것이다. 엔드-투-엔드 모델을 성공적으로 사용하고 있는 특정 분야 중 하나로 음성 인식이 있다. 엔드-투-엔드 딥러닝에 앞서 음성 인식 시스템은 수많은 소규모 모듈로 구성돼 있으며 각 모듈은 데이터에서 특정 부분을 추출해 다음 모듈에 공급하는 데 중점을 두고 있고 그 과정은 전형적으로 수작업으로 이뤄졌다. 현대 음성 인식 시스템은 원시 입력을 받아 결과를 출력하는 엔드-투-엔드 모델을 사용한다. 이 두 가지 방법 모두 다음 그림에서 확인할 수 있다.

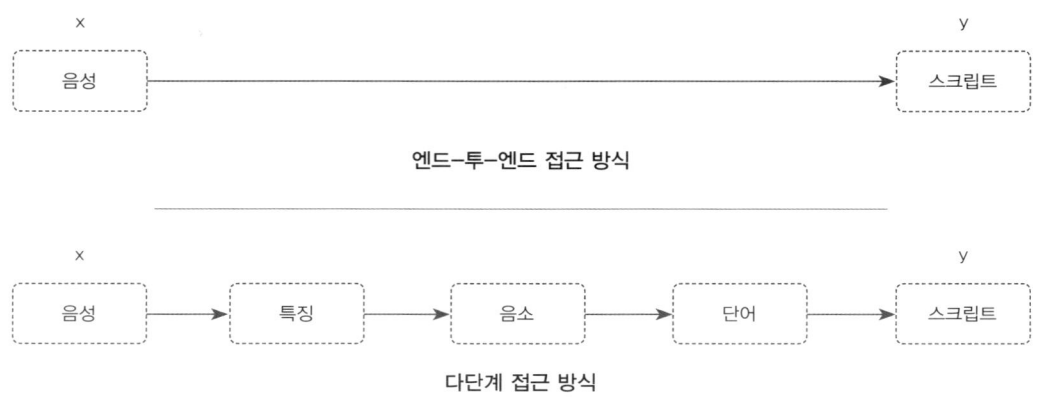

물론 이 방식은 음성 인식에만 국한되지 않고 이미지 인식 작업 및 기타 다른 작업에도 적용될 수 있다. 하지만 이 장에서 다루는 예제가 다른 작업과 다른 이유는 크게 두 가지로 볼 수 있다. 첫째로 얼굴을 추출함으로써 문제를 단순화시킬 수 있다. 이는 모델이 학습해야 할 특징을 줄일 수 있고 우리가 조정할 수 있는 수준의 규모가 작은 전용 모델을 제공한다는 것을 뜻한다. 둘째로 분명히 알 수 있는 이유인데, 모델의 훈련 데이터가 자연스러운 이미지가 아니라 얼굴로만 구성돼 있다는 점이다. 따라서 우리 데이터를 두 모델에서 실행시킬 수밖에 없는데 다음 그림처럼 첫 번째 모델에서는 얼굴을 추출하고 두 번째 모델에서는 추출된 얼굴에서 표정을 인식하는 것이다.

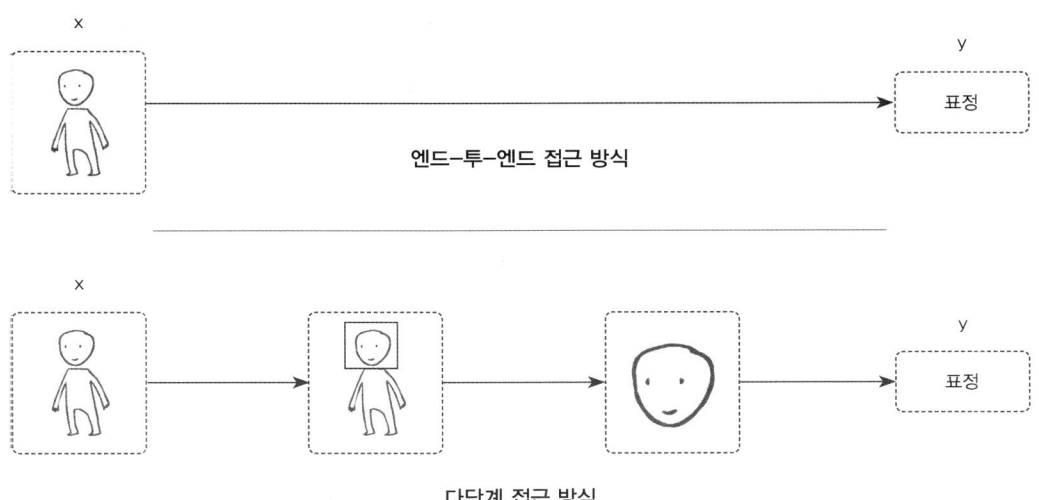

엔드-투-엔드 접근 방식

다단계 접근 방식

다행히도 애플은 iOS 11부터 릴리즈된 Vision 프레임워크를 통해 얼굴을 탐지하는 첫 번째 작업을 대부분 처리한다. Vision 프레임워크는 적절한 수준의 성능을 보여주는 이미지 분석과 컴퓨터 비전 도구를 간단한 API를 통해 제공한다. 이 프레임워크를 사용하면 이미지와 동영상에서 얼굴 탐지, 특징 탐지 및 추적, 배경 분류가 가능하다. 두 번째 작업(표정 인식)은 앞서 소개했던 Core ML 모델을 사용해서 처리할 수 있다.

 Vision 프레임워크가 도입되기 전에 얼굴 탐지는 일반적으로 Core Image 필터를 사용해 수행됐다. 더 뒤로 거슬러 올라가면 OpenCV 같은 도구를 사용해야 했다. Core Image에 대해서는 다음 사이트에서 더 자세히 배울 수 있다. https://developer.apple.com/library/content/documentation/GraphicsImaging/Conceptual/CoreImaging/ci_detect_faces/ci_detect_faces.html

지금까지 필요한 작업이 무엇인지 대략 알아봤으니 편집기로 돌아와 이 모든 작업을 코드로 작성해보자. 먼저 다음 코드를 플레이그라운드에 추가해 이미지를 로딩하자.

```
var images = [UIImage]()
for i in 1...3{
    guard let image = UIImage(named:"images/joshua_newnham_\(i).jpg")
        else{ fatalError("Failed to extract features") }
    images.append(image)
}
```

```
let faceIdx = 0
let imageView = UIImageView(image: images[faceIdx])
imageView.contentMode = .scaleAspectFit
```

이 코드는 Images 폴더에 포함된 이미지를 개별로 로딩해 플레이그라운드를 통해 쉽게 접근할 수 있는 배열에 추가한다. 이미지가 모두 로딩됐으면 상수 faceIdx를 설정해서 실험하는 동안 동일한 이미지에 접근할 수 있게 한다. 마지막으로 쉽게 이미지를 미리 볼 수 있게 ImageView를 생성한다. 실행이 끝났으면 다음 그림에서 보듯이 오른쪽 패널에서 눈 모양의 아이콘을 클릭해 로딩된 이미지를 확인하자[4].

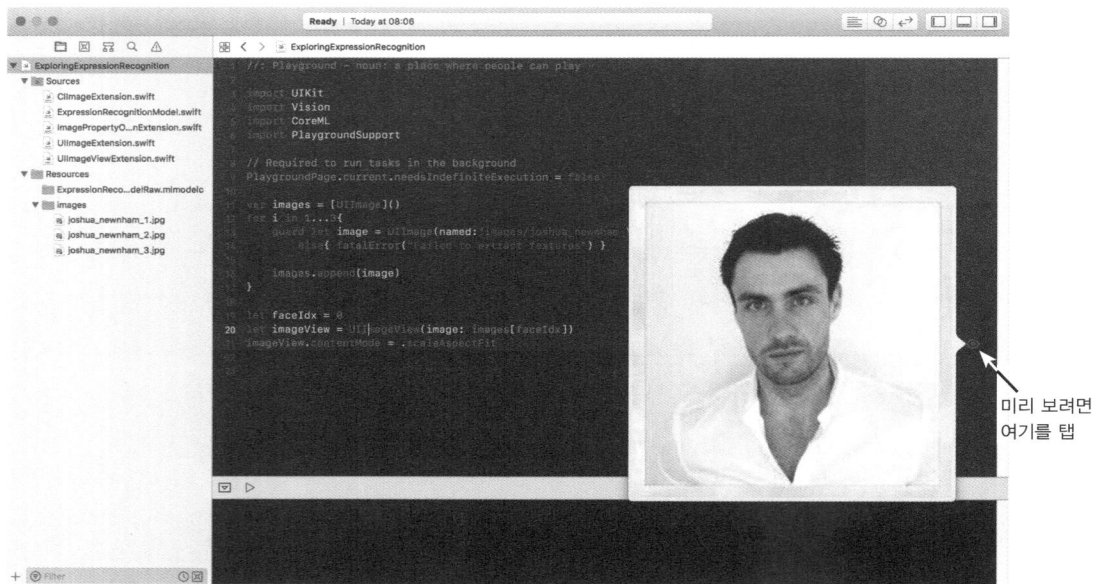

미리 보려면 여기를 탭

다음으로 Vision 프레임워크에서 제공하는 기능을 활용해 얼굴을 탐지할 것이다. Vision 프레임워크에서의 작업은 원하는 분석을 결정하는 **요청 정의**(defining a request), 요청을 실행하고 결과를 얻어낼 수단(델리게이션을 통하거나 명시적으로 쿼리하여)을 제공하는 **핸들러 정의**(defining the handler) 순으로 이뤄진다. 분석 결과는 적절한 관측 형식으로 캐스팅해야 하는 관측값의 컬렉션이다. 이 각각의 구체적인 예시는 여기에서 확인할 수 있다.

---

[4] 오른쪽 패널에 아무 것도 보이지 않는다면 Editor 〉 Run Playground를 실행한 뒤 확인하면 된다.

이전 다이어그램에서 보여줬듯이, 요청에서 어떤 유형의 이미지 분석을 수행할지 결정한다. 핸들러는 요청 혹은 여러 요청과 이미지를 사용해 실제 분석을 수행해서 결과(**관측, observations**라고도 함)를 생성한다. 이 관측이 할당됐다면 속성이나 델리게이트를 통해 접근할 수 있다. 관측 형식은 수행해야 할 요청에 따라 다르다. 여기에서 Vision 프레임워크가 Core ML에 긴밀하게 통합돼 여러분과 데이터와 프로세스 사이에 추상화와 균일도의 또 다른 계층을 추가로 제공한다는 점을 꼭 알아두자. 예를 들어 Core ML의 분류 모델을 사용하면 VNClassificationObservation 형식의 관측을 반환한다. 이 추상화 계층에서는 단순화시키는 것뿐 아니라 머신러닝 모델을 사용하는 일관된 방식을 제공한다.

이전 그림에서는 특히 정적 이미지 처리를 위한 요청 핸들러를 보여줬다. Vision 프레임워크는 일련의 이미지를 처리하기 위한 전용 요청 핸들러도 제공한다. 이 핸들러는 추적과 같은 요청을 처리할 때 더 적절하다. 다음 그림에서는 이러한 경우에 적합한 요청과 관측 형식에 대한 구체적인 예를 보여준다.

시퀀스에서 추적

그러면 VNImageRequestHandler와 VNSequenceRequestHandler는 언제 사용할까? 이름에서도 알 수 있듯이 하나를 다른 하나 위에 사용해야 하지만 둘 사이의 몇 가지 차이점을 알아 두는 것이 좋다.

이미지 요청 핸들러(VNImageRequestHandler)는 이미지를 대화형으로 탐색하는 용도로 쓰인다. 여기에는 생애 주기 동안 이미지에 대한 참조를 담고 있어 다양한 요청 형식을 최적화할 수 있다. 시퀀스 요청 핸들러는 추적과 같은 작업을 수행하기 적절하고 하나의 이미지에 여러 요청을 최적화하지 않는다.

이 모든 것이 코드에서 어떻게 보이는지 확인하자. 다음 코드를 플레이그라운드에 추가하자.

```
let faceDetection = VNDetectFaceRectanglesRequest()
let faceDetectionRequest = VNSequenceRequestHandler()
```

여기에서 우리는 단순히 요청과 핸들러를 생성한다. 이전 코드에서 설명했듯이 요청은 이미지 분석 유형을 캡슐화하고 핸들러는 그 요청을 실행한다. 다음으로 faceDetection를 실행하기 위해 faceDetectionRequest를 가져오겠다. 다음 코드를 추가하자.

```
try? faceDetectionRequest.perform(
    [faceDetection],
    on: images[faceIdx].cgImage!,
    orientation: CGImagePropertyOrientation(images[faceIdx].imageOrientation))
```

핸들러의 perform 함수가 실행에 실패하면 에러를 발생시킬 수 있다. 이러한 이유로 문장의 시작부에 함수 호출을 try?로 감싸고, 실패한 원인을 규명하기 위해 그 핸들러의 error 속성에서 정보를 얻을 수 있다. 우리는 핸들러에 요청 리스트(이 경우 faceDetection만)와 우리가 분석을 수행하려는 이미지와 분석할 때 요청에서 사용할 수 있는 이미지 출처를 전달한다.

분석이 끝났으면 다음 코드처럼 요청 자체의 results 속성을 통해 얻은 관측을 검사할 수 있다.

```
if let faceDetectionResults = self.faceDetection.results as? [VNFaceObservation]{
    for face in faceDetectionResults{
        // 다음에 볼 코드 부분을 여기에 추가
    }
}
```

관측의 형식은 분석에 따라 달라진다. 이 경우에는 VNFaceObservation이 될 것이다. 따라서 이를 적절한 형식으로 캐스팅한 다음 전체 관측에 대해 반복한다.

다음으로 인식된 얼굴 각각을 취해서 윤곽 상자를 추출한다. 그런 다음 윤곽 상자(bounding box)를 이미지에 그린다(UIImageViewExtension.swift 파일에 있는 UIImageView의 확장 메서드를 사용). 앞의 코드의 for 루프에 다음 코드를 추가하라.

```
if let currentImage = imageView.image{
    let bbox = face.boundingBox
    let imageSize = CGSize(width: currentImage.size.width,
                           height: currentImage.size.height)
    let w = bbox.width * imageSize.width
    let h = bbox.height * imageSize.height
```

```
    let x = bbox.origin.x * imageSize.width
    let y = bbox.origin.y * imageSize.height
    let faceRect = CGRect(x: x,
                          y: y,
                          width: w,
                          height: h)
    let invertedY = imageSize.height - (faceRect.origin.y + faceRect.height)
    let invertedFaceRect = CGRect(x: x,
                                  y: invertedY,
                                  width: w,
                                  height: h)
    imageView.drawRect(rect: invertedFaceRect)
}
```

각 얼굴의 윤곽 상자는 boundingBox 속성을 통해 얻을 수 있다. 결과는 정규화됐기 때문에 이를 다시 이미지의 차원을 기준으로 척도를 맞춰야 한다. 예를 들어 boundingBox를 이미지의 너비에 곱해(bbox.width * imageSize.width) 너비를 얻을 수 있다.

다음으로 아래 그림처럼 Quartz 2D의 좌표계를 UIKit 좌표계로 바꾸듯이 y축을 뒤집는다.

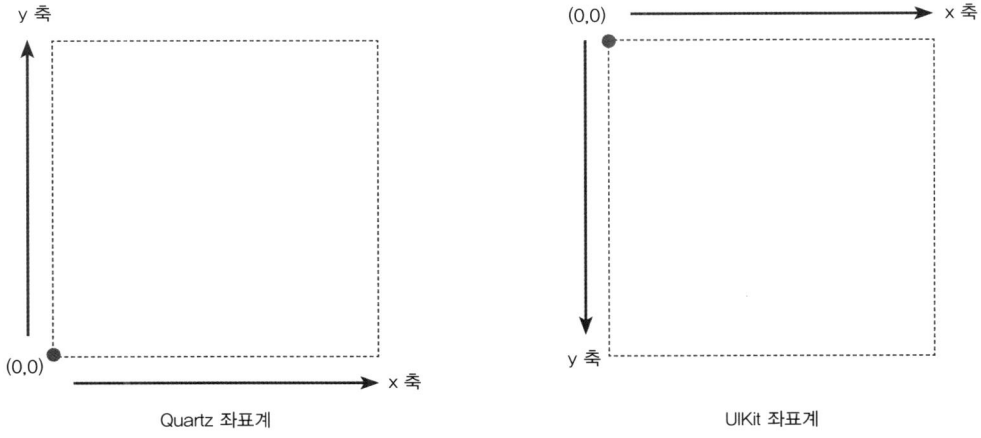

우리는 이미지의 높이에서 윤곽 상자의 원점을 빼서 좌표를 뒤집은 다음 직사각형을 렌더링하기 위해 UIImageView에 전달한다. imageView.drawRect(rect: invertedFaceRect) 문이 있는 줄에서 오른쪽 패널의 눈동자 아이콘을 클릭하면 결과를 미리 볼 수 있다. 성공했다면 다음과 같은 그림을 보게 될 것이다.

 얼굴 직사각형을 뒤집는 대신 다음 코드처럼 AfflineTransform을 사용할 수도 있다.

```
var transform = CGAffineTransform(scaleX: 1, y: -1)
transform = transform.translatedBy(x: 0, y: -imageSize.height)
let invertedFaceRect = faceRect.apply(transform
```

이 방식을 쓰면 코드를 덜 작성해도 되며 에러가 발생할 확률도 적다. 따라서 이 방식을 사용하는 것이 좋다. 그런데도 여기에서 긴 코드를 쓴 이유는 이 변환의 세부 사항을 배우는 데 도움이 되기 때문이다.

이제 다른 형식의 요청을 살펴보고 실험해보자. 이번에는 VNDetectFaceLandmarksRequest를 사용해 이미지를 분석하겠다. 이 요청은 얼굴을 탐지해서 윤곽 상자를 보여준다는 점에서 VNDetectFaceRectanglesRequest와 비슷하다. 그렇지만 VNDetectFaceRectanglesRequest와 달리 VNDetectFaceLandmarksRequest는 탐지된 얼굴 표식도 제공한다. 얼굴 표식은 눈, 코, 눈썹, 얼굴 윤곽 등 탐지될 수 있는 다른 특징처럼 눈에 띄는 얼굴 특징으로 얼굴의 중요한 특성을 보여준다. 탐지된 얼굴 표식은 각각 얼굴 윤곽을 보여주는 일련의 점으로 구성돼 있다. 얼굴 표식이 어떻게 보이는지 확인하자. 다음 코드와 같이 새로운 요청을 추가하자.

```
imageView.image = images[faceIdx]

let faceLandmarks = VNDetectFaceLandmarksRequest()

try? faceDetectionRequest.perform(
    [faceLandmarks],
    on: images[faceIdx].cgImage!,
    orientation: CGImagePropertyOrientation(images[faceIdx].imageOrientation))
```

앞의 코드는 익숙해 보일 것이다. 앞에서 했던 작업과 거의 같지만 이번에는 VNDetectFaceRectangl
lesRequest를 VNDetectFaceLandmarksRequest로 바꿨다. 또한 이미지 뷰에서 imageView.image =
images[faceIdx] 문장으로 이미지를 새로 고쳤다. 이전에도 했듯이 탐지된 관측 각각을 반복하고 공통된
표식을 추출해보자. 먼저 다음 코드처럼 외부 루프를 만들자.

```
if let faceLandmarkDetectionResults = faceLandmarksRequest.results as? [VNFaceObservation]{
    for face in faceLandmarkDetectionResults{
        if let currentImage = imageView.image{
            let bbox = face.boundingBox
            let imageSize = CGSize(width: currentImage.size.width,
                                   height: currentImage.size.height)
            let w = bbox.width * imageSize.width
            let h = bbox.height * imageSize.height
            let x = bbox.origin.x * imageSize.width
            let y = bbox.origin.y * imageSize.height
            let faceRect = CGRect(x: x,
                                  y: y,
                                  width: w,
                                  height: h)
        }
    }
}
```

지금까지 본 코드는 익숙할 것이다. 다음으로 우리는 각각의 표식을 볼 것이다. 하지만 우선 Quartz 2D
좌표계의 점을 UIKit 좌표계로 변환하는 함수를 만들자. 다음 함수를 faceRect를 선언한 곳과 동일한 블
록에 추가한다.

```
func getTransformedPoints(
    landmark:VNFaceLandmarkRegion2D,
    faceRect:CGRect,
    imageSize:CGSize) -> [CGPoint]{
    return landmark.normalizedPoints.map({ (np) -> CGPoint in
        return CGPoint(
            x: faceRect.origin.x + np.x * faceRect.size.width,
            y: imageSize.height - (np.y * faceRect.size.height + faceRect.origin.y))
    })
}
```

앞에서 언급했듯이 각 얼굴 표식은 이전 그림처럼 특정 표식의 윤곽을 묘사하는 일련의 점으로 구성돼 있으며 이 점들은 0.0~1.0 사이로 정규화돼 있다. 따라서 이와 관련된 얼굴 직사각형을 기준으로 척도를 맞춰야 하며 이는 앞의 예제에서 우리가 했던 바로 그 작업이다. 우리는 각 점의 척도를 조정해 적절한 좌표 공간으로 변환시킨 다음 매핑된 배열을 호출자에게 반환한다.

이제 각 표식을 시각화할 때 사용할 일부 상수를 정의하자. 다음 두 개의 상수를 방금 구현했던 함수 getTransformedPoints에 추가하자.

```
let landmarkWidth : CGFloat = 1.5
let landmarkColor : UIColor = UIColor.red
```

이제 몇 가지 표식을 따라가 보면서 이목구비를 추출하는 방법과 함께 가끔 결과를 보여준다. 우선 왼쪽 눈과 오른쪽 눈부터 시작하자. 방금 정의했던 상수 바로 다음에 다음 코드를 추가하자.

```
if let landmarks = face.landmarks?.leftEye {
    let transformedPoints = getTransformedPoints(
        landmark: landmarks,
        faceRect: faceRect,
        imageSize: imageSize)
    imageView.drawPath(pathPoints: transformedPoints,
                       closePath: true,
                       color: landmarkColor,
                       lineWidth: landmarkWidth,
                       vFlip: false)
    var center = transformedPoints.reduce(CGPoint.zero, { (result, point) -> CGPoint in
        return CGPoint(
            x:result.x + point.x,
            y:result.y + point.y)
    })
    center.x /= CGFloat(transformedPoints.count)
    center.y /= CGFloat(transformedPoints.count)
    imageView.drawCircle(center: center,
                         radius: 2,
                         color: landmarkColor,
                         lineWidth: landmarkWidth,
                         vFlip: false)
}
```

```
if let landmarks = face.landmarks?.rightEye {
    let transformedPoints = getTransformedPoints(
        landmark: landmarks,
        faceRect: faceRect,
        imageSize: imageSize)
    imageView.drawPath(pathPoints: transformedPoints,
                    closePath: true,
                    color: landmarkColor,
                    lineWidth: landmarkWidth,
                    vFlip: false)
    var center = transformedPoints.reduce(CGPoint.zero, { (result, point) -> CGPoint in
        return CGPoint(
            x:result.x + point.x,
            y:result.y + point.y)
    })
    center.x /= CGFloat(transformedPoints.count)
    center.y /= CGFloat(transformedPoints.count)
    imageView.drawCircle(center: center,
                    radius: 2,
                    color: landmarkColor,
                    lineWidth: landmarkWidth,
                    vFlip: false)
}
```

다행히 앞의 코드에서 분명하게 알 수 있듯이, 우리는 그 자체로도 적절한 표식을 참조하는 얼굴 관측 표식 속성을 통해 각 표식의 참조를 가져온다. 앞의 코드에서는 leftEye와 rightEye 표식의 참조를 가져온다. 각 표식에 대해 먼저 다음 그림처럼 눈의 윤곽을 렌더링한다.

다음으로 아래 코드를 사용해 눈의 중심을 찾아 원을 렌더링하기 위해 각 점을 반복한다.

```
var center = transformedPoints.reduce(CGPoint.zero, { (result, point) -> CGPoint in
    return CGPoint(
        x:result.x + point.x,
        y:result.y + point.y)
})

center.x /= CGFloat(transformedPoints.count)
center.y /= CGFloat(transformedPoints.count)
imageView.drawCircle(center: center,
                     radius: 2,
                     color: landmarkColor,
                     lineWidth: landmarkWidth,
                     vFlip: false)
```

우리가 사용할 수 있는 표식에는 `leftPupil`도 있어서 이 작업은 약간 불필요한데, 이 인스턴스를 사용한 이유는 활용할 수 있는 표식들을 조사하는 것이 얼마나 중요한지 강조하기 위해서다. 이 코드의 후반부는 오른쪽 눈에 대해 동일한 작업을 수행한다. 코드 마지막까지 오면 양쪽 눈에 윤곽이 그려진 다음과 같은 이미지를 얻게 될 것이다.

계속해서 다른 표식들도 알아보자. 다음으로 얼굴 윤곽과 코를 확인할 것이다. 다음 코드를 추가하자.

```swift
if let landmarks = face.landmarks?.faceContour {
    let transformedPoints = getTransformedPoints(
        landmark: landmarks,
        faceRect: faceRect,
        imageSize: imageSize)
    imageView.drawPath(pathPoints: transformedPoints,
                       closePath: false,
                       color: landmarkColor,
                       lineWidth: landmarkWidth,
                       vFlip: false)
}

if let landmarks = face.landmarks?.nose {
    let transformedPoints = getTransformedPoints(
        landmark: landmarks,
        faceRect: faceRect,
        imageSize: imageSize)
    imageView.drawPath(pathPoints: transformedPoints,
                       closePath: false,
                       color: landmarkColor,
                       lineWidth: landmarkWidth,
                       vFlip: false)
}

if let landmarks = face.landmarks?.noseCrest {
    let transformedPoints = getTransformedPoints(
        landmark: landmarks,
        faceRect: faceRect,
        imageSize: imageSize)
    imageView.drawPath(pathPoints: transformedPoints,
                       closePath: false,
                       color: landmarkColor,
                       lineWidth: landmarkWidth,
                       vFlip: false)
}
```

이제 패턴을 분명하게 알 수 있을 것이다. 여기에서 우리는 faceContour, nose, noseCrest 표식을 그릴 수 있다. 거기까지 하면 이미지는 다음 그림과 같을 것이다.

연습 삼아 innerLips와 outerLips 표식을 사용해 입술(그 외 얼굴 표식도)을 그려보라. 얼굴 표정을 분류하는 작업으로 돌아가기 전에, 얼굴에 안경을 그리거나 올리는 것 외에 표식 탐지의 실제 활용 사례를 간단히 살펴보자.

앞에서도 강조했듯이 여기에서 사용할 훈련 집합은 대체로 정면을 향하고 있고 상당히 똑바른 이미지로 구성돼 있다. 이 사실을 고려했을 때, 각 눈의 위치를 알 수 있으면 이 점을 활용해 이미지를 한정할 수 있다. 즉, 얼굴이 충분히 보이고 제대로 된 방향을 향하고 있는지 판단할 수 있다. 다른 용도로는 얼굴 방향을 약간 틀어서 훈련 집합에 더 잘 맞도록 만드는 것도 생각할 수 있다(이미지가 28×28로 크기가 줄어서 품질에 일부 손상은 무시될 수 있다는 점을 유념하자).

여기에서 이러한 기능의 구현은 다루지 않지만 두 눈 사이의 각도를 사용해 방향을 바로잡기 위해 즉, 이미지를 회전시키기 위해 아핀 변환(affine transformation)을 적용할 수 있다.

이제 주요 작업인 분류 작업으로 돌아가자. 이전에 했듯이 주어진 이미지 내에서 각 얼굴을 식별하기 위해 VNDetectFaceRectanglesRequest를 생성하고 이를 모델에 제공하기 전에 선처리할 것이다. 모델에 관해 설명했던 내용을 기억해보면 여기에서 사용하는 모델은 48×48 크기의 단일 채널(회색조) 얼굴 이미지를 받는데, 그 값은 0.0~1.0 사이로 정규화돼 있다. 작업의 각 부분을 따라가보자. 먼저 앞에서 했듯이 요청을 생성하자.

```
imageView.image = images[faceIdx]
let model = ExpressionRecognitionModelRaw()

if let faceDetectionResults = faceDetection.results as? [VNFaceObservation]{
    for face in faceDetectionResults{
        if let currentImage = imageView.image{
            let bbox = face.boundingBox
            let imageSize = CGSize(width: currentImage.size.width,
                                   height: currentImage.size.height)
            let w = bbox.width * imageSize.width
            let h = bbox.height * imageSize.height
            let x = bbox.origin.x * imageSize.width
            let y = bbox.origin.y * imageSize.height
            let faceRect = CGRect(x: x,
                                  y: y,
                                  width: w,
                                  height: h)
        }
    }
}
```

앞의 코드는 이전에 봤던 코드와 비슷하지만 유일한 차이는 모델을 인스턴스화하는 데 있다(굵은 글씨체 참조, let model = ExpressionRecognitionModelRaw()[5]). 다음으로 이미지에서 얼굴을 잘라내야 한다. 그러기 위해 이를 구현할 유틸리티 함수를 작성해야 한다. 이를 애플리케이션으로 가져가야 하므로 이 함수를 CIImage 클래스의 확장으로 작성하자. 왼쪽 패널에서 Sources 폴더의 CIImageExtension.swift 파일을 클릭해서 해당 파일을 열자. 현재로서 이 파일의 확장 부분은 다음처럼 비어 있다.

```
extension CIImage{
}
```

계속해서 얼굴을 잘라내는 기능을 구현하기 위해 CIImage 본문에 다음 코드를 추가하자.

```
public func crop(rect:CGRect) -> CIImage?{
    let context = CIContext()
```

---

5 부록 코드에서 해당 모델은 CoreMLModels/Chapter4 폴더에서 찾아볼 수 있다.

```
    guard let img = context.createCGImage(self, from: rect) else{
        return nil
    }
    return CIImage(cgImage: img)
}
```

앞의 코드에서는 단순히 전달된 영역에 한해 새로운 이미지를 생성한다. context.createCGImage 메서드는 호출자에게 반환하기 전에 CGImage를 CIImage에 감싸서 반환한다. 메인 플레이그라운드 소스로 돌아와서 이 crop 메서드를 사용해 이미지에서 얼굴을 잘라내기 위해 앞에서 선언했던 사각형 얼굴 영역 뒤에 다음 코드를 추가하자.

```
let ciImage = CIImage(cgImage:images[faceIdx].cgImage!)

let cropRect = CGRect(
    x: max(x - (faceRect.width * 0.15), 0),
    y: max(y - (faceRect.height * 0.1), 0),
    width: min(w + (faceRect.width * 0.3), imageSize.width),
    height: min(h + (faceRect.height * 0.6), imageSize.height))

guard let croppedCIImage = ciImage.crop(rect: cropRect) else{
    fatalError("Failed to cropped image")
}
```

우선 CGImage에서 CIImage 인스턴스를 생성(UIImage 인스턴스에서 참조할)한 다음 사각형 얼굴 영역에 덧댄다. 이렇게 하는 이유는 훈련 데이터에 더 잘 부합하게 만들기 위해서이다. 이전 실험을 보면 탐지된 윤곽은 눈과 턱에 잘 들어맞지만 훈련 데이터는 얼굴의 전체적인 모습을 포함한다. 선택된 숫자는 시행착오를 거쳐서 얻은 결과지만 나는 두 눈 사이의 거리와 얼굴 높이 사이에는 통계적으로 적절한 비율이 있다고 생각한다. 마지막으로 앞에서 구현했던 crop 메서드를 사용해 이미지를 잘라낸다.

다음으로 이미지 크기를 모델에서 받아들일 수 있는 크기로 재조정한다. 이 기능은 아직 구현되지 않았으니 이제 구현하도록 하자. CIImageExtension.swift 파일로 돌아가서 크기를 재조정할 수 있는 다음 메서드를 추가한다.

```
public func resize(size: CGSize) -> CIImage {
    let scale = min(size.width,size.height) / min(self.extent.size.width, self.extent.size.height)
    let resizedImage = self.transformed(
        by: CGAffineTransform(
            scaleX: scale,
            y: scale))
    let width = resizedImage.extent.width
    let height = resizedImage.extent.height
    let xOffset = (CGFloat(width) - size.width) / 2.0
    let yOffset = (CGFloat(height) - size.height) / 2.0
    let rect = CGRect(x: xOffset,
                      y: yOffset,
                      width: size.width,
                      height: size.height)
    return resizedImage
        .clamped(to: rect)
        .cropped(to: CGRect(
            x: 0, y: 0,
            width: size.width,
            height: size.height))
}
```

여기에서는 전에 한 것처럼 사각형 얼굴 영역을 뒤집지 않았다는 사실을 유념하자. 그 작업은 Quartz 2D 좌표계에서 UIKit 좌표계로 변환할 때에만 해야 하는데 여기에서는 이 작업을 하지 않기 때문이다.

코딩 분량이 많아 보이지만 대부분은 척도를 계산하고 그림을 중앙에 맞추기 위한 변형과 관련 있다. 이를 계산했으면 transformed 메서드에 CGAffineTransform을 척도와 함께 전달한 다음 clamped 메서드에 가운데 정렬된 사각 영역을 전달한다. 여기까지 구현했으면 메인 플레이그라운드 코드로 돌아가서 다음과 같이 이를 사용해 잘라낸 이미지 크기를 바꾸자.

```
let resizedCroppedCIImage = croppedCIImage.resize(
    size: CGSize(width:48, height:48))
```

케이터를 모델로 전달해 추론하기까지 세 단계가 남았다. 첫 번째 단계에서는 데이터를 단일 채널로 변환하고, 두 번째 단계에서는 이 값이 0.0~1.0 사이에 들어가도록 픽셀의 척도를 조정하고, 마지막 단계에서는 모델의 `predict` 메서드에 제공할 수 있게 `MLMultiArray`에 데이터를 감싼다. 이전에도 했듯이 우리가 만든 CIImage 클래스에 다른 확장을 추가할 것이다. 단일 채널을 사용해 이미지를 렌더링하고 픽셀 데이터를 추출하여 척도를 재조정할 때 쉽게 접근할 수 있게 배열에 반환할 것이다. CIImageExtension. swift 파일로 돌아와서 다음 메서드를 추가한다.

```swift
public func getGrayscalePixelData() -> [UInt8]?{
    var pixelData : [UInt8]?
    
    let context = CIContext()
    
    let attributes = [
        kCVPixelBufferCGImageCompatibilityKey:kCFBooleanTrue,
        kCVPixelBufferCGBitmapContextCompatibilityKey:kCFBooleanTrue
        ] as CFDictionary
    
    var nullablePixelBuffer: CVPixelBuffer? = nil
    let status = CVPixelBufferCreate(
        kCFAllocatorDefault,
        Int(self.extent.size.width),
        Int(self.extent.size.height),
        kCVPixelFormatType_OneComponent8,
        attributes,
        &nullablePixelBuffer)
    
    guard status == kCVReturnSuccess, let pixelBuffer = nullablePixelBuffer
        else { return nil }
    
    CVPixelBufferLockBaseAddress(
        pixelBuffer,
        CVPixelBufferLockFlags(rawValue: 0))
    
    context.render(
        self,
        to: pixelBuffer,
        bounds: CGRect(x: 0,
                       y: 0,
                       width: self.extent.size.width,
```

```
                    height: self.extent.size.height),
    colorSpace:CGColorSpaceCreateDeviceGray())

let width = CVPixelBufferGetWidth(pixelBuffer)
let height = CVPixelBufferGetHeight(pixelBuffer);

if let baseAddress = CVPixelBufferGetBaseAddress(pixelBuffer) {
    pixelData = Array<UInt8>(repeating: 0, count: width * height)
    let buf = baseAddress.assumingMemoryBound(to: UInt8.self)
    for i in 0..<width*height{
        pixelData![i] = buf[i]
    }
}
CVPixelBufferUnlockBaseAddress(
    pixelBuffer,
    CVPixelBufferLockFlags(rawValue: 0))

return pixelData
}
```

다시 말하지만 코드 양에 위축될 필요는 없다. 이 메서드가 수행하는 주요 작업은 두 가지다. 하나는 단일 채널 즉 회색조를 사용해 이미지를 CVPixelBuffer로 렌더링하는 것이다. 이 작업을 위한 코드는 다음과 같다.

```
public func getGrayscalePixelData() -> [UInt8]?{
    let context = CIContext()

    let attributes = [
        kCVPixelBufferCGImageCompatibilityKey:kCFBooleanTrue,
        kCVPixelBufferCGBitmapContextCompatibilityKey:kCFBooleanTrue
        ] as CFDictionary

    var nullablePixelBuffer: CVPixelBuffer? = nil
    let status = CVPixelBufferCreate(
        kCFAllocatorDefault,
        Int(self.extent.size.width),
        Int(self.extent.size.height),
        kCVPixelFormatType_OneComponent8,
```

```
        attributes,
        &nullablePixelBuffer)

    guard status == kCVReturnSuccess, let pixelBuffer = nullablePixelBuffer
        else { return nil }

    // CIImage를 CVPixelBuffer로 렌더링하고 반환
    CVPixelBufferLockBaseAddress(
        pixelBuffer,
        CVPixelBufferLockFlags(rawValue: 0))

    context.render(
        self,
        to: pixelBuffer,
        bounds: CGRect(x: 0,
                       y: 0,
                       width: self.extent.size.width,
                       height: self.extent.size.height),
        colorSpace:CGColorSpaceCreateDeviceGray())

    CVPixelBufferUnlockBaseAddress(
        pixelBuffer,
        CVPixelBufferLockFlags(rawValue: 0))
}
```

원시 픽셀에 접근하기 편리한 방식을 제공해 배열을 채울 수 있게 하기 위해 이미지를 `CVPixelBuffer`에 렌더링한다. 그런 다음 이를 호출자에게 반환한다. 이 작업을 담당하는 메인 코드는 다음과 같다.

```
let width = CVPixelBufferGetWidth(pixelBuffer)
let height = CVPixelBufferGetHeight(pixelBuffer);

if let baseAddress = CVPixelBufferGetBaseAddress(pixelBuffer) {
    pixelData = Array<UInt8>(repeating: 0, count: width * height)
    let buf = baseAddress.assumingMemoryBound(to: UInt8.self)
    for i in 0..<width*height{
        pixelData![i] = buf[i]
    }
}
```

여기에서는 먼저 CVPixelBufferGetWidth와 CVPixelBufferGetHeight를 사용해 각각 이미지의 너비와 높이를 얻어 차원을 결정한다. 그런 다음 이를 사용해 픽셀 데이터를 담는 적절한 크기의 배열을 생성한다. 그런 다음 CVPixelBuffer의 기본 주소를 얻어 assumingMemoryBound 메서드를 호출해 형식이 있는 포인터(typed pointer)를 제공한다. 이를 사용해 각 픽셀에 접근해서 pixelData를 채워 반환한다.

지금 구현한 getGrayscalePixelData 메서드를 가지고 플레이그라운드의 메인 소스 코드로 돌아가 앞에서 떠났던 곳에 다음 코드를 추가하자.

```
guard let resizedCroppedCIImageData = resizedCroppedCIImage.getGrayscalePixelData() else {
    fatalError("Failed to get (grayscale) pixel data from image")
}

let scaledImageData = resizedCroppedCIImageData.map({ (pixel) -> Double in
    return Double(pixel)/255.0
})
```

앞의 코드에서는 getGrayscalePixelData 메서드를 사용해 잘라낸 이미지의 원시 픽셀을 얻고 그 값을 255.0(최댓값)으로 나누어 척도를 조정했다. 데이터 선처리의 마지막 작업은 모델이 받아들일 데이터 구조인 MLMultiArray에 데이터를 넣는 것이다. 이 작업을 하는 다음 코드를 추가하자.

```
guard let array = try? MLMultiArray(shape: [1, 48, 48], dataType: .double) else {
    fatalError("Unable to create MLMultiArray")
}

for (index, element) in scaledImageData.enumerated() {
    array[index] = NSNumber(value: element)
}
```

입력 데이터의 형상대로 MLMultiArray의 인스턴스를 생성한 다음 표준화된 픽셀 데이터를 복사한다.

모델을 인스턴스화하고 데이터 전처리가 끝났으니, 이제 다음 코드를 사용해 추론할 수 있다.

```
DispatchQueue.global(qos: .background).async {
    let prediction = try? model.prediction(
        image: array)
```

```
if let classPredictions = prediction?.classLabelProbs{
    DispatchQueue.main.sync {
        for (k, v) in classPredictions{
            print("\(k) \(v)")
        }
    }
}
```

앞의 코드에서 백그라운드 스레드에서 수행한 추론을 가져온 다음 콘솔에 범주별 확률을 모두 출력한다. 이제 완료했으면 플레이그라운드를 실행하고 모든 작업이 정상적으로 완료되면 다음과 비슷한 결과를 얻게 될 것이다.

Angry	0.0341557003557682
Happy	0.594196200370789
Disgust	2.19011440094619e-06
Sad	0.260873317718506
Fear	0.013140731491148
Surprise	0.000694742717314512
Neutral	0.0969370529055595

지능형 시스템의 설계자와 구축자라면 이 결과를 해석해서 사용자에게 보여줘야 한다. 여기에서 자문해 볼 만한 질문으로는 다음과 같은 것이 있다.

- 범주를 참으로 설정하기 위한 적정 수준의 임곗값은 얼마인가?
- 모호성을 제거하기 위해 이 임곗값은 다른 범주의 확률에 따라 달라진다. 즉 Sad와 Happy가 0.3의 확률을 갖는다면 이 예측은 부정확하거나 최소한 쓸모 없다는 것을 추론할 수 있다.
- 여러 확률을 받아들일 방법이 있을까?
- 임곗값을 사용자에게 보여주고 그들이 직접 설정하거나 조정할 수 있도록 하는 것이 도움이 될까?

이는 여러분이 할 질문 중 일부분이다. 구체적인 질문과 대답은 그 용도와 사용자에 따라 다르다. 이제 데이터를 전처리하고 추론을 수행하기 위해 필요한 모든 것을 갖췄다.

어떤 결과도 얻지 못했다면 플레이그라운드가 무기한으로 실행되고 있음을 알려서 백그라운드 스레드가 실행되기 전에 종료되지 않도록 해야 한다. 플레이그라운드에서 다음 문장을 추가함으로써 이 작업을 할 수 있다.

```
PlaygroundPage.current.needsIndefiniteExecution = true
```

이를 true로 설정하면 플레이그라운드를 명시적으로 종료해야 한다.

종합

아직 최근 코드를 받지 않았다면 다음 저장소(https://github.com/packtpublishing/machine-learning-with-core-ml)에서 내려받자. 코드를 내려받았으면 Chapter4/Start/FacialEmotionDetection 디렉터리에 가서 FacialEmotionDetection.xcodeproj 프로젝트를 열자. 프로젝트 로딩이 끝났으면 프로젝트 구조가 첫 번째 예제와 매우 흡사함을 알게 될 것이다. 그러한 이유로 여기서는 이 프로젝트만의 고유한 메인 구성 요소를 중점적으로 다루며 잘 이해되지 않는 부분이 있다면 이전 장들을 검토하기 바란다.

먼저 우리 프로젝트와 주요 구성 요소를 검토하자. 프로젝트는 다음 화면과 비슷할 것이다.

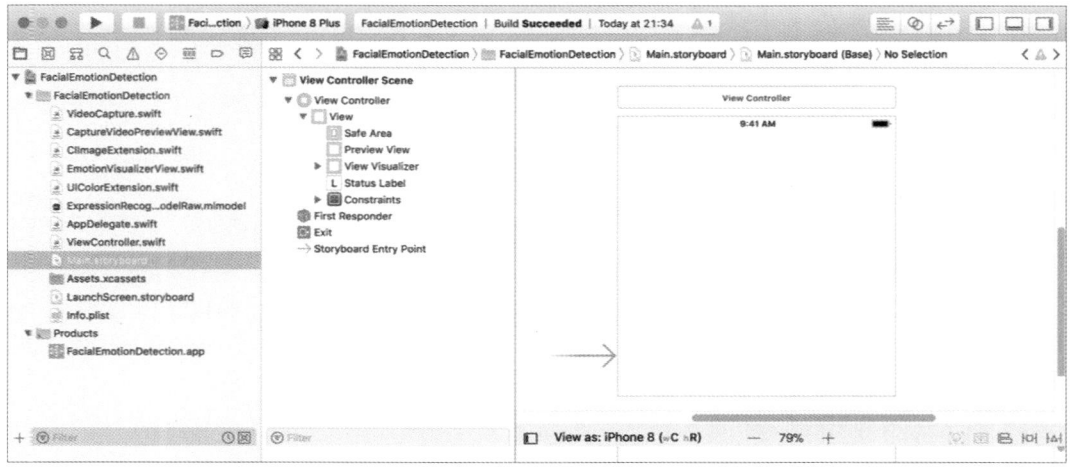

위 화면에서 보는 것처럼 프로젝트는 이전 프로젝트에서 봤던 화면과 매우 비슷하다. 여기에서는 VideoCapture, CaptureVideoPreviewView, UIColorExtension 클래스와 그 내부 내용에 익숙하다고 가정한다. CIImageExtension은 이전 절에서 구현했던 내용으로 여기에서 다루지 않겠다. EmotionVisualizerView 클래스는 모델의 출력을 시각화하는 맞춤 뷰이다. 그리고 마지막으로 번들로 포함된 ExpressionRecognitionModelRaw.mlmodel이 있다. 이 절에서는 이전 절에서 구현한 기능을 감싸서 전처리 작업을 하고 ViewController 클래스 내에 연결하는 것을 중점적으로 다루겠다. 시작에 앞서 우리가 할 일을 간단히 검토하고 실생활에서 표정/감정 인식의 적용 분야를 생각해보자.

이 절에서는 탐지된 얼굴을 간단히 시각화하는 기능을 만들 것이다. 카메라 피드를 전처리기에 전달한 다음 추론을 수행하기 위해 모델에 전달하고 마지막으로 결과를 화면에 겹쳐서 렌더링하기 위해 EmotionVisualizerView에 결과를 제공할 것이다. 간단한 예제지만 각자의 애플리케이션에 포함시키기 위한 필수 기법은 충분히 구현했다. 그렇다면 이러한 기능은 실제 어디에서 쓰일까?

넓은 의미에서 이의 주요 용도는 **분석형, 반응형, 선행형**의 세 가지로 분류해볼 수 있다. 분석형은 일반적으로 가장 많이 듣는 용도일 것이다. 이 응용 분야는 일반적으로 애플리케이션이 보여주는 내용과 관련해 사용자가 보이는 반응을 관찰한다. 예를 들어 사용자가 본 콘텐츠의 자극을 측정한 다음 향후 결정을 내리는 데 사용한다.

분석형 경험은 대체로 수동적이며 반응형 애플리케이션은 적극적으로 피드백을 기반으로 경험을 조정한다. 이를 잘 보여주는 한 가지 예로는 지능형 학습 시스템을 탐구하는 MIT의 *Social Robotics Group*의 연구 프로젝트인 **드래곤봇(DragonBot)**을 들 수 있다.

드래곤봇은 감정 인식을 사용해 학생에 맞춰 조정한다. 예를 들어 응용 분야 중 하나는 인식된 감정을 기반으로 단어를 조정하는 독서 게임이다. 즉 시스템은 인식된 감정으로 사용자 능력을 판단하여 이를 기반으로 작업의 난이도(이 경우 단어)를 조정할 수 있다.

마지막으로 선행형 응용 분야가 있다. 선행형은 준자동 애플리케이션이다. 여기에서는 능동적으로 사용자의 맥락을 추론하고 어떻게 행동할지 예측하여 애플리케이션의 상태를 조정하거나 행동을 취한다. 허구적이지만 한 가지 예를 들면, 사용자가 화가 난 상태로 메시지를 작성한 경우 메시지 전송을 지연시키는 이메일 클라이언트 프로그램을 들 수 있다.

다행히 이는 몇 가지 기회가 흥미를 일으키지만 지금은 우리의 예제로 돌아와 선처리할 클래스를 만들어보자. 먼저 ImageProcess.swift 파일을 새로 만들고 그 파일 내에 다음 코드를 추가하자.

```
import UIKit
import Vision

protocol ImageProcessorDelegate : class{
```

```
    func onImageProcessorCompleted(status: Int, faces:[MLMultiArray]?)
}

class ImageProcessor{

    weak var delegate : ImageProcessorDelegate?

    init(){
    }

    public func getFaces(pixelBuffer:CVPixelBuffer){
        DispatchQueue.global(qos: .background).async {
    }
}
```

여기에서는 작업을 초기화할 메서드를 보여주는 메인 클래스와 함께 선처리가 완료되면 결과를 처리할 델리게이트를 위한 프로토콜을 정의했다. 우리가 사용할 코드 중 대부분은 플레이그라운드에서 작성했던 내용이다. 먼저 클래스 수준에서 요청과 요청 핸들러를 선언하자.

```
let faceDetection = VNDetectFaceRectanglesRequest()

let faceDetectionRequest = VNSequenceRequestHandler()
```

이제 핸들러가 getFaces 메서드의 백그라운드 DispatchQueue 본문 내에서 핸들러를 실행하게 함으로써 요청을 사용하자.

```
let ciImage = CIImage(cvPixelBuffer: pixelBuffer)
let width = ciImage.extent.width
let height = ciImage.extent.height

// 얼굴 탐지 수행
try? self.faceDetectionRequest.perform(
    [self.faceDetection],
    on: ciImage)

var facesData = [MLMultiArray]()
```

```
if let faceDetectionResults = self.faceDetection.results as? [VNFaceObservation]{
    for face in faceDetectionResults{
    }
}
```

이 코드는 모두 친숙해 보일 것이다. 우리의 요청과 이미지를 이미지 핸들러에 전달한다. 그런 다음 이미지에서 탐지한 각 얼굴에 대한 데이터를 담은 배열을 인스턴스화한다. 마지막으로 관측을 얻고 각 관측을 반복하기 시작한다. 이 블록 내에 우리가 플레이그라운드에서 했던 선처리를 수행하고 facesData 배열을 채울 것이다. 다음 코드를 루프 내에 추가하자.

```
let bbox = face.boundingBox

let imageSize = CGSize(width:width, height:height)

let w = bbox.width * imageSize.width
let h = bbox.height * imageSize.height
let x = bbox.origin.x * imageSize.width
let y = bbox.origin.y * imageSize.height

let paddingTop = h * 0.2
let paddingBottom = h * 0.55
let paddingWidth = w * 0.15

let faceRect = CGRect(x: max(x - paddingWidth, 0),
                      y: max(0, y - paddingTop),
                      width: min(w + (paddingWidth * 2), imageSize.width),
                      height: min(h + paddingBottom, imageSize.height))
```

앞의 코드에서 탐지된 얼굴의 윤곽 상자를 얻고 패딩을 포함해 잘라낼 영역의 테두리를 생성한다. 다음 작업은 이미지에서 얼굴을 잘라내고 목표 크기인 48×48로 크기를 재조정해서 원시 픽셀 데이터를 추출해 값을 정규화한 다음 마지막으로 MLMultiArray를 채운다. 이 값은 델리게이트에 반환될 facesData 배열에 추가된다. 스크립트에 다음 코드를 덧붙이자.

```
if let pixelData = ciImage.crop(rect: faceRect)?
    .resize(size: CGSize(width:48, height:48))
```

```
        .getGrayscalePixelData()?.map({ (pixel) -> Double in
            return Double(pixel)/255.0
        }){
        if let array = try? MLMultiArray(shape: [1, 48, 48], dataType: .double){
            for (index, element) in pixelData.enumerated() {
                array[index] = NSNumber(value: element)
            }
            facesData.append(array)
        }
    }
}
```

가독성을 높이기 위해(최소한 나에게는) 메서드를 연결하는 것 외에 새로운 부분은 없다. 마지막으로 전체 작업이 끝나면 델리게이트에 알린다. 관측 루프 부분 바로 바깥에 다음 코드를 추가한다.

```
DispatchQueue.main.async {
    self.delegate?.onImageProcessorCompleted(status: 1, faces: facesData)
}
```

여기까지 끝났으면 이제 ImageProcessor를 사용될 준비가 다 됐다. 이제 모두 연결하자. ViewController 클래스로 들어가서 ImageProcessor를 연결할 것이다. 그 결과를 모델에 전달하고 마지막으로 모델의 결과를 EmotionVisualizerView에 전달해 결과를 사용자에게 보여줄 것이다. 먼저 지금까지 작성한 코드를 보자.

```
import UIKit
import Vision
import AVFoundation

class ViewController: UIViewController {

    @IBOutlet weak var previewView: CapturePreviewView!
    @IBOutlet weak var viewVisualizer: EmotionVisualizerView!
    @IBOutlet weak var statusLabel: UILabel!
    let videoCapture : VideoCapture = VideoCapture()

    override func viewDidLoad() {
        super.viewDidLoad()
```

```
        videoCapture.delegate = self

        videoCapture.asyncInit { (success) in
            if success{
                (self.previewView.layer as! AVCaptureVideoPreviewLayer).session =
                    self.videoCapture.captureSession
                (self.previewView.layer as! AVCaptureVideoPreviewLayer).videoGravity =
                    AVLayerVideoGravity.resizeAspectFill
                self.videoCapture.startCapturing()
            } else{
                fatalError("Failed to init VideoCapture")
            }
        }
        imageProcessor.delegate = self
    }
}

extension ViewController : VideoCaptureDelegate{

    func onFrameCaptured(
        videoCapture: VideoCapture,
        pixelBuffer:CVPixelBuffer?,
        timestamp:CMTime){
        // pixelBuffer에서 매개변수 추출; 닐 값이면 조기 종료
        guard let pixelBuffer = pixelBuffer else{
            print("WARNING: onFrameCaptured; null pixelBuffer")
            return
        }
    }
}
```

ViewController는 이에 대응하는 IB(인터페이스 빌더, Interface Builder)에 대한 참조를 가지고 있으며 가장 눈에 띄는 것으로는 previewView와 viewVisualizer가 있다. previewView는 캡처된 카메라 프레임을 렌더링하고 viewVisualizer는 모델의 결과를 시각화한다. 다음으로 카메라 설정, 캡처, 해제하는 작업을 캡슐화한 유틸리티 클래스인 videoCapture가 있다. 자신을 델리게이트로 할당하고, 마지막 부분에 확장으로 우리가 했던 대로 적절한 프로토콜을 구현한다.

먼저 우리 작업에 필요한 모델과 ImageProcessor 변수를 선언하자. ViewController의 클래스 수준에서 다음 코드를 추가하라.

```
let imageProcessor : ImageProcessor = ImageProcessor()

let model = ExpressionRecognitionModelRaw()
```

다음으로 처리 작업이 끝났으면 결과를 받기 위해 ImageProcessor의 델리게이트로 자신을 할당해야 한다. viewDidLoad 메서드의 끝에 다음 문장을 추가하라.

```
imageProcessor.delegate = self
```

곧 필수 프로토콜을 구현하는 것으로 돌아가겠지만, 우선 우리가 카메라로부터 받은 프레임을 전달해 ImageProcessor를 사용하자. onFrameCaptured 메서드 내에서 ImageProcessor 인스턴스에 각 프레임을 전달할 다음 문장을 추가한다. 다음 코드에서 굵은 글씨체로 표시했다.

```
extension ViewController : VideoCaptureDelegate{
    func onFrameCaptured(
        videoCapture: VideoCapture,
        pixelBuffer:CVPixelBuffer?,
        timestamp:CMTime){
        
        guard let pixelBuffer = pixelBuffer else{
            print("WARNING: onFrameCaptured; null pixelBuffer")
            return
        }
        
        self.imageProcessor.getFaces(
            pixelBuffer: pixelBuffer)
    }
```

마지막으로 ImageProcessorDelegate 프로토콜을 구현하자. 이 프로토콜은 ImageProcessor가 주어진 카메라 프레임에서 각 얼굴을 식별하고 추출해서 모델에 필요한 선처리를 수행하는 일이 끝났을 때 호출된다. 완료되면 추론을 수행하기 위해 모델에 전달하고 마지막으로 이를 EmotionVisualizerView에 전달한다. 여기에서 새롭게 추가한 내용이 없으므로 다른 설명 없이 다음 코드 전체를 추가하자.

```swift
extension ViewController : ImageProcessorDelegate{
    
    func onImageProcessorCompleted(
        status: Int,
        faces:[MLMultiArray]?){
        guard let faces = faces else{ return }
        
        self.statusLabel.isHidden = faces.count > 0
        
        guard faces.count > 0 else{
            return
        }
        
        DispatchQueue.global(qos: .background).async {
            for faceData in faces{
                
                let prediction = try? self.model
                    .prediction(image: faceData)
                
                if let classPredictions =
                    prediction?.classLabelProbs{
                    DispatchQueue.main.sync {
                        self.viewVisualizer.update(
                            labelConference: classPredictions
                        )
                    }
                }
            }
        }
    }
}
```

여기에서 주목할 것은 모델은 백그라운드 스레드에서 추론을 수행해야 하며 ImageProcessor는 메인 스레드에서 델리게이트를 호출한다는 점이다. 이러한 이유로 추론을 백그라운드에서 처리한 다음 결과를 메인 스레드에 반환한다. 이는 사용자 인터페이스를 업데이트하려면 항상 필요하다.

여기까지 완료했으면 테스트를 위해 빌드하고 배포하자. 모든 것을 제대로 진행했으면 다음 같은 화면을 보게 될 것이다.

마지막으로 다음 장으로 넘어가기 전에 이 장에서 다뤘던 내용과 몇 가지 흥미로운 부분을 짚어보자.

 이 장에서는 캡처된 프레임을 처리하는 작업과 관련해 순진한 방식을 취했다. 상업용 애플리케이션이라면 명시적인 얼굴 탐지를 대신해 연산 비용이 적게 드는 Vision 프레임워크의 object tracking을 활용하는 등 이 작업을 최적화 하는 것이 필요하다.

요약

이 장에서는 얼굴 표정을 인식하는 작업을 위해 CNN을 적용했다. 이를 활용하면 주어진 얼굴의 감정 상태를 추론할 수 있다. 여기서도 마찬가지로 모델에 필요한 입력을 이해하고 모델을 사용하기 위한 기능을 구현하는 부분을 주로 다뤘다. 그리고 그 과정에서 지능형 애플리케이션을 개발할 때 생각해야 할 중요한 고려사항들도 알아봤다. 우선 엔드-투-엔드 솔루션과 다단계 방식을 사용할 수 있다는 점을 알게 됐고 앞으로도 보편적으로 사용하게 될 방식은 다단계 방식이다.

이는 근본적으로 지능형 애플리케이션의 설계자나 개발자로서 여러 모델로 구성된 데이터 파이프라인을 구축하게 되며 각 모델은 다음 모델을 위한 준비 과정으로 데이터를 변환한다는 것을 뜻한다. 이는 심층 신경망이 동작하는 방식과 유사하지만 유연성이 더 높다. 두 번째로 고려할 사항은 iOS에서 제공하는 프레임워크, 특히 Vision 프레임워크를 활용하여 보완하는 것이다. 이 프레임워크는 파이프라인의 여러 단계 중 하나로 사용되며 일관된 작업 흐름과 함께 공통된 작업의 편의성을 제공한다.

이 예제의 파이프라인은 얼굴 탐지와 감정 인식의 두 단계로만 구성돼 있다. 하지만 얼굴 표식을 식별하기 위해 사용될 수 있는 Vision 프레임워크의 기능도 간단히 사용해 봤다. 따라서 감정 분류기를 훈련시키기 위해 원시 픽셀보다 얼굴 표식을 사용하는 것이 더 합리적이다. 이런 경우 파이프라인은 얼굴 탐지, 표식 탐지, 감정 인식의 세 단계로 구성될 것이다.

마지막으로 감정 인식이 어떻게 적용될 수 있는지를 보여주는 몇 가지 용도를 살펴봤다. 컴퓨터가 순수한 도구에서 인류의 동료로 그 역할이 이동하면서 사용자의 감정 상태를 탐지하고 반응하는 능력도 점점 더 중요해질 것이다. 따라서 앞으로 이 분야를 심도 있게 연구할 가치가 있다.

다음 장에서는 전이 학습(transfer learning)의 개념을 소개하고 이를 활용하여 한 이미지에서 다른 이미지로 스타일을 옮기는 방법을 알아보겠다.

05

실세계에서 객체 위치 측정

지금까지 **컨볼루션 신경망**(convolutional neural network, CNN)을 사용해 이미지 내에서 가장 지배적인 단일 객체를 인식하는 작업에 국한해서 살펴봤다. 모델이 이미지를 가져와 일련의 특징 맵을 만들고 이를 **완전 연결 계층**(fully connected layer)에 제공해 관련 범주의 확률 분포를 출력하도록 모델을 훈련시키는 방법을 알아봤다. 그런 다음 이 확률 분포를 해석해 다음과 같이 이미지 내의 객체를 분류한다.

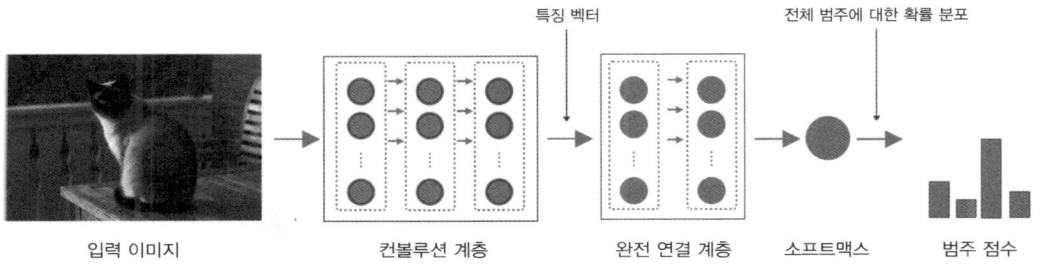

이 장에서는 이를 기반으로 단일 이미지에서 여러 객체를 탐지하고 위치를 찾는 방법을 알아보겠다. 먼저 이 방식을 이해하고 사진 갤러리 앱에서 이미지 검색을 구현하는 방법부터 살펴보겠다. 이 애플리케이션을 사용하면 사용자는 이미지에 있는 객체가 무엇인지뿐만 아니라 서로의 위치(객체 구성)에 따라 사진을 필터링하고 정렬할 수 있게 된다. 그 과정에서 애플이 인기 있는 **머신러닝**(machine learning, ML) 프레임워크를 Core ML로 변환하는 것을 지원하기 위해 제공하는 Core ML 도구를 직접 활용해볼 것이다.

먼저 이미지에서 여러 객체를 탐지하기 위해 필요한 사항을 알아보자.

객체 위치 측정과 객체 탐지

이 장의 첫머리에서 말했듯이 CNN을 활용한 객체 탐지의 기본 개념을 이미 알아봤다. 이 경우 분류를 수행하기 위해 훈련된 모델을 사용했다. 이 모델에서는 컨볼루션 계층을 활용해 일련의 특징 맵을 학습해서 이 특징 맵을 완전 연결(밀집) 계층에 공급하고 마지막으로 범주별 확률을 제공하는 활성화 계층을 통해 결과를 출력한다. 그중 가장 확률이 높은 범주를 선택해서 추론한다.

 객체 인식(object recognition), 객체 위치 측정(object location), 객체 탐지(object detection) 사이의 차이를 알아보자. 객체 인식은 이미지 내에 가장 지배적인 객체를 분류하는 작업이다. 반면 객체 위치 측정은 분류를 수행하고 객체의 윤곽 상자를 예측한다. 객체 탐지는 이를 더 확장시켜 여러 범주를 탐지하고 위치를 찾는데, 이것이 이 장에서 다룰 주제다.

이 과정을 **객체 인식**이라고 하며 분류의 문제이지만 이것으로는 전체 그림을 얻지 못한다. 그렇다면 탐지된 객체의 위치는 어떨까? 로봇 시스템의 지각 능력을 높이거나 지능형 자르기나 이미지 향상과 같은 지능형 인터페이스의 범위를 넓히는 데 유용하다. 여러 객체와 그 위치를 탐지하는 것은 어떨까? 전자는 단일 객체의 위치를 탐지하는 것으로 **객체 위치 측정**이라고 하지만 후자는 일반적으로 **객체 탐지**라고 하며 다음 그림과 같이 설명할 수 있다.

객체 위치 측정

객체 탐지

먼저 객체 위치 측정을 소개한 다음 객체 탐지를 시작한다. 두 개념은 상호 보완적으로 전자를 이미 친숙한 개념인 객체 인식의 확장으로 볼 수 있다.

분류를 위해 모델을 훈련시킬 때, 단일 범주를 예측할 때 손실을 최소화하기 위해 가중치를 조정한다. 객체 위치 측정의 경우 근본적으로 이를 확장해 범주뿐 아니라 인식된 객체의 위치까지 예측한다. 개념의 이해를 돕기 위해 구체적인 예를 살펴보자. 우리는 개, 고양이, 사람을 인식하고 이들의 위치를 찾기 위해 모델을 훈련시킨다고 상상해보자. 이를 위해 모델은 이미 본 것처럼 범주(고양이, 개, 사람)별 확률을 출력해야 하며 위치도 함께 출력해야 한다. 위치는 중앙의 x와 y의 위치와 객체의 너비와 높이를 사용하여 묘사할 수 있다. 훈련 과정을 단순화하기 위해 객체 존재 여부를 가리키는 값도 포함시킨다. 다음 그림은 두 개의 입력 이미지와 그에 따른 출력 이미지를 보여준다. 여기에서 범주는 고양이, 개, 사람 순서로 원-핫 인코딩된다고 가정하자. 즉, 고양이는 (1, 0, 0)으로 개는 (0, 1, 0), 사람은 (0, 0, 1)로 인코딩된다.

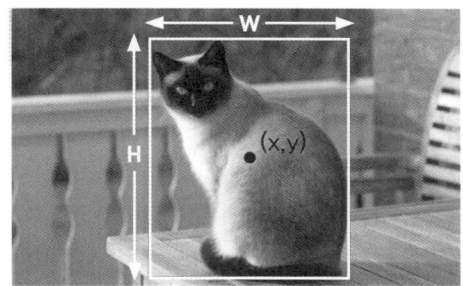

Output (y)
[0.5, 0.5, 0.45, 0.87, 1, 1, 0, 0]

Output (y)
[?, ?, ?, ?, 0, ?, ?, ?]

앞의 이미지에서 보여준 출력 구조는 다음 요소로 구성된다.

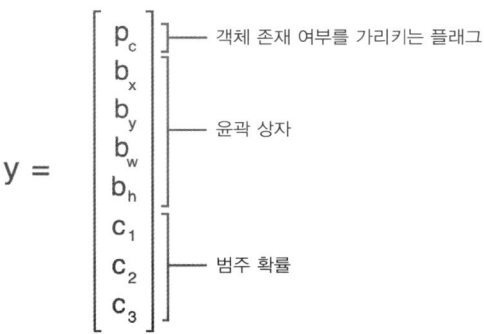

여기에서는 세 개의 범주만 다루지만 임의의 개수의 범주를 포함하도록 일반화될 수 있다. 흥미로운 점은 객체가 탐지되지 않으면(출력 구조의 첫 번째 요소) 나머지 요소들을 무시한다는 것이다. 그 외에도 윤곽 상자는 절댓값이 아니라 단위 수로 표현된다는 점에 유의하자.

예를 들어 b의 값이 0.5라면 왼쪽 위 좌표가 (0,0)이고 오른쪽 아래 좌표가 (1, 1)인 이미지 너비의 절반을 뜻한다.

분류 작업을 위해 전형적인 CNN 구조를 많이 빌려올 수 있다. 그 안에서 이미지는 여러 컨볼루션 계층을 통과하고 그렇게 얻은 결과인 특징 벡터가 일련의 완전 연결 계층을 통과해서 다중 범주 분류(전 범주에 대한 확률 분포를 제공)를 위한 소프트맥스 활성화 계층을 지나간다. 컨볼루션 계층에서 특징 벡터를 단일 완전 연결 계층으로 전달하는 대신 이진 분류(첫 번째 요소, 객체 존재 여부)와 회귀 모델을 사용해 윤곽 상자를 예측하는 다른 계층(혹은 여러 계층)으로 전달할 수도 있다.

이렇게 수정된 구조는 다음 그림과 같다. 수정된 부분은 굵은 글씨체로 표시했다.

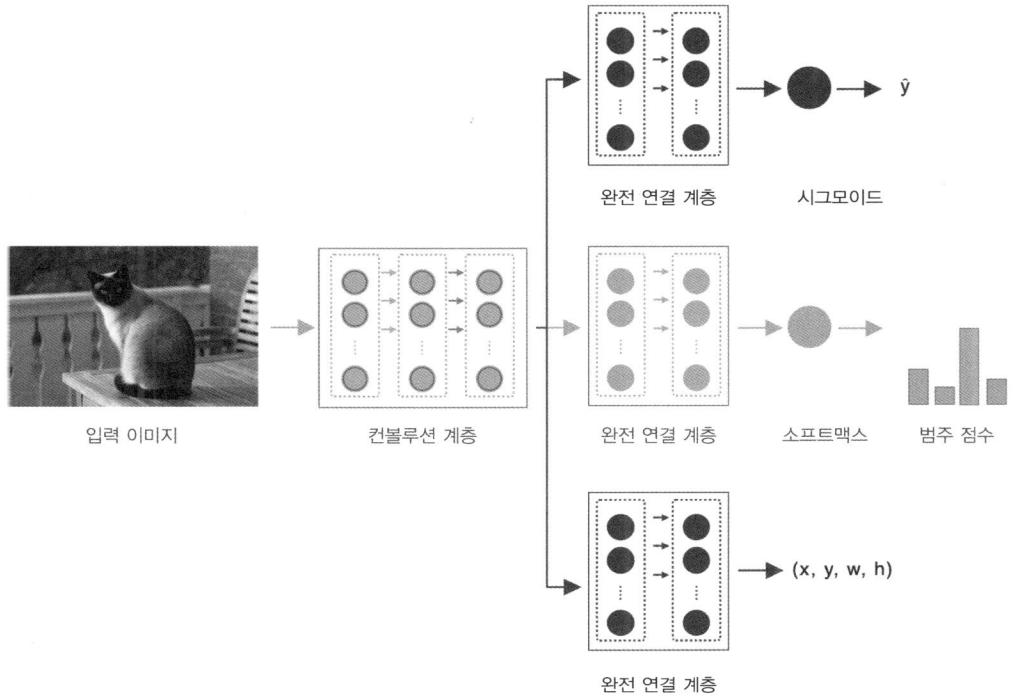

시작으로는 괜찮지만 거의 대부분의 경우 이미지는 많은 객체로 구성된다. 따라서 이 문제를 어떻게 해결할지 간단히 살펴보자.

이제 하나의 이미지에서 다양한 범주의 여러 객체를 탐지하고 위치를 측정하는 객체 탐지로 넘어가 보자. 지금까지는 이미지에서 단일 객체와 그 위치를 탐지하는 방법을 살펴봤다. 따라서 논리적 흐름에 따라 이 아키텍처를 둘러싼 문제를 바꿔보자.

이는 이 방식 또는 이와 유사한 방식을 사용할 수 있지만 전체 이미지를 전달하는 대신 이미지의 잘린 부분을 전달할 수 있음을 뜻하며, 이 잘린 부분은 다음 그림처럼(고양이 테마는 유지하면서) 이미지에서 윈도우가 이동하면서 선택된다.

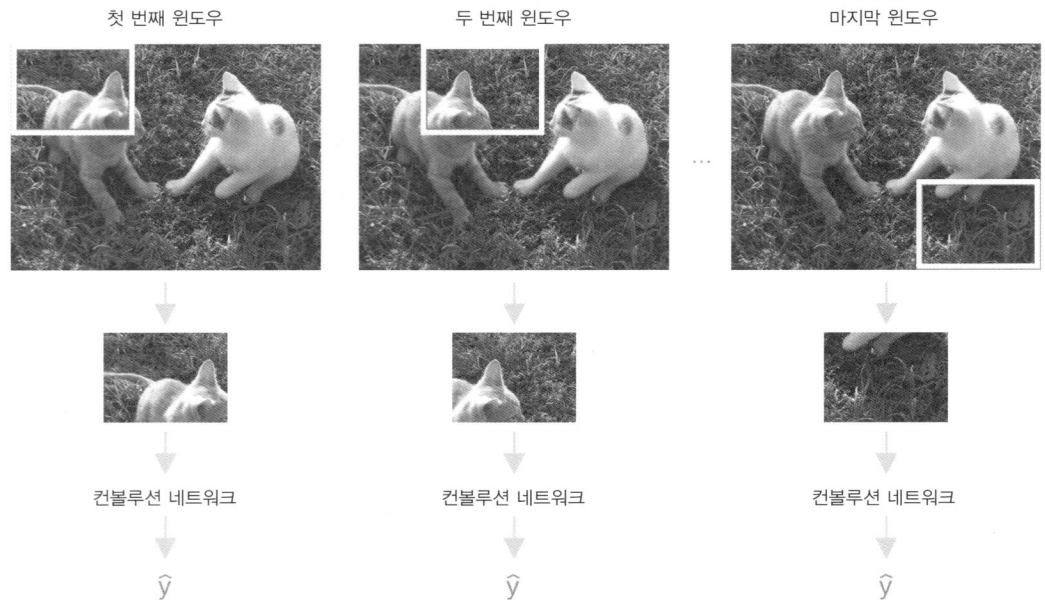

이 방식은 당연하게도 **슬라이딩 윈도우 탐지 알고리즘**(sliding window detection algorithm)이라고 하며 컴퓨터 비전을 경험해본 독자라면 익숙할 것이다(템플릿 매칭을 비롯해 여러 방식에서 사용된다). 훈련 과정에 어떤 차이가 있는지 보는 것도 중요하다. 객체 위치 측정에서는 네트워크에 전체 이미지와 관련 출력 벡터(b_x, b_y, b_w, h_y, p_c, c_1, c_2, c_3, ...)를 전달해 네트워크를 훈련시켰지만 여기에서는 **객체별 딱 맞게 잘린 이미지**(아마 윈도우 크기만한)를 전달한다.

 호기심이 많은 독자라면 이 알고리즘이 윈도우 크기에 딱 맞지 않는 크기의 객체를 어떻게 탐지하는지 궁금할 것이다. 해결책 중 하나로 단순히 이미지 크기를 조정(크기를 키우거나 줄이거나)할 수 있지만 이와 비슷하게 소형, 중형, 대형 윈도우처럼 여러 크기의 윈도우를 사용하는 방법도 있다.

이 방식에는 크게 두 가지 문제가 있다. 첫 번째로 계산 비용이 많이 든다는 것이고, 두 번째로 윈도우 크기와 이동 간격에 영향을 받기 때문에 윤곽 상자를 매우 정교하게 위치시킬 수 없다는 것이다. 첫 번째 문제는 CNN 아키텍처를 조정해 슬라이딩 윈도우 알고리즘의 이동 경로를 단일하게 유지함으로써 해결할 수 있지만 여전히 윤곽 상자의 위치가 부정확한 문제가 남았다.

다행히 이 문제와 관련해 2015년에 J. Redmon, S. Divvala, R. Girshick, A. Farhadi의 논문 *You Only Look Once (YOLO): Unified, Real-Time Object Detection*을 발표했다. 이 논문에서 제

안하는 방식은 단일 네트워크만으로 전체 이미지에서 단일 경로로 윤곽 상자와 확률을 예측한다. 그리고 이 방식은 단일화된 파이프라인이기 때문에 전체 프로세스를 실시간으로 수행하기 충분히 효율적이므로 이 장에서는 이 네트워크를 사용한다.

 논문 You Only Look Once (YOLO): Unified, Real-Time Object Detection은 여기에서 확인할 수 있다. https://arxiv.org/abs/1506.02640

그러면 YOLO 알고리즘이 무엇인지 알아보자. 여기에서 이 알고리즘의 전반적인 개념을 간단히 살펴보고 나중에 이 장의 예제 애플리케이션에서 활용할 수 있도록 결과를 해석해볼 것이다.

YOLO가 이 장의 앞에서 설명했던 다른 방식들과 다른 점 중 하나로는 모델을 훈련시키는 방법을 들 수 있다. 객체 위치 측정을 소개할 때 사용했던 첫 번째 방식과 비슷하게 이 모델은 이미지와 레이블 쌍에서 훈련되며 레이블의 요소가 $(b_x, b_y, b_w, b_h, p_c, c_1, c_2, ...)$로 구성된다는 점은 YOLO 네트워크에서도 마찬가지이다. 하지만 YOLO에서는 앞서 봤듯이 전체 이미지를 훈련시키는 대신, 이미지는 그리드로 나뉘고 각 셀마다 관련된 레이블이 있다. 다음 그림에서 이 방식이 어떻게 동작하는지 보여준다. 여기서는 보기 편하도록 3×3 그리드를 사용했다. 보통 그리드는 이보다 더 밀도가 높으며 이에 대해서는 곧 보게 될 것이다.

입력

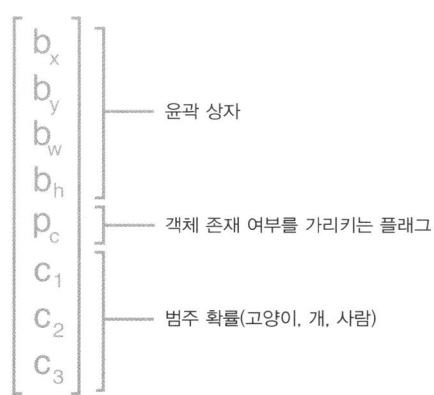
레이블 / 예상 출력

모델을 훈련시킬 때 이미지를 공급하면 네트워크가 구조화되어 결과로 **각 그리드 셀별 벡터**(이전에 본 것처럼)를 출력한다. 다음 그림은 이 그리드 내에서 셀별 결과가 어떻게 보이는지 구체적으로 보여준다.

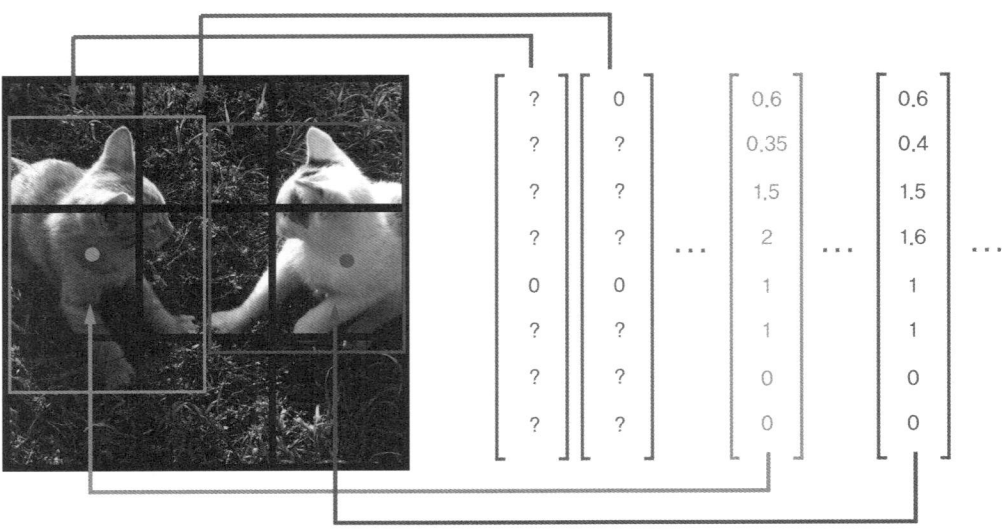

앞서 말했듯이 이 방식은 객체 위치 측정에서 처음 소개했던 방식과 매우 유사해 익숙해 보일 것이다. 유일한 차이점은 전체 이미지가 아니라 그리드 셀 단위로 훈련된다는 점이다.

객체가 여러 셀에 걸쳐 있더라도 훈련 샘플은 단일 셀(보통 이미지 중앙에 위치하는 셀)을 사용해 객체에 레이블을 지정하고 이를 둘러싼 다른 셀에는 객체가 할당되지 않는다.

다음 주제로 넘어가기 전에, 윤곽 상자 변수를 풀어보자. 앞의 그림에서 객체별 근삿값을 입력했다. 객체 위치 측정처럼 이 값들은 셀 범위에 들어가는 값으로 0.0~1.0 사이로 정규화됐다. 그러나 객체 위치 측정과는 달리 이 값들은 이미지가 아니라 해당 셀에만 **한정**돼 있다. 첫 번째 고양이를 예로 들어보면 가운데 위치는 x축 0.6, y축 0.35에 해당한다. 이는 고양이가 해당 셀의 x축을 따라 60%, y축을 따라 35% 되는 위치에 있다는 뜻이다. 윤곽 상자가 셀을 너머 확장되므로 앞의 그림처럼 1보다 큰 값이 할당될 수 있다.

앞에서 본 훈련 샘플은 객체 당 하나의 셀만 할당한다고 말했지만 각 셀마다 객체 탐지와 위치 측정을 실행한다는 점을 고려하면 마지막에는 여러 예측을 하게 될 가능성이 높다. 이를 관리하기 위해 YOLO는 **비최댓값 억제(non-max suppression)**라고 부르는 알고리즘을 사용한다. 다음 몇 개의 문단에서 이 알고리즘을 소개하며 곧 보게 될 예제에서 이 알고리즘을 구현해볼 것이다.

전에도 얘기했지만 우리는 각 그리드 셀마다 객체 탐지와 위치 측정을 수행하기 때문에 마지막에는 여러 개의 윤곽 상자를 얻게 될 가능성이 높다. 이를 그림으로 보면 다음과 같다. 우리는 간단하게 설명하기 위해 하나의 객체만 집중해서 보겠지만 이는 탐지된 객체 전부에 적용된다.

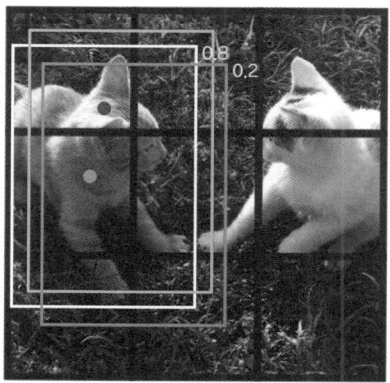

위 그림에서 네트워크가 고양이를 세 개의 셀에서 예측하고 위치를 측정했음을 알 수 있다. 각 셀에 대해 나는 가상의 신뢰도 값을 관련 윤곽 상자의 오른쪽 위에 추가했다.

신뢰도 값(confidence value)은 객체가 등장할 확률(pc)을 가장 가능성이 높은 범주, 즉 가장 높은 확률의 범주에 곱하여 계산한다.

비최댓값 억제에서는 제일 먼저 특정 임곗값에 미치지 못하는 예측을 걸러낸다. 모든 면에서 객체 임곗값을 0.3으로 설정하자. 이 값을 가지고 다음 그림처럼 예측 중 하나(신뢰도 값이 0.2인)를 걸러내고 나머지 예측 둘을 남긴다.

다음 단계로 탐지된 상자 모두에 대해 신뢰도가 가장 큰 것에서 가장 작은 순서로 반복하면서 동일한 공간을 차지하는 다른 윤곽 상자를 제거한다. 앞의 그림에서 보면 두 개의 윤곽 상자가 근본적으로 동일한 영역을 차지하는 것이 분명하다. 그렇다면 어떻게 이를 프로그램 방식으로 결정할까?

이를 결정하기 위해 IoU(intersection over union)를 계산하고 반환된 값을 임곗값과 비교한다. 이 값은 이름에서 알 수 있듯이 두 윤곽 상자의 교차 영역(intersection area)을 통합 영역(union area)으로 나누어 계산한다. 그 값이 1.0이면 두 개의 윤곽 상자가 정확히 같은 공간을 차지한다는 것을 뜻한다(하나의 윤곽 상자를 사용해서 계산하면 이 값을 얻을 수 있다). 이 값보다 작은 값은 중첩되는 영역의 점유율을 알려준다. 일반적인 임곗값은 0.5다. 다음 그림은 우리 예제에서의 교차 영역과 통합 영역을 보여준다.

교차 영역 · 통합 영역

두 개의 윤곽 상자가 상대적으로 높은 IoU를 반환하기 때문에 결국 다음 그림처럼 가장 확률이 낮은 것(신뢰도 점수가 낮은 것)을 잘라내고 단일 윤곽 상자가 남는다.

이 과정을 모델 예측 전체를 다 돌 때까지 반복한다. 이 장의 예제 프로젝트로 넘어가 코드를 작성하기 전에 한 가지 개념을 더 소개하겠다.

지금까지 우리는 각 셀이 어떤 객체와도 연결되지 않거나 단일 객체와 연결돼 있다고 가정한다(혹은 그렇게 개념을 한정했다). 하지만 객체가 중첩되는 경우 즉, 두 객체의 중앙 위치가 동일한 그리드 셀에 위치하는 경우는 어떨까? 이 같은 경우를 처리하기 위해 YOLO 알고리즘은 **앵커 상자(anchor box)**라는 것을 구현한다. 앵커 상자를 사용하면 여러 객체가 윤곽 상자의 형태는 서로 다르더라도 하나의 그리드 셀을 차지하는 것을 허용한다. 시각적으로 구체화시켜 보자. 다음 그림에는 두 객체가 동일한 그리드 셀을 차지하는 이미지를 볼 수 있다. 현재 출력 벡터를 가지고 다음 그림처럼 사람이나 자전거로 셀에 레이블을 지정해야 한다.

앵커 상자를 사용하는 것은 앵커 상자의 다양한 변형을 포함하도록 출력 벡터를 확장함으로써 가능하다(여기에는 두 개로 설명했지만 어떤 개수라도 가능함). 이로써 각 셀은 여러 객체가 다양한 테두리를 가지고 있는 한 모두 인코딩할 수 있다.

이전 그림에서 두 개의 앵커 상자를 사용할 수 있음을 알았다. 이 두 앵커는 다음 그림처럼 하나는 사람을 또 하나는 자전거를 담고 있다.

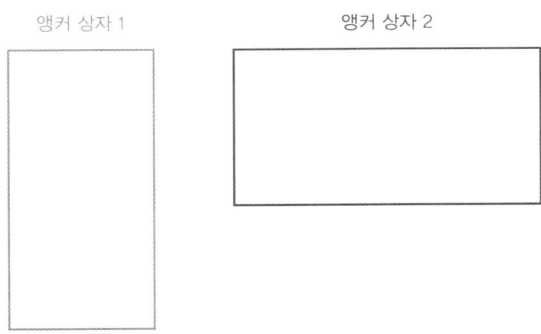

이제 앵커 상자가 정의됐으니 각 그리드 셀에서 두 앵커 상자에 대한 출력을 인코딩하도록 출력 벡터를 확장한다.

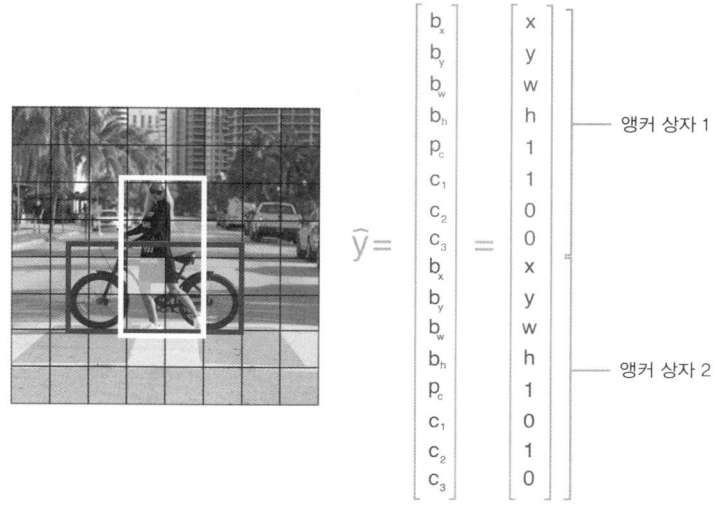

각 앵커 상자는 동일한 셀과 다른 셀의 서로 다른 출력과는 독립적으로 처리될 수 있다. 즉, 이전에 했던 것과 똑같이 처리할 수 있으며 유일하게 추가된 것은 처리할 윤곽 상자가 더 많아졌다는 점이다.

 확실하게 하자면 앵커 상자는 어떤 모양이 다른 것보다 더 적합할 수는 있어도 특정 범주에 한정되지 않는다. 앵커 상자는 보통 지배적인 모양을 찾기 위해 기존 데이터셋에 k-means 같은 일종의 비지도 학습 알고리즘을 사용해 발견한 일반화된 모양이다.

지금까지 우리는 이 장에서 다룰 예제와 앞으로 구현할 내용을 이해하기 위해 필요한 모든 개념을 배웠다. 구현에 앞서 Core ML Tools 파이썬 패키지를 활용해 케라스(Keras) 모델을 Core ML로 변환하는 방법을 알아보자.

케라스 Tiny YOLO를 Core ML로 변환하기

앞 절에서 이 장에서 사용할 모델과 알고리즘의 개념을 알아봤다. 이 절에서는 이 장의 예제 프로젝트를 구현하는 데 한 걸음 더 들어가 애플에서 제공하는 Core ML Tools 파이썬 패키지를 사용해 훈련된 케라스의 Tiny YOLO 모델을 Core ML로 변환하자. 그러기에 앞서 모델과 그 모델을 훈련시킬 데이터를 간단히 살펴보자.

YOLO는 **darknet**이라는 신경망 프레임워크에서 고안됐다. 현재 이 프레임워크는 기본 Core ML Tools 패키지에서 지원되지 않지만, 다행히 YOLO와 darknet의 저자는 훈련된 모델의 아키텍처와 가중치를 https://pjreddie.com/darknet/yolov2/에 공개했다. YOLO에는 80개의 범주로 구성된 **COCO(Common Objects in Context)**나 20개의 범주로 구성된 **PASCAL VOC(Visual Object Classes)** 대회 2007의 데이터셋에서 훈련된 다양한 변형이 있다.

공식 웹사이트는 COCO는 http://cocaodataset.org이고 The PASCAL VOC Challenge 2007은 http://host.robots.ox.ac.uk/pascal/VOC/index.html이다.

이 장에서는 *The PASCAL VOC Challenge 2007* 데이터셋에서 훈련된 YOLOv2의 Tiny 버전과 가중치를 사용하겠다. 여기서 사용할 케라스 모델은 공식 사이트에서 받을 수 있는 설정 파일과 가중치로 구성됐다(링크는 앞에 제시).

늘 그렇듯이 모델의 세부사항을 생략하고 대신 다음 그림과 같이 다이어그램 형태로 모델을 제공할 것이다. 그런 다음 이 모델을 Core ML 모델로 변환하기 전에 관련 부분 일부를 설명하겠다.

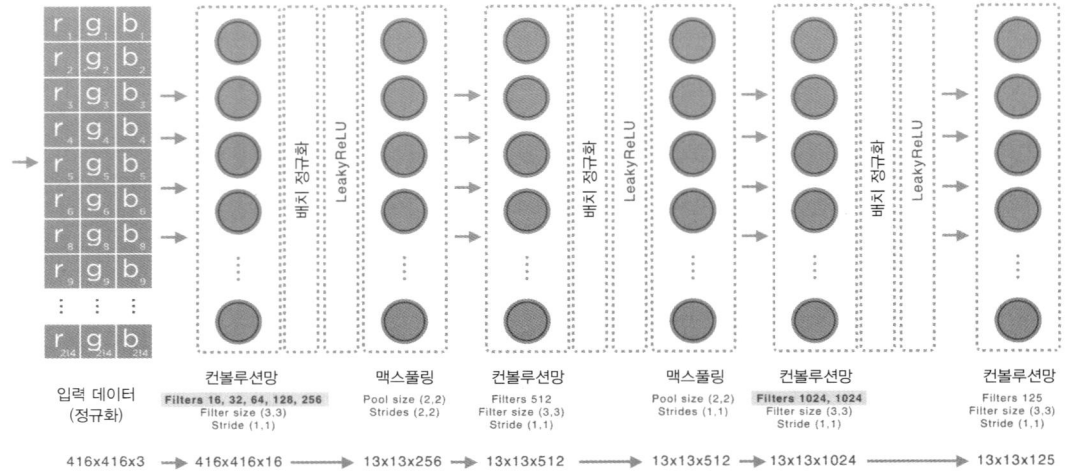

먼저 주의를 기울일 것은 입력과 출력의 형상이다. 이는 모델에 무엇이 공급될지, 우리가 사용할 출력이 무엇인지 가리킨다. 이전에 본 것처럼 입력 크기는 416×416×3으로 416×416 크기의 RGB 이미지를 뜻한다. 출력 형상은 약간 더 설명이 필요한데 이 장의 예제를 코딩할 때 명확히 이해될 것이다.

출력 형상은 13×13×125이다. 13×13은 적용될 그리드 크기로, 416×416 크기의 이미지를 다음처럼 13×13개의 셀로 구성된 그리드로 나눈다는 것을 의미한다.

앞서 설명했듯이 각 셀에는 거기에 나타난 객체의 확률을 인코딩한 크기 125의 벡터가 있고 그럴 경우 윤곽 상자와 20개 범주 전체에 대한 확률을 담는다. 시각적으로 설명하자면 다음과 같다.

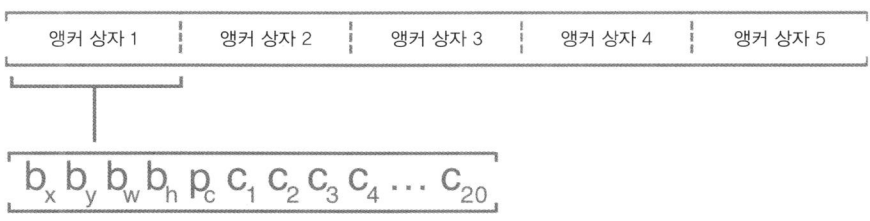

마지막으로 모델에 관해 강조할 점은 단순함이다. 네트워크 대부분은 컨볼루션 계층을 구성하는 컨볼루션 블록으로 구성되며, 그 외에 **배치 정규화**(Batch Normalization), **Leaky ReLU** 활성화, 마지막으로 **맥스풀링** 계층으로 구성된다. 이것은 네트워크의 필터 크기(깊이)를 원하는 그리드 크기에 도달할 때까지 점차 증가시키고 그런 다음 데이터를 컨볼루션 계층, **배치 정규화**, LeakyReLU 활성화만 사용해서 변환하고, **맥스풀링**으로 전달한다.

> 여기에서 배치 정규화와 leaky ReLU라는 용어를 소개했지만 몇몇 독자에게는 익숙하지 않은 용어일 것이다. 여기에서 각각에 대해 간단히 설명하겠다. 먼저 배치 정규화는 입력 계층을 네트워크에 연결하기 전에 정규화시키는 최고의 방법으로 알려져 있다. 예를 들어 일반적으로 픽셀값을 255로 나누어 각 픽셀이 0~1 사이의 값을 갖도록 만든다. 이렇게 하는 이유는 훈련시키는 동안 가중치를 조정할 때 네트워크를 왔다 갔다 하게 만드는 큰 수(또는 값의 분산이 커지는 것)를 제거해 네트워크가 학습하기 쉽게 만들기 위해서이다. 배치 정규화는 이 동일한 조정을 입력 계층보다는 은닉 계층의 출력에 수행한다.
>
> ReLU는 0보다 작은 값은 모두 0으로 바꾸는 활성화 함수이다. 즉 음수는 네트워크를 통과할 수 없게 만든다. Leaky ReLU는 ReLU를 덜 엄격하게 구현한 것으로 뉴런이 활성화되지 않은 상태일 때 0이 아닌 작은 값을 갖는 경사(gradient)를 통과시킨다.

모델의 개요를 간단히 알아봤다. 모델에 대한 자세한 설명은 J. Redmon, A. Farhadi가 쓴 공식 논문 YOLO9000: Better, Faster, Stronger를 참조하라(https://arxiv.org/abs/1612.08242). 이제 훈련된 케라스 모델인 Tiny YOLO를 Core ML로 변환해보자.

1장 '머신러닝 소개'에서도 말했듯이 Core ML은 단일 프레임워크라기 보다는 도구들의 집합이라는 표현이 더 적합하다. 그중 하나로 Core ML Tools 파이썬 패키지가 있는데 이것은 다른 프레임워크에서 제공하는 훈련된 모델을 Core ML로 변환시켜 쉽고 빠르게 통합할 수 있게 도와준다. 현재 카페(Caffe), 케라스(Keras), LibSVM, scikit-learn, XGBoost 프레임워크에 대해서는 공식적으로 모델 변환을 지원하고 있지만 이 패키지는 오픈 소스로 텐서플로 같은 다른 유명한 ML 프레임워크에서 사용할 수 있는 변환기들도 많이 있다.

변환 프로세스의 핵심은 학습 모델을 기계가 해석할 수 있도록 표현한 모델 사양을 생성하는 것으로 이 사양은 Xcode에서 Core ML 모델을 생성할 때 사용되며 다음 항목으로 구성된다.

- 모델 설명: 모델 입력과 출력의 이름과 형식 정보를 인코딩
- 모델 매개변수: 특정 모델 인스턴스를 나타내는 데 필요한 매개변수(모델 가중치/계수)
- 기타 메타데이터: 모델 출처, 라이선스, 저자에 대한 정보

이 장에서는 가장 단순한 흐름만 보여주지만 6장 '스타일 전이로 예술 창작하기'에서 맞춤 계층을 다루는 방법을 설명할 때 Core ML Tools 패키지를 다시 살펴볼 것이다.

로컬 컴퓨터 혹은 원격 시스템에서 환경을 설정할 때 발생할 수 있는 문제를 피하기 위해 마이크로소프트에서 제공하는 무료 주피터(Jupyter) 클라우드 서비스를 활용할 것이다. https://notebooks.azure.com 으로 가서 등록하고 로그인하자.

로그인했으면 **My Projects** 메뉴를 클릭해 다음 그림처럼 여러분이 가진 라이브러리를 모두 보여주는 페이지로 들어가자.

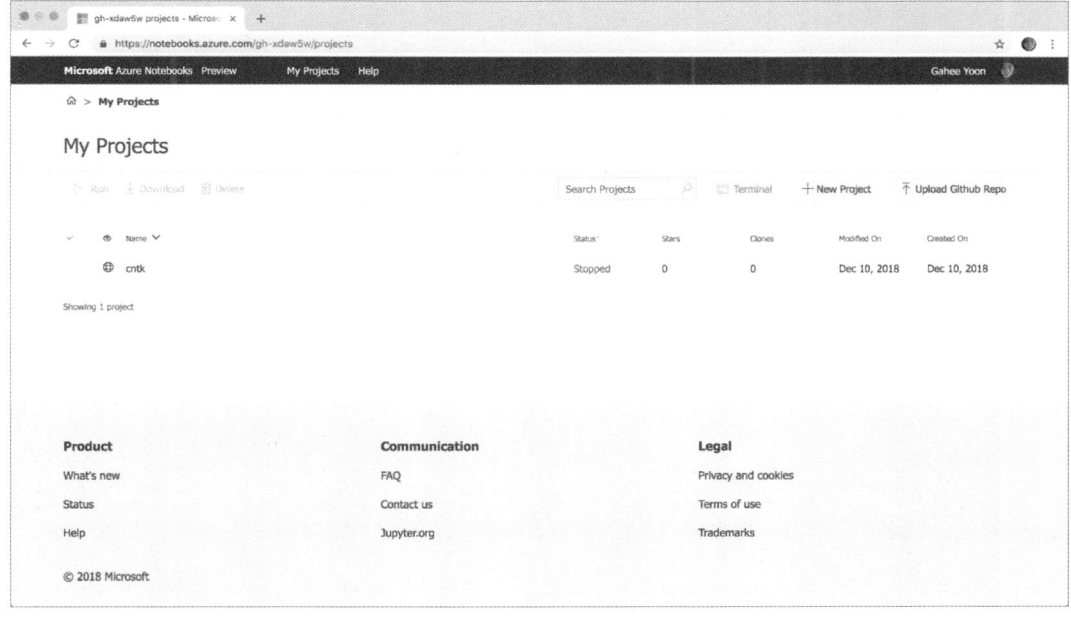

다음으로 Upload Github Repo를 클릭하면 Upload Github Repository 대화창이 뜰 것이다.

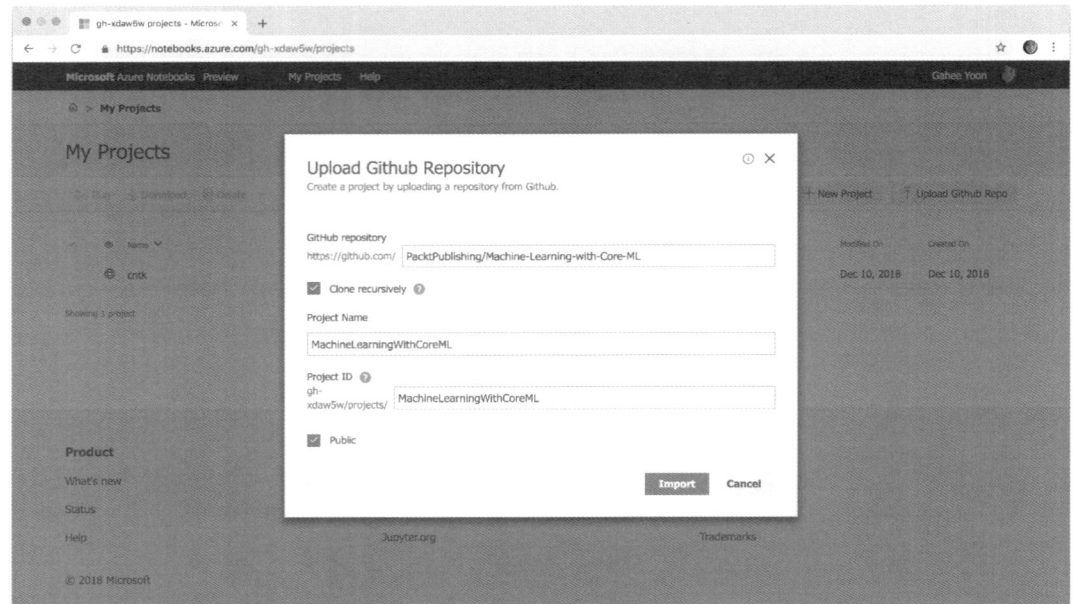

GitHub repository 필드에 https://github.com/packtpublishing/machine-learning-with-core-ml을 입력한다. 다음으로 Project Name에 이름을 입력하고 **Import** 버튼을 클릭하면 저장소를 복제하고 프로젝트를 생성한다.

프로젝트를 생성했으면 루트로 돌아가게 될 것이다. 여기에서 Chapter5/Notebooks 폴더를 클릭해 이 장과 관련된 폴더를 열자. 마지막으로 TinyYOLO_Keras2CoreML.ipynb 노트북을 클릭한다. 여기까지 잘 따라왔는지 확인하자. Chapter5/Notebooks 폴더를 클릭하면 다음 화면을 보게 될 것이다.

05 _ 실세계에서 객체 위치 측정

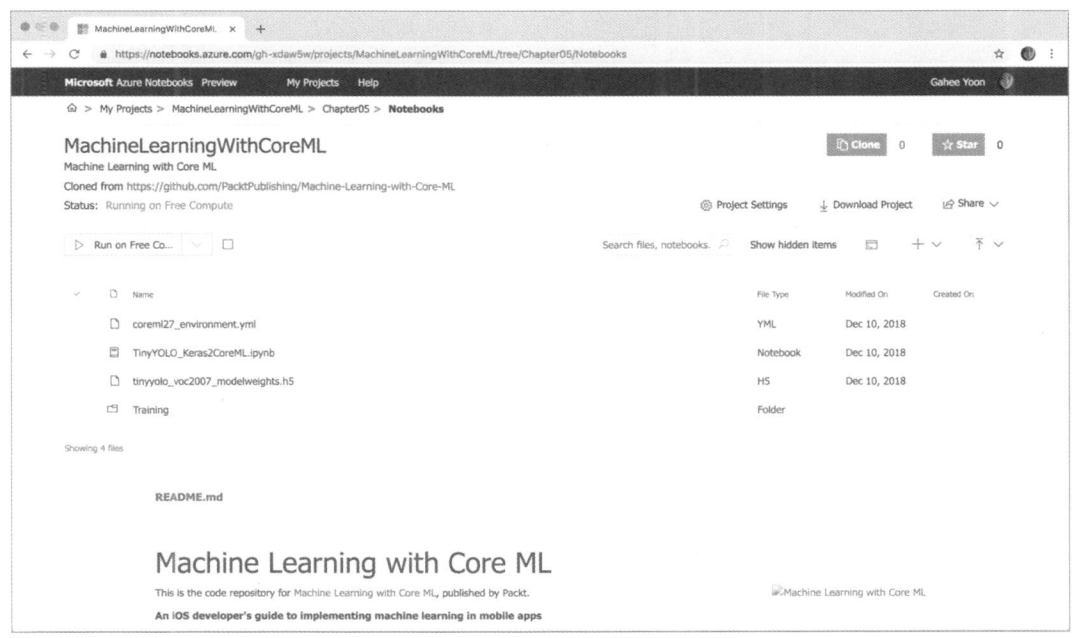

노트북이 로딩됐으면 Core ML 모델을 생성하기 위해 각 셀을 진행시키면 된다. 필요한 모든 코드는 여기에 있으니 각 셀을 순서대로 실행시키기만 하면 된다. 셀을 실행하려면 단축키로 *Shift + Enter*를 누르거나 다음 그림처럼 툴바에서 **Run** 버튼을 클릭하면 된다(이때 현재 선택된 셀을 실행한다).

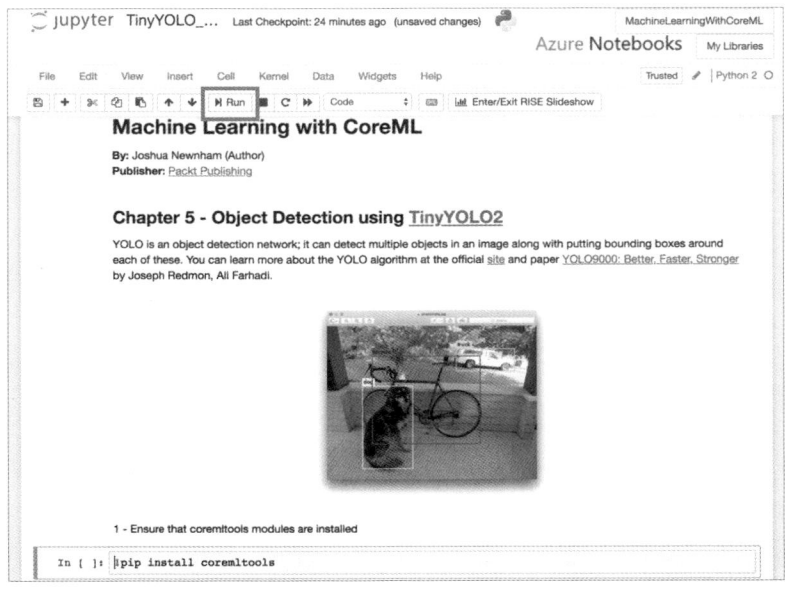

각 셀이 하는 일을 간단히 설명하겠다. 설명에 따라 각 셀을 실행하면 마지막에 변환된 모델을 얻게 될 것이다. 이 변환된 모델을 내려받아 다음 절에서 iOS 프로젝트에 사용할 것이다.

먼저 다음 셀을 실행해서 이 환경에서 Core ML Tools 파이썬 패키지를 사용할 수 있도록 만든다.

```
!pip install coremltools
```

설치가 끝났으면 패키지를 임포트한다.

```
import coremltools
```

모델 아키텍처와 가중치는 직렬화되어 tinyyolo_voc2007_modelweights.h5 파일에 저장돼 있다. 다음 셀에서 이 파일을 케라스 변환기의 covert 함수에 전달하면 변환된 Core ML 모델을 반환한다(에러가 발생하지 않는다면). 파일과 함께 input_names, image_input_names, output_names, image_scale 매개변수의 값도 전달해야 한다. input_names 매개변수는 단일 문자열, 입력이 여러 개일 경우는 문자열 리스트를 취하며, Core ML 모델의 인터페이스에서 케라스 모델의 입력을 참조할 때 사용될 이름을 명시적으로 설정하는 데 사용된다.

이 input_names를 image_input_names 매개변수에도 전달해서 변환기가 입력을 N 차원 배열이 아니라 이미지로 처리하게 한다. input_names와 비슷하게 output_names에 전달된 값은 Core ML 모델의 인터페이스에서 케라스 모델의 출력을 참조할 때 사용된다. 마지막 매개변수인 image_scale은 입력이 모델에 전달되기 전에 척도 인자(scaling factor)를 추가한다. 여기에서는 이미지를 처리할 때 일반적인 전처리 과정으로 각 픽셀을 255로 나누어 각 픽셀이 0.0~1.0 사이의 값을 갖도록 만든다. 이 외에도 모델의 입력과 출력을 조정하고 변경하는 데 사용할 수 있는 매개변수들은 매우 많다. 이러한 매개변수에 대해 더 배우고 싶으면 공식 문서를 참조하자(https://apple.github.io/coremltools/generated/coremltools.converters.keras.convert.html). 다음 코드에서 지금까지 설명한 내용을 가지고 실제로 모델을 변환한다.

```
coreml_model = coremltools.converters.keras.convert(
    'tinyyolo_voc2007_modelweights.h5',
    input_names='image',
    image_input_names='image',
    output_names='output',
    image_scale=1./255.)
```

변환된 모델인 coreml_model의 참조로 메타 데이터를 추가해 Xcode의 ML 모델 뷰에 표시해 확인할 수 있게 만든다.

```
coreml_model.author = 'Joshua Newnham'
coreml_model.license = 'BSD'
coreml_model.short_description = 'Keras port of YOLOTiny VOC2007 by Joseph Redmon and Ali Farhadi'
coreml_model.input_description['image'] = '416x416 RGB Image'
coreml_model.output_description['output'] = '13x13 Grid made up of: [cx, cy, w, h, confidence, 20 x classes] * 5 bounding boxes'
```

이제 모델을 저장하기만 하면 된다. 마지막 셀을 실행해 변환된 모델을 저장하자.

```
coreml_model.save('tinyyolo_voc2007.mlmodel')
```

모델이 저장됐으니 Chapter5 디렉터리 목록을 보여주는 이전 탭으로 돌아가 tinyyolo_voc2007.mlmodel 파일을 내려받는다. 다음 그림처럼 해당 파일에서 오른쪽 버튼을 클릭하고 **Download**를 선택하거나 툴바에서 **Download**를 클릭하면 된다.

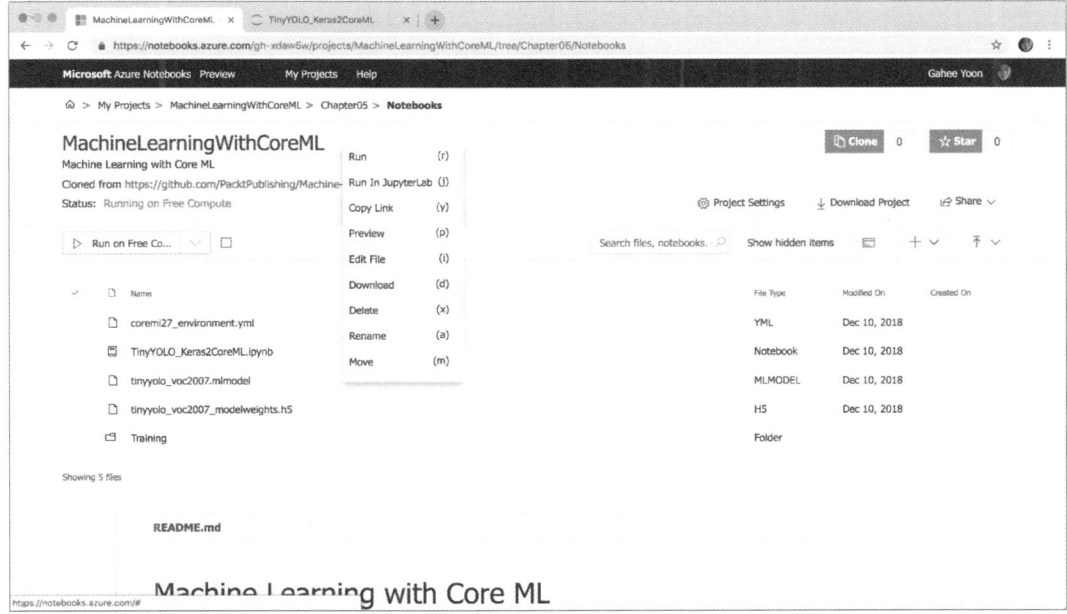

이제 변환된 모델을 얻었으니 Xcode로 가서 이 장의 예제 프로젝트를 진행하자.

사진을 쉽게 찾는 방법

이 절에서 모델을 지능형 검색 앱에 적용할 것이다. 먼저 앱을 간단히 소개해 여기에서 구축하려는 것이 무엇인지 명확하게 이해할 수 있게 도울 것이다. 그런 다음 모델 출력의 해석 관련 기능과 원하는 기능을 위한 검색 휴리스틱(heuristic)을 구현할 것이다. 앱의 지능형 측면에 집중할 수 있도록 일반적인 iOS 기능은 대부분 생략할 것이다.

지난 몇 년간 사진 갤러리 앱에 지능형 기능이 삽입되는 일이 급증했다. 이로써 수년간 축적된 수백 수천 장의 사진 속에서 고양이 사진을 빠르게 찾아낼 수 있게 됐다. 이 절에서는 이 주제를 가지고 계속해서 객체 탐지를 통해 얻은 의미론적 정보를 활용해 지능의 수준을 약간 끌어올릴 것이다. 사용자들은 이미지에서 특정 객체를 찾는 것뿐 아니라 객체와 상대적 위치를 기준으로 사진을 찾을 수도 있다. 예를 들어 두 사람이 차 앞에 나란히 서 있는 이미지를 찾을 수 있다.

사용자는 사용자 인터페이스를 통해 자신이 찾고자 하는 객체가 놓인 위치와 상대적 크기를 그릴 수 있다.

다음 그림은 사용자 인터페이스를 보여준다. 첫 두 개의 화면은 검색 화면으로 사용자가 시각적으로 자신이 찾는 것을 표현할 수 있다. 사용자는 레이블이 달린 윤곽 상자를 사용해 자신이 무엇을 찾는지, 그 객체들이 어떻게 배치돼 있는지 그리고 상대적 크기는 어떤지 묘사할 수 있다. 마지막 두 화면은 검색 결과를 보여준다. 검색 결과를 확대해 보면(마지막 화면) 이미지 위에 탐지된 객체와 그와 관련한 윤곽 상자가 추가돼 있다.

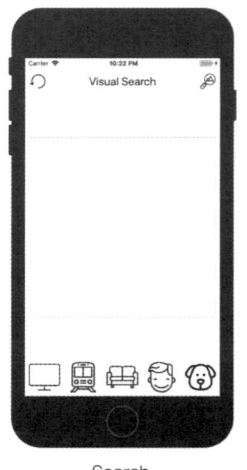

앞에서 변환해서 내려받은 모델을 임포트하기 전에 먼저 기존 프로젝트를 간단히 살펴보자.

아직 코드를 내려받지 않았다면 다음 저장소에서 최신 코드를 내려받자(https://github.com/packtpublishing/machine-learning-with-core-ml). 코드를 내려받았으면 Chapter5/Start/ 디렉터리로 가서 ObjectDetection.xcodeproj를 열자. 프로젝트 로딩이 끝나면 다음 그림처럼 이 장의 프로젝트를 볼 수 있다.

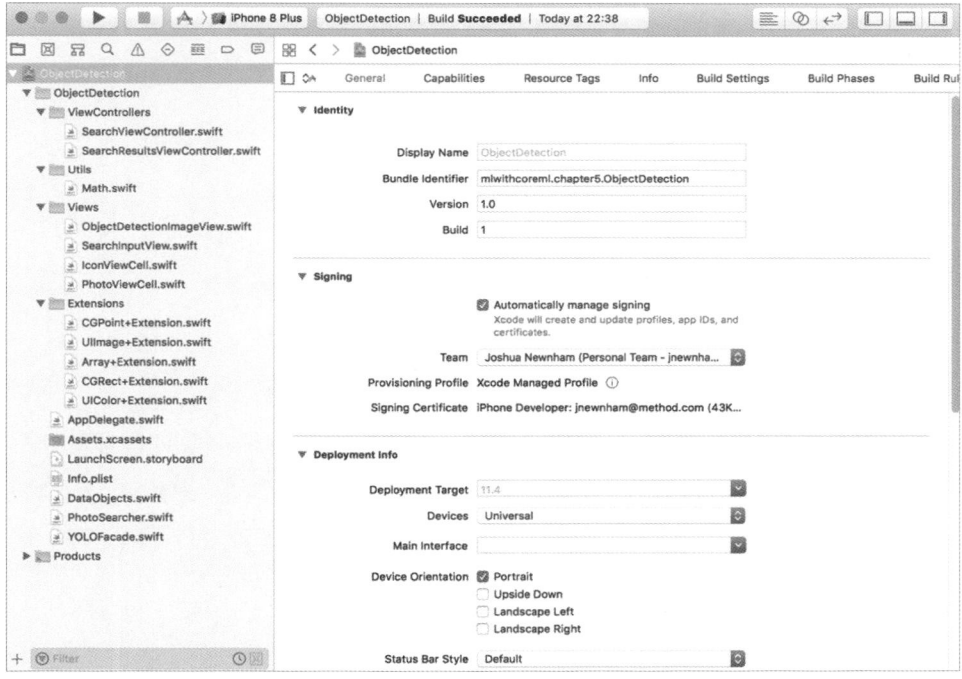

전체 프로젝트를 탐색하는 것은 각자의 몫으로 남기고 여기서는 이 절의 PhotoSearcher.swift와 YOLOFacade.swift 파일을 중점적으로 알아보겠다.

YOLOFacade.swift는 Tiny YOLO 모델을 감싸고 모델의 결과를 해석하는 기능이 구현돼 있다. 이 YOLOFacade.swift에서 탐지된 객체와 검색 기준을 기반으로 PhotoSearcher.swift 파일에서는 사진을 필터링하고 정렬하는 비용 함수를 구현한다. 코드를 살펴보기 전에 먼저 우리가 작업할 순서와 데이터 구조를 검토하자.

다음 그림은 일반적인 앱의 작업 흐름을 보여준다. 먼저 사용자가 SearchViewController를 통해 검색 기준을 정의하며, 이 검색 기준은 정규화된 ObjectBounds의 배열이 된다. 더 자세한 내용은 나중에 다루겠다. 사용자가 검색을 실행하면(오른쪽 위의 검색 아이콘) 검색 기준은 SearchResultsViewController에 전달되고 이 메서드는 적합한 이미지를 찾는 작업을 PhotoSearcher에 위임(delegate)한다.

PhotoSearcher는 사진 전체를 반복하면서 이전 절에서 변환한 모델을 사용해 객체를 탐지하기 위해 YOLOFacade에 각 사진을 전달한다. 그 결과가 다시 PhotoSearcher에 전달되면 PhotoSearcher에서는 각 결과를 검색 기준 관점에서 비용을 평가하여 결과를 필터링하고 순위를 정한 다음 이를 보여주기 위해 SearchResultsViewController에 전달한다.

각 구성요소는 다른 구성요소와 데이터 객체인 ObjectBounds나 SearchResult를 사용해 통신한다. 앞으로 계속해서 이 둘을 사용해 작업하기 때문에 여기에서 간단히 알아보고 넘어가자. 두 객체 모두 DataObjects.swift에 정의돼 있다. 먼저 ObjectBounds를 살펴보면 다음 코드와 같은 구조로 되어 있다.

```
struct ObjectBounds {
    public var object : DetectableObject
    public var origin : CGPoint
    public var size : CGSize
    var bounds : CGRect{
        return CGRect(origin: self.origin, size: self.size)
    }
}
```

이름에서도 알 수 있듯이 ObjectBounds는 변수 origin과 size를 사용해 객체의 테두리를 캡슐화한다. object 자체의 형식은 DetectableObject로 범주를 가리키는 인덱스와 그에 연결된 레이블을 저장하기 위한 구조를 제공한다. 또한, 다음과 같이 검색에서 활용할 수 있는 객체의 정적 배열도 제공한다.

```
struct DetectableObject{
    public var classIndex : Int
    public var label : String
    static let objects = [
        DetectableObject(classIndex:19, label:"tvmonitor"),
        DetectableObject(classIndex:18, label:"train"),
        DetectableObject(classIndex:17, label:"sofa"),
        DetectableObject(classIndex:14, label:"person"),
        DetectableObject(classIndex:11, label:"dog"),
        DetectableObject(classIndex:7, label:"cat"),
        DetectableObject(classIndex:6, label:"car"),
        DetectableObject(classIndex:5, label:"bus"),
        DetectableObject(classIndex:4, label:"bottle"),
        DetectableObject(classIndex:3, label:"boat"),
        DetectableObject(classIndex:2, label:"bird"),
        DetectableObject(classIndex:1, label:"bicycle")
    ]
}
```

ObjectBounds는 사용자가 정의한 검색 기준과 YOLOFacade가 반환한 검색 결과 모두에서 사용된다. 전자에서는 사용자가 찾고자 하는 객체가 무엇이며 어디에 위치하는지(검색 기준)를 묘사하며, 후자는 객체 탐지 결과를 캡슐화한다.

SearchResult는 더 이상 복잡하지 않다. 여기에서는 검색 결과에 이미지와 앞의 그림에서 비용 평가 단계(8단계)에서 정해진 비용을 더해 캡슐화하는 것을 목표로 한다. 완성된 코드에서 구조는 다음과 같다.

```
struct SearchResult{
    public var image : UIImage
    public var detectedObjects : [ObjectBounds]
    public var cost : Float
}
```

앞의 다이어그램에서 ObjectBounds 메시지에 **정규화**라고 주석이 달려있다는 점에 유의하자. 이는 값이 소스 이미지나 타겟 이미지 크기를 기준으로 단위 값이라는 것을 뜻한다. 즉, x = 0.5, y = 0.5라면 이 원점이 정의된 소스 이미지의 정중앙이라는 것을 의미한다. 이렇게 정규화하는 이유는 테두리가 적용된 이미지가 바뀌더라도 변하지 않게 하기 위해서다. 곧 보겠지만 이미지를 모델에 전달하기 전에 이미지 크기를 416×416 크기(모델에서 받을 수 있는 입력)로 재조정하거나 잘라내야 하지만 결과를 렌더링하려면 이 크기를 다시 원본 이미지 크기로 되돌려야 한다.

이제 모델에서 소비하고 생성할 이미지가 무엇인지 알았으니, 계속해서 YOLOFacade를 구현하고 단계를 밟아 올라가 보자.

먼저 이전 절에서 변환했던 모델을 임포트하자. .mlmodel 파일을 내려받은 위치로 가서 그 파일을 Xcode로 드래그 앤 드롭하자. 파일을 임포트했으면, 우리가 구현해야 할 내용을 점검하기 위해 왼쪽 패널에서 해당 파일을 선택해 메타데이터를 확인하자. 이때 다음과 비슷한 화면을 보게 될 것이다.

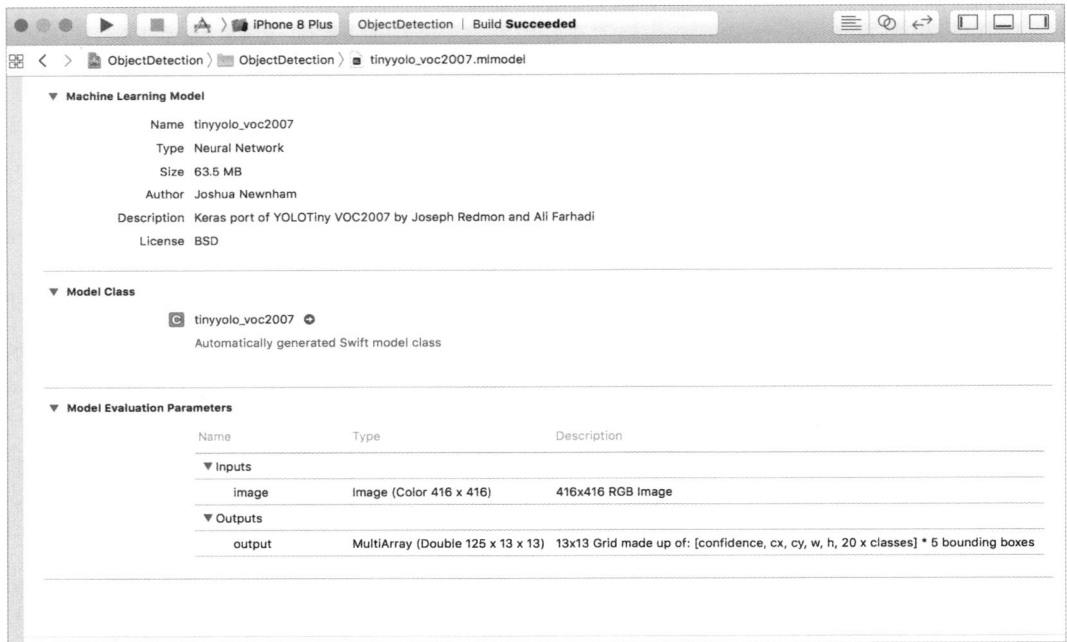

이제 모델이 임포트됐으니 YOLOFacade에서 수행할 기능을 구현하자. 여기서는 이미지를 전처리하고, 추론을 위해 전처리된 이미지를 모델에 전달한 다음 **비최댓값 억제** 알고리즘 수행을 포함해 모델 출력을 파싱한다. 왼쪽 패널에서 YOLOFacade.swift를 선택해 메인 창에 코드를 불러오자.

이 클래스는 세 부분으로 나뉜다. 첫 번째 부분은 확장을 통해 변수와 진입점을 포함하고 있고, 두 번째 부분에는 추론을 수행하고 모델 출력을 파싱하는 기능이 있으며, 세 번째 부분에는 이 장의 초반에 설명했던 비최댓값 억제 알고리즘이 포함돼 있다. 초반에 있는 코드를 보면 다음과 같을 것이다.

```swift
class YOLOFacade{
    // TODO: 입력 이미지 크기 추가
    // TODO: 그리드 크기 추가
    // TODO: 범주의 개수 추가
    // TODO: 앵커 상자 개수 추가
    // TODO: 앵커 상자 형상 추가(가로세로 비율)
    lazy var model : VNCoreMLModel? = {
        do{
            // TODO: 모델 추가
            return nil
        } catch{
            fatalError("Failed to obtain tinyyolo_voc2007")
        }
    }()
    func asyncDetectObjects(photo:UIImage,
                            completionHandler:@escaping (_ result:[ObjectBounds]?) -> Void) {
        DispatchQueue.global(qos: .background).sync {
            self.detectObjects(photo: photo, completionHandler: { (result) -> Void in
                DispatchQueue.main.async {
                    completionHandler(result)
                }
            })
        }
    }
}
```

asyncDetectObjects 메서드는 클래스 진입점이며, Photos 프레임워크로부터 받은 각 이미지를 위해 PhotoSearcher에 의해 호출된다. 이 메서드는 호출되면 단순히 백그라운드 스레드의 detectObject 메서드에 작업을 위임하고 결과를 기다린 후 메인 스레드의 호출자에게 결과를 다시 전달한다. 우리가 집중할 내용을 강조하기 위해 클래스에 TODO로 주석을 달아 두었다.

먼저 모델에서 요구하는 목표 크기를 선언하자. 이는 모델 입력을 전처리하고, 정규화된 테두리를 소스 이미지의 테두리로 변환하기 위해 사용된다. 다음 코드를 추가한다.

```swift
// TODO: 입력 이미지 크기 추가
var targetSize = CGSize(width: 416, height: 416)
```

다음으로 출력을 파싱할 때 사용되는 모델의 속성을 정의한다. 여기에는 그리드 크기, 범주 개수, 앵커 상자 개수, 마지막으로 각 앵커 상자의 차원(각 쌍은 각각 너비와 높이를 나타낸다)이 포함된다. YOLOFacade 클래스에 다음 사항을 수정하자.

```
// TODO: 그리드 크기 추가
let gridSize = CGSize(width: 13, height: 13)
// TODO: 범주 개수 추가
let numberOfClasses = 20
// TODO: 앵커 상자 개수 추가
let numberOfAnchorBoxes = 5
// TODO: 앵커 형상 추가(가로세로 비율)
let anchors : [Float] = [1.08, 1.19, 3.42, 4.41, 6.63, 11.38, 9.42, 5.11, 16.62, 10.52]
```

이제 모델 속성을 구현하자. 이 예제에서 이미지 전처리를 위해 Vision 프레임워크를 활용하자. 이를 위해 모델을 VNCoreMLRequest에 전달할 수 있게 VNCoreMLModel 인스턴스에 감싸야 한다. 굵은 글씨체로 표시한 대로 코드를 수정하자.

```
lazy var model : VNCoreMLModel = {
    do{
        // TODO: 모델 추가
        let model = try VNCoreMLModel(
            for: tinyyolo_voc2007().model)
        return model
    } catch{
        fatalError("Failed to obtain tinyyolo_voc2007")
    }
}()
```

이제 detectObjects 메서드를 보자. 이 메서드는 VNCoreMLRequest와 VNImageRequestHandler를 통해 추론을 수행하고 모델 출력을 detectObjectsBounds 메서드(다음에 설명하겠다)에 전달한 다음 마지막으로 정규화된 테두리를 원본(소스) 이미지의 차원으로 변환한다.

이 장에서는 Vision 프레임워크의 클래스(VNCoreMLModel, VNCoreMLRequest, VNImageRequestHandler)를 다루지 않는다. 다음 장에서 각 클래스가 수행하는 일과 어떻게 함께 동작하는지에 대해 좀 더 자세히 설명하겠다.

YO_OFacade의 detectObjects 메서드에서 // TODO: 이미지 전처리 및 모델에 전달 주석을 다음 코드로 대체한다.

```swift
let request = VNCoreMLRequest(model: self.model)
request.imageCropAndScaleOption = .centerCrop

let handler = VNImageRequestHandler(cgImage: cgImage, options: [:])

do {
    try handler.perform([request])
} catch {
    print("Failed to perform classification.\n\(error.localizedDescription)")
    completionHandler(nil)
    return
}
```

앞의 코드에서 먼저 VNCoreMLRequest 인스턴스를 생성하고 VNCoreMLModel 인스턴스에 감싸여 있는 모델에 전달한다. 이 요청은 어려운 작업을 수행한다. 여기에는 전처리(모델의 메타 데이터에서 추론할 수 있는)와 추론이 포함돼 있다. 이 요청의 imageCropAndScaleOption 속성을 centerCrop으로 설정하고 이는 예상대로 이미지가 모델 입력에 적합하도록 크기를 재조정하는 방법을 결정한다. 실제로 요청 자체가 작업을 실행하지 않는다. 그 작업은 다음에 소스 이미지를 전달해 선언할 핸들러인 VNImageRequestHandler에서 실행하는데, 핸들러의 perform 메서드를 통해 요청을 실행한다.

모든 일이 계획대로 됐다면 모델의 결과는 요청의 results 속성을 통해 접근할 수 있다. 계속해서 이 메서드의 마지막 코드로 넘어가자. 주석 // TODO: 모델 결과를 detectObjectsBounds(::)로 전달과 그다음 문장 completionHandler(nil)을 다음 코드로 대체한다.

```swift
guard let observations = request.results as? [VNCoreMLFeatureValueObservation] else{
    completionHandler(nil)
    return
}

var detectedObjects = [ObjectBounds]()

for observation in observations{
```

```
        guard let multiArray = observation.featureValue.multiArrayValue else{
            continue
        }
        if let observationDetectedObjects = self.detectObjectsBounds(array: multiArray){
            for detectedObject in observationDetectedObjects.map(
                {$0.transformFromCenteredCropping(from: photo.size, to: self.targetSize)}){
                    detectedObjects.append(detectedObject)
            }
        }
    }
}
completionHandler(detectedObjects)
```

먼저 결과를 키-값 쌍을 제공하는 이미지 분석 관측의 형식인 `VNCoreMLFeatureValueObservation`의 배열로 캐스팅한다. 그중 하나는 `multiArrayValue`이며, 그러면 우리는 `detectObjectsBounds` 메서드에 전달해 출력을 파싱하고 탐지된 객체와 윤곽 상자를 반환한다. `detectObjectsBounds`가 결과를 반환하면, 각 결과를 `ObjectBounds` 클래스의 `transformFromCenteredCropping` 메서드에 매핑한다. 이 메서드는 정규화된 테두리를 소스 이미지의 공간으로 변환한다. 각 테두리가 변환되면 탐지된 테두리를 전달해 완료 핸들러인 `completionHandler`를 호출한다.

다음 두 메서드는 YOLO 알고리즘 대부분과 이 클래스 대부분의 코드를 캡슐화한다. `detectObjectsBounds` 메서드를 시작으로 조금씩 살펴보자.

이 메서드는 (125, 13, 13) 형상의 `MLMultiArray`를 받는다. 이 형상은 순서가 거꾸로이기는 해도 익숙해 보일 것이다. (13, 13)은 그리드의 크기이고 125는 다섯 개의 블록(다섯 개의 앵커 상자에 대응하는)을 인코딩하는데 각 블록은 윤곽 상자, 거기에 등장하는(등장하지 않는) 객체의 확률, 20개의 범주에 대한 확률 분포를 포함한다. 편의를 위해 이 구조를 여기에서 다시 한번 다이어그램으로 살펴보자.

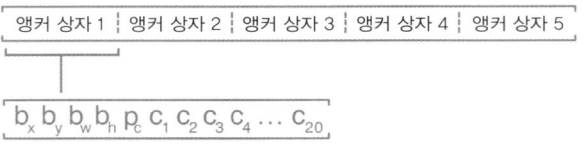

성능을 개선하기 위해 `MLMultiArray`의 아래 첨자를 통하지 않고 원시 데이터에 직접 접근할 것이다. 원시 데이터에 직접 접근하면 성능은 향상되지만 각 값에 대한 인덱스를 정확하게 계산해야 한다는 부담이 있다. 원시 데이터 버퍼와 중간 결과가 저장되는 일부 배열에 대한 접근을 얻고, 이 인덱스를 계산할 때 사용할 상수를 정의하자. `detectObjectsBounds` 메서드에 다음 코드를 추가한다.

```
let gridStride = array.strides[0].intValue
let rowStride = array.strides[1].intValue
let colStride = array.strides[2].intValue

let arrayPointer = UnsafeMutablePointer<Double>(OpaquePointer(array.dataPointer))

var objectsBounds = [ObjectBounds]()
var objectConfidences = [Float]()
```

전에 말했듯이 그리드, 행, 열에 대한 이동(stride) 값인 상수를 정의한다. 이 각각은 현재 값을 계산하기 위해 사용된다. 이 값들은 `MLMultiArray`의 strides 속성을 통해 얻을 수 있으며, 이 속성을 통해 각 차원의 데이터 요소의 개수를 확인할 수 있다. 이 경우에는 각각 125, 13, 13이 된다. 다음으로 `MLMultiArray`의 기본 버퍼에 대한 참조를 얻고 마지막으로 테두리와 그에 연결된 신뢰도 값을 저장하는 두 개의 배열을 생성한다.

다음으로 모델 출력을 반복하며 각 그리드 셀과 그 뒤를 따라오는 앵커 상자를 독립적으로 처리한다. 세 개의 중첩된 루프를 사용해서 처리한 다음 관련 인덱스를 계산함으로써 이 작업을 수행할 수 있다. 다음 코드를 추가하자.

```
for row in 0..<Int(gridSize.height) {
    for col in 0..<Int(gridSize.width) {
        for b in 0..<numberOfAnchorBoxes {
            let gridOffset = row * rowStride + col * colStride
            let anchorBoxOffset = b * (numberOfClasses + numberOfAnchorBoxes)
            // TODO: 범주별 신뢰도 계산(임곗값보다 낮을 경우 무시)
        }
    }
}
```

여기에서 중요한 값은 gridOffset과 anchorBoxOffset이다. gridOffset은 이름에서도 알 수 있듯이 특정 그리드 셀에 관련된 오프셋을 제공하고, anchorBoxOffset은 관련된 앵커 상자의 인덱스를 제공한다. 이제 이 값들을 갖게 됐으니, 이 다이어그램에서 보여주듯이 (anchorBoxOffset + INDEX_TO_VALUE) * gridStride + gridOffset (여기에서 INDEX_TO_VALUE는 접근하고자 하는 앵커 상자 벡터 내의 관련 값이다) 인덱스를 사용해 각 요소에 접근할 수 있다.

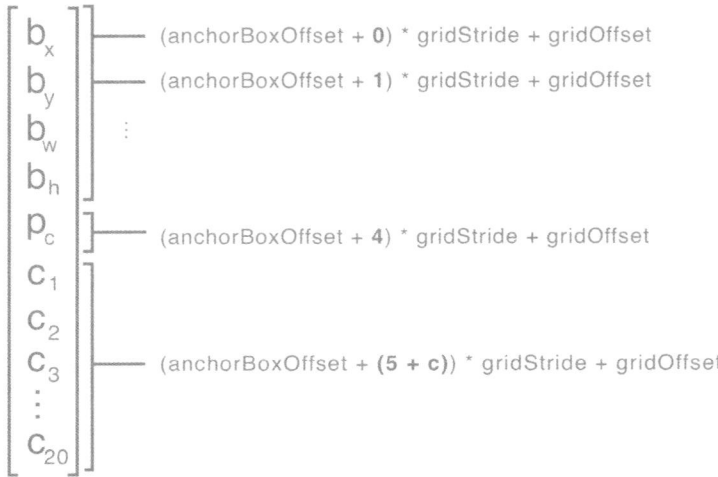

이제 버퍼에서 그리드 셀 별 각 윤곽 상자에 접근하는 법을 알았으니 이를 활용해 가장 확률 높은 범주를 찾고 임곗값(메서드 매개변수로 정의, 기본값은 0.3: objectThreshold:Float = 0.3)에 미치지 못하는 예측은 무시하는 첫 번째 테스트를 실행하자. 이전에 봤듯이 주석 // TODO: 범주별 신뢰도 계산(임곗값보다 낮을 경우 무시) 대신 다음 코드를 추가하자.

```
let confidence = sigmoid(x: Float(arrayPointer[(anchorBoxOffset + 4) * gridStride + gridOffset]))

var classes = Array<Float>(repeating: 0.0, count: numberOfClasses)
for c in 0..<numberOfClasses{
    classes[c] = Float(arrayPointer[(anchorBoxOffset + 5 + c) * gridStride + gridOffset])
}
classes = softmax(z: classes)

let classIdx = classes.argmax
```

```
let classScore = classes[classIdx]
let classConfidence = classScore * confidence
if classConfidence < objectThreshold{
    continue
}

/* TODO: 윤곽 상자를 얻고 이미지 차원으로 변환
```

앞의 코드를 보면, 먼저 나타난 객체의 확률을 얻고 그것을 상수 confidence에 저장한다. 그런 다음 배열에 모든 범주의 확률을 채우고 거기에 소프트맥스를 적용한다. 이렇게 하면 누적값이 1.0이 되도록 값을 압축해서 본질적으로 전체 범주에 대한 확률 분포를 제공한다.

그런 다음 확률이 가장 높은 범주 인덱스를 찾아 이를 confidence 상수로 곱해서 범주별 신뢰도를 구하고 임곗값과 비교하여 비최댓값 억제 알고리즘을 적용하는 동안 사용한 다음 임곗값에 도달하지 않으면 예측을 무시한다.

절차를 계속 진행하기 전에 이전 코드에서 사용된 softmax 메서드와 범주 배열 argmax 속성을 설명하고 넘어가자. 소프트맥스는 본질적으로 숫자 벡터의 모든 값을 더한 값이 1이 되도록 압축하는 로그 함수다. 이것은 다중 범주 분류 문제를 다룰 때 보편적으로 사용되는 활성화 함수로 결과는 각 범주에 속할 확률(우도, likelihood)로 해석되며 일반적으로 그중 가장 큰 값을 갖는 범주를 예측된 범주(임곗값 내에 있는)로 취한다. 이는 Math.swift 파일에 구현돼 있으며 성능 향상을 위해 Accelerate 프레임워크를 활용한다. 이를 종합하여 설명할 공식과 구현은 다음과 같으며 세부 사항에 대한 설명은 생략하니 각자 학습하도록 하자.

$$soft\max(y)_i = \frac{\exp(y_i)}{\sum_j \exp(y_i)}$$

여기서는 앞에서 보여준 등식을 약간 수정해 사용한다. 실제로 값이 너무 큰 경우 소프트맥스 값을 계산하는 데는 문제가 있다. 그 값에 지수 연산을 적용하면 값이 폭발하게 되고 매우 큰 값으로 나누면 연산 문제가 발생할 수 있다. 이 문제를 피하기 위해 모든 요소에서 최댓값을 빼는 것이 가장 좋은 방법일 수 있다.

이 연산을 위해서는 상당수의 함수가 필요하므로 안부터 밖까지 조금씩 구축하자. 다음 코드는 요소 단위 뺄셈을 수행하는 함수다.

```
/**
 벡터 x에서 스칼라 c를 뺌
 @param x Vector x.
 @param c Scalar c.
 @return A vector containing the difference of the scalar and the vector
 */
public func sub(x: [Float], c: Float) -> [Float] {
    var result = (1...x.count).map{_ in c}
    catlas_saxpby(Int32(x.count), 1.0, x, 1, -1.0, &result, 1)
    return result
}
```

다음은 배열에 대해 요소 단위로 지수 연산을 수행하는 함수다.

```
/**
 벡터에서 요소 단위로 지수 연산을 수행함
 @param x Vector x.
 @returns A vector containing x exponentiated elementwise.
 */
func exp(x: [Float]) -> [Float] {
    var results = [Float](repeating: 0.0, count: x.count)
    vvexpf(&result, x, [Int32(x.count)])
    return results
}
```

이제 배열의 합을 구하는 함수다.

```
/**
 벡터의 합을 계산
 @param x Vector.
 @returns A single precision vector sum.
 */
public func sum(x: [Float]) -> Float {
    return cblas_sasum(Int32(x.count), x, 1)
}
```

다음은 소프트맥스 함수에서 사용되는 마지막 함수다. 이 함수에서는 다음처럼 주어진 스칼라에 대해 요소 단위의 나눗셈을 수행한다.

```
/=*
벡터 x를 스칼라 y로 나눔
@param x Vector x.
@parame c Scalar c.
@return A vector containing x dvidided elementwise by vector c.
=/
public func div(x: [Float], c: Float) -> [Float] {
    let divisor = [Float](repeating: c, count: x.count)
    var result = [Float](repeating: 0.0, count: x.count)
    vvdivf(&result, x, divisor, [Int32(x.count)])
    return result
}
```

마지막으로 소프트맥스 함수다(앞서 설명했듯이 모든 요소에서 최댓값을 빼는 기법을 사용한다).

```
/**
소프트맥스 함수
@param z A vector z.
@return A vector y = (e^z / sum(e^z))
*/
func softmax(z: [Float]) -> [Float] {
    let x = exp(x:sub(x:z, c: z.maxValue))
    return div(x:x, c: sum(x:x))
}
```

이전 함수에 덧붙여 스위프트 배열 클래스의 확장 속성인 maxValue를 사용한다. 이 확장에는 앞에서 설경했던 argmax 속성도 포함돼 있다. 따라서 다음 코드에서 이 둘을 함께 사용할 것이다. 이 코드는 Array+Extension.swift 파일에 구현돼 있다. 코드를 보여주기 전에 argmax 속성의 함수가 파이썬 NumPy 패키지에서 제공하는 보편적인 메서드로 배열 내에서 가장 큰 값의 인덱스를 반환하는 것을 목표로 함을 기억하자.

```
extension Array where Element == Float{
    /**
    @return index of the largest element in the array
    **/
    var argmax : Int {
        get{
```

```
            precondition(self.count > 0)
            let maxValue = self.maxValue
            for i in 0..<self.count{
                if self[i] == maxValue{
                    return i
                }
            }
            return -1
        }
    }

    /**
     배열에서 최댓값 찾기
     */
    var maxValue : Float{
        get{
            let len = vDSP_Length(self.count)
            var max: Float = 0
            vDSP_maxv(self, 1, &max, len)
            return max
        }
    }
}
```

이제 모델 출력을 파싱하고 탐지된 객체와 그에 연결된 윤곽 상자를 추출하자. 이제 루프 내부에서 임곗값 필터를 통과한 신뢰도로 예측을 갖게 됐다. 다음으로는 예측된 객체의 윤곽 상자를 추출하고 변환한다. 주석 // TODO: 윤곽 상자를 얻고 이미지 차원으로 변환 대신에 다음 코드를 추가한다.

```
let tx = CGFloat(arrayPointer[anchorBoxOffset * gridStride + gridOffset])
let ty = CGFloat(arrayPointer[(anchorBoxOffset + 1) * gridStride + gridOffset])
let tw = CGFloat(arrayPointer[(anchorBoxOffset + 2) * gridStride + gridOffset])
let th = CGFloat(arrayPointer[(anchorBoxOffset + 3) * gridStride + gridOffset])

let cx = (sigmoid(x: tx) + CGFloat(col)) / gridSize.width
let cy = (sigmoid(x: ty) + CGFloat(row)) / gridSize.height
let w = CGFloat(anchors[2 * b + 0]) * exp(tw) / gridSize.width
let h = CGFloat(anchors[2 * b + 1]) * exp(th) / gridSize.height

// TODO: ObjectBounds 인스턴스 생성 및 후보 배열에 저장
```

먼저 그리드 셀의 앵커 상자 세그먼트에서 처음 네 개의 값을 가져온다. 여기에서 그리드에 상대적인 중앙 위치와 크기를 반환한다. 다음 블록에서는 이 값들을 그리드 좌표계에서 이미지 좌표계로 변환한다. 중앙 위치의 경우 반환값을 sigmoid 함수에 전달해 0.0~1.0 사이의 값으로 변환하고 관련 열(또는 행)을 기준으로 오프셋을 지정한다. 마지막으로 이 값을 그리드 크기(13)로 나눈다. 차원과 마찬가지로, 먼저 관련 앵커 상자를 가져와서 예측된 차원의 지수로 곱한 다음 그리드 크기로 나눈다.

이전에도 했듯이, 참고로 sigmoid 함수를 구현한다. 코드는 Math.swift 파일에 있다. 등식은 다음과 같다.

$$sigmoid(y) = \frac{1}{\exp(-y)}$$

```
/**
 시그모이드 함수
 @param x Scalar
 @return 1 / (1 + exp(-x))
 */
public func sigmoid(x: CGFloat) -> CGFloat {
    return 1 / (1 + exp(-x))
}
```

코드의 마지막 부분에서는 단순히 변환된 윤곽 상자와 그와 관련한 DetectableObject 클래스(범주 인덱스에서 필터링)를 전달해 ObjectBounds 인스턴스를 생성한다. // TODO: ObjectBounds 인스턴스 생성 및 후보 배열에 저장 주석 대신 다음 코드를 추가한다.

```
guard let detectableObject = DetectableObject.objects.filter(
    {$0.classIndex == classIdx}).first else{
    continue
}

let objectBounds = ObjectBounds(
    object: detectableObject,
    origin: CGPoint(x: cx - w/2, y: cy - h/2),
    size: CGSize(width: w, height: h))

objectsBounds.append(objectBounds)
objectConfidences.append(classConfidence)
```

ObjectBounds를 저장하는 것 외에 비최댓값 억제 알고리즘을 구현할 때 사용하게 될 confidence도 저장한다.

이로써 중첩된 루프 내에 필요한 기능 구현이 끝났다. 이 프로세스 마지막에 탐지된 객체 후보군으로 채워진 배열을 얻게 된다. 다음으로 이 후보군을 필터링한다. detectObjectsBounds 메서드의 거의 끝부분에 다음 문장을 추가한다(루프 밖에).

```
return self.filterDetectedObjects(objectsBounds: objectsBounds,
                    objectsConfidence: objectConfidences)
```

여기서는 단순히 filterDetectedObjects 메서드에서 결과를 반환하는데, 이제 이 메서드를 살펴보자. 현재는 이 메서드가 차단돼 있고 다음과 같이 기능이 비어 있다.

```
func filterDetectedObjects(objectsBounds:[ObjectBounds],
                    objectsConfidence:[Float],
                    nmsThreshold : Float = 0.3) -> [ObjectBounds]?{
    // If there are no bounding boxes do nothing
    guard objectsBounds.count > 0 else{
        return []
    }
    // TODO: 비최댓값 억제 알고리즘 구현
    return nil
}
```

여기서 할 일은 비최댓값 억제 알고리즘을 구현하는 일이다. 복습하면, 이 알고리즘은 다음과 같이 설명할 수 있다.

1. 신뢰도가 가장 큰 값부터 가장 작은 값으로 탐지된 상자를 정렬한다.
2. 유효한 상자가 남을 때까지 다음 작업을 수행한다.
   a. 가장 높은 신뢰도 값을 갖는 상자를 선택한다(정렬된 배열의 상단)
   b. 남은 상자 모두를 반복하면서 미리 정의된 임계치보다 큰 IoU 값을 갖는 상자는 모두 버린다.

우선 이 메서드에 전달된 신뢰도 배열을 복제한다. 이 복제본을 사용해 정렬된 인덱스의 배열을 얻고 선행하는 상자와 너무 많이 겹치는 상자에는 플래그를 단다. 플래그는 신뢰도 값을 0으로 설정하기만 하면 된다. 이렇게 하려면 정렬된 인덱스 배열을 생성하는 것과 함께 다음 문장을 주석 // TODO: 비최댓값 억제 알고리즘 구현 대신에 추가한다.

```
var detectionConfidence = objectsConfidence.map{(confidence) -> Float in
    return confidence
}

let sortedIndices = detectionConfidence.indices.sorted {
    detectionConfidence[$0] > detectionConfidence[$1]
}

var bestObjectsBounds = [ObjectBounds]()
// TODO: 상자별로 반복
```

앞서 말했듯이 먼저 신뢰도 배열을 복제하고, 거기에 detectionConfidence 변수를 할당한다. 그런 다음 인덱스를 내림차순으로 정렬하고 마지막으로 우리가 유지하고 반환하고 싶은 상자를 저장하기 위한 배열을 생성한다.

다음으로 대부분의 알고리즘을 포함한 루프를 생성한다. 여기에는 그다음으로 높은 신뢰도를 갖는 상자를 선택해 bestObjectsBounds 배열에 저장하는 작업이 포함된다. 주석 // TODO: 상자별로 반복 자리에 다음 코드를 추가한다.

```
for i in 0..<sortedIndices.count{
    let objectBounds = objectsBounds[sortedIndices[i]]
    guard detectionConfidence[sortedIndices[i]] > 0 else{
        continue
    }
    
    bestObjectsBounds.append(objectBounds)
    for j in (i+1)..<sortedIndices.count{
        guard detectionConfidence[sortedIndices[j]] > 0 else {
            continue
        }
        let otherObjectBounds = objectsBounds[sortedIndices[j]]
        // TODO: IoU 계산 및 임곗값과 비교
    }
}
```

코드 대부분은 바로 이해가 된다. 중요한 것은 각 루프 내에서 관련 상자의 신뢰도가 0보다 큰지 테스트한다는 것이다. 전에 말했듯이 이 값이 0이면 더 높은 신뢰도를 갖는 상자에 상당히 겹치기 때문에 객체가 삭제됐음을 가리킨다.

이제 objectBounds와 otherObjectBounds 사이의 IoU를 계산하고 otherObjectBounds가 IoU 임계치인 nmsThreshold에 미치지 않으면 제거한다. 주석 // TODO: IoU 계산 및 임곗값과 비교 대신에 다음 코드를 추가한다.

```
if Float(objectBounds.bounds.computeIOU(other: otherObjectBounds.bounds)) > nmsThreshold{
    detectionConfidence[sortedIndices[j]] = 0.0
}
```

여기서는 CGRect 확장 메서드인 computeIOU를 사용해 계산을 처리한다. CGRect+Extension.swift 파일에 구현된 코드를 살펴보자.

```
extension CGRect{
    ...
    var area : CGFloat{
        get{
            return self.size.width * self.size.height
        }
    }
    func computeIOU(other:CGRect) -> CGFloat{
        return self.intersection(other).area / self.union(other).area
    }
}
```

기존에 CGRect 구조에 있는 intersection과 union 덕분에 메서드가 깔끔하고 간결하다.

YOLOFacade 클래스와 YOLO 알고리즘을 마무리하기 전에 마지막으로 결과를 반환해야 한다. filterDetectedObjects 메서드의 맨 끝에서 bestObjectsBounds 배열을 반환한다. 반환이 끝났으면 이제 지능형 사진 검색 앱을 구현하기 전 마지막 기능을 살펴보자.

이 장에서는 데이터를 모델에 공급하기 전 **전처리**하고, 모델 결과를 해석하기 위해 앱에 ML을 **통합**시키는 작업 대부분을 잘 보여줬다. Vision **프레임워크**는 전처리 작업을 쉽게 만들어주지만, 출력을 다루는 작업은 여전히 어렵다. 다행히 많은 앱에서 객체 탐지는 의심의 여지 없이 중요한 부분을 차지하므로 애플에서는 객체 탐지를 위해 명시적으로 새로운 관측 형식 `VNRecognizedObjectObservation`을 추가했다. 여기에서 다루지는 않았지만, 공식 문서를 확인하기 바란다. https://developer.apple.com/documentation/vision/vnrecognizedobjectobservation.

이 기능의 다음 부분은 반환받은 탐지된 객체 각각의 비용을 사용자 검색 기준에 비교해 평가한다. 이 말은 결과를 사용자가 원하는 것과 관련되도록 사진을 필터링하고 정렬함을 의미한다. 기억을 되짚어보면, 검색 기준은 사용자가 이미지 내에서 원하는 객체와 상대적 위치, 상호 객체 간의 크기와 이미지 대비 객체의 크기를 종합적으로 묘사하는 `ObjectBounds`의 배열로 정의된다. 다음 그림은 사용자가 앱에서 검색을 정의하는 방법을 보여준다.

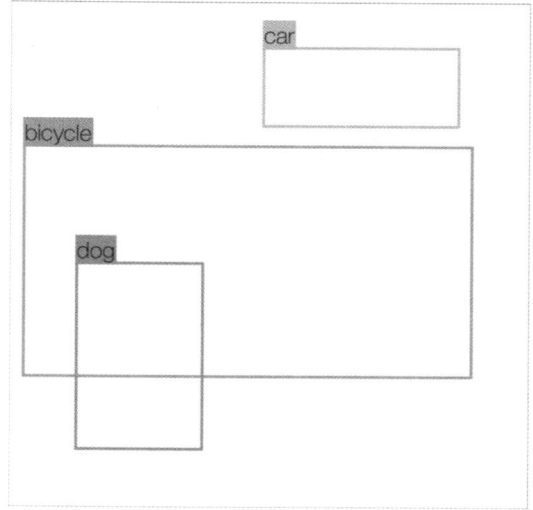

여기에서 4가지 평가 중 두 가지만 구현하지만, 나머지 둘을 구현하기에 충분한 기초 사항을 제공한다.

`YOLOFacade`가 이미지 전체에서 탐지된 객체를 반환하면 `PhotoSearcher` 클래스 내에서 비용 평가를 수행한다. 이를 수행하는 코드는 `asyncSearch` 메서드에 있으며(`PhotoSearcher.swift` 파일) 다음 코드에서 강조한 부분이다.

```swift
public func asyncSearch(searchCriteria : [ObjectBounds]?, costThreshold : Float = 5){
    DispatchQueue.global(qos: .background).async {
        let photos = self.getPhotosFromPhotosLibrary()
        let unscoredSearchResults = self.detectObjects(photos: photos)
        var sortedSearchResults : [SearchResult]?
        if let unscoredSearchResults = unscoredSearchResults{
            sortedSearchResults = self.calculateCostForObjects(
                detectedObjects:unscoredSearchResults,
                searchCriteria: searchCriteria).filter({ (searchResult) -> Bool in
                    return searchResult.cost < costThreshold
                }).sorted(by: { (a, b) -> Bool in
                    return a.cost < b.cost
                })
        }
        DispatchQueue.main.sync {
            self.delegate?.onPhotoSearcherCompleted(
                status: 1,
                result: sortedSearchResults)
        }
    }
}
```

calculateCostForObjects는 YOLOFacade에서 검색 기준과 결과를 취해서 detectObjects로부터 받은 SearchResults 배열을 비용 속성 집합과 함께 반환하는데, 이 비용은 델리게이트에 반환되기 전에 필터링되고 정렬된다.

calculateCostForObjects 메서드로 들어가기 전에 비용이 무엇을 뜻하는지 알아보자. calculateCostForObjects 메서드의 코드는 다음과 같다.

```swift
private func calculateCostForObjects(detectedObjects:[SearchResult],
                                     searchCriteria:[ObjectBounds]?) -> [SearchResult]{
    guard let searchCriteria = searchCriteria else{
        return detectedObjects
    }
    var result = [SearchResult]()
    for searchResult in detectedObjects{
```

```
        let cost = self.costForObjectPresences(detectedObject: searchResult,
                                      searchCriteria: searchCriteria) +
            self.costForObjectRelativePositioning(detectedObject: searchResult,
                                      searchCriteria: searchCriteria) +
            self.costForObjectSizeRelativeToImageSize(detectedObject: searchResult,
                                      searchCriteria: searchCriteria) +
            self.costForObjectSizeRelativeToOtherObjects(detectedObject: searchResult,
                                      searchCriteria: searchCriteria)
        let searchResult = SearchResult(image: searchResult.image,
                                    detectedObjects:searchResult.detectedObjects,
                                    cost: cost)
        result.append(searchResult)
    }
    return result
}
```

SearchResult는 검색 결과가 사용자 검색 기준과 다를 때마다 비용을 발생시키는데, 이는 최소의 비용을 갖는 결과가 검색 기준과 더 잘 맞는 결과임을 뜻한다. 4개의 서로 다른 휴리스틱에 비용 평가를 수행한다. 각 메서드는 계산된 비용을 각 결과에 더한다. 여기에서 우리는 costForObjectPresences와 costForObjectRelativePositioning만 구현하고 나머지 두 메서드는 각자 연습해보도록 하자.

바로 costForObjectPresences 메서드를 구현하자. 지금은 다음 정도의 코드만 있을 것이다.

```
private func costForObjectPresences(detectedObject:SearchResult, searchCriteria:[ObjectBounds],
                                    weight:Float=2.0) -> Float{
    var cost : Float = 0.0
    // TODO: 등장한 객체에 대한 비용 함수 구현
    return cost * weight
}
```

코드를 작성하기 전에 간단히 우리가 평가할 대상을 알아보자. 아마 이 함수의 더 나은 이름은 costForDifference일 것이다. 이미지에 검색 기준에서 선언된 객체가 있는지 평가할 뿐만 아니라 추가 객체가 있을 때에도 똑같이 비용을 높이려고 하기 때문이다. 즉, 사용자가 두 마리의 개를 검색하는데 사진에 세 마리의 개나 두 마리의 개와 고양이가 있으면 이 추가 객체에 대한 비용을 높여 검색 기준에 가장 부합하는(개가 두 마리만 있는) 사진을 더 유리하게 만든다.

이를 계산하기 위해 간단히 두 배열 사이의 절대차를 구해야 한다. 절대차를 구하려면 먼저 detectedObject와 searchCriteria 양쪽에 등장한 모든 범주에 대한 등장 횟수의 딕셔너리를 생성한다. 다음 그림은 이 배열과 계산에 사용된 공식을 보여준다.

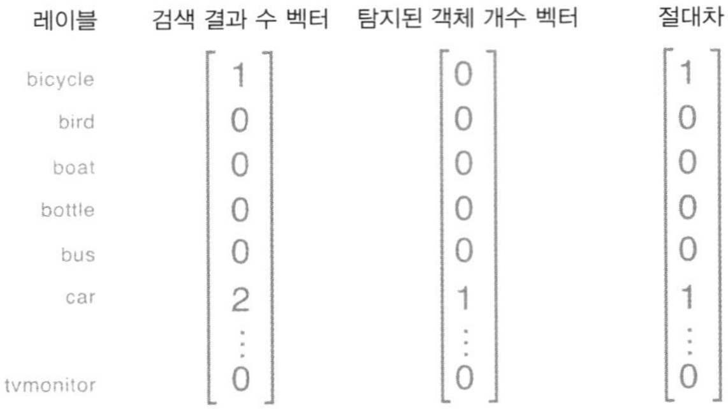

레이블	검색 결과 수 벡터	탐지된 객체 개수 벡터	절대차
bicycle	1	0	1
bird	0	0	0
boat	0	0	0
bottle	0	0	0
bus	0	0	0
car	2	1	1
⋮	⋮	⋮	⋮
tvmonitor	0	0	0

$$\text{cost} = \beta \sum (v^i_k - v^i_k)$$

이제 이를 구현하자. // TODO: 등장한 객체에 대한 비용 함수 구현 주석 대신 다음 코드를 추가하자.

```
var searchObjectCounts = searchCriteria.map {(detectedObject) -> String in
    return detectedObject.object.label
    }.reduce([:]) {(counter:[String:Float], label) -> [String:Float] in
        var counter = counter
        counter[label] = counter[label]?.advanced(by: 1) ?? 1
        return counter
}

var detectedObjectCounts = detectedObject.detectedObjects.map {(detectedObject) -> String in
    return detectedObject.object.label
    }.reduce([:]) {
        (counter:[String:Float], label) -> [String:Float] in
        var counter = counter
        counter[label] = counter[label]?.advanced(by: 1) ?? 1
        return counter
}

// TODO: 차이를 가지고 비용 누적값을 구함
```

이제 범주 등장 횟수 딕셔너리를 생성하고 값을 채웠으니, 등장한 모든 범주를 반복하면서(DetectableObject.objects의 아이템을 사용) 둘 사이의 절대차를 기준으로 비용만 계산하면 된다. 주석 // TODO: 차이를 가지고 비용 누적값을 구함을 대신해 다음 코드를 추가한다.

```
for detectableObject in DetectableObject.objects{
    let label = detectableObject.label
    let searchCount = searchObjectCounts[label] ?? 0
    let detectedCount = detectedObjectCounts[label] ?? 0
    cost += abs(searchCount - detectedCount)
}
```

이 코드의 결과는 검색 기준과 가장 다른 이미지의 비용이 더 크다. 마지막으로 알아둘 것은 비용을 반환하기 전에 이 비용에 가중치(함수 매개변수)를 곱한다는 사실이다. 각 평가 메서드는 가중치 매개변수를 가지고 검색(설계나 실행 시간 동안)을 쉽게 조정할 수 있어서 하나의 평가를 다른 평가보다 우선순위를 높게 할 수 있다.

마지막으로 우리가 구현할 비용 평가 함수 costForObjectRelativePositioning 메서드다. 현재 이 메서드의 코드는 다음과 같다.

```
private func costForObjectRelativePositioning(
    detectedObject:SearchResult,
    searchCriteria:[ObjectBounds],
    weight:Float=1.5) -> Float{
    var cost : Float = 0.0
    // TODO: 상대적 위치에 대한 비용 함수 구현
    return cost * weight
}
```

이전과 마찬가지로 이 평가를 해야 하는 이유와 이를 어떻게 구현할 것인지 간단히 설명하겠다. 이 메서드는 사용자 검색 구성에 맞는 항목에 우선순위를 두기 위해 사용된다. 이를 활용해 검색에서 사용자가 찾고 있는 배치와 가장 닮은 이미지를 찾아낼 수 있다. 예를 들어 사용자가 두 마리 개가 나란히 앉아 있는 이미지를 찾거나 두 마리 개가 소파 위에 나란히 앉아 있는 이미지를 찾고 싶을 수 있다.

이를 다루는 방법에는 분명히 여러 가지가 있고 아마 그중 하나로 신경망을 들 수 있지만 여기에서는 복잡한 코드 설명을 피할 수 있는 가장 간단한 방식을 취할 것이다. 여기에서 쓸 알고리즘은 다음과 같이 설명할 수 있다.

1. searchCriteria 내에 ObjectBounds 형식을 갖는 각 객체(a)에 대해

    a. 근접성 측면에서 가장 가까운 객체(b)를 찾는다(여전히 searchCriteria 내에서)

    b. a에서 b로의 정규화된 방향 벡터를 생성한다.

    c. detectedObject 내에서 일치하는 객체 a'(동일한 범주)를 찾는다.

    - detectedObject에서 b와 동일한 범주를 갖는 다른 객체(b')를 모두 검색한다.
      - a'에서 b'로 정규화된 방향 벡터를 생성한다.
      - 두 벡터 사이에 내적(각도)을 계산한다. 이 경우 벡터는 a -> b, a' -> b'이다.

    d. 가장 낮은 내적을 갖는 a'와 b'를 사용해 각도가 검색 기준과 이미지와 얼마나 다른지에 따라 비용을 증가시킨다.

근본적으로 우리가 하는 일은 searchCriteria와 detectedObject 배열에서 매칭되는 두 쌍을 구하고, 각도 차이를 기준으로 비용을 계산하는 것이다.

두 객체 사이의 방향성 벡터는 하나의 위치에서 다른 하나의 위치를 뺀 다음 정규화해서 계산한다. 다음으로 내적은 두 정규화된 벡터의 각도를 구하기 위해 사용된다. 여기에서 벡터가 동일한 방향을 가리킨다면 1.0이 반환되고 둘이 가리키는 방향이 수직이라면 0.0이 반환되며 정반대의 방향을 가리킨다면 -1.0이 반환된다.

다음 그림은 이 과정의 일부를 보여준다. 먼저 검색 기준 내에 있는 객체 중 가장 가까운 객체 쌍을 찾는다. 내적을 구한 다음 이미지에서 탐지된 객체 전부에 대해 반복하고 가장 적절한 쌍을 찾는다. 여기에서 '적절한'이란 일치할 것 같은 쌍 내에서 검색 기준과 객체 유형이 같고 각도가 가장 비슷함을 뜻한다.

05 _ 실세계에서 객체 위치 측정

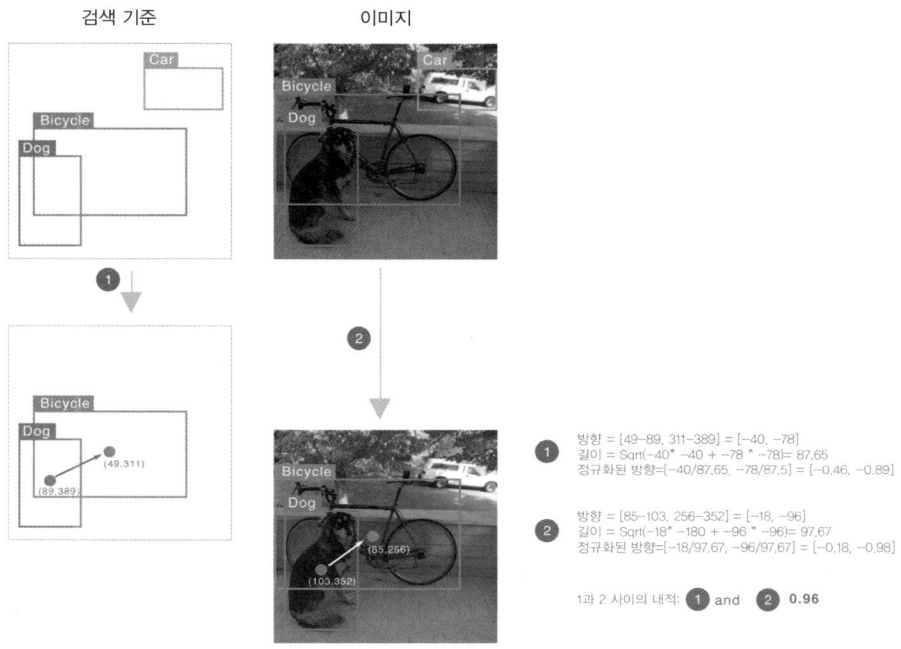

비슷한 쌍을 구했으면 각도의 차를 가지고 비용을 계산한다. 곧 이 방법을 살펴볼 것이다. 너무 앞서갈 필요는 없고, 우선 가장 가까운 객체를 찾는 방법이 필요하다. 이를 위해 costForObjectRelativePositioning 메서드 내에서 호출할 수 있는 중첩된 함수를 사용하자. 주석 // TODO: 상대적 위치에 대한 비용 함수 구현 부분에 다음 코드를 추가한다.

```
func indexOfClosestObject(
    objects:[ObjectBounds],
    forObjectAtIndex i:Int) -> Int{
    let searchACenter = objects[i].bounds.center
    var closestDistance = Float.greatestFiniteMagnitude
    var closestObjectIndex : Int = -1
    for j in 0..<objects.count{
        guard i != j else{
            continue
        }
        let searchBCenter = objects[j].bounds.center
        let distance = Float(searchACenter.distance(other: searchBCenter))
        if distance < closestDistance{
```

```
            closestObjectIndex = j
            closestDistance = distance
        }
    }
    return closestObjectIndex
}
```

`// TODO: searchCriteria 배열의 모든 아이템에 반복`

앞의 함수는 ObjectBounds 배열과 우리가 검색하고자 하는 객체의 인덱스가 주어졌을 때, 가장 가까운 객체를 찾는 데 사용된다. 거기에서부터 단순히 이 배열의 모든 아이템에 반복하고 가장 가까운 아이템을 반환한다.

이제 구현된 헬퍼 함수를 가지고 사용자 검색 기준에서 검색 아이템 쌍을 검사하는 루프를 생성하자. costForObjectRelativePositioning 메서드 내의 주석 // TODO: searchCriteria 배열의 모든 아이템에 반복 부분을 대신해 다음 코드를 추가한다.

```
for si in 0..<searchCriteria.count{
    let closestObjectIndex = indexOfClosestObject(objects: searchCriteria,
                                                  forObjectAtIndex: si)
    if closestObjectIndex < 0{
        continue
    }
    // 객체 형식 가져오기
    let searchAClassIndex = searchCriteria[si].object.classIndex
    let searchBClassIndex = searchCriteria[closestObjectIndex].object.classIndex
    // 객체의 중심 가져오기
    let searchACenter = searchCriteria[si].bounds.center
    let searchBCenter = searchCriteria[closestObjectIndex].bounds.center
    // A -> B로의 정규화된 벡터 계산
    let searchDirection = (searchACenter - searchBCenter).normalised
    // TODO: 일치하는 쌍을 구함
}
```

먼저 현재 객체에 가장 가까운 객체를 찾고 아무것도 발견하지 못하면 다음 아이템으로 넘어간다. 검색 쌍을 구하고 나면 계속해서 그 쌍에서 첫 번째 테두리의 중심을 빼고 결과를 정규화해서 방향을 계산한다.

이제 두 클래스의 모든 객체를 찾아야 하므로 각 객체를 평가해 가장 적합한 객체를 찾는다. 그러기 전에 searchAClassIndex와 searchBClassIndex의 인덱스를 갖는 클래스를 모두 가져오자. 주석 // TODO: 일치하는 쌍을 구함 부분을 대신해 다음 코드를 추가하자.

```
// 탐지된 객체에서 비슷한 객체들을 구함
let detectedA = detectedObject.detectedObjects.filter {(objectBounds) -> Bool in
    objectBounds.object.classIndex == searchAClassIndex
}
let detectedB = detectedObject.detectedObjects.filter {(objectBounds) -> Bool in
    objectBounds.object.classIndex == searchBClassIndex
}

// 일치하는 쌍인지 확인
guard detectedA.count > 0, detectedB.count > 0 else{
    continue
}
// TODO: 가장 적합한 쌍을 검색
```

일치하는 쌍을 찾을 수 없다면 계속해서 다음 아이템으로 넘어간다. 우리는 두 배열의 객체가 일치하지 않으면 비용이 이미 추가됐음을 안다. 다음으로 모든 쌍에 대해 반복한다. 각 쌍에 대해 정규화된 방향성 벡터를 계산한 다음 searchDirection 벡터를 내적하여 내적이 가장 비슷한(각도가 가장 비슷한) 쌍을 취한다. 다음 코드를 주석 // TODO: 가장 적합한 쌍을 검색 부분을 대신해 추가한다.

```
var closestDotProduct : Float = Float.greatestFiniteMagnitude
for i in 0..<detectedA.count{
    for j in 0..<detectedB.count{
        if detectedA[i] == detectedB[j]{
            continue
        }
        let detectedDirection = (detectedA[i].bounds.center - detectedB[j].bounds.center).normalised
        let dotProduct = Float(searchDirection.dot(other: detectedDirection))
        if closestDotProduct > 10 ||
            (dotProduct < closestDotProduct && dotProduct >= 0) {
            closestDotProduct = dotProduct
        }
    }
```

}
// TODO: 비용을 더함

검색 쌍을 다룰 때 했던 일과 비슷하게 한 쌍의 중심을 빼서 결과를 정규화해 방향성 벡터를 계산한다. 그런 다음 searchDirection과 detectedDirection 두 벡터를 가지고 내적을 계산해 그 결과가 첫 번째로 구한 내적이거나 지금까지 계산했던 것 중 가장 낮은 내적이라면 그 결과에 대한 참조를 유지한다.

마지막으로 이 메서드와 이 프로젝트에서 할 일이 하나 남았다. 그러나 그러기 전에 CGPoint에 대한 몇 가지 확장, 특히 앞에서 사용했던 dot과 normalize를 먼저 살펴보고 가자. 이 확장은 CGPoint+Extension. swift 파일에서 찾아볼 수 있다. 앞서 했듯이, 대부분은 이미 다뤘기 때문에 세부 사항을 설명하는 대신 코드만 보여주겠다.

```swift
extension CGPoint{
    var length : CGFloat{
        get{
            return sqrt(self.x * self.x + self.y * self.y)
        }
    }
    var normalised : CGPoint{
        get{
            return CGPoint(x: self.x/self.length, y: self.y/self.length)
        }
    }
    func distance(other:CGPoint) -> CGFloat{
        let dx = (self.x - other.x)
        let dy = (self.y - other.y)
        return sqrt(dx*dx + dy*dy)
    }
    func dot(other:CGPoint) -> CGFloat{
        return (self.x * other.x) + (self.y * other.y)
    }
    static func -(left: CGPoint, right: CGPoint) -> CGPoint{
        return CGPoint(x: left.x - right.x, y: left.y - right.y)
    }
}
```

이제 costForObjectRelativePositioning 메서드로 돌아가서 이 메서드와 프로젝트를 마무리하자. 마지막 작업으로 비용을 더하면 된다. 이는 단순히 1.0에서 저장된 closestDotProduct를 빼고 (같은 방향을 가리키는 두 개의 정규화된 벡터의 내적이 1.0일 때, 차이가 그보다 크면 비용을 증가시켜야 한다는 점을 기억하자) 거기에 abs 함수로 감싸서 값을 반드시 양수로 만들어야 한다. 이제 코드로 작성해보자. 주석 // TODO: 비용을 더함 부분에 다음 코드를 추가한다.

```
cost += abs((1.0-closestDotProduct))
```

여기까지 했으면, 이 메서드의 구현과 이 장에서 작성할 코딩이 끝났다. 잘했다! 이제 테스트해보자. 프로젝트를 빌드하고 실행해서 힘들게 구현한 코드를 실제로 실행해보자. 여기에서는 몇 가지 검색과 그 결과를 볼 것이다.

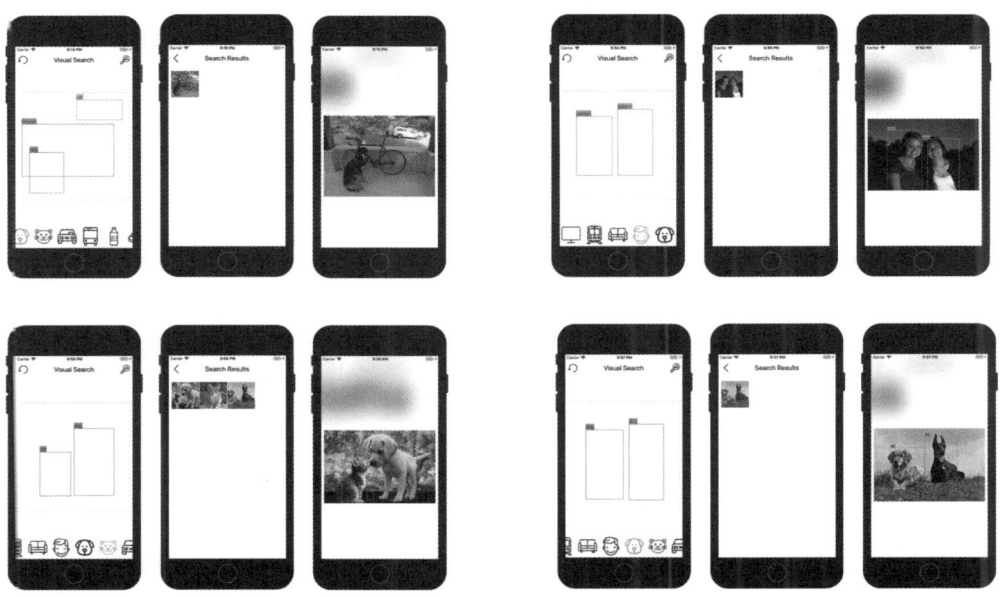

YOLO 알고리즘이 준실시간으로 사용할 수 있을 만큼 성능이 좋지만, 여기서 구현한 예제는 최적화와는 거리가 멀고 사진이 상당히 많다면 제대로 성능을 내지 못한다. Core ML 2를 출시하면서 애플은 이 프로세스의 효율성을 높이기 위해 사용할 수 있는 한 가지 방법을 제공한다. 다음 절에서는 이에 대해 알아볼 것이다.

배치로 최적화

지금 구현된 프로세스는 사진마다 반복하고, 사진마다 개별로 추론을 수행한다. Core ML 2가 출시되면서 이제는 배치(batch)를 생성하고 이 배치를 모델에 전달해 추론할 수 있게 됐다. 규모의 경제를 통해 얻게 된 효율로 상당한 개선도 얻게 된다. 따라서 개별로 처리하기보다 단일 배치로 사진을 처리하기 위해 프로젝트를 수정해보자.

그럼 YOLOFacade 클래스에서 시작해서 PhotoSearcher까지 올라가 보자. 이를 위해 Vision 프레임워크 대신 모델을 직접 사용할 것이다. 따라서 우선 YOLOFacade 클래스의 model 속성을 다음 선언으로 대체하자.

```
let model = tinyyolo_voc2007().model
```

이제 단일 인스턴스 대신 사진 배열을 처리할 수 있도록 detectObjects 메서드를 다시 작성하자. 코드 대부분을 바꿔야 하니, 처음부터 시작할 것이다. YOLOFacade 클래스로 가서 이 메서드를 삭제하고 다음 내용으로 대체하자.

```
func detectObjects(photos:[UIImage], completionHandler:(_result:[[ObjectBounds]]?) -> Void){
    // TODO: 아이템을 배치로 나눔(MLFeatureProvider의 배열)

    // TODO: 아이템을 MLArrayBatchProvider 인스턴스에 감쌈

    // TODO: 배치에서 추론을 수행
    // TODO: (이전에 했듯이) 모델의 출력을 처리

    // TODO: 콜백 핸들러를 통해 결과를 반환
}
```

메서드의 시그니처를 변경하고 남은 작업을 나열했다. 첫 번째로 MLFeatureProvider 배열을 생성한다. 3장 '실세계에서 객체 인식하기'에서 배운 내용을 기억해 보면 Xcode에 Core ML 모델을 임포트하면 모델과 입력, 출력을 위한 인터페이스를 생성한다. 입력과 출력은 MLFeatureProvider의 하위 클래스이므로 여기서는 CVPixelBuffer의 인스턴스로 인스턴스화될 수 있는 tinyyolo_voc2007Input의 배열을 생성할 것이다.

이를 생성하기 위해 이 메서드에 전달된 사진 배열을 필수 전처리 과정(416×416 크기로 재조정)을 포함하여 변환할 것이다. 주석 // TODO: 아이템을 배치로 나눔(MLFeatureProvider의 배열)을 다음 코드로 교체하자.

```
let X = photos.map({ (photo) -> tinyyolo_voc2007Input in
    guard let ciImage = CIImage(image: photo) else{
        fatalError("\(#function) Failed to create CIImage from UIImage")
    }
    let cropSize = CGSize(width:min(ciImage.extent.width, ciImage.extent.height),
                          height:min(ciImage.extent.width, ciImage.extent.height))
    let targetSize = CGSize(width:416, height:416)
    guard let pixelBuffer = ciImage
        .centerCrop(size:cropSize)?
        .resize(size:targetSize)
        .toPixelBuffer() else{
        fatalError("\(#function) Failed to create CIImage from UIImage")
    }
    return tinyyolo_voc2007Input(image:pixelBuffer)
})
// TODO: 아이템을 MLArrayBatchProvider 인스턴스에 감쌈

// TODO: 배치에 추론을 수행
// TODO: (이전에 했듯이) 모델의 출력을 처리

// TODO: 콜백 핸들러를 통해 결과를 반환
```

단순성과 가독성을 위해 에러를 처리하는 코드는 생략했다. 당연히 운영에 적용할 때는 적절히 예외를 처리해야 한다.

배치에서 추론을 수행하려면 입력을 MLBatchProvider 인터페이스에 맞춰야 한다. 다행히 Core ML은 배열을 쉽게 감쌀 수 있도록 구체적인 구현을 제공한다. 이제 이 작업을 해보자. 주석 // TODO: 아이템을 MLArrayBatchProvider 인스턴스에 감쌈 부분을 다음 코드로 바꾸자.

```
let batch = MLArrayBatchProvider(array:X)
```

```
// TODO: 배치에서 추론을 수행
// TODO: (이전에 했듯이) 모델의 출력을 처리

// TODO: 콜백 핸들러를 통해 결과를 반환
```

추론을 수행하려면 모델의 predictions 메서드만 호출하면 된다. 늘 그래왔듯이 주석 // TODO: 배치에서 추론을 수행 부분을 다음 코드로 바꾸자.

```
guard let batchResults = try? self.model.predictions(from: batch,
                                                options: MLPredictionOptions()) else{
    completionHandler(nil)
    return
}

// TODO: (이전에 했듯이) 모델의 출력을 처리

// TODO: 콜백 핸들러를 통해 결과를 반환
```

여기서 (성공했다면) MLBatchProvider의 인스턴스를 다시 얻게 된다. 이는 샘플(입력) 각각에 대한 결과의 컬렉션이다. MLFeatureProvider의 인스턴스(여기에서는 tinyyolo_voc2007Output에서)를 반환하는 MLBatchProvider의 features(at: Int) 메서드를 통해 특정 결과에 접근할 수 있다.

여기서는 단순히 가장 핵심적인 것을 얻기 전에 했던 대로 각 결과를 처리한다. 주석 // TODO (이전에 했듯이) 모델의 출력을 처리 부분을 다음 코드로 교체한다.

```
var results = [[ObjectBounds]]()

for i in 0..<batchResults.count{
    var iResults = [ObjectBounds]()
    if let features = batchResults.features(at: i) as? tinyyolo_voc2007Output{
        if let observationDetectObjects = self.detectObjectsBounds(array: features.output){
            for detectedObject in observationDetectObjects.map(
                {$0.transformFromCenteredCropping(
                    from: photos[i].size,
                    to: self.targetSize)}){
                iResults.append(detectedObject)
```

```
            }
        }
    }
    results.append(iResults)
}
// TODO: 콜백 핸들러를 통해 결과를 반환
```

여기에서 이전과 유일하게 다른 점은 단일 출력이 아니라 출력의 배치에서 반복한다는 점이다. 마지막으로 핸들러를 호출해야 한다. 주석 // TODO: 콜백 핸들러를 통해 결과를 반환 부분을 다음 문장으로 교체하자.

```
completionHandler(results)
```

이로써 YOLOFacade 클래스 변경이 끝났다. PhotoSearcher로 가서 마지막 필수 변경 사항을 적용하자.

여기서 크게 바뀐 부분은 사진을 개별로 전달하지 않고 한 번에 모든 사진을 전달해야 한다는 점이다. detectObjects 메서드로 가서 본문을 다음 코드로 바꾸자.

```
var results = [SearchResult]()

yolo.detectObjects(photos: photos) { (photosObjectBounds) in
    if let photosObjectBounds = photosObjectBounds, photos.count == photosObjectBounds.count{
        for i in 0..<photos.count{
            results.append(SearchResult(image: photos[i],
                                        detectedObjects: photosObjectBounds[i],
                                        cost: 0.0))
        }
    }
}

return results
```

같은 코드지만 YOLOFacade 클래스의 입력과 출력 배치를 처리하기 위해 코드 구성을 약간 바꿨다. 이제 앱을 빌드하고 배포하고 실행하자. 이 때 배치로 추론하게 조정하면서 효율성이 얼마나 좋아졌는지 확인하자. 끝났으면 이 장을 간단히 요약하는 것으로 마무리하자.

요약

이 장에서 우리는 객체 탐지 개념을 소개하고 이를 객체 인식, 객체 위치 측정과 비교했다. 다른 두 방식은 이미지를 지배적으로 차지하는 단일 객체에 국한되지만, 객체 탐지에서는 다중 객체 분류를 하고 그 객체들의 윤곽 상자를 예측할 수 있다. 그다음으로는 특정 알고리즘 YOLO를 소개했고 그 후에 애플의 Core ML Tools 파이썬 패키지를 알아보고 훈련된 케라스 모델을 Core ML로 변환해 보았다. 모델을 얻었으니 계속해서 스위프트에서 YOLO를 구현해 지능형 검색 앱을 생성하자.

이 장의 내용이 꽤 길었지만, 심층 신경망이 어떻게 이미지를 학습하고 이해하는지, 새로운 경험을 만드는 새로운 방법으로 어떻게 적용될 수 있는지에 대해 깊이 있는 직관을 얻었기 바란다. 여기서 살펴본 것과 동일한 아키텍처를 사용하되 훈련시키는 데이터만 바꿔서 새로운 앱을 만들 수 있다는 사실을 기억하면 도움이 될 것이다. 예를 들어, 이 모델을 손과 그에 대응하는 윤곽 상자의 데이터셋에서 훈련시키면 사용자가 터치로 디지털 콘텐츠와 상호작용하도록 지원함으로써 증강 현실(augmented reality, AR)의 경험을 훨씬 더 몰입도 있게 만들 수 있다.

그러나 지금은 Core ML을 이해하고 그것을 적용할 수 있는 다른 방법을 계속해서 알아보자. 다음 장에서는 유명한 Prisma가 어떻게 스타일 전이로 멋진 사진들을 만들어내는지 볼 것이다.

06

스타일 전이로 예술 창작하기

이 장에서는 2017년 딥러닝을 적용한 가장 유명한 주류 앱 중 하나인 스타일 전이(style transfer)를 살펴볼 것이다. 먼저 스타일 전이의 개념을 소개하고, 이름에서도 잘 드러나듯이 이 성능을 개선한 방법인 빠른 신경망 스타일 전이(fast neural style transfer)를 소개할 것이다. 다른 장과 마찬가지로 모델의 세부사항보다는 직관적인 지식을 제공하고 그 과정에서 딥러닝 알고리즘의 잠재력을 깊이 이해할 수 있을 것이다. 그렇지만 간결성을 위해 이전 장과는 다르게 이 장에서는 앱을 구축하는 방법보다는 iOS에서 이 모델이 동작하도록 만드는 단계를 좀 더 중점적으로 알아볼 것이다.

이 장을 마치면 여러분은 다음을 얻을 수 있다.

- 스타일 전이의 동작 방식을 직관적으로 이해할 수 있다.
- Core ML Tools 파이썬 패키지와 맞춤 계층을 사용해 직접 Core ML에서 동작하는 케라스 모델을 생성해 볼 수 있다.

이제 스타일 전이가 무엇인지 살펴보고 그 동작 방식을 알아보자.

한 이미지에서 다른 이미지로 스타일 옮기기

빈센트 반 고흐나 파블로 피카소처럼 과거 위대한 화가 중 한명이 여러분이 좋아하는 사진을 그들만의 독특한 스타일로 재창조할 수 있다고 상상해보자. 간단하게 표현하면 스타일 전이가 하는 일이 바로 이것이다. 아주 간단하게 말하자면 스타일 전이는 다음 그림처럼 한 사진의 스타일과 다른 사진의 콘텐츠를 함께 사용해 사진을 생성하는 프로세스이다.

 +  =

콘텐츠 　　　　　　　　　스타일 　　　　　　　　　이미지 생성

이 절에서는 상위 수준에서지만 그 동작 방식을 설명하고 비슷한 프로세스를 상당히 적은 시간에 수행할 수 있는 다른 방식을 알아보겠다.

 스타일 전이를 포괄적으로 이해하려면 이를 제안한 Leon A. Gatys, Alexander S. Ecker, Matthias Bethge가 쓴 논문 *A Neural Algorithm of Artistic Style*을 읽어보는 것이 좋다. 이 논문은 다음에서 확인할 수 있다. `https://arxiv.org/abs/1508.06576`

지금까지 우리는 신경망이 예상 결과를 기준으로 얼마나 잘했는지 보여주기 위해 지정된 비용 함수를 사용해 계산된 손실을 반복적으로 줄여감으로써 학습한다는 것을 배웠다. **예측된 출력**과 **예상 출력** 사이의 차이는 이 손실을 최소화하기 위해 **역전파(backpropagation)**라는 절차를 통해 모델 가중치를 조정하는 데 사용된다.

 앞에서 설명할 때는 의도적으로 이 절차의 세부 사항을 생략했는데 여기서는 세부사항보다는 직관적인 이해를 제공하는 것이 우리의 목표이기 때문이다. 신경망의 기초가 되는 세부 사항을 잘 소개하는 Andrew Trask가 쓴 *Grokking Deep Learning*을 읽기 추천한다.

우리가 지금까지 사용했던 분류 모델이 결과로 일부 레이블에 대해 확률 분포를 출력하는 것과는 달리 모델의 생성 능력에 관심을 갖는다. 즉, 정의된 비용 함수를 줄이기 위해 모델 가중치를 조정하는 대신 생성된 이미지 픽셀값을 조정한다.

따라서 생성 이미지와 콘텐츠 이미지 사이의 손실을 측정할 수 있는 비용 함수와 생성된 이미지와 스타일 이미지 사이의 손실을 측정하는 다른 비용 함수를 정의하면, 이 둘을 결합하기만 하면 된다. 그렇게 전반적인 손실을 얻게 되고, 이를 사용해 생성된 이미지의 픽셀값을 조정해서 다음 이미지처럼 목표 스타일이 적용된 목표 콘텐츠를 갖는 것을 생성한다.

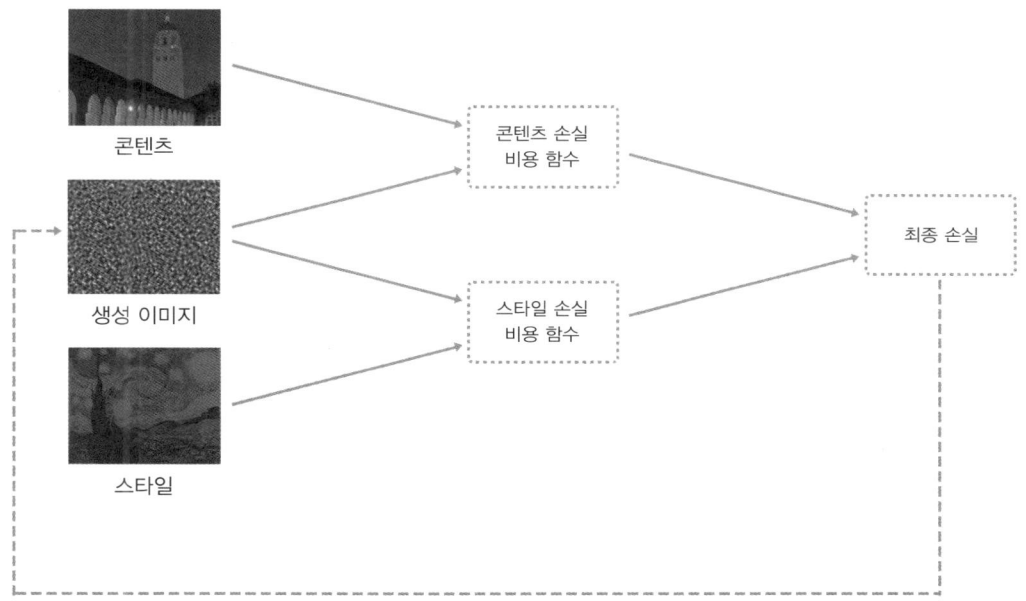

이제 필요한 프로세스의 일반적인 개념을 배웠으니 이 비용 함수가 무엇인지 알아보자. 비용 함수란 콘텐츠 이미지의 콘텐츠와 스타일 이미지의 스타일과 관련해 생성된 이미지의 품질을 결정하는 방법이다. 이를 위해 약간 거슬러 올라가서 CNN의 다른 계층들의 활성화 함수를 살펴봄으로써 그 계층들이 무엇을 학습하는지 검토해볼 것이다.

 컨볼루션 신경망(convolutional neural networks, CNN)이 학습하는 내용을 보여주는 세부 사항과 이미지는 Matthew D. Zeiler와 Rob Fergus가 쓴 논문 *Visualizing and Understanding Convolutional Networks*에서 가져왔다. 이 논문은 다음 링크에서 볼 수 있다. https://arxiv.org/abs/1311.2901

CNN의 전형적인 아키텍처는 다음 그림처럼 일련의 컨볼루션 계층과 풀링 계층으로 구성되며, 그다음으로 완전 연결 네트워크에 공급된다(분류 문제인 경우).

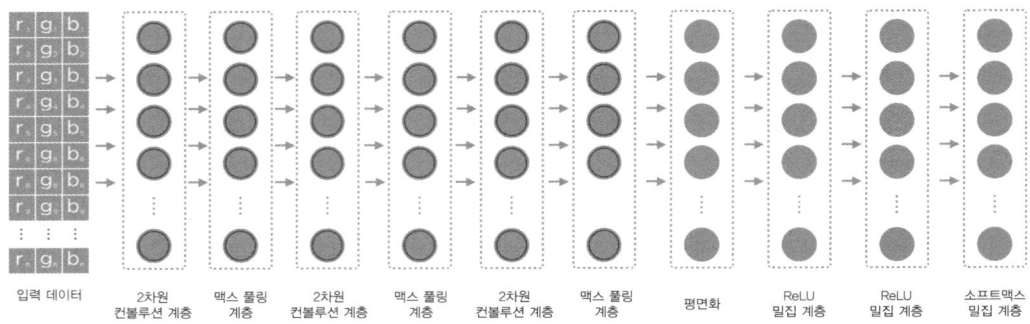

| 입력 데이터 | 2차원 컨볼루션 계층 | 맥스 풀링 계층 | 2차원 컨볼루션 계층 | 맥스 풀링 계층 | 2차원 컨볼루션 계층 | 맥스 풀링 계층 | 평면화 | ReLU 밀집 계층 | ReLU 밀집 계층 | 소프트맥스 밀집 계층 |

이 그림에서는 CNN의 중요한 속성이 누락됐는데, 잇따라 나오는 컨볼루션 계층과 풀링 계층의 쌍을 지날 때마다 입력의 너비와 높이가 얼마나 줄어드는지 생략했다. 그 결과 수용 영역[6](receptive field)이 네트워크의 깊이를 증가시킨다. 즉 계층이 깊어질수록 수용 영역이 더 커지기 때문에 계층이 얕을 때보다 더 높은 수준의 특징을 포착할 수 있다.

각 계층에서 학습하는 내용을 좀 더 명확하게 보여주기 위해 여기에서는 Matthew D. Zeiler와 Rob Fergus가 쓴 논문 *Visualizing and Understanding Convolutional Networks*를 참고한다. 이 논문에서는 훈련 집합의 이미지를 전달해 각 계층의 활성화를 최대화하는 이미지 조각(image patch)을 식별한다. 이 조각들을 시각화해보면 계층마다 각 뉴런(숨겨진 유닛)이 무엇을 학습하는지 감을 잡을 수 있을 것이다. 다음은 CNN 계층별로 이 조각 중 일부를 보여준다.

계층 1   계층 2   계층 3   계층 4   계층 5

출처: *Visualizing and Understanding Convolutional Networks*, Matthew D. Zeiler, Rob Fergus

위 그림에서 이 특정 네트워크의 계층마다 숨겨진 개별 유닛을 최대화하는 9개의 이미지 조각을 볼 수 있다. 이 그림에서는 계층을 지날 때마다 크기가 어떻게 변하는지는 생략했다. 즉 더 깊어질수록 이미지 조각은 더 커질 것이다.

---

6 특정 출력 계층의 뉴런 하나에 영향을 미치는 입력 뉴런들의 공간 크기

다행히 위 그림을 보면 더 얕은 계층에서 추출한 특징은 단순하다는 것을 분명히 알 수 있다. 예를 들어 **계층 1**의 숨겨진 유닛 하나는 대각선 테두리에 의해 활성화되고 **계층 2**의 숨겨진 유닛은 세로로 주름진 이미지 조각으로 활성화된다. 더 깊은 계층에서는 더 높은 수준의 다시 말해 더 복합적인 특징을 추출하는데, 위 그림의 경우 **계층 4**의 숨겨진 유닛은 개의 얼굴 조각에 의해 활성화되는 것을 볼 수 있다.

콘텐츠와 스타일의 비용 함수를 정의하는 작업으로 돌아와서 먼저 콘텐츠에 대한 비용 함수를 정의하자. 콘텐츠 이미지와 생성된 이미지가 주어졌을 때 이 둘이 얼마나 비슷한지 측정하고 그 차이를 최소화하여 콘텐츠를 유지하려 한다. 그러려면 이전에 봤듯이 CNN에서 수용 영역의 크기가 커서 복합적인 특징을 잡아낼 수 있는 깊은 계층 중 하나를 선택하면 된다. 그 계층에 콘텐츠 이미지와 생성된 이미지를 모두 전송하고 그 계층에서 출력하는 활성화 결과 사이의 거리를 측정하면 된다. 깊은 계층에서 개의 얼굴 혹은 차와 같이 복합적인 특징을 학습하지만 테두리, 색상, 질감처럼 더 낮은 수준의 특징으로부터 이를 분리해낸다는 점을 고려하면 논리적이다. 다음 그림은 이 과정을 잘 보여준다.

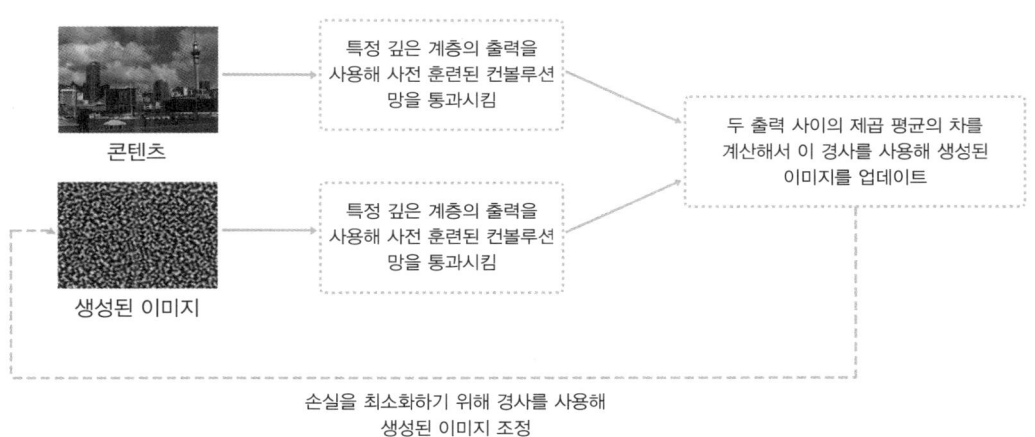

손실을 최소화하기 위해 경사를 사용해
생성된 이미지 조정

이로써 콘텐츠에 대한 비용 함수를 다뤘다. 이를 구현한 네트워크를 실행함으로써 쉽게 테스트해볼 수 있다. 제대로 구현됐으면 입력(콘텐츠 이미지)과 비슷한 이미지가 생성될 것이다. 이제 스타일을 측정하는 방법을 알아보자.

앞의 그림에서 네트워크 계층이 얕을수록 테두리, 질감, 색깔 조합 같은 단순한 특징을 학습한다는 사실을 알았다. 이로써 스타일을 측정하려고 할 때 어느 계층이 유용할지 단서는 얻었지만, 스타일을 추출하고 측정할 방법이 필요하다. 이를 알아보기에 앞서 스타일이 무엇인지 정확히 알아보자.

http://www.dictionary.com/에서는 스타일을 어떤 작품이 디자인될 때 따르는 원리에 의해 결정되는 독특한 외양으로 정의한다. 가쓰시카 호쿠사이(Katsushika Hokusai)의 *가나가와 해변의 높은 파도 아래*(*The Great Wave off Kanagawa*)를 예제로 보자.

*가나가와 해변의 높은 파도 아래*는 **목판화**이다. 목판화는 작가의 스케치가 계층으로 나뉘며(목판에 새겨지고) 각 계층(일반적으로는 색마다 하나의 계층)은 예술 작품을 재창조하기 위해 사용된다. 이것은 수동 인쇄기와 비슷하다. 이 과정은 특유의 무난하고 단순한 스타일을 만들어낸다. 앞의 이미지에서 볼 수 있는 또 다른 지배적인 스타일(과 아마 부작용)은 제한된 범위의 색상을 사용하고 있다는 것이다. 예를 들어 물에 4가지 색상 이상을 쓰지 않았다.

스타일을 잡아내는 방법은 L. Gatys, A. Ecker, M. Bethge가 쓴 논문 *A Neural Algorithm of Artistic Style*에 정의돼 있다. 여기에서 제시한 방법은 스타일 행렬(**그람 행렬**, **gram matrix**라고도 함)을 사용해 해당 계층에 대해 서로 다른 채널의 활성화 사이의 상관관계를 찾아낸다. 이 상관관계가 스타일을 정의하고, 스타일 이미지와 생성된 이미지 사이의 차이를 측정해 생성된 이미지의 스타일에 영향을 줄 수 있는 것을 정의한다.

이를 구체적으로 보여주기 위해 Andrew Ng가 Coursera의 딥러닝 과정에서 사용했던 예제를 빌려왔다. 앞에서 본 예제에서 **계층 2**를 가져오자. 스타일 행렬은 해당 계층에 대한 모든 채널의 상관관계를 계산한다. 두 개 채널의 9가지 활성화를 보여주는 다음 예를 사용하면, 첫 번째 채널의 수직 질감과 두 번째 채널의 주황색 조각과 상관관계가 존재한다는 것을 볼 수 있다. 즉, 첫 번째 채널의 수직 질감을 보면 두 번째 채널의 활성화를 최대화하는 이미지 조각이 주황색을 띠게 될 것을 예상할 수 있다. 주황색 색조를 갖는 활성화를 최대화하는 이미지 조각을 예상할 것이다.

즉, 첫 번째 채널에서 세로 텍스처를 볼 때 두 번째 채널의 활성화를 최대화하는 이미지 패치가 주황색을 띠게 된다.

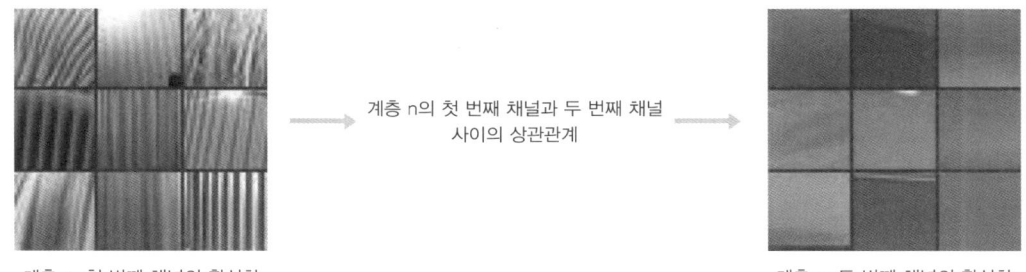

계층 n, 첫 번째 채널의 활성화 → 계층 n의 첫 번째 채널과 두 번째 채널 사이의 상관관계 → 계층 n, 두 번째 채널의 활성화

이 스타일 행렬은 생성된 이미지가 이러한 상관관계를 택하도록 하는 최적화를 사용해 스타일 이미지와 생성된 이미지 모두에 대해 계산된다. 두 스타일 행렬을 계산하고 나면 두 행렬 사이의 제곱 차의 합을 구해 손실을 계산하면 된다. 다음 그림은 앞서 콘텐츠 손실 함수를 설명할 때처럼 이 과정을 보여준다.

스타일 전이에 대한 소개는 이것으로 마치겠다. 네트워크의 지각적 이미지 이해를 사용해 콘텐츠와 스타일을 추출하는 방법에 대한 직관적인 지식을 얻었기 바란다. 이 방식은 잘 동작하지만, 한 가지 문제가 있으며 다음 절에서 그 문제를 해결하겠다.

스타일 전이를 더 빠르게 하는 방법

이 절의 제목에서 알 수 있듯이 이전 절에서 소개했던 방식의 큰 단점은 다음 그림에서 요약해 보여주듯이 이 절차가 반복적인 최적화를 필요로 한다는 것이다.

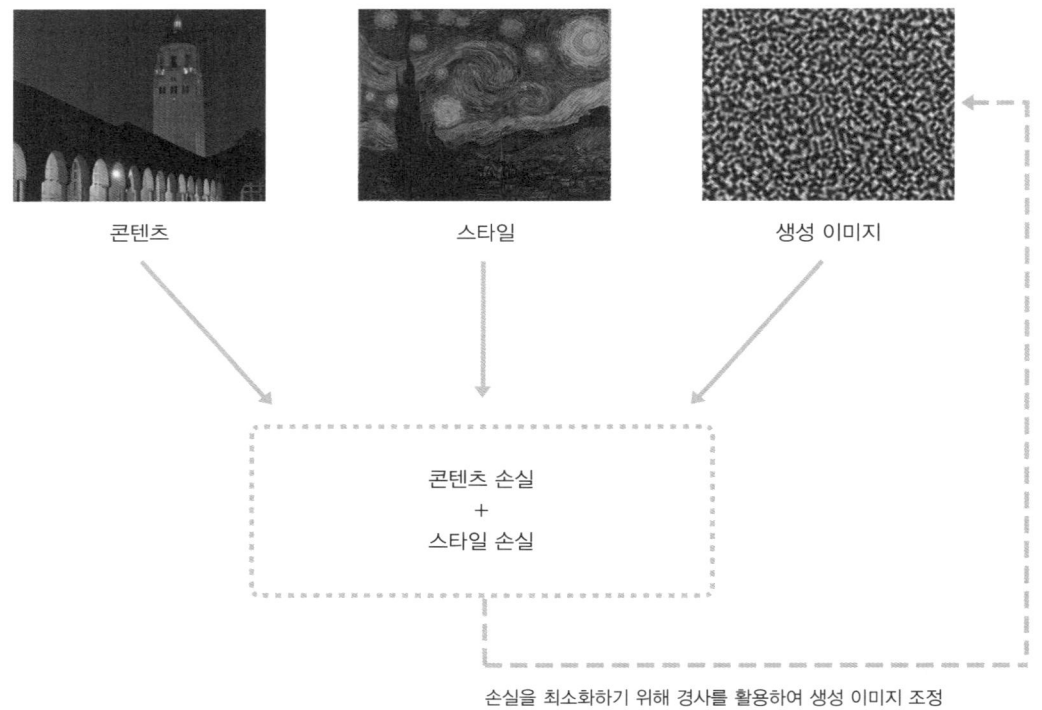

손실을 최소화하기 위해 경사를 활용하여 생성 이미지 조정

이 최적화는 손실을 최소화하기 위해 여러 차례 반복적으로 수행한다는 측면에서 모델 훈련 과정과 유사하다. 따라서 일반적으로 이 일에 알맞은 컴퓨터를 사용하더라도 상당한 시간이 필요하다. 이 책 서두에서 보여줬듯이, 이상적으로 우리는 에지에서 추론을 수행하는 것으로 한하며, 이 경우 매우 적은 연

산 능력이 요구되고 준실시간으로 실행될 수 있기 때문에 대화형 애플리케이션에 이 추론을 적용할 수 있다. 행운인지 J. Johnson, A. Alahi, L. Fei-Fei가 낸 *Perceptual Losses for Real-Time Style Transfer and Super-Resolution* 논문에서 스타일 전이에서 훈련(최적화)과 추론을 분리하는 기법을 설명하고 있다.

앞에서는 입력으로 생성 이미지, 스타일 이미지, 콘텐츠 이미지를 취하는 네트워크를 설명했다. 이 네트워크는 콘텐츠와 스타일의 손실 함수를 사용해 생성 이미지를 반복적으로 조정함으로써 손실을 최소화했다. 이러한 방식을 사용하면 어떤 스타일과 콘텐츠 이미지에도 적용할 수 있는 유연성을 확보할 수 있지만, 연산 비용이 많이 들고 느리다는 단점이 있다. 만약 이미지를 생성하기 위해 최적화를 수행하는 대신 단일 스타일을 전이하는 것으로 제한함으로써 유연성을 포기하고 성능을 향상시킨다면 어떨까? CNN을 훈련시킬까? CNN은 스타일을 학습하고, 한 번 학습되면 네트워크를 한 번만 통과해도(추론) 주어진 콘텐츠 이미지에 스타일이 적용된 이미지를 생성할 수 있다. 이것이 논문 *Perceptual Losses for Real-Time Style Transfer and Super-Resolution*에서 설명하는 핵심 내용이며 이 장에서 우리가 사용하게 될 네트워크다.

이전 접근 방식과 이 장의 방식 사이의 차이를 더 잘 설명하기 위해, 잠시 앞에서 본 그림과 다음 그림을 비교하여 검토해보자.

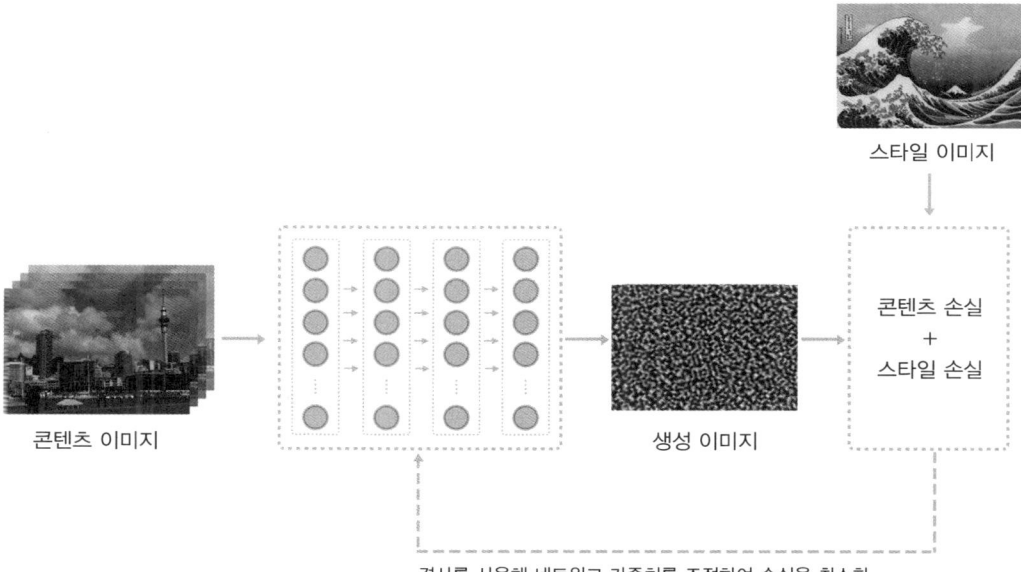

주어진 콘텐츠, 스타일, 생성 이미지에 대해 최적화하고 생성 이미지를 조정해 손실을 최소화했던 이전 방식과 달리, 이제 CNN에 콘텐츠 이미지를 공급하고 네트워크에서 이미지를 생성한다. 다음으로 단일 스타일에 대해 앞서 설명했던 것과 동일한 손실 함수를 계산한다. 하지만 이 손실 함수에서 얻은 경사를 사용해 생성 이미지를 조정하는 대신 네트워크 가중치를 조정한다. 그리고 콘텐츠 이미지 전체에 대한 평균 손실이 충분히 최소화될 때까지 반복한다.

이제 훈련된 모델을 사용해 다음과 같이 한 번만 모델을 실행해 이미지에 스타일을 적용하는 네트워크를 갖게 됐다.

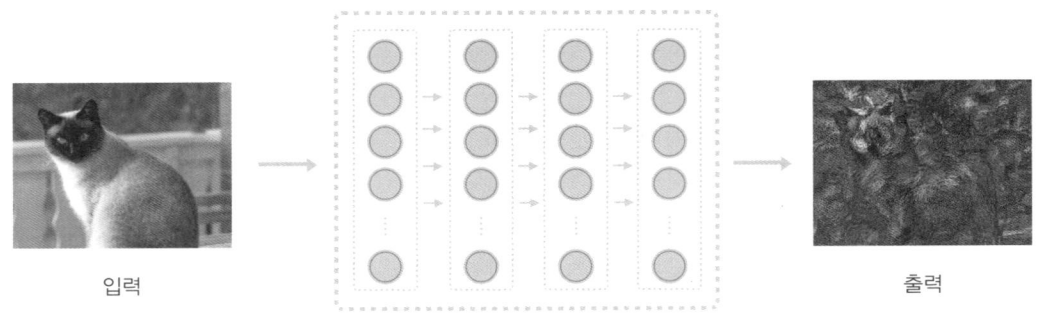

훈련된 모델: 빈센트 반 고흐의 별이 빛나는 밤

바로 앞의 두 절에 걸쳐서 이 네트워크가 어떻게 동작하는지 고차원에서 설명했다. 이제 이 모든 내용을 활용해 애플리케이션을 만들자. 다음 절에서는 이 장의 본 주제인 Core ML에 맞춤 계층을 구현하기에 앞서 훈련된 케라스 모델을 Core ML로 변환하겠다.

케라스 모델을 Core ML로 변환하기

이전 장에서 했듯이 이 절에서는 **Core ML Tools** 패키지를 사용해 훈련된 케라스 모델을 Core ML 모델로 변환하겠다. 로컬 시스템 혹은 원격 시스템에 환경을 설정하면서 만나게 될 문제를 피하기 위해 마이크로소프트에서 제공하는 무료 주피터 클라우드 서비스를 활용하겠다. https://notebooks.azure.com으로 가서 로그인하자(아직 등록하지 않았다면 등록부터 하자).

로그인했으면 내비게이션 바에서 **My Projects**를 클릭해 여러분이 보유한 전체 라이브러리 목록을 보여주는 페이지로 가자. 다음과 비슷한 화면을 보게 될 것이다.

06 _ 스타일 전이로 예술 창작하기

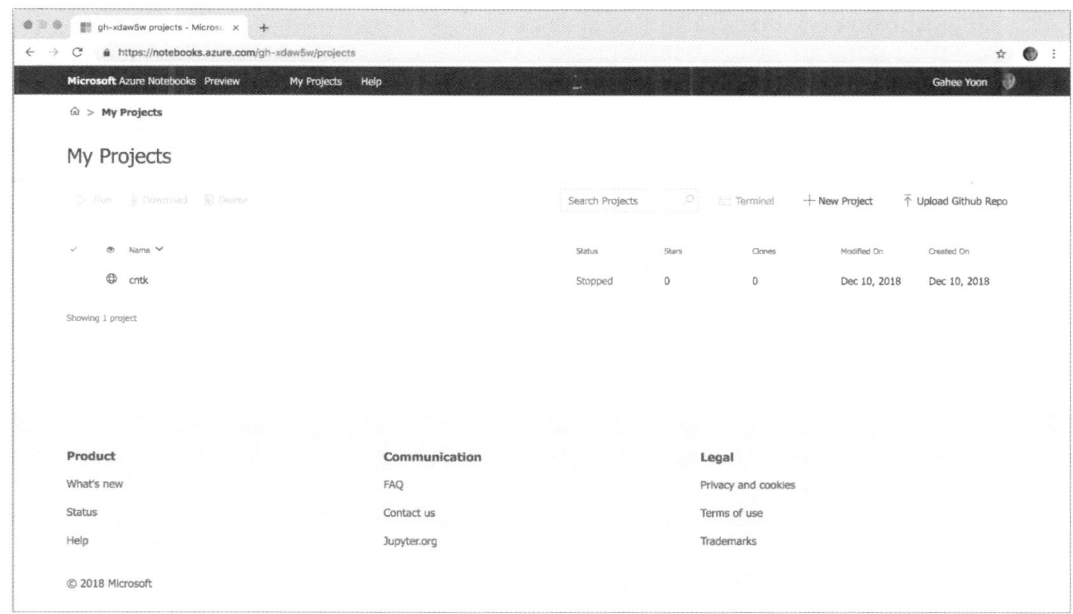

그런 다음 Upload Github Repo 링크를 클릭해 Upload Github Repository 대화창을 띄우자.

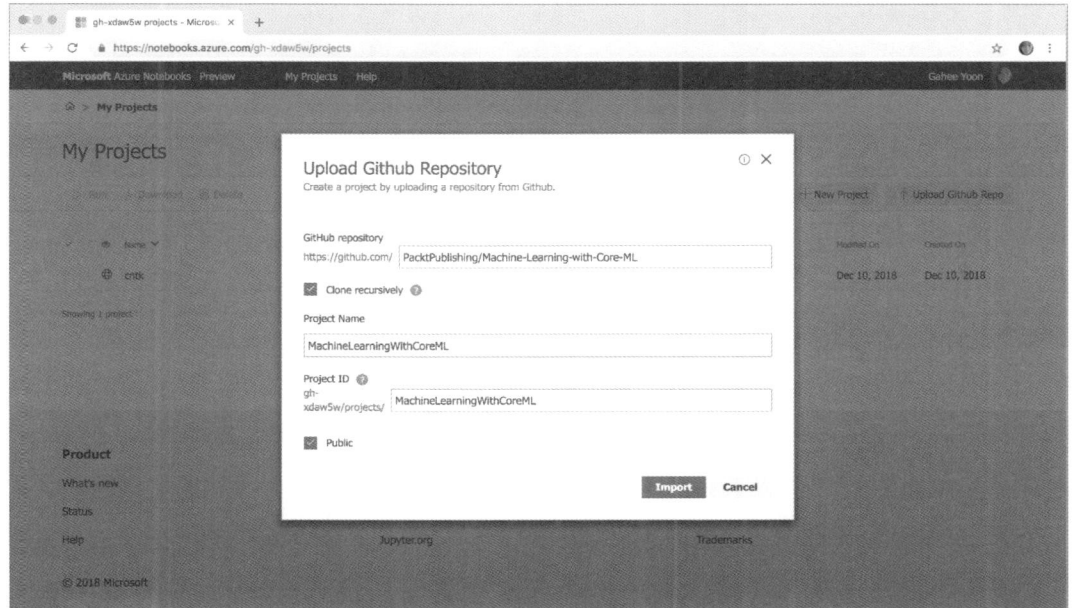

그런 다음 Github repository 필드에 https://github.com/packtpublishing/machine-learning-with-core-ml을 입력한다. 그런 다음 각자에게 의미 있는 것으로 프로젝트 이름을 지정하고 Import 버튼을 클릭하면 저장소를 복제하고 프로젝트를 생성하는 프로세스가 시작된다.

프로젝트가 생성됐으면 루트 디렉터리로 돌아가게 될 것이다. 거기에서 Chapter6/Notebooks 폴더를 클릭해 이 장과 관련된 폴더를 열고 마지막으로 FastNeuralStyleTransfer_Keras2CoreML.ipynb 노트북을 클릭한다. 다음은 Chapter6 폴더를 클릭했을 때 보게 될 화면이다.

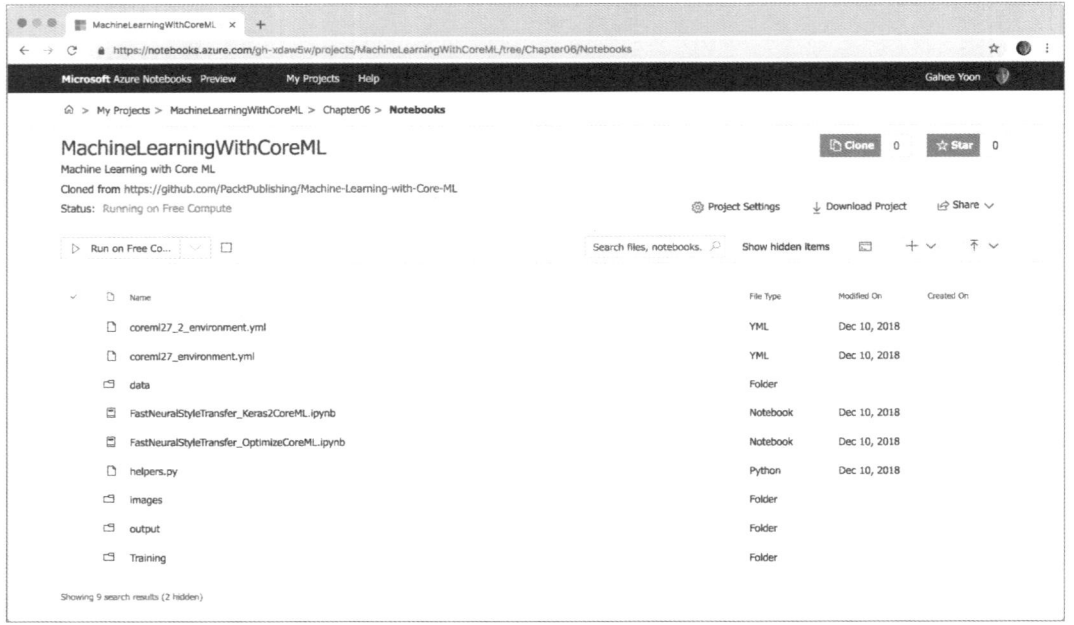

 이 책에서 네트워크와 훈련의 세부 사항이나 노트북에 대한 자세한 설명은 하지 않겠다. 더 자세한 내용이 궁금한 독자를 위해, 이 책에서 사용한 모델에 대한 원래 노트북을 챕터별 training 폴더 아래에 넣어 두었다.

이제 노트북을 로딩했으니 Core ML 모델을 생성하기 위해 각 셀을 살펴보자. 필요한 코드는 전부 거기에 있으니 각 셀을 순차적으로 실행하기만 하면 된다. 셀을 실행하려면 *Shift + Enter* 단축키를 사용하거나 다음 그림처럼 툴바에서 **Run** 버튼을 클릭하면 된다(그러면 현재 선택된 셀이 실행된다).

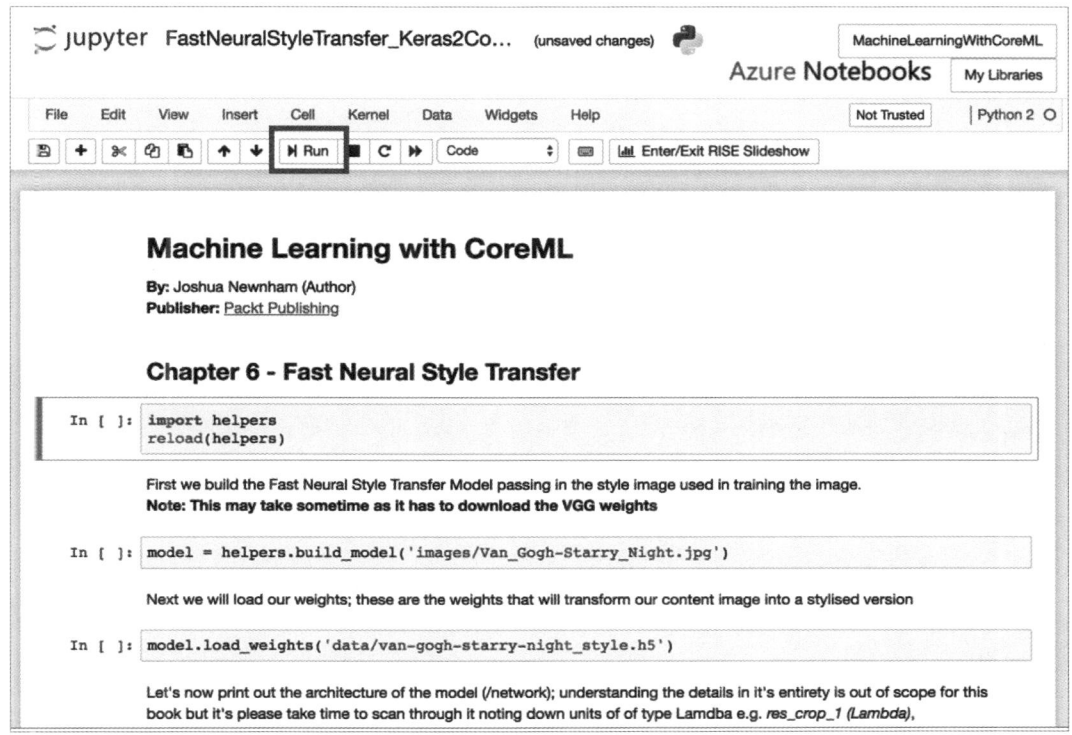

지금부터 각 셀이 하는 일을 간단히 설명하겠다. 각 셀을 살펴본 순서대로 실행하면 마지막에 우리가 내려받아 iOS 프로젝트에 임포트할 수 있게 변환된 모델을 얻게 될 것이다.

```
import helpers
reload(helpers)
```

먼저 변환하고자 하는 케라스 모델을 생성하고 반환할 함수를 포함한 모듈을 임포트한다.

```
model = helpers.build_model('images/Van_Gogh-Starry_Night.jpg')
```

다음으로 helpers의 build_model 메서드에 모델을 훈련시킬 스타일 이미지를 전달해 모델을 생성한다. 우리가 단일 스타일에 훈련된 전방 전달 신경망(feedforward network)을 사용하고 있다는 점을 기억하자. 이 신경망은 다양한 스타일에 적용될 수 있지만 가중치는 스타일마다 다르다.

`build_model`을 호출하면 반환하는 데까지 시간이 좀 걸린다. 이 모델이 반환하기 전에 내려받은 훈련된 모델(VGG16)을 사용하기 때문이다.

가중치(이전에 훈련된 모델)의 경우, 다음 셀을 실행해 가중치를 로딩한다.

```
model.load_weights('data/van-gogh-starry-night_style.h5')
```

앞서 언급한 코드와 비슷하게, 빈센트 반 고흐의 *별이 빛나는 밤* 그림에서 스타일을 훈련한 모델의 가중치를 전달한다.

다음으로 그 모델 자체의 summary 메서드를 호출해 모델의 구조를 검사하자.

```
model.summary()
```

이 메서드를 호출하면 이름에서도 알 수 있듯이 모델의 요약 정보를 반환한다. 다음은 그 요약 정보를 발췌한 것이다.

Layer (type)	Output Shape	Param #	Connected to
input_1 (InputLayer)	(None, 320, 320, 3)	0	
zero_padding2d_1 (ZeroPadding2D)	(None, 400, 400, 3)	0	input_1[0][0]
conv2d_1 (Conv2D)	(None, 400, 400, 64)	15616	zero_padding2d_1[0][0]
batch_normalization_1 (BatchNorm	(None, 400, 400, 64)	256	conv2d_1[0][0]
activation_1 (Activation)	(None, 400, 400, 64)	0	batch_normalization_1[0][0]
... ...			
res_crop_1 (Lambda)	(None, 92, 92, 64)	0	add_1[0][0]
... ...			

```
rescale_output (Lambda)         (None, 320, 320, 3)    0         conv2d_16[0][0]
```
```
Total params: 552,003
Trainable params: 550,083
Non-trainable params: 1,920
```

앞서 언급했듯이, 이 책에서는 파이썬, 케라스, 또는 이 모델의 구체적인 내용을 상세히 설명하지 않는다. 대신 모델에 삽입된 맞춤 계층(굵은 글씨체)을 주의 깊게 살펴보겠다. Core ML Tools에서 맞춤 계층이란 정의돼 있지 않은 계층으로 변환 과정에서 처리되지 않는 계층이므로 이를 처리하는 작업은 우리 몫이다. 다음 그림처럼 모델 변환 프로세스는 케라스 같은 머신러닝 프레임워크의 계층을 Core ML로 매핑하는 프로세스로 보면 된다. 매핑이 되지 않는 경우에는 세부 사항을 채우는 일을 우리 몫으로 남겨둔다.

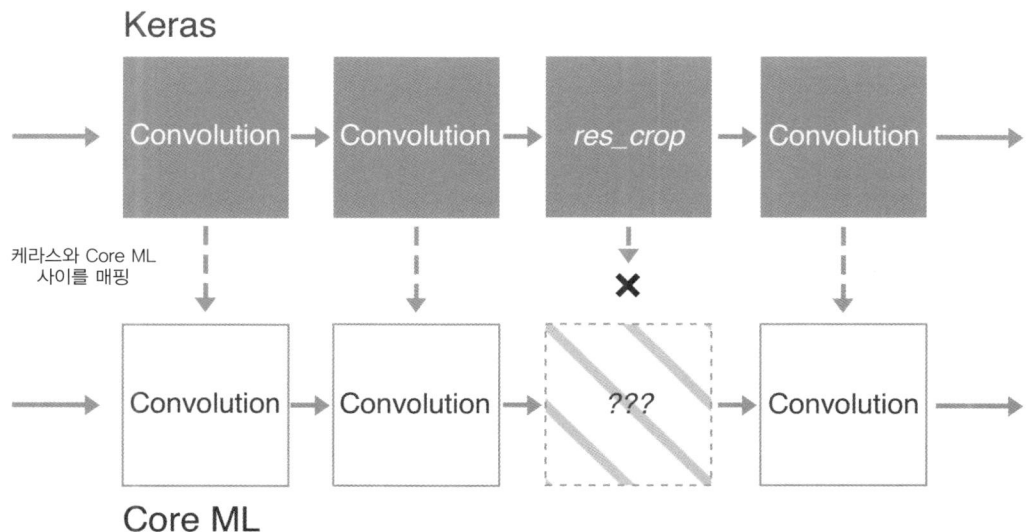

앞에서 두 개의 맞춤 계층을 봤는데, 이 둘은 람다 계층(Lambda layers)이다. 람다 계층은 함수나 람다 식(스위프트에서의 클로저, closure와 유사함)만 사용하는 빠르고 간편한 계층을 쉽게 작성할 수 있도록 해주는 케라스의 특별한 클래스다. 람다는 상태가 없는 계층에 유용하고 케라스 모델에서 기본 연산을 수행할 때 흔히 볼 수 있다. 여기에서는 res_crop과 rescale_output이 사용됐음을 볼 수 있다.

res_crop은 ResNet 블록의 일부로 이름에서도 알 수 있듯이 출력의 일부를 잘라낸다. 함수는 다음 함수 정의에서도 알 수 있듯이 매우 간단하다.

```
def res_crop(x):
    return x[:, 2:-2, 2:-2]
```

ResNet과 리지듀얼 블록(residual block)에 대해 더 자세히 배우고 싶다면 K.He, X. Zhang, S. Ren, J. Sun 이 낸 논문 *Deep Residual Learning for Image Recognition*을 참고하자. 이 논문은 https://arxiv.org/pdf/1512.03385.pdf에서 확인할 수 있다.

본질적으로 여기에서는 출력을 가로와 세로 축에 대해 2만큼 패딩을 붙여서 출력을 잘라낸다. 우리는 다음 셀을 실행해 이 계층의 입력과 출력 형상을 조사함으로써 더 많은 정보를 얻어낼 수 있다.

```
res_crop_3_layer = [layer for layer in model.layers if layer.name == 'res_crop_3'][0]

print("res_crop_3_layer input shape {}, output shape {}".format(
    res_crop_3_layer.input_shape, res_crop_3_layer.output_shape))
```

이 셀은 res_crop_3_layer 계층의 입력과 출력 형상을 출력한다. 이 계층은 (None, 88, 88, 64) 형상의 텐서를 받아 (None, 84, 84, 64) 형상의 텐서를 출력한다. 여기에서 튜플은 (batch size, height, width, channels)로 나눠진다.

다음으로 살펴볼 람다 계층은 rescale_output이다. 이 계층은 신경망 마지막에서 2차원 컨볼루션 계층의 출력 척도를 재조정하기 위해 사용된다. 2차원 컨볼루션 계층은 tanh 활성화 함수를 통해 그 데이터를 전달한다. 이로써 데이터가 −1.0에서 1.0 사이의 값으로 제한되지만, 이 데이터를 이미지로 전환하려면 0에서 255 사이의 값을 가져야 한다. 이전에 했듯이, 다음에서 보여주는 이 계층의 정의를 통해 이 계층에서 하는 일을 더 잘 이해할 수 있다.

```
def rescale_output(x):
    return (x+1)*127.5
```

이 메서드는 −1.0에서 1.0 사이의 값을 0에서 255 사이의 값으로 매핑하는 요소 단위 연산을 수행한다. 이전 메서드(res_crop)와 비슷하게 다음 셀을 실행해 이 계층의 입력과 출력 형상을 확인할 수 있다.

```
rescale_output_layer = [layer for layer in model.layers if layer.name == 'rescale_output'][0]

print("rescale_output_layer input shape {}, output shape {}".format(
    rescale_output_layer.input_shape,
    rescale_output_layer.output_shape))
```

이 셀을 실행하면, 이 계층의 입력 형상 (None, 320, 320, 3)과 출력 형상 (None, 320, 320, 3)을 출력한다. 이로써 이 계층은 텐서의 형상을 바꾸지 않으며 출력 이미지의 차원이 3개의 채널(RGB)을 가진 크기 320×320의 이미지임을 알 수 있다.

지금까지 맞춤 계층과 그 계층이 실제로 하는 일을 살펴봤다. 다음으로 실제 모델 변환을 수행하자. 다음 셀을 실행해 환경에 Core ML Tools 모듈이 설치돼 있는지 확인하자.

```
!pip install coremltools
```

설치됐다면 다음 셀을 실행해 필요한 모듈을 로딩하자.

```
import coremltools
from coremltools.proto import NeuralNetwork_pb2, FeatureTypes_pb2
```

이 경우, 여기서 사용할 모델에 맞춤 계층이 포함돼 있음을 미리 경고했다. 어떤 경우(대부분은 아니지만)에는 변환 프로세스가 실패했을 때만 이를 발견할 수도 있다. 다음 셀을 실행해 그 경과를 확인하면서 이 말이 정확히 무엇을 의미하는지 알아보자.

```
coreml_model = coremltools.converters.keras.convert(
    model,
    input_names=['image'],
    image_input_names=['image'],
    output_names="output")
```

이 코드에서 우리 모델을 coremltools.converters.keras.convert에 전달하면 이 함수는 이 케라스 모델을 Core ML로 변환한다. 모델과 함께 입력과 출력 이름을 전달하고, 입력 image가 다차원 배열이 아닌 이미지로 처리돼야 함을 메서드에 알려주기 위해 image_input_names를 설정한다.

예상한 대로 이 셀을 실행하면 에러가 발생한다. 출력 내용의 맨 아래까지 스크롤해보면 ValueError: Keras layer '<class 'keras.layers.core.Lambda'>' not supported라는 메시지를 보게 될 것이다. 이 단계에서 모델의 아키텍처를 검토해 에러를 일으킨 계층을 찾아내고 다음 단계로 넘어가야 한다.

변환 메서드를 호출할 때 add_custom_layers 매개변수를 활성화함으로써 이 메서드가 인식하지 못하는 계층을 만났을 때 에러를 발생시키는 것을 예방할 수 있다. custom이라고 하는 플레이스홀더 계층(placeholder layer)이 변환 프로세스의 일부로 삽입된다. 맞춤 계층을 인식하는 것 외에도 delegate 함수를 custom_conversion_functions 매개변수로 전달해 맞춤 계층을 어떻게 처리할지를 비롯한 메타데이터를 모델 명세에 추가할 수 있다.

이제 이 delegate 메서드를 생성하자. 다음 코드를 담고 있는 셀을 실행하자.

```python
def convert_lambda(layer):
    if layer.function.__name__ == 'rescale_output':
        params = NeuralNetwork_pb2.CustomLayerParams()
        params.className = "RescaleOutputLambda"
        params.description = "Rescale output using ((x+1)*127.5)"
        return params
    elif layer.function.__name__ == 'res_crop':
        params = NeuralNetwork_pb2.CustomLayerParams()
        params.className = "ResCropBlockLambda"
        params.description = "return x[:, 2:-2, 2:-2]"
        return params
    else:
        raise Exception('Unknown layer')
    return None
```

이 delegate 메서드는 변환 메서드가 만나는 맞춤 계층마다 전달된다. 여기서는 두 개의 서로 다른 계층을 다루고 있으므로, 먼저 우리가 어느 계층을 처리하고 있는지 확인한 다음 CustomLayerParams를 생성하고 반환한다. 이 클래스를 통해 Core ML 변환을 위한 모델 명세를 생성할 때 사용되는 일부 메타데이터를 추가할 수 있다. 여기서는 이 계층을 구현한 iOS 프로젝트의 스위프트(또는 Objective-C) 클래스 이름인 className과 Xcode의 ML 모델 뷰어에 표시될 텍스트인 description을 설정했다.

다음 코드처럼 여기서 구현한 delegate 메서드를 사용하여 변환 메서드에 적절한 매개변수를 전달해 다시 실행해보자.

```
coreml_model = coremltools.converters.keras.convert(
    model,
    input_names=['image'],
    image_input_names=['image'],
    output_names="output",
    add_custom_layers=True,
    custom_conversion_functions={ "Lambda": convert_lambda })
```

모든 과정이 제대로 처리됐다면 변환 메서드가 방문한 각 계층의 출력을 에러 메시지 없이 확인하게 될 것이며, 마지막으로 Core ML 모델 인스턴스를 반환할 것이다. 이제 모델에 Xcode의 ML 모델 뷰에 표시될 메타데이터를 추가하면 된다.

```
coreml_model.author = 'Joshua Newnham'
coreml_model.license = 'BSD'
coreml_model.short_description = 'Fast Style Transfer based on the style of Van Gogh Starry Night'
coreml_model.input_description['image'] = 'Preprocessed content image'
coreml_model.output_description['output'] = 'Stylized content image'
```

이 단계에서 우리는 모델을 저장하고 Xcode에 임포트할 수 있지만 좀 더 편리하게 사용할 수 있게 한 가지 작업을 더 하려고 한다. 본질적으로 Core ML 모델은 Xcode에 임포트될 때 모델을 구축하기 위해 사용할 신경망의 명세(여기에는 모델 설명, 모델 매개변수, 메타데이터가 포함됨)다. 이 명세에 대한 참조는 다음 문장을 호출하면 얻을 수 있다.

```
spec = coreml_model.get_spec()
```

다음으로 이 모델 명세에 대한 참조를 가지고 다음 코드처럼 출력 계층을 찾아보자.

```
output = [output for output in spec.description.output if output.name == 'output'][0]
```

그 내용은 단순히 출력해보면 확인할 수 있다. 그러려면 다음 코드의 셀을 실행하자.

```
output
```

그러면 다음과 비슷한 메시지를 보게 될 것이다.

```
name: "output"
shortDescription: "Stylized content image"
type {
    multiArrayType {
        shape: 3
        shape: 320
        shape: 320
        dataType: DOUBLE
    }
}
```

type을 주의해서 보자. 지금은 multiArrayType(iOS의 MLMultiArray와 같다)이다. 뭐 문제는 없지만, 명시적으로 이를 이미지로 변환해야 한다. 그래야 모델이 다차원 배열이 아닌 이미지를 출력하기 더 편리할 것이다. 이는 명세를 수정하기만 하면 된다. 구체적으로 이 경우에는 type의 imageType 속성을 채워서 Xcode에 우리가 이미지를 출력할 것이라고 힌트를 주면 된다. 그러기 위해 다음 코드가 포함된 셀을 실행하자.

```
output.type.imageType.colorSpace
FeatureTypes_pb2.ImageFeatureType.ColorSpace.Value('RGB')
output.type.imageType.width = width
output.type.imageType.height = height
coreml_model = coremltools.models.MLModel(spec)
```

먼저 색공간을 RGB로 설정한 다음 이미지의 예상 너비와 높이를 설정한다. 마지막으로 coremltools.models.MLModel(spec)을 호출하여 업데이트된 명세를 전달해 새로운 모델을 생성한다. 이제 출력을 확인하면 다음 출력과 비슷한 메시지를 보게 될 것이다.

```
name: "output"
shortDescription: "Stylized content image"
type {
    imageType {
        width: 320
        height: 320
        colorSpace: RGB
    }
}
```

이제 이 변환을 수행하기 위해 엄청난 코드를 작성할 필요가 없게 됐다. 마지막 단계로 Xcode에서 모델을 임포트하기 전에 모델을 저장한다. 이를 위해 마지막 셀을 실행하자.

```
coreml_model.save('output/FastStyleTransferVanGoghStarryNight.mlmodel')
```

브라우저를 닫기 전에 모델을 내려받자. Chapter6/Notebooks 디렉터리로 돌아가 output 폴더로 가면 된다. 거기에 있는 FastStyleTransferVanGoghStarryNight.mlmodel 파일을 마우스 오른쪽 버튼으로 클릭한 다음 **Download** 메뉴를 선택하거나 마우스 왼쪽 버튼을 클릭해 파일을 선택하고 툴바에서 **Download**를 선택하면 된다.

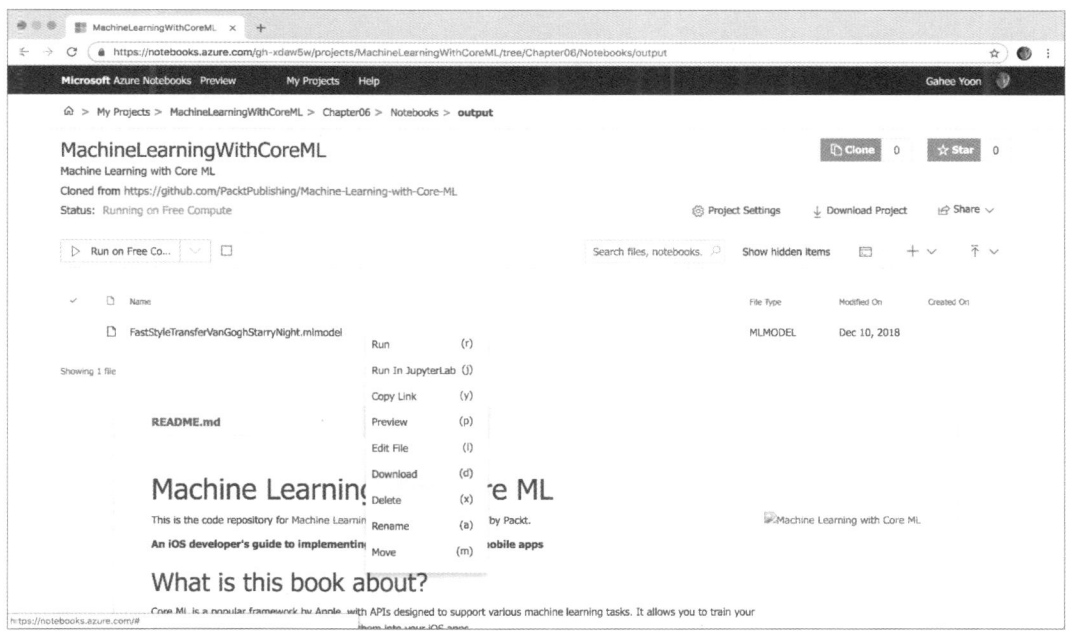

이제 모델을 내려받았으니 Xcode로 가서 맞춤 계층을 구현하자.

스위프트에서 맞춤 계층 구축하기

이 절에서는 주로 우리 모델이 의존하는 맞춤 계층을 구현하는 일을 중점적으로 알아보고자 한다. 따라서 기존 템플릿(당연히 이 책의 독자들이라면 꽤 친숙한 구조)을 사용함으로써 애플리케이션의 세부사항들은 대부분 생략하겠다.

만약 아직 최신 코드를 저장소(https://github.com/packtpublishing/machine-learning-with-core-ml)에서 내려받지 않았다면 지금 내려받도록 하자. 코드를 내려받았으면 Chapter6/Start/StyleTransfer/ 디렉터리로 가서 StyleTransfer.xcodeproj 프로젝트를 열자. 로딩됐으면 이 장에서 사용할 프로젝트를 보게 될 것이다.

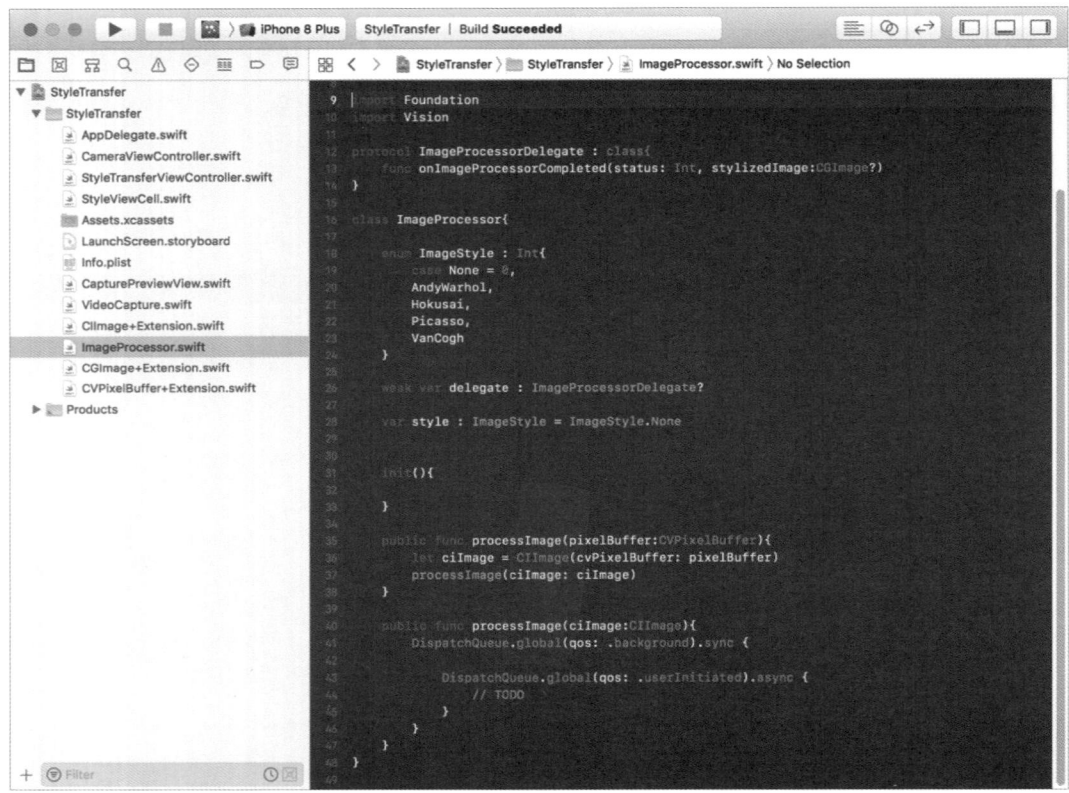

이 애플리케이션은 두 개의 뷰 컨트롤러로 구성돼 있다. 첫 번째는 CameraViewController로 사용자에게 카메라의 실시간 스트림을 제공해서 사진을 찍게 해준다. 사진을 찍었으면 이 컨트롤러는 다른 뷰 컨트롤러인 StyleTransferViewController에 찍은 사진을 전달한다. 그러면 StyleTransferViewController는 이미지를 표시하는데, 그 아래에 가로로 CollectionView가 있어서 사용자가 탭하여 선택할 수 있는 스타일 목록을 제공한다.

사용자가 스타일을 선택할 때마다 컨트롤러는 ImageProcessors 스타일 속성을 업데이트한 다음, 할당된 이미지를 전달해 processImage 메서드를 호출한다. 여기서는 이미지를 모델에 전달하고 할당된

orImageProcessorCompleted 델리게이트 메서드를 통해 결과를 반환해 사용자에게 결과를 보여주는 기능을 구현할 것이다.

프로젝트가 로딩됐으면 이제 막 생성한 모델을 임포트하자. 내려받은 .mlmodel 파일을 찾아서 Xcode에 드래그 앤드 드롭하자. 임포트했으면 왼쪽 패널에서 이 파일을 선택해 메타데이터를 확인하여 무엇을 구현해야 하는지 되짚어보자.

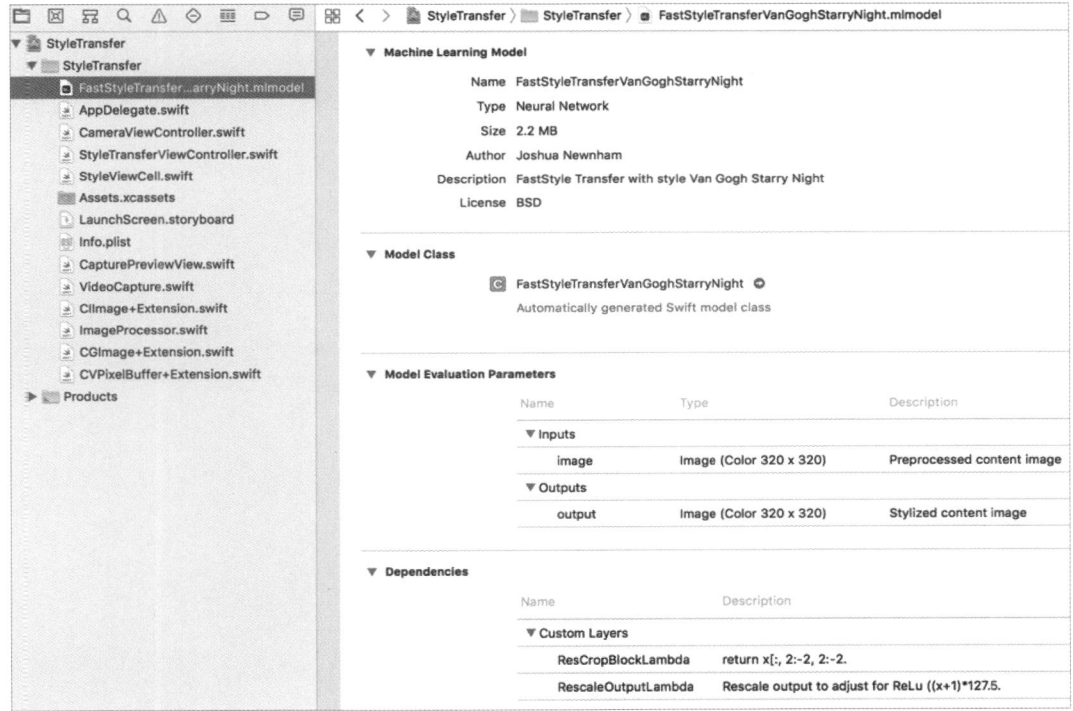

모델을 검토하면 입력 이미지로 320×320 크기의 RGB 이미지를 받아서 동일한 차원의 이미지를 출력한다는 것을 알 수 있다. 더불어 모델에 두 개의 맞춤 계층인 ResCropBlockLambda와 RescaleOutputLambda가 필요하다는 것을 알 수 있다. 이 클래스를 구현하기에 앞서, 재미 삼아 모델을 가져다 맞춤 계층을 구현하지 않은 채로 실행하면 어떤 일이 일어나는지 보자.

왼쪽 패널에서 ImageProcessor.swift 파일을 선택한다. 이 프로젝트에서 우리는 Vision 프레임워크를 가지고 모든 전처리를 수행할 것이다. 우선 ImageProcessor 클래스의 본문에서 style 속성 아래에 다음 속성을 추가한다.

```
lazy var vanCoghModel : VNCoreMLModel = {
    do{
        let model = try VNCoreMLModel(for: FastStyleTransferVanGoghStarryNight().model)
        return model
    } catch{
        fatalError("Failed to obtain VanCoghModel")
    }
}()
```

첫 번째 속성은 FastStyleTransferVanGoghStarryNight 모델을 감싼 VNCoreMLModel 인스턴스를 반환한다. Vision 프레임워크의 요청 클래스와 호환되려면 반드시 모델을 감싸야 한다.

바로 아래 다음 코드를 추가하자. 이 코드는 선택된 스타일을 기준으로 적절한 VNCoreMLModel을 반환한다.

```
var model : VNCoreMLModel{
    get{
        if self.style == .VanCogh{
            return self.vanCoghModel
        }
        // default
        return self.vanCoghModel
    }
}
```

마지막으로 현재 선택된 모델(현재 style에 따라 결정됨)을 기준으로 VNCoreMLRequest 인스턴스를 반환하는 메서드를 만들자.

```
func getRequest() -> VNCoreMLRequest{
    let request = VNCoreMLRequest(model: self.model,
                                  completionHandler: { [weak self] request, error in
        self?.processRequest(for: request, error: error)
    })
    request.imageCropAndScaleOption = .centerCrop
    return request
}
```

VNCoreMLRequest는 입력 이미지를 할당된 Core ML 모델에 전달하기 전에 필요한 전처리를 수행한다. 여기서는 호출 시 단순히 ImageProcessor 클래스의 processRequest 메서드에 그 결과를 전달하는 완료 핸들러를(completionHandler) 전달해 VNCoreMLRequest를 인스턴스화한다. 또한 imageCropAndScaleOption을 .centerCrop으로 설정해 이미지 크기를 가로세로 비율을 유지하면서 320×320으로 조정한다(필요한 경우, 긴 쪽에서는 이미지 중앙을 기준으로 자른다).

이제 속성을 모두 정의했으니 실제 작업을 초기화하기 위해 processImage 메서드를 살펴보자. 다음 코드를 추가한다(// TODO 주석 부분을 굵은 글씨체로 보이는 부분으로 교체한다).

```
public func processImage(ciImage:CIImage){
    DispatchQueue.global(qos: .userInitiated).async {
        let handler = VNImageRequestHandler(ciImage: ciImage)
        do {
            try handler.perform([self.getRequest()])
        } catch {
            print("Failed to perform classification.\n\(error.localizedDescription)")
        }
    }
}
```

이 메서드는 이미지에 스타일을 적용하기 위한 진입점이다. 우선 이미지를 전달해 VNImageRequestHandler 인스턴스를 인스턴스화하고 perform 메서드를 호출해 프로세스를 초기화한다. 분석이 완료되면 요청은 관련 요청에 대한 참조와 결과(혹은 경우에 따라 에러)를 전달해 우리가 할당한 delegate인 processRequest를 호출한다. 이제 이 메서드를 채워보자.

```
func processRequest(for request:VNRequest, error: Error?){
    guard let results = request.results else {
        print("ImageProcess", #function, "ERROR:",
              String(describing: error?.localizedDescription))
        self.delegate?.onImageProcessorCompleted(
            status: -1,
            stylizedImage: nil)
        return
    }
    let stylizedPixelBufferObservations = results as! [VNPixelBufferObservation]
```

```
        guard stylizedPixelBufferObservations.count > 0 else {
            print("ImageProcess", #function,"ERROR:", "No Results")
            self.delegate?.onImageProcessorCompleted(
                status: -1,
                stylizedImage: nil)
            return
        }
        guard let cgImage = stylizedPixelBufferObservations[0].pixelBuffer.toCGImage() else{
            print("ImageProcess", #function, "ERROR:", "Failed to convert CVPixelBuffer to CGImage")
            self.delegate?.onImageProcessorCompleted(
                status: -1,
                stylizedImage: nil)
            return
        }
        DispatchQueue.main.sync {
            self.delegate?.onImageProcessorCompleted(
                status: 1,
                stylizedImage:cgImage)
        }
    }
```

VNCoreMLRequest에서는 이미지를 분석하지만 VNImageRequestHandler에서는 요청(혹은 여러 요청)을 실행한다.

분석하는 동안 에러가 발생하지 않았다면, 결과 속성 집합을 포함한 요청 인스턴스가 반환된다. 우리는 하나의 요청과 결과 타입만 기대하므로, 결과를 우리의 스타일 전이 모델처럼 이미지에서 이미지로 처리하는 Core ML 모델을 사용해 이미지를 분석하기에 적합한 관측 개체 타입인 VNPixelBufferObservation 배열로 캐스팅한다.

결과로부터 확보한 관측 개체의 pixelBuffer 속성을 통해 스타일이 적용된 이미지에 대한 참조를 얻을 수 있다. 그런 다음 확장 메서드인 toCGImage(CVPixelBuffer+Extension.swift에서 찾을 수 있다)를 호출하면 우리가 쉽게 사용할 수 있는 형식으로(이 경우, 이미지 뷰를 업데이트해) 편리하게 출력을 얻을 수 있다.

앞에서 말했듯이 맞춤 계층을 구현하지 않은 상태로 이미지를 가지고 모델을 실행시키면 어떤 일이 일어나는지 보자. 모델을 빌드해 기기에 배포하고 사진을 찍은 다음 표시된 스타일 중 반 고흐 스타일을 선택하자. 그 과정에서 빌드에 실패하고 다음 같은 에러 메시지를 보게 될 것이다. `Error creating Core ML custom layer implementation from factory for layer "RescaleOutputLambda"`

이제 맞춤 계층을 구현해 이 문제를 해결하자. 먼저 RescaleOutputLambda 클래스부터 보자. 새로운 스위프트 파일 RescaleOutputLamdba.class를 생성하고 템플릿 코드를 다음 코드로 교체한다.

```swift
import Foundation
import CoreML
import Accelerate

@objc(RescaleOutputLambda) class RescaleOutputLambda: NSObject, MLCustomLayer {
    required init(parameters: [String : Any]) throws {
        super.init()
    }
    func setWeightData(_ weights: [Data]) throws {
    }
    func outputShapes(forInputShapes inputShapes: [[NSNumber]]) throws -> [[NSNumber]] {
    }
    func evaluate(inputs: [MLMultiArray], outputs: [MLMultiArray]) throws {
    }
}
```

여기에서 우리 신경망 모델의 맞춤 계층의 행위를 정의하는 프로토콜인 MLCustomLayer 프로토콜의 구체적인 클래스를 생성했다. 이 프로토콜은 다음과 같이 네 개의 필수 메서드와 하나의 선택 메서드로 구성된다.

- init(parameters): 맞춤 계층 구현을 초기화한다. 여기에 해당 계층의 추가적인 설정 옵션이 포함된 parameters 딕셔너리가 전달된다. 기억하겠지만 우리는 케라스 모델을 변환할 때 각 맞춤 계층마다 NeuralNetwork_pb2.CustomLayerParams 인스턴스를 생성했다. 여기서는 더 많은 항목을 추가해 이 딕셔너리에 전달할 수 있다. 이렇게 함으로써 설정 매개변수를 기준으로 각자의 계층을 조정할 수 있어 유연성을 확보할 수 있다.

- setWeightData(): 해당 계층 내의 연결 부분에 가중치를 할당한다(계층에는 학습 가능한 가중치를 할당한다).

- outputShapes(forInputShapes): 이 메서드는 계층이 입력 데이터 크기를 변경하는 방법을 결정한다. RescaleOutputLambda 계층은 해당 계층의 크기를 바꾸지 않기 때문에 입력 형상을 그대로 반환해야 하지만, 다음에 나올 맞춤 계층을 구현할 때는 이 메서드를 활용할 것이다.

- evaluate(inputs, outputs): 이 메서드는 실제 연산을 수행한다. 모델을 CPU에서 실행한다면 이 메서드는 반드시 필요하며, 호출돼야 한다.
- encode(commandBuffer, inputs, outputs): 이 메서드는 선택적으로 사용되며 evaluate 메서드의 대안으로 CPU가 아닌 GPU를 사용한다.

여기서는 어떤 맞춤 매개변수를 전달하거나 훈련 가능한 가중치를 설정하지 않았기 때문에 생성자와 setWeightData 메서드에 대한 설명은 생략하겠다. 그 밖의 나머지 메서드를 살펴보자. 먼저 outputShapes(forInputShapes) 메서드를 보자.

앞서 언급했듯이, 이 계층은 입력 형상을 바꾸지 않기 때문에 다음 코드처럼 단순히 입력 형상을 반환하면 된다.

```
func outputShapes(forInputShapes inputShapes: [[NSNumber]]) throws -> [[NSNumber]] {
    return inputShapes
}
```

outputShapes(forInputShapes) 메서드를 구현했으니, 실제 연산을 수행하는 evaluate 메서드로 넘어가자. evaluate 메서드는 입력으로서의 MLMultiArray 객체와 결과를 저장할 때 사용할 MLMultiArray 배열을 함께 받는다. evaluate 메서드가 입력과 출력을 위한 배열을 받으면 다양한 아키텍처를 지원하는 데 있어 유연성이 커지지만, 이 예제에서는 단지 하나의 입력과 하나의 출력만 기대한다.

잠깐 앞에서 배운 내용을 되짚어보면, 이 계층은 각 요소의 척도를 −1.0~1.0 범위에서 0~255 범위로 조정한다(전형적인 이미지가 갖는 값). 가장 간단한 방법은 요소마다 반복해서 파이썬에서 봤던 등식인 (x+1)*127.5를 사용해 척도를 조정하는 것이다. 이것이 지금부터 우리가 할 작업이다. 다음 코드(굵은 글씨체 부분)를 evaluate 메서드의 본문에 추가하자.

```
func evaluate(inputs: [MLMultiArray],outputs: [MLMultiArray]) throws {
    let rescaleAddition = 1.0
    let rescaleMulitplier = 127.5
    for (i, input) in inputs.enumerated(){
        // expecting [1, 1, Channels, Kernel Width, Kernel Height]
        let shape = input.shape
        for c in 0..<shape[2].intValue{
            for w in 0..<shape[3].intValue{
```

```
                for h in 0..<shape[4].intValue{
                    let index = [NSNumber(value: 0),
                                 NSNumber(value: 0),
                                 NSNumber(value: c),
                                 NSNumber(value: w),
                                 NSNumber(value: h)]
                    let outputValue = NSNumber(
                        value:(input[index].floatValue + rescaleAddition) * rescaleMulitplier)
                    outputs[i][index] = outputValue
                }
            }
        }
    }
```

이 메서드의 대부분은 입력으로부터 적절한 값을 얻고 그에 대응하는 출력을 가리키기 위한 인덱스를 생성하는 코드로 구성돼 있다. 인덱스가 생성됐으면 다음의 파이썬 공식(`input[index].doubleValue + rescaleAddition) * rescaleMulitplier`)을 스위프트에 포팅한다. 첫 번째 맞춤 계층 구현이 끝났다. 이제 두 번째 맞춤 계층 `ResCropBlockLambda`를 구현하자.

새로운 파일 `ResCropBlockLambda.swift`를 생성하고 기존 코드 대신 다음 코드를 추가하자.

```
import Foundation
import CoreML
import Accelerate

@objc(ResCropBlockLambda) class ResCropBlockLambda: NSObject, MLCustomLayer
{
    required init(parameters: [String : Any]) throws {
        super.init()
    }
    func setWeightData(_ weights: [Data]) throws {
    }
    func outputShapes(forInputShapes inputShapes: [[NSNumber]]) throws -> [[NSNumber]] {
    }
    func evaluate(inputs: [MLMultiArray], outputs: [MLMultiArray]) throws {
    }
}
```

이전 맞춤 계층에서 했듯이, `MLCustomLayer` 프로토콜에서 정한 대로 모든 필수 메서드를 처리했다. 다시 말하지만, 생성자와 `setWeightData` 메서드는 이 계층에서도 사용하지 않으므로 건너뛰겠다.

기억한다면 이름에서도 알 수 있듯이 이 계층의 함수는 리지듀얼 블록의 입력 중 하나의 너비와 높이를 자른다. 이를 `outputShapes(forInputShapes)` 메서드에 반영해 네트워크에서 뒤따라 나오는 계층의 입력 차원을 알 수 있게 해야 한다. `outputShapes(forInputShapes)` 메서드를 다음 코드로 업데이트하자.

```
func outputShapes(forInputShapes inputShapes: [[NSNumber]]) throws -> [[NSNumber]] {
    return [[NSNumber(value:inputShapes[0][0].intValue),
             NSNumber(value:inputShapes[0][1].intValue),
             NSNumber(value:inputShapes[0][2].intValue),
             NSNumber(value:inputShapes[0][3].intValue - 4),
             NSNumber(value:inputShapes[0][4].intValue - 4)]];
}
```

여기에서 너비와 높이에서 상수 4를 빼서 본질적으로 너비와 높이에서 패딩 2를 뺀다. 다음으로 이 자르기를 수행할 `evaluate` 메서드를 구현하자. `evaluate` 메서드를 다음 코드로 대체한다.

```
func evaluate(inputs: [MLMultiArray], outputs: [MLMultiArray]) throws {
    for (i, input) in inputs.enumerated(){
        // expecting [1, 1, Channels, Kernel Width, Kernel Height]
        let shape = input.shape
        for c in 0..<shape[2].intValue{
            for w in 2...(shape[3].intValue-4){
                for h in 2...(shape[4].intValue-4){
                    let inputIndex = [NSNumber(value: 0),
                                      NSNumber(value: 0),
                                      NSNumber(value: c),
                                      NSNumber(value: w),
                                      NSNumber(value: h)]
                    let outputIndex = [NSNumber(value: 0),
                                       NSNumber(value: 0),
                                       NSNumber(value: c),
                                       NSNumber(value: w-2),
                                       NSNumber(value: h-2)]
                    outputs[i][outputIndex] = input[inputIndex]
                }
```

```
            }
        }
    }
}
```

RescaleOutputLambda 계층의 evaluate 메서드와 비슷하게, 이 메서드의 대부분은 입력과 출력 배열의 인덱스를 생성하는 일을 처리한다. 여기서는 단순히 루프의 범위를 원하는 너비와 높이로 제한함으로써 배열을 채운다.

이제 프로젝트를 빌드하고 실행하면 반 고흐 네트워크를 통해 이미지를 실행해 다음 그림에서 보듯이 반 고흐 스타일을 입힌 이미지를 얻을 수 있다.

시뮬레이터에서 실행했을 때 전체 프로세스에 약 **22.4초**가 걸린다. 앞으로 볼 두 개의 절에서는 이 시간을 어떻게 줄일 수 있는지 살펴보겠다.

계층 속도 높이기

RescaleOutputLambda 계층으로 돌아가 어디에서 처리 시간을 1초나 2초 정도 줄일 수 있을지 살펴보자. 앞에서도 말했지만, 이 계층이 하는 일은 출력의 각 요소의 척도를 조정하는 일이다. 이 출력은 규모가 큰 벡터일 수도 있다. 다행히 애플은 이러한 경우에 딱 맞는 효율적인 프레임워크와 API를 제공한다. 루프 내에서 각 요소에 대해 연산하는 대신 Accelerate 프레임워크와 이 프레임워크에서 제공하는 vDSPAPI를 활용해 이 연산을 한 번에 수행할 것이다. 이 프로세스를 **벡터화(vectorization)**라고 하며 CPU의 **SIMD**(Single Instruction, Multiple Data) 명령어 집합을 활용함으로써 가능해진다. RescaleOutputLambda 클래스로 돌아와 evaluate 메서드를 다음 코드로 업데이트하자.

```
func evaluate(inputs: [MLMultiArray], outputs: [MLMultiArray]) throws {
    var rescaleAddition : Float = 1.0
    var rescaleMulitplier : Float = 127.5
    for (i, _) in inputs.enumerated(){
        let input = inputs[i]
        let output = outputs[i]
        let count = input.count
        let inputPointer = UnsafeMutablePointer<Float>(OpaquePointer(input.dataPointer))
        let outputPointer = UnsafeMutablePointer<Float>(OpaquePointer(output.dataPointer))
        vDSP_vsadd(inputPointer, 1, &rescaleAddition, outputPointer, 1, vDSP_Length(count))
        vDSP_vsmul(outputPointer, 1, &rescaleMulitplier, outputPointer, 1, vDSP_Length(count))
    }
}
```

이 코드에서 우리는 각 입력과 출력 버퍼를 가리키는 포인터에 대한 참조를 얻고, vDSP 함수에서 요구하는 대로 이 참조를 UnsafeMutablePointer로 감싼다. 그런 다음 vDSP 함수를 사용해 척도를 조정하는 연산을 적용하기만 하면 된다. 이에 대해 알아보자.

우선 다음 코드에서 보듯이 입력에 상수 1을 더해 결과를 출력 버퍼에 저장한다.

```
vDSP_vsadd(inputPointer, 1, &rescaleAddition, outputPointer, 1, vDSP_Length(count))
```

vDSP_vsadd 함수가 벡터의 포인터(inputPointer)를 취해 각 요소에 rescaleAddition을 더하고, 출력에 저장한다.

다음으로 출력의 각 요소에 곱수를 적용한다(현재 각 값은 입력에 1을 더한 값으로 설정됨). 이에 대한 코드는 다음과 같다.

```
vDSP_vsmul(outputPointer, 1, &rescaleMulitplier, outputPointer, 1, vDSP_Length(count))
```

vDSP_vsadd와 유사하게 vDSP_vsmul도 입력(이 경우, 출력)과 각 요소에 곱할 값인 스칼라, 출력, 결과를 보존하기 위한 스트라이드, 마지막으로 우리가 연산할 요소 개수를 취한다.

애플리케이션을 재실행하면, 전체 실행 시간을 몇 초 정도 앞당겼음을 볼 수 있다. 이 계층이 신경망 마지막에 한 번만 실행된다는 점을 고려하면 그리 나쁘지 않다. 그렇지만 더 개선할 수는 없을까?

GPU 활용하기

MLCustomLayer 프로토콜을 소개했을 때를 기억해보면, 이 프로토콜에는 선택적으로 사용할 수 있는 ercode(commandBuffer, inputs, outputs) 메서드가 있었다. 이 메서드는 모델을 제공하는 기기가 GPU를 지원한다면, GPU에서 평가를 수행하게 만들어진 것이다. 이 유연성은 Core ML이 다른 머신러닝 프레임워크에 비해 갖는 장점 중 하나다. 이로써 CPU와 GPU에서 실행되는 계층을 혼합해 일관되게 함께 동작할 수 있다.

GPU를 사용하기 위해, 3차원 그래픽에 익숙한 독자들을 위한 OpenGL과 DirectX(현재는 벌컨, Vulkan)에 해당하는 애플의 그래픽 프레임워크인 Metal 프레임워크를 사용할 것이다. 앞에서 다룬 모든 코드를 하나의 메서드에 담은 솔루션들과는 다르게, 여기서는 연산을 수행하는 코드를 **Metal shader**라는 외부 파일에 작성해야 한다. 이 파일 안에 커널을 정의하는데, 이 커널을 준수하고 GPU에 저장함으로써(커널이 로딩된 경우) GPU에 데이터를 병렬로 펼쳐 놓을 수 있게 된다. 이제 이 커널을 생성하자. rescale.metal이라는 새로운 metal 파일을 생성하고, 다음 코드를 추가하자.

```
#include <metal_stdlib>
using namespace metal;

kernel void rescale(texture2d_array<half, access::read> inTexture [[texture(0)]],
                    texture2d_array<half, access::write> outTexture [[texture(1)]],
                    ushort3 gid [[thread_position_in_grid]])
{
    if (gid.x >= outTexture.get_width() || gid.y >= outTexture.get_height())
    {
        return;
    }
    const float4 x = float4(inTexture.read(gid.xy, gid.z));
    const float4 y = (1.0f + x) * 127.5f;
    outTexture.write(half4(y), gid.xy, gid.z);
}
```

metal에 대한 자세한 설명은 이 책의 범위를 벗어난다. 대신 metal과 다른 방식 사이의 핵심적인 차이점과 공통점만 알아보겠다. 우선 왜 GPU가 신경망을 다시 유행시키는 데 주요 기폭제가 됐는지 알 필요가 있다. GPU 아키텍처에서는 커널(앞에서 본)을 배열의 각 요소에 심을 수 있다. 대규모의 병렬 처리기라고 할 수 있다!

GPU는 기본적으로 그래픽 처리를 염두에 두고 만들어졌기 때문에 데이터를 처리하는 방법이나 우리가 처리하는 대상에 대해 미묘한 차이가 있다. 그중 가장 눈에 띄는 것은 MLMultiArray를 texture2d_array(텍스처)로 바꿨고, thread_position_in_grid를 사용해 샘플링을 통해 그 배열에 접근한다는 점이다. 그런데도 실제 연산은 원래의 파이썬 코드와 매우 유사하다(const float4 y = (1.0f + x) * 127.5f). 계산이 끝나면 결과를 float 16(half)으로 캐스팅하고 출력 텍스처에 기록한다.

다음 단계로 CPU 대신 GPU와 Metal을 사용하기 위해 RescaleOutputLambda 클래스를 구성한다. RescaleOutputLambda.swift 파일로 돌아와서 다음과 같이 수정하자.

우선 파일 첫머리에 다음 문장을 추가해 Metal 프레임워크를 임포팅하자.

```
import Metal
```

다음으로 방금 생성한 커널의 핸들러로 MTLComputePipelineState 형식의 클래스 변수를 정의하고 이를 RescaleOutputLambda 클래스의 생성자 내에 설정한다. 클래스와 생성자를 다음 코드의 굵은 글씨체의 내용으로 수정하자.

```
@objc(RescaleOutputLambda) class RescaleOutputLambda: NSObject,
MLCustomLayer {
    let computePipeline: MTLComputePipelineState
    required init(parameters: [String : Any]) throws {
        let device = MTLCreateSystemDefaultDevice()!
        let library = device.makeDefaultLibrary()!
        let rescaleFunction = library.makeFunction(name: "rescale")!
        self.computePipeline = try! device.makeComputePipelineState(function: rescaleFunction)
        super.init()
    }
    ...
}
```

어러가 발생하지 않는다면, 척도를 조정하는 커널에 대한 참조를 갖게 되고, 마지막으로 이를 활용하는 일만 남았다. RescaleOutputLambda 클래스에 다음 메서드를 추가하자.

```swift
func encode(commandBuffer: MTLCommandBuffer,
            inputs: [MTLTexture],
            outputs: [MTLTexture]) throws {
    guard let encoder = commandBuffer.makeComputeCommandEncoder() else{
        return
    }
    let w = computePipeline.threadExecutionWidth
    let h = computePipeline.maxTotalThreadsPerThreadgroup / w
    let threadGroupSize = MTLSizeMake(w, h, 1)
    for i in 0..<inputs.count {
        let threadGroups = MTLSizeMake(
            (inputs[i].width + threadGroupSize.width - 1) / threadGroupSize.width,
            (inputs[i].height+ threadGroupSize.height - 1) / threadGroupSize.height,
            (inputs[i].arrayLength + threadGroupSize.depth - 1) / threadGroupSize.depth)
        encoder.setTexture(inputs[i], index: 0)
        encoder.setTexture(outputs[i], index: 1)
        encoder.setComputePipelineState(computePipeline)
        encoder.dispatchThreadgroups(threadGroups, threadsPerThreadgroup: threadGroupSize)
        encoder.endEncoding()
    }
}
```

이전에도 말했듯이, 여기에서 자세한 내용은 생략하고 이 방식과 이전 방식들과의 핵심적인 차이점과 공통점만 살펴보겠다.

간단히 요약하면, 이 메서드의 대부분은 데이터를 인코더를 통해 연산 커널에 전달한 다음 이를 GPU로 전송하는 작업을 한다. 먼저 다음 코드처럼 입력과 출력 텍스처를 전달한다.

```swift
encoder.setTexture(inputs[i], index: 0)
encoder.setTexture(outputs[i], index: 1)
```

그리고 이전 커널에서 생성했던 척도를 재조정하는(rescale) 커널을 가리키는 핸들러를 구성한다.

```swift
encoder.setComputePipelineState(computePipeline)
```

마지막으로 GPU에 작업을 전달한다. 이 경우, 연산 커널은 입력 텍스처의 모든 채널에서 모든 픽셀에 대해 호출된다.

```
encoder.dispatchThreadgroups(
    threadGroups,
    threadsPerThreadgroup:
    threadGroupSize)
encoder.endEncoding()
```

다시 빌드하고 실행하면, 더 빠른 시간 내에 동일한 결과를 얻게 될 것이다. 지금까지 네트워크를 최적화하는 두 가지 방법을 살펴봤다. `ResCropBlockLambda`를 최적화하는 작업은 각자 실습 과제로 남겨두겠다. 이제 이 장을 마무리하기 전에 모델 가중치에 대해 알아보자.

모델 가중치 줄이기

이 책에서 네트워크 계층에 대한 설명에 상당한 시간을 할애했다. 우리는 계층이 가중치로 구성되어 입력을 원하는 출력으로 변환할 수 있는 방식으로 구성된다고 배웠다. 이러한 가중치는 비용이 따르지만 각 가중치(기본으로)는 기본 모델의 경우 32-비트 부동소수점 숫자이며, 특히 컴퓨터 비전의 경우 수백만 개의 가중치를 가질 수도 있어서 크기가 수백 메가바이트인 네트워크가 만들어지기도 한다. 더구나 애플리케이션에는 당연히 여러 개의 모델이 있을 수 있다(이 장만 해도 적용하는 스타일마다 모델이 필요하다).

다행히 이 장에서 살펴본 모델은 적당한 수준의 가중치 개수와 겨우 2.2MB의 가중치를 갖고 있다. 하지만 이 경우가 예외일 수 있다. 그러므로 딱히 좋은 예는 아니지만, 이 장의 모델을 사용해 모델 가중치를 줄일 수 있는 몇 가지 방식을 알아보겠다. 그러기에 앞서 당연한 얘기지만 왜 모델 가중치를 줄여야 하는지부터 생각해보자. 모델 크기에 주의를 기울여야 하는 이유로는 다음 세 가지를 들 수 있다.

- 다운로드 시간
- 애플리케이션 공간
- 필요한 메모리 용량

이 요소들은 사용자 경험을 저해할 수 있어서 사용자가 서둘러 애플리케이션을 제거하거나 아예 내려받지 않는 원인이 될 수 있다. 따라서 모델의 크기를 줄여야 사용자가 애플리케이션 사용을 중단하는 사태를 예방할 수 있다. 다음은 모델 크기를 줄일 수 있는 대략의 방법이다.

- 네트워크가 사용하는 계층의 개수를 줄인다.
- 각 계층의 유닛 개수를 줄인다.
- 가중치의 크기를 줄인다.

처음 두 방식은 아키텍처를 조정하고 모델을 다시 훈련시켜야 하므로 원래의 네트워크와 도구에 접근할 수 있어야 한다. 마지막 방식이 가장 쉽게 접근할 수 있는 방식으로 이에 대해 지금부터 알아보겠다.

iOS 11.2에서 애플은 네트워크에서 반정밀도 부동 소수점(half-precision floating-point, 16비트) 숫자를 사용할 수 있도록 지원한다. 현재 iOS 12가 출시되면서 애플은 더 나아가 양자화(quantization)를 도입해 8비트 이하로 모델 가중치를 인코딩할 수 있도록 지원한다. 다음 그림에서 이 옵션들을 서로 비교할 수 있다.

각각에 대해 차례로 알아보자. 먼저 부동소수점을 32비트에서 16비트로 변환해 가중치 정밀도를 줄이는 것부터 살펴보자.

이 두 기법(반정밀도와 양자화)을 적용하기 위해 Core ML Tools 파이썬 패키지를 사용할 것이다. 따라서 먼저 브라우저를 열어 https://notebooks.azure.com에 가자. 페이지가 로딩되면 Chapter6/Notebooks/ 폴더로 가서 FastNeuralStyleTransfer_OptimizeCoreML.ipynb 주피터 노트북을 열자. 이전에도 했듯이, 여기서도 노트북의 각 셀을 살펴보고 그에 맞춰 각 셀을 실행하자.

먼저 Core ML Tools 패키지를 임포팅한다. 다음 코드를 포함한 셀을 실행하자.

```
try:
    import coremltools
except:
    !pip install coremltools
    import coremltools
```

여러분의 편의를 위해 import를 예외 처리 블록에 감싸서 패키지가 없으면 자동으로 설치하도록 코딩했다.

 이 책을 쓸 당시, Core ML 2는 여전히 베타 버전이고 최근에 공식적인 발표가 있었다. 만약 2.0 보다 아래 버전의 Core ML Tools를 사용하고 있다면 !pip install coremltools를 !pip install coremltools>=2.0b1로 교체해서 이 절에서 필요한 모듈에 접근할 수 있는 최신 베타 버전을 설치해야 한다.

다음으로 이전에 저장했던 mlmodel 파일을 다음 문장을 사용해 로딩한다.

```
coreml_model =
    coremltools.models.MLModel('output/FastStyleTransferVanGoghStarryNight.mlmodel')
```

그런 다음 coremltools.utils.convert_neural_network_weights_to_fp16를 호출하고 모델을 전달해 변환 작업을 수행한다. 여기까지 성공했으면 이 메서드는 여러분이 전달했던 모델에 대응하지만, 모델 가중치를 저장할 때 32비트 대신 반정밀도 가중치를 사용하는 모델을 반환한다. 그러기 위해 다음 코드를 가진 셀을 실행한다.

```
fp16_coreml_model = coremltools.utils.convert_neural_network_weights_to_fp16(coreml_model)
```

마지막으로 이 모델을 나중에 내려받아 프로젝트에 임포트할 수 있도록 저장한다. 다음 코드의 셀을 실행한다.

```
fp16_coreml_model.save('output/fp16_FastStyleTransferVanGoghStarryNight.mlmodel')
```

여기까지 실행했으면(본질적으로 세 줄짜리 코드), 모델 크기를 2.2MB에서 1.1MB까지 줄일 수 있게 된다. 그렇다면 주의 사항은 무엇일까?

의심했겠지만, 여기에는 트레이드오프가 있다. 모델 가중치의 정밀도를 낮추면 모델 정확도에 영향을 미치지만, 아마 염려할 수준까지는 아닐 것이다. 모델 정확도에 얼마나 영향을 미치는지 알고 싶다면 최적화한 모델을 원래 모델과 비교하고 테스트 데이터에서 최적화된 모델을 평가해 원하는 수준의 정확도와 결과를 출력하는지 확인하면 된다. 이를 위해 Core ML Tools는 이 과정을 끊김 없이 수행할 수 있는 유틸리티들을 제공한다. 이에 대해서는 공식 웹사이트 https://apple.github.io/coremltools/index.html에서 배울 수 있다.

양자화도 더 이상 복잡하지 않다(개념 측면에서가 아니라 Core ML Tools를 통해 사용한다는 측면에서). 이는 영리한 기법으로 코드를 통해 실행하기 전에 어떻게 8비트 압축을 할 수 있는지 간단히 살펴보자.

그차원에서 살펴보면 양자화는 연속되는 값 범위를 이산 집합에 매핑하는 기법이다. 즉 여러분이 가진 값을 그룹의 이산 집합으로 클러스터링한 다음 값을 가장 가까운 그룹에 매핑하는 룩업 테이블을 만드는 과정으로 생각할 수 있다. 그러면 크기는 값이 아니라 사용된 클러스터(인덱스)의 개수에 따라 좌우된다. 이로써 가중치를 8비트에서 2비트 사이의 크기를 사용해 인코딩할 수 있다.

이 개념을 구체적으로 표현하자면 다음 그림과 같다. 여기에서는 색상 양자화 결과를 보여주는데, 24비트 이미지를 16개의 색상으로 매핑했다.

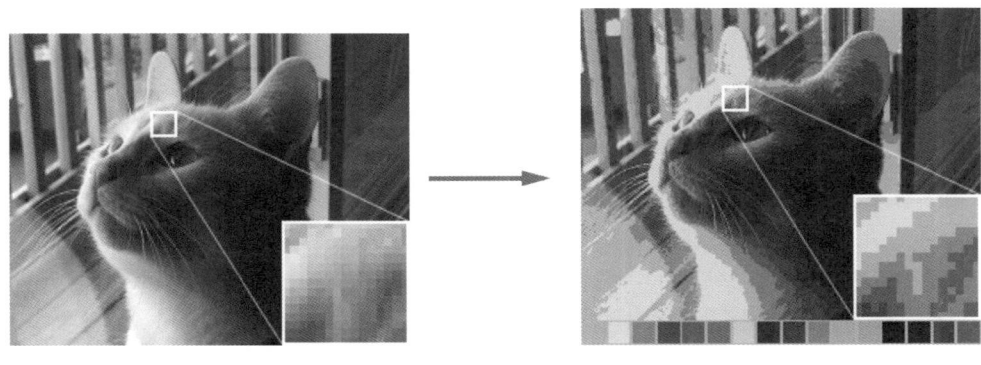

24비트 RGB → 16가지 색상

각 픽셀은 그 픽셀의 색상(채널 당 8비트로 총 24비트) 대신 이제 16가지 색상 팔레트에 대한 인덱스를 나타내어 24비트를 4비트로 압축한다.

Core ML Tools 패키지로 양자화를 사용해 모델을 최적화하는 방법을 알아보기에 앞서 이 팔레트(혹은 값의 이산 집합)를 도출하는 방식이 궁금할 것이다. 간단히 말하면, 값을 여러 그룹에 선형적으로 분리하는 방식부터 K-means 같은 비지도 학습을 사용하거나 별도의 적용 분야에 특화된 기법을 사용하는 등 다양한 방식이 있다. Core ML Tools를 사용하면 모든 변형을 적용할 수 있으며 데이터 분포와 테스트 과정에서 얻은 결과에 따라 선택하면 된다. 그러면 이제 양자화하는 방법을 살펴보자. 우선 모듈부터 임포트하자.

```
from coremltools.models.neural_network import quantization_utils as quant_utils
```

이 문장으로 모델을 임포트하고 quant_utils라는 별칭을 할당한다. 다음 셀에서 크기와 방식에 변형을 주어 모델을 최적화한다.

```
lq8_coreml_model = quant_utils.quantize_weights(coreml_model, 8, 'linear')
lq4_coreml_model = quant_utils.quantize_weights(coreml_model, 4, 'linear')
km8_coreml_model = quant_utils.quantize_weights(coreml_model, 8, 'kmeans')
km4_coreml_model = quant_utils.quantize_weights(coreml_model, 4, 'kmeans')
```

여기까지 완료했으면, 최적화된 모델을 output 디렉터리에 저장한 다음 로컬 디스크에 내려받아 Xcode에 임포트하자(이 작업은 시간이 다소 걸릴 것이다).

```
coremltools.models.MLModel(lq8_coreml_model) \
    .save('output/lq8_FastStyleTransferVanGoghStarryNight.mlmodel')
coremltools.models.MLModel(lq4_coreml_model) \
    .save('output/lq4_FastStyleTransferVanGoghStarryNight.mlmodel')
coremltools.models.MLModel(km8_coreml_model) \
    .save('output/km8_FastStyleTransferVanGoghStarryNight.mlmodel')
coremltools.models.MLModel(km4_coreml_model) \
    .save('output/km8_FastStyleTransferVanGoghStarryNight.mlmodel')
```

모델을 내려받아 프로젝트에 임포트하는 과정은 이미 이 장의 앞에서 해봤으니 자세한 설명은 생략하겠지만, 최적화가 결과에 어떤 영향을 주는지 감을 잡기 위해 각 모델의 결과를 직접 확인해보는 것이 좋다. 물론 이 결과는 모델, 데이터, 응용 영역에 따라 상당히 좌우된다. 다음 그림은 모델 크기를 가지고 최적화한 각각의 결과를 보여준다.

    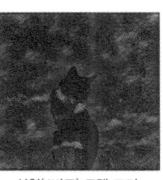

| 원본 모델 크기: 2.2MB | 반정밀도 부동 소수점 모델 크기: 1.1MB | KMeans(8비트) 모델 크기: 585KB | KMeans(4비트) 모델 크기: 281KB | 선형(8비트) 모델 크기: 560KB | 선형(4비트) 모델 크기: 560KB |

둘론 이미지의 해상도가 낮아(그리고 아마 이 그림을 흑백으로 보고 있기 때문에) 차이를 식별하기 어렵지만, 일반적으로 원본과 8비트 k-means 사이에 화질의 차이가 별로 나지 않는다.

Core ML 2가 출시되면서 애플은 Core ML 모델을 최적화하기 위한 여러 강력한 기능을 제공한다. 그 중에는 특히 여러 모델을 단일 패키지에 통합하는 기능도 포함돼 있다. 이렇게 하면 애플리케이션 크기를 줄일 수 있을뿐만 아니라 개발자가 모델과의 인터페이스를 구현하기 편리하다는 이점이 있다. 예를 들어 다양한 형상과 크기를 받는다면, 하나의 고정된 입력과 출력 차원 대신 다양한 입력과 출력 차원을 지원해야 하는데, 이 기능을 활용하면 여러 변형 또는 한도 내에서 다양한 범위를 가질 수 있어서 유연성을 높일 수 있다. 이 기능에 대한 자세한 내용은 공식 웹사이트 https://developer.apple.com/machine-learning에서 배울 수 있다. 그렇지만 이 장을 간단히 요약하고 다음 장으로 넘어가도록 하자.

요약

이 장에서는 스타일 전이의 개념을 소개했다. 스타일 전이는 이미지 콘텐츠와 스타일을 분리하는 것을 목표로 하는 기법이다. 그 방법에 대해 훈련된 CNN을 활용해 설명했으며, 여기에서 신경망의 계층이 깊어질수록 관련 없는 정보는 버리고 이미지 콘텐츠에 대한 정보를 뽑아낼 수 있다는 사실을 배웠다.

마찬가지로 더 얕은 계층에서는 질감이나 색상과 같이 더 상세한 특징을 추출하는 것을 알았다. 이 특징을 사용해 각 계층의 특징 맵(혹은 **컨볼루션 커널** 또는 **필터**) 사이의 상관관계를 살펴봄으로써 해당 이미지의 스타일을 분리할 수 있다. 이 상관관계는 스타일을 측정하거나 네트워크를 조정할 때 사용된다. 그리고 분리된 콘텐츠와 스타일을 결합해 새로운 이미지를 생성했다.

그런 다음 실시간으로 스타일 전이를 수행하는 데 있어서 제약 사항(현재 기술로)을 알아봤고, 이를 완화할 수 있도록 약간의 변형을 줬다. 매번 스타일과 콘텐츠를 최적화하는 대신 특정 스타일을 학습하도록 모델을 훈련시키면 된다. 이로써 이 책에서 다뤘던 다른 예제들과 마찬가지로 해당 이미지를 네트워크에 한 번만 통과시켜 스타일이 적용된 이미지를 생성할 수 있게 됐다.

개념 소개와 함께 케라스 모델을 Core ML 모델로 변환하고, 이 모델을 맞춤 계층을 구현하는 기회로 사용했다. 맞춤 계층이란 머신러닝 프레임워크와 Core ML 사이에 직접적 매핑이 없는 계층을 구현하는 스위프트만의 방식이다. 맞춤 계층을 구현한 다음 Accelerate(SIMD)와 Metal 프레임워크(GPU)를 사용해 최적화하는 방법을 살펴봤다.

계속해서 최적화 관련하여 모델 크기를 줄이는 데 사용할 수 있는 몇 가지 도구를 살펴봤다. 여기에서 두 가지 방식을 알아봤고, Core ML Tools 패키지를 사용해 이 방식을 활용하는 방법을 배웠으며, 최적화에 따른 크기와 정확도 사이의 트레이드오프에 대해 살펴봤다.

다음 장에서는 사용자 스케치를 인식하기 위해 배웠던 내용을 적용하는 방법을 배우겠다.

07

CNN으로
드로잉 보조하기

지금까지 우리가 사는 실세계를 더 잘 이해하기 위해(지각 작업) Core ML과 일반적으로 **머신러닝(machine learning, ML)**을 활용하는 방법을 알아봤다. 사용자 인터페이스를 설계하는 관점에서 보면 이는 사용자와 시스템 사이의 마찰을 줄여준다. 예를 들어, 사용자 사진에서 사용자를 식별할 수 있다면 애플 아이폰 X의 Face ID에서 보여주듯이 인증에 필요한 단계를 제거할 수 있다. Core ML을 통해 우리가 기기를 지원하기보다 우리를 더 잘 지원하는 기기를 가질 수 있게 됐다. Core ML은 개발자 에릭 레이몬드(Eric Raymond)가 지정한 '컴퓨터가 스스로 자동으로 탐지, 복사, 추정할 수 있는 정보라면 사용자에게 절대 묻지 말아야 한다'라는 규칙을 고수한다.

이 생각을 더 발전시켜 충분한 양의 데이터가 주어지면 사용자가 하고자 하는 바를 예상하고 그들의 작업을 달성하는 데 도움을 줄 수 있다. 이것이 이 장의 전제다. 구글 AutoDraw AI experiment에 강하게 영감받아, 사용자가 무엇을 그리고자 하는지 추측해서 사용자가 대체할 수 있는 사전에 그려진 드로잉을 제공하는(이미지 검색) 애플리케이션을 구현할 것이다.

이 장에서는 사용자가 무엇을 그리고자 하는지 예측하고 그것을 대체할 만한 추천 드로잉을 찾을 수 있는 방법을 살펴봄으로써 이 개념을 알아보겠다. 우리는 두 기법을 알아볼 것이다. 첫 번째는 우리에게 익숙한 **컨볼루션 신경망**(convolutional neural network, CNN)을 사용해 예측을 만들고 컨텍스트 기반 유사도 정렬 전략을 적용해 사용자 스케치에 더 어울리게 추천을 정렬하는 방법을 살펴보겠다. 다음 장에서는 계속해서 동일한 작업에 **순환 신경망**(recurrent neural network, RNN)을 사용하는 방법을 살펴보겠다.

이 장을 마치면 여러분은 다음을 얻을 수 있다.

- 스케치 인식 작업에 CNN 적용
- 모델을 위한 입력을 준비하는 경험 강화
- CNN에서 특징 맵을 도출하고 두 이미지가 얼마나 비슷한지 측정하기 위해 이 특징 맵을 사용하는 방법 학습

이 장에서 다뤄야 할 내용이 많으므로 간단한 드로잉 애플리케이션을 만드는 일부터 시작하자.

지능형 인터페이스를 구현해야 하는 이유

방법을 알아보기 전에, 우리에게 동기를 부여하고 이 개념을 창의적으로 탐구하도록 장려하기 위해 왜 해야 하는지 간단히 논의해보자. 서두에서 시사한 바대로, 첫 번째로는 마찰을 줄일 수 있다는 점이다. 휴대폰의 소프트 키보드(물리적 버튼이 없는 키보드)를 생각해보자. 공간과 피드백의 부족과 같은 매체의 제약 때문에 자동 완성 텍스트 없이 텍스트를 입력하는 것은 그 키보드를 쓸모없게 만들 정도로 번거로운 일이다. 유사하게, 손가락으로 그리면 편리하지만, 손가락이 그렇게 정확하지 않기 때문에 그림을 그리기 어렵다.

이 개념(보강)이 이점을 갖는 또 다른 이유는 드로잉 기법을 대중화할 수 있다는 데 있다. 보통 사람들은 자신의 능력을 넘어서는 일이라고 생각해서 그리는 시도조차 하지 않는다. 아마 우리가 사람들의 그리기 능력을 향상시킬 수 있을 것이다. 이러한 이유로 Yong Jae Lee, Larry Zitnick, Michael Cohen이 2011년에 SIGGRAPH에서 발표했던 연구 프로젝트 *ShadowDraw*를 수행했다. 이 프로젝트는 사용자가 그은 획 아래에 그림자 이미지로 희미한 윤곽선을 제공해 출력 품질을 상당히 개선시킬 수 있음을 보여줬다.

마지막으로 이 개념이 흥미로운 이유를 들자면 사용자가 더 높은 추상화 수준에서 작업할 수 있는 방식을 제공한다는 것이다. 예를 들어, 여러분이 새로운 애니메이션을 위해 스토리보드를 그리는 작업을 해야 한다고 가정해보자. 여러분이 장면을 그리면 시스템에서 여러분이 그린 스케치를 그와 관련한 캐릭터와 소품으로 대체해 속도를 저하시키지 않으면서 더 높은 충실도로 설계할 수 있게 해준다.

지금쯤이면 여러분이 사용자 인터페이스에 인공지능을 통합시킴으로써 얻을 수 있는 가능성을 알았을 것이다. 이제 다음 절을 시작으로 그 방식을 중점적으로 알아보자.

드로잉

이 절에서는 기존의 초기 애플리케이션을 살펴보고 드로잉 기능을 구현하자. 그러고 나면 다음 절에서는 사용자가 무엇을 그리고자 하는지 예측하고 그를 대체할 만한 대체물을 제공함으로써 사용자 능력을 향상시키는 방법을 살펴보겠다.

아직 최신 코드를 내려받지 않았다면 관련 저장소(https://github.com/packtpublishing/machine-learning-with-core-ml)에서 코드를 내려받자. 코드를 내려받았으면 Chapter7/Start/QuickDraw/ 디렉터리로 가서 QuickDraw.xcodeproj 프로젝트를 연다. 프로젝트가 로딩됐으면 다음 그림처럼 이 장의 초기 프로젝트를 보게 될 것이다.

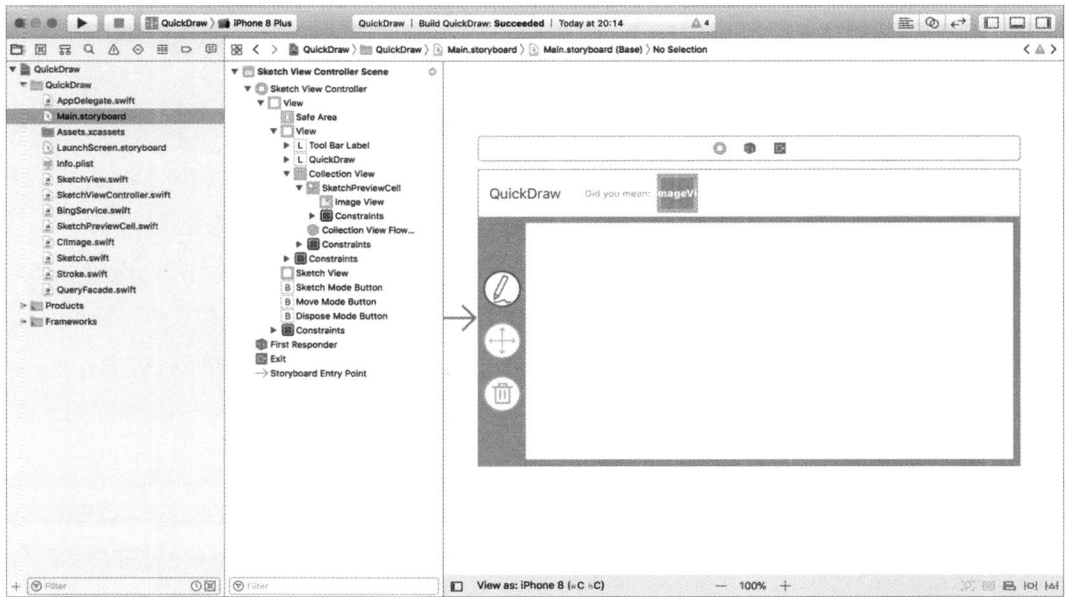

이 화면에서 애플리케이션을 전부 볼 수 있다. 인터페이스는 단일 뷰로 구성된다. 왼쪽에 간단한 툴바가 있어 사용자가 스케치하거나 이동할 수 있도록 메뉴를 제공한다. 그에 더해 화면 전체를 지울 수 있는 버튼이 있다. 툴바 오른편에 있는 영역은 캔버스이며 여기에 사용자가 그린 스케치나 대체된 이미지가 렌더링된다. 마지막으로 상단은 레이블과 컬렉션 뷰(collection view)로 구성돼 있다. 컬렉션 뷰는 사용자가 대체할 수 있는 추천 이미지를 만들며, 레이블은 단순히 컬렉션 뷰를 통해 사용자에게 제시된 이미지의 의도를 사용자가 알 수 있도록 표시되는 내용이다.

앞서 말했듯이 첫 번째 할 일은 드로잉 기능을 구현하는 것이다. 데이터를 제공하는 배관 작업의 일부는 이미 구현돼 있지만 대부분의 작업이 남아있다. 이 작업을 수행하면서 애플리케이션 구조와 ML을 통합시키는 방법에 대해 이해할 수 있는 기회가 될 것이다. 코드로 들어가기에 앞서 먼저 이 프로젝트 내부의 관련 소스 파일의 목적을 간단히 짚고 넘어가자. 책의 내용 소개 페이지처럼, 이 내용을 통해 이 소스 파일들이 어떻게 서로 연결되는지 알 수 있고 프로젝트에 좀 더 익숙해질 것이다.

- SketchView: 이 맞춤 UIControl은 사용자의 터치를 잡아내 드로잉으로 변환하는 작업을 수행한다. 여기에서 이러한 드로잉과 대체된 드로잉(대체된 스케치)을 렌더링한다. 앞에서 봤듯이 이 컨트롤은 이미 뷰에 추가돼 있다. 이 절에서는 터치 이벤트 기능을 구현할 것이다.

- SketchViewController: 메인 뷰 뒤의 컨트롤러로 사용자가 편집을 마쳤을 때(손가락을 들 때)를 듣고 있다가 현재 스케치를 처리하기 위해 QueryFacade에 전달한다. 이 컨트롤러는 모드 변경(스케치, 이동, 전체 삭제)을 처리하고 이동 모드에서 스케치를 화면에서 드래그하는 작업도 수행한다.

- BingService: 여기서는 추천 이미지를 찾기 위해 마이크로소프트의 Bing Image Search API를 사용할 것이다. 빙은 이미지 검색을 위해 검색을 세부 조정할 수 있는 관련 매개변수와 함께 간단한 RESTful 서비스를 제공한다. 참고: 여기서 이 코드를 편집하지는 않을 것이다.

- SketchPreviewCell: UICollectionViewCell 클래스의 단순한 확장 클래스로, 사용 가능한 셀 내부에 UIImageView가 중첩될 수 있게 만들어준다. 참고: 이 클래스도 편집하지 않는다.

- CIImage: 이 클래스는 이미 3장, 실세계에서 객체 인식하기에서 구현해봤으므로 익숙할 것이다. 이 장에서는 이미지(스케치 포함) 크기를 재조정하고 이미지의 원시 데이터에 접근할 때 광범위하게 사용할 것이다.

- Sketch: 우리 스케치 모델이다. 여기서는 두 가지 버전으로 구현해 볼 것이다. 하나는 사용자가 그린(사용자 획에 의해 생성된) 스케치를 렌더링하는 데 사용되며 다른 하나는 스케치(사용자가 그린 획으로 구성된)를 대체한 UIImage를 캡슐화할 때 사용된다.

- Stroke: 스케치의 일부를 묘사하는 데이터 객체로, 해당 스케치를 렌더링할 수 있게 사용자가 그린 경로를 인코딩한다.

- QueryFacade: 어렵고 까다로운 작업들은 모두 이 클래스에서 이뤄진다. 사용자가 편집을 마치면 뷰 컨트롤러는 스케치를 내보내 QueryFacade에 전달하고, 여기에서 다음의 세 가지 작업을 수행한다. 1) 사용자가 무엇을 그리려고 하는지 추측하고, 2) 관련 추천 이미지를 가져와 내려받고 3) 컬렉션 뷰를 통해 사용자에게 보여주기 위해 뷰 컨트롤러로 전달하기 전에 이를 정렬한다. 이 과정을 도식화하면 다음 그림과 같다.

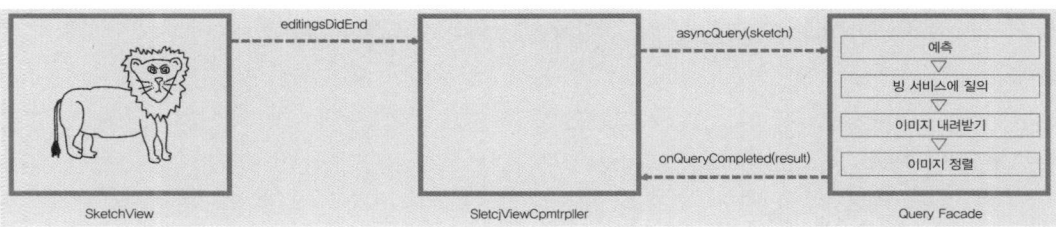

이제 이 모든 요소들이 어떻게 함께 동작하게 되는지 이해될 것이다. 이를 현실로 가져와 처음부터 차근차근 구현해보자. 주 영역의 파일을 중점적으로 살펴보기 위해 Stroke.swift 파일을 클릭하자. 파일을 열면 상당한 양의 코드를 보게 될텐데 그 첫머리에 다음 코드가 있다.

```
import UIKit
class Stroke{
}
```

앞에서 본 내용을 요약해보면, Stroke는 사용자가 그린 단일 경로를 캡슐화해 이를 화면에 렌더링할 때 재현할 수 있게 만드는 것을 목표로 한다. 경로는 사용자가 화면을 따라 손가락을 움직일 때 캡처한 점으로 구성된 리스트일 뿐이다. 경로와 함께 획의 색상과 굵기도 저장한다. 이것들이 획의 시각적 아름다움을 결정한다. Stroke 클래스에 생성자와 함께 다음 속성을 추가한다.

```
var points : [CGPoint] = [CGPoint]()
var color : UIColor!
var width : CGFloat!

init(startingPoint:CGPoint, color:UIColor=UIColor.black, width:CGFloat=10.0) {
    self.points.append(startingPoint)
    self.color = color
    self.width = width
}
```

다음으로 Stroke 클래스에 몇 가지 계산된 속성을 추가할 텐데 이 속성들은 스케치를 렌더링하고 내보낼 때 사용될 것이다. 렌더링을 지원하는 속성과 함께, 스케치와 관련된 각 획의 경로를 렌더링하기 위해 코어 그래픽(Core Graphics) 프레임워크를 사용하겠다. 렌더링에는 addPath와 drawPath 메서드를 사용해 경로를 렌더링할 메서드를 제공하는 코어 그래픽 컨텍스트(CGContext)를 사용한다. addPath 메서드는 CGPath 형식을 받는데, 이 형식은 경로를 그리는 방법을 보여주는 일련의 드로잉 명령어로 이 경로는 획을 이루는 점으로부터 쉽게 도출할 수 있다. 이제 이 작업을 해보자. Stroke 클래스에 path 속성을 추가한다.

```swift
var path : CGPath{
    get{
        let path = CGMutablePath.init()
        if points.count > 0{
            for (idx, point) in self.points.enumerated(){
                if idx == 0{
                    path.move(to: point)
                } else{
                    path.addLine(to: point)
                }
            }
        }
        return path
    }
}
```

앞서 언급했듯이 CGPath는 일련의 드로잉 명령어로 이뤄져 있다. 앞의 코드에서 Stroke에 연결된 점들을 사용해 경로를 생성한다. 첫 번째를 제외한 나머지 점들은 서로 한 줄로 연결하며, 첫 번째는 단순히 이 선을 그 위치로 이동시킨다.

 코어 그래픽 프레임워크는 낮은 수준의 2차원 드로잉 엔진으로 가볍게 설계된 엔진이다. 이 프레임워크에는 경로 기반 드로잉, 변환, 색상 관리, 오프-스크린 렌더링, 패턴과 음영, 이미지 생성, 이미지 마스킹 같은 드로잉 기능이 포함돼 있다.

다음으로 볼 두 개의 속성은 스케치의 윤곽 상자, 즉 모든 획의 x와 y 위치의 최솟값과 최댓값을 포괄하는 테두리를 얻기 위해 사용된다. stroke 내부에 구현하면 나중에 작업이 더 쉬워질 것이다. 다음 코드처럼 Stroke 클래스에 minPoint와 maxPoint 속성을 추가한다.

```swift
var minPoint : CGPoint{
    get{
        guard points.count > 0 else{
            return CGPoint(x: 0, y: 0)
        }
        let minX : CGFloat = points.map { (cp) -> CGFloat in
            return cp.x
            }.min() ?? 0
        let minY : CGFloat = points.map { (cp) -> CGFloat in
            return cp.y
            }.min() ?? 0
        return CGPoint(x: minX, y: minY)
    }
}

var maxPoint : CGPoint{
    get{
        guard points.count > 0 else{
            return CGPoint(x: 0, y: 0)
        }
        let maxX : CGFloat = points.map { (cp) -> CGFloat in
            return cp.x
            }.max() ?? 0
        let maxY : CGFloat = points.map { (cp) -> CGFloat in
            return cp.y
            }.max() ?? 0
        return CGPoint(x: maxX, y: maxY)
    }
}
```

각 속성을 보면 각 축(x와 y)을 해당 축만의 배열에 매핑한 다음, 해당 속성의 메서드와 관련해 최솟값이나 최댓값을 찾는다. 이 작업으로 Stroke 클래스 구현이 끝났다. 이제 다음 계층으로 넘어가 Sketch 클래스를 구현하자. 왼쪽 패널에서 Sketch.swift를 선택해서 편집창에서 열자. 수정하기 전에, 기존 코드를 살펴보고 어떤 작업이 남았는지 생각해보자.

```swift
protocol Sketch : class{
    var boundingBox : CGRect{ get }
    var center : CGPoint{ get set }
```

```
    func draw(context:CGContext)
    func exportSketch(size:CGSize?) -> CIImage?
}
```

지금으로서는 클래스가 구체화돼 있지 않으므로 이 절에서 할 일은 이 클래스를 구체화시키는 일이 되겠다. 코딩하기 전에 Sketch가 할 일을 검토해보자. 앞서 말했듯이 Sketch는 사용자 드로잉에 연결된 획의 집합을 렌더링하거나 사용자가 자신이 그린 드로잉을 대체하기 위해 선택한 이미지를 렌더링한다. 이러한 이유로 우리는 Sketch 클래스를 두 가지 방식으로 구현한다. 하나는 획을 처리하며, 다른 하나는 이미지를 처리한다. 먼저 획을 관리하고 렌더링하는 클래스를 구현하자.

각각의 구현은 draw / exportSketch 메서드와 boundingBox / center 속성을 제공해야 한다. 이제 이 메서드를 간단히 알아보겠다. 먼저 가장 명확한 draw 메서드부터 살펴보자. Sketch 클래스라고 하면 각각의 획을 그리거나 스케치 유형에 따라 할당된 이미지를 렌더링하거나 자신을 렌더링할 거라는 사실은 알 수 있다. exportSketch 메서드는 스케치의 래스터[7] 버전을 얻을 때 사용되며, 캔버스의 어느 영역이 정보(즉, 드로잉)를 포함하고 있는지 정하기 위해 사용되는 boundingBox 속성에 의존한다. 그런 다음 이 메서드는 모델에 공급할 수 있게 스케치를 CIImage로 변환한다. 마지막 속성인 center는 중앙 위치를 반환하고 설정하며, 앞에서 설명한 대로 이동 모드에서 사용자가 화면에서 스케치를 드래그할 때 사용된다.

이제 획을 처리하는 Sketch를 구체적으로 구현해 보자. 다음 코드를 Sketch.swift 파일 내의 Sketch 클래스에 추가한다.

```
class StrokeSketch : Sketch{
    var label : String?
    var strokes = [Stroke]()
    var currentStroke : Stroke?{
        get{
            return strokes.count > 0 ? strokes.last : nil
        }
    }
    func addStroke(stroke:Stroke){
        self.strokes.append(stroke)
    }
}
```

---

[7] 옮긴이 : 래스터(raster)란 컴퓨터에서 화상 정보를 표현하는 한 가지 방법이다. 이미지를 2차원 배열 형태의 픽셀로 구성하고, 이 점들의 모습을 조합, 일정한 간격의 픽셀들로 하나의 화상 정보를 표현하는 것이다. 즉 한 줄에서 연속된 픽셀들의 집합을 래스터라고 한다. (출처: 네이버 사전)

여기에서 Sketch 프로토콜을 따르는 새로운 클래스 StrokeSketch를 정의했다. 여기서는 두 속성, 즉 모든 획을 담고 있는 리스트와 스케치에 주석을 달 때 사용할 문자열을 정의했다. 또한 두 개의 헬퍼 메서드도 공개했다. 하나는 사용자가 드로잉 작업 중일 때 현재 획을 반환하며, 다른 하나는 새로운 획을 추가하기 위한 편의 메서드다.

이제 스케치를 렌더링할 기능을 구현하자. StrokeSketch 클래스에 다음 코드를 추가한다.

```swift
func draw(context:CGContext){
    self.drawStrokes(context:context)
}

func drawStrokes(context:CGContext){
    for stroke in self.strokes{
        self.drawStroke(context: context, stroke: stroke)
    }
}

private func drawStroke(context:CGContext, stroke:Stroke){
    context.setStrokeColor(stroke.color.cgColor)
    context.setLineWidth(stroke.width)
    context.addPath(stroke.path)
    context.drawPath(using: .stroke)
}
```

우리는 이 프로토콜의 draw 메서드를 구현하지만, 드로잉 작업은 drawStrokes와 drawStroke 메서드에 위임할 것이다. drawStrokes 메서드는 단순히 sketch 클래스가 현재 가지고 있는 모든 획을 반복해서 코어 그래픽 컨텍스트에 대한 참조와 현재 Stroke를 전달해 이 획들을 drawStroke 메서드에 전달한다. drawStroke 메서드 내부에서는 먼저 해당 컨텍스트의 획의 색상과 선 굵기를 업데이트하고, 그런 다음 계속해서 관련 경로를 추가하고 그린다. 여기까지 구현됐으면 사용자가 그림 그리기에 충분한 기능은 확보된 것이다. 그렇지만 완전하게 구현하기 위해 윤곽 상자를 얻고, 스케치와 중앙값을 얻어 업데이트하고, 스케치를 CIImage로 래스터화하는 기능을 구현하자. 먼저 boundingBox 속성과 그와 연관된 메서드로 시작하자. StrokeSketch 클래스에 다음 코드를 추가한다.

```swift
var minPoint : CGPoint{
    get{
        guard strokes.count > 0 else{
```

```
            return CGPoint(x: 0, y: 0)
        }
        let minPoints = strokes.map { (stroke) -> CGPoint in
            return stroke.minPoint
        }
        let minX : CGFloat = minPoints.map { (cp) -> CGFloat in
            return cp.x
            }.min() ?? 0
        let minY : CGFloat = minPoints.map { (cp) -> CGFloat in
            return cp.y
            }.min() ?? 0
        return CGPoint(x: minX, y: minY)
    }
}

var maxPoint : CGPoint{
    get{
        guard strokes.count > 0 else{
            return CGPoint(x: 0, y: 0)
        }
        let maxPoints = strokes.map { (stroke) -> CGPoint in
            return stroke.maxPoint
        }
        let maxX : CGFloat = maxPoints.map { (cp) -> CGFloat in
            return cp.x
            }.max() ?? 0
        let maxY : CGFloat = maxPoints.map { (cp) -> CGFloat in
            return cp.y
            }.max() ?? 0
        return CGPoint(x: maxX, y: maxY)
    }
}

var boundingBox : CGRect{
    get{
        let minPoint = self.minPoint
        let maxPoint = self.maxPoint
        let size = CGSize(width: maxPoint.x - minPoint.x, height: maxPoint.y - minPoint.y)
        let paddingSize = CGSize(width: 5, height: 5)
```

```
        return CGRect(x: minPoint.x - paddingSize.width,
                      y: minPoint.y - paddingSize.height,
                      width: size.width + (paddingSize.width * 2),
                      height: size.height + (paddingSize.height * 2))
    }
}
```

먼저 minPoint와 maxPoint 속성을 구현하자. 이 속성은 Stroke 클래스의 minPoint와 maxPoint 속성과 유사하다. 다른 점이라면 점 집합에서 동작하는 대신 획 집합에서 동작하고, 그에 대응하는 Stroke 클래스의 속성(minPoint와 maxPoint)을 활용한다는 점이다. 다음으로 획 자체가 잘리는 것을 피하기 위해 일부 패딩을 더해 최솟값, 최댓값의 점을 캡슐화할 CGRect를 생성하는 boundingBox 속성을 구현한다.

이제 Stroke 프로토콜 내에 선언된 center 속성을 구현하겠다. 이 프로토콜에서는 get과 set 블록이 구현돼야 한다. getter 메서드는 막 구현했던 윤곽 상자의 중앙값을 반환하고, setter 메서드는 모든 획을 반복해 이전 중앙값과 새로운 중앙값의 차이를 사용해 각 점을 변환할 것이다. 이제 이것을 구현해보자. 다음 코드를 StrokeSketch 클래스에 추가하자. 여기서는 boundingBox 속성을 활용하는 것이 좋다.

```
var center : CGPoint{
    get{
        let bbox = self.boundingBox
        return CGPoint(x:bbox.origin.x + bbox.size.width/2,
                       y:bbox.origin.y + bbox.size.height/2)
    }
    set{
        let previousCenter = self.center
        let newCenter = newValue
        let translation = CGPoint(x:newCenter.x - previousCenter.x,
                                  y:newCenter.y - previousCenter.y)
        for stroke in self.strokes{
            for i in 0..<stroke.points.count{
                stroke.points[i] = CGPoint(
                    x:stroke.points[i].x + translation.x,
                    y:stroke.points[i].y + translation.y)
            }
        }
    }
}
```

여기에서 먼저 현재 중앙값을 얻은 다음, 이 값과 이 속성에 할당된 새로운 중앙값 사이의 차이를 계산한다. 그런 다음 모든 획과 그에 대응하는 점들을 반복해 이 오프셋을 더한다.

마지막으로 Sketch 프로토콜을 준수하기 위해 구현해야 할 메서드는 exportSketch이다. 이 메서드의 목적은 size 인수가 있다면 그 인수에 맞춰 이 이미지 척도를 조정하고, 그 인수가 없다면 기본값으로 스케치의 실제 크기를 사용해 스케치를 이미지(CIImage)로 래스터화하는 데 있다. 메서드 자체는 꽤 길지만 그렇게 복잡하지는 않다. 우리는 이미 스케치를 렌더링(draw 메서드를 통해)하는 기능을 구현했다. 그렇지만 뷰에서 전달받은 코어 그래픽 컨텍스트를 렌더링하는 대신, 새로운 컨텍스트를 생성하고 size 인수 또는 실제 스케치 크기에 맞춰 척도를 조정하고 그로부터 CIImage 인스턴스를 생성한다.

가독성을 높이기 위해 메서드를 부분으로 나누어 살펴보자. 먼저 척도를 계산하자. 그런 다음 context를 생성하고 렌더링한 다음 마지막으로 이를 CIImage에 감싸는 것을 살펴보겠다. 다음 코드를 StrokeSketch 클래스에 추가한다.

```
func exportSketch(size:CGSize?=nil) -> CIImage?{
    let boundingBox = self.boundingBox
    let targetSize = size ?? CGSize(
        width: max(boundingBox.width, boundingBox.height),
        height: max(boundingBox.width, boundingBox.height))
    var scale : CGFloat = 1.0
    if boundingBox.width > boundingBox.height{
        scale = targetSize.width / (boundingBox.width)
    } else{
        scale = targetSize.height / (boundingBox.height)
    }
    guard boundingBox.width > 0, boundingBox.height > 0 else{
        return nil
    }
}
```

이 코드 블록에서 메서드를 선언하고 이미지를 내보낼 크기와 척도를 결정하는 기능을 구현했다. 크기가 전달되지 않으면 스케치의 윤곽 상자 속성의 크기를 그대로 사용한다. 마지막으로 우리가 내보낼 것이 있는지 확인한다.

이제 context를 생성하고 계산된 척도에 맞춰 스케치를 렌더링한다. 다음 코드를 exportSketch 메서드에 덧붙인다.

```
UIGraphicsBeginImageContextWithOptions(targetSize, true, 1.0)

guard let context = UIGraphicsGetCurrentContext() else{
    return nil
}

UIGraphicsPushContext(context)

UIColor.white.setFill()
context.fill(CGRect(x: 0, y: 0,
                    width: targetSize.width, height: targetSize.height))

context.scaleBy(x: scale, y: scale)

let scaledSize = CGSize(width: boundingBox.width * scale, height: boundingBox.height * scale)

context.translateBy(x: -boundingBox.origin.x + (targetSize.width - scaledSize.width)/2,
                    y: -boundingBox.origin.y + (targetSize.height - scaledSize.height)/2)

self.drawStrokes(context: context)

UIGraphicsPopContext()
```

코어 그래픽 프레임워크에서 UIGraphicsBeginImageContextWithOptions를 사용해 새로운 context를 생성하고 UIGraphicsGetCurrentContext 메서드를 사용해 이 context의 참조를 얻는다. UIGraphicsBeginImageContextWithOptions는 일시적인 렌더링 컨텍스트를 생성한다. 여기에서 첫 번째 인수는 이 컨텍스트를 위한 목표 크기이고, 두 번째 인수는 배경을 투명하게 할지 불투명하게 할지 결정하고, 마지막 인수는 화면에 표시할 때의 척도 인자를 결정한다. 그런 다음 context를 흰색으로 채우고 그 컨텍스트의 CGAffineTransform 속성을 scaleBy 메서드를 사용해 업데이트한다. 뒤따라 나올 이동과 드로잉 같은 그리기 메서드는 척도를 정확히 조정하는 이 메서드를 활용해 변환된다. 그런 다음, 이 context를 스케치의 draw 메서드에 전달한다. 이 메서드는 스케치를 해당 컨텍스트에 렌더링한다. 마지막으로 context에서 이미지를 얻고 그 이미지를 CIImage 인스턴스에 감싼다. 이제 이 작업을 해보자. 다음 코드를 exportSketch 메서드에 덧붙인다.

```
guard let image = UIGraphicsGetImageFromCurrentImageContext() else{
    UIGraphicsEndImageContext()
    return nil
}
UIGraphicsEndImageContext()

return image.ciImage != nil ? image.ciImage : CIImage(cgImage: image.cgImage!)
```

코어 그래픽 메서드인 `UIGraphicsGetImageFromCurrentImageContext` 덕분에 그리 어렵지 않게 이 작업을 할 수 있다. `UIGraphicsGetImageFromCurrentImageContext`는 컨텍스트의 래스터화된 버전을 담은 `CGImage` 인스턴스를 반환한다. `CIImage` 인스턴스를 생성하려면 이미지를 생성자에 전달해 반환하면 된다.

이제 `Sketch` 클래스를 끝냈으니 서서히 다음 계층으로 넘어가 보자. 다음으로 스케치를 생성하고 그리는 작업을 지원하는 `SketchView` 클래스를 채울 것이다. 왼쪽 패널에서 `SketchView.swift` 파일을 선택해 편집 창에 띄우고, 기존 코드를 간단히 검토하자. `SketchView`는 확장 메서드를 사용하는 몇 가지 부분으로 나누어져 있다. 코드를 쉽게 읽을 수 있게, 각 부분을 핵심 기능과 함께 설명하겠다.

```
class SketchView: UIControl {
    var clearColor : UIColor = UIColor.white
    var strokeColor : UIColor = UIColor.black
    var strokeWidth : CGFloat = 1.0
    var sketches = [Sketch]()
    var currentSketch : Sketch?{
        get{
            return self.sketches.count > 0 ? self.sketches.last : nil
        }
        set{
            if let newValue = newValue{
                if self.sketches.count > 0{
                    self.sketches[self.sketches.count-1] = newValue
                } else{
                    self.sketches.append(newValue)
                }
            } else if self.sketches.count > 0{
                self.sketches.removeLast()
            }
            self.setNeedsDisplay()
```

```
        }
    }
    override init(frame: CGRect) {
        super.init(frame: frame)
    }
    required init?(coder aDecoder: NSCoder) {
        super.init(coder: aDecoder)
    }
    func removeAllSketches(){
        self.sketches.removeAll()
        self.setNeedsDisplay()
    }
}
```

코드 대부분은 따로 설명이 필요 없어 보이지만 currentSketch 속성에는 잠깐 주의를 기울이기 바란다. 이 getter 메서드를 사용해 현재 그리고 있는 스케치라고 생각되는 최신 스케치에 접근할 수 있는 편리한 방법을 제공한다. setter 메서드는 약간 모호하다. 이 메서드는 현재 (최신) 스케치를 대체하는 쉬운 방법을 제공하며, 사용자 스케치를 사용자에게 추천한 이미지로 대체하기 위해 이 방법을 사용한다. 다음으로 볼 코드 부분은 여러분에게 익숙한 드로잉 기능을 구현한다. 여기서는 단순히 context를 지우고 전체 스케치를 반복해 해당 스케치의 draw 메서드에 드로잉을 위임한다.

```
extension SketchView{
    override func draw(_ rect: CGRect) {
        guard let context = UIGraphicsGetCurrentContext() else{ return }
        self.clearColor.setFill()
        UIRectFill(self.bounds)
        // them draw themselves
        for sketch in self.sketches{
            sketch.draw(context: context)
        }
    }
}
```

마지막 코드 부분은 드로잉 기능을 구현한다. 현재는 이 메서드들에 터치 이벤트를 가로채는 부분만 채웠다. 나중에 이 메서드를 채울 것이다.

```
extension SketchView{
    override func beginTracking(_ touch: UITouch, with event: UIEvent?) -> Bool{
        return true
    }
    override func continueTracking(_ touch: UITouch?, with event: UIEvent?) -> Bool {
        return true
    }
    override func endTracking(_ touch: UITouch?, with event: UIEvent?) {
    }
    override func cancelTracking(with event: UIEvent?) {
    }
}
```

계속해서 코드를 작성하기 전에 간단히 여기서 하려는 일이 무엇인지 검토해 보자. 앞서 언급했듯이, SketchView는 사용자가 손으로 스케치할 수 있게 해주는 기능을 담당한다. 우리는 이 기능을 지원하기 위해 이전 몇 페이지를 할애해 데이터 객체(Stroke와 Sketch)를 구성했으며, 여기에서는 이 데이터 객체를 활용하겠다.

터치는 사용자가 처음 뷰를 터치할 때 시작한다(beginTracking). 이것을 탐지할 때 현재 활성화된 적절한 스케치가 있는지 여부를 먼저 확인해야 한다. 그렇지 않으면 스케치를 새로 생성하고 현재 스케치로 설정한다. 다음으로 화면에서 사용자가 손을 드래그할 때 그 손을 추적하기 위해 사용될 획(Stroke)을 생성하겠다. 사용자가 손가락을 떼거나 손가락이 뷰의 테두리 밖으로 드래그되면 획이 완성됐다고 본다. 그런 다음 뷰에 획을 다시 그리기를 요청하고 마지막으로 UIContol.Event.editingDidBegin 행동 이벤트를 브로드캐스팅해서 이 이벤트를 수신 대기하고 있는 다른 클래스에 알려준다. 그럼 코드에 이 작업을 넣어보자. SketchView 클래스 내의 beginTracking에 다음 코드를 덧붙인다.

```
let point = touch.location(in: self)
if sketches.count == 0 || !(sketches.last is StrokeSketch){
    sketches.append(StrokeSketch())
}
guard let sketch = self.sketches.last as? StrokeSketch else {
    return false
}
sketch.addStroke(stroke:Stroke(startingPoint: point,
                               color:self.strokeColor,
                               width:self.strokeWidth))
```

```
self.setNeedsDisplay()
self.sendActions(for: UIContol.Event.editingDidBegin)
return true
```

 iOS 문서에 설명된 것처럼, 여기서는 컨트롤에서 일반적인 타깃-액션 메커니즘을 따라 관심 있는 이벤트를 브로드캐스팅함으로써 다른 클래스가 이 컨트롤과 통합하는 방법을 단순화시킨다.

다음으로 continueTracking 메서드 본문을 구현할 것이다. 여기서는 현재 스케치, 현재 획에 새로운 점을 덧붙이기만 한다. 이전과 마찬가지로 뷰에 이를 고쳐 그리고 UIContol.Event.editingChanged 동작을 브로드캐스팅할 것을 요청한다. 다음 코드를 continueTracking 메서드의 본문에 덧붙인다.

```
guard let sketch = self.sketches.last as? StrokeSketch, let touch = touch else{
    return false
}
let point = touch.location(in: self)
sketch.currentStroke?.points.append(point)
self.setNeedsDisplay()
self.sendActions(for: UIContol.Event.editingChanged)
return true
```

앞의 코드는 사용자가 손가락을 뗄 때 필요한 것과 아주 많이 비슷하다. 다만 여기서는 참(플랫폼에 이 큐가 계속해서 이벤트를 소모하고 싶다는 것을 의미함)을 반환하고 UIContol.Event.editingChanged 이벤트를 UIContol.Event.editingDidEnd로 대체한다. 다음 코드를 endTracking 메서드의 본문에 추가한다.

```
guard let sketch = self.sketches.last as? StrokeSketch, let touch = touch else{
    return
}
let point = touch.location(in: self)
sketch.currentStroke?.points.append(point)
self.setNeedsDisplay()
self.sendActions(for: UIContol.Event.editingDidEnd)
```

마지막으로 SketchView 클래스에 추가해야 할 코드는 현재 손가락 추적이 취소될 때(손가락을 현재 뷰에서 떼거나 기기의 추적 범위를 벗어날 때, 즉 화면 밖으로 나갈 때 트리거됨)를 다룬다. 여기서는 이 경우를 단순히 추적이 끝났을 때와 동일하게 다루며, 마지막 점을 추가하지 않는다는 것만 다르다. 다음 코드를 cancelTracking 메서드 본문에 덧붙인다.

```
guard let _ = self.sketches.last as? StrokeSketch else{
    return
}
self.setNeedsDisplay()
self.sendActions(for: UIContol.Event.editingDidEnd)
```

SketchView 클래스 구현이 끝났으니, 이제 이 애플리케이션이 스케치 기능을 지원할 수 있게 됐다. 이제 시뮬레이터나 기기에 애플리케이션을 빌드하고 실행해 모든 기능이 제대로 동작하는지 확인해보자. 만약 제대로 동작한다면 다음 그림처럼 화면에 그릴 수 있을 것이다.

캔버스를 이동하고 지우는 기능은 이미 구현돼 있다. 이동 버튼을 클릭해 스케치를 드래그하고 쓰레기통 버튼을 탭해 캔버스를 지운다. 다음으로 훈련된 Core ML 모델을 임포트하고 이미지를 분류해 사용자에게 추천하는 기능을 구현할 것이다.

사용자 스케치 인식하기

이 절에서는 먼저 사용자가 그리고 있는 것을 추측하기 위해 사용할 데이터셋과 모델을 검토하겠다. 그런 다음 계속해서 이를 스케치하는 사용자의 작업 흐름에 통합하고 사용자 스케치를 선택된 이미지로 바꾸는 것을 지원하는 기능을 구현한다.

훈련 데이터와 모델 검토

이 장에서 사용하는 CNN은 Mathias Eitz, James Hays, Marc Alexa가 쓴 연구 논문인 *How Do Humans Sketch Objects?*에서 사용됐고, 또 그 논문에서 제공하는 데이터셋에서 훈련된다. 2012년 SIGGRAPH에서 발표했던 이 논문은 사람이 스케치를 분류하는 것과 기계가 분류하는 성능을 비교했다. 여기서 사용한 데이터셋은 비행기에서 얼룩말까지 250개의 객체 범주에 균등 분포된 20,000개의 스케치로 구성돼 있다. 다음 그림에서 몇 가지 예제를 보여준다.

이 연구에서 사람은 전체 스케치의 73%를 정확한 객체 범주(눈사람, 포도 등)로 식별했다고 밝혀냈다. 이들의 경쟁자인 ML 모델은 56%를 정확하게 분류했다. 뭐 나쁘지 않은 수준이다! 공식 웹페이지(http://cybertron.cg.tu-berlin.de/eitz/projects/classifysketch/)에서 이 연구에 대해 더 자세히 알 수 있고, 관련 데이터셋을 내려받을 수 있다.

이 프로젝트에서는 약간 더 작은 데이터셋, 즉 250개 범주 중 205개의 범주를 사용하겠다. 정확한 범주는 데이터를 준비하고 모델을 훈련시키는 데 사용된 주피터 노트북과 함께 /Chapter7/Training/sketch_classes.csv 파일에서 찾아볼 수 있다. 원래 스케치들은 SVG와 PNG 형식으로 제공된다. 우리는 CNN을 사용하기 때문에 래스터화된 이미지(PNG)를 1111×111에서 256×256으로 크기를 조정해서 사용한다. 이것이 모델이 입력으로 받을 형태다. 그런 다음 데이터를 훈련 집합과 검증 집합으로 나눈다. 데이터 중 80%는 훈련 집합(범주마다 64개의 샘플)으로 20%(범주마다 17개의 샘플)는 검증 집합으로 나눈다.

신경망 아키텍처는 앞에서 사용했던 것과 많이 다르지 않지만, 다른 점이라면 다음 그림에서 보듯이 스케치의 예비용 특징들을 추출하기 위해 첫 번째 계층에 사용된 커널 윈도우가 더 크다는 것을 들 수 있다.

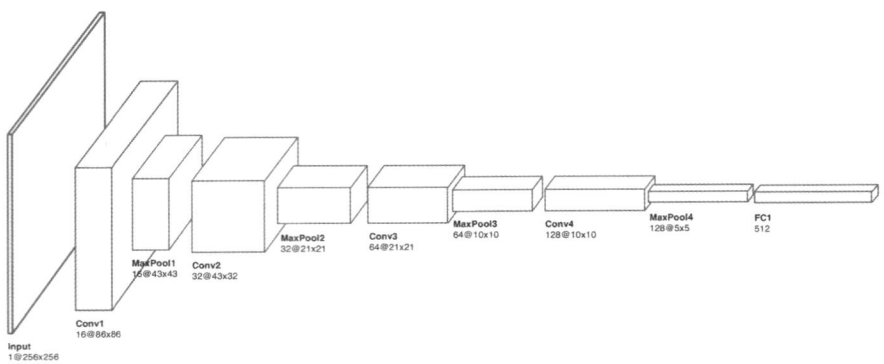

컨볼루션 계층을 서로 쌓아 올리면 모델이 원시 픽셀을 사용하는 것과 달리 분류를 수행하는 데 사용할 수 있는 상위 수준 패턴의 공유 집합을 구성할 수 있다. 마지막 컨볼루션 계층은 평면화되고, 최종적으로 예측이 만들어지는 완전 연결 계층에 공급된다. 이러한 완전 연결 계층의 노드를 스위치로 생각할 수 있다. 다음 다이어그램처럼 특정(고차원) 패턴이 입력에 나타나면 스위치를 켠다. 이 개념에 대해서는 이 장 뒷부분에서 정렬을 구현할 때 다시 살펴보겠다.

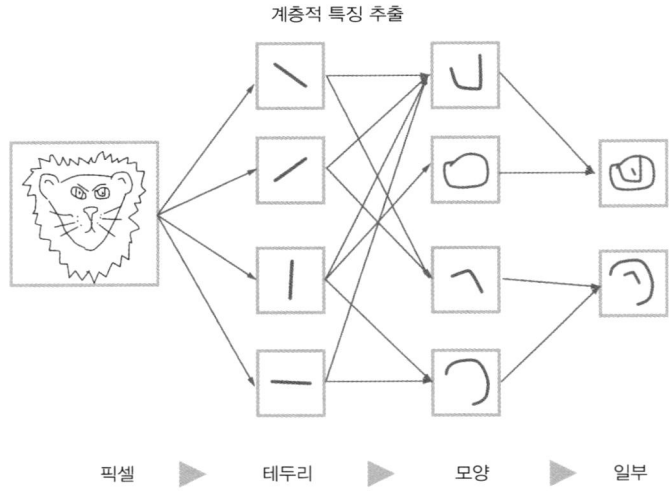

68회(세대, epoch) 반복하고 나면, 모델이 검증 데이터에서 약 65%의 정확도를 달성할 수 있다. 예외는 아니지만, 상위 2~3개의 예측을 고려하면 이 정확도는 거의 90%까지 증가한다. 다음 다이어그램은 각각 훈련과 검증 단계의 정확도와 손실을 비교하는 그래프를 보여준다.

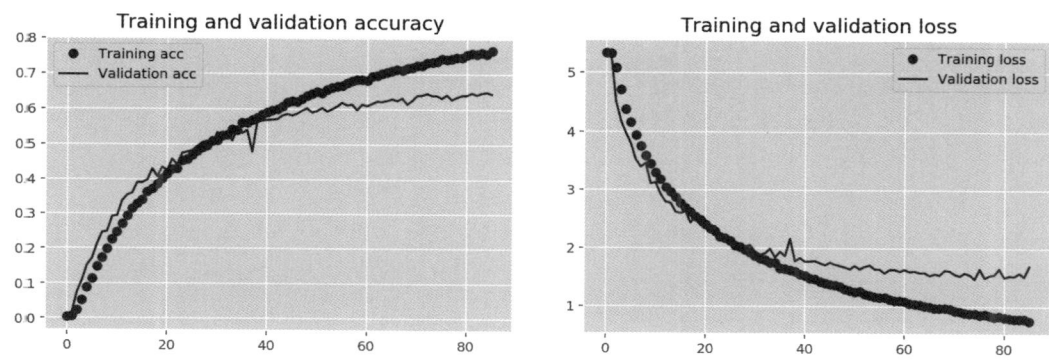

모델을 훈련시켰으니 다음으로 애플에서 제공하는 Core ML Tools 패키지를 사용해 모델을 내보내(앞에서 설명했듯이) 프로젝트에 임포트한다.

스케치 분류하기

이 절에서는 Core ML 모델을 프로젝트에 임포트해서 연결한 다음, 이 모델을 사용해 사용자 스케치에 추론을 수행하고 사용자가 이 스케치와 맞바꿀 대체 이미지를 검색하고 추천한다. 먼저 프로젝트에 Core ML 모델을 임포트하자.

프로젝트 저장소 폴더에서 모델 /CoreMLModels/Chapter7/cnnsketchclassifier.mlmodel을 찾자. 모델을 선택했으면 이 모델을 Xcode 프로젝트로 드래그하고 Import 옵션은 기본 설정대로 둔다. 임포트했으면 모델을 선택해 세부 사항을 검토한다. 다음 그림과 같다.

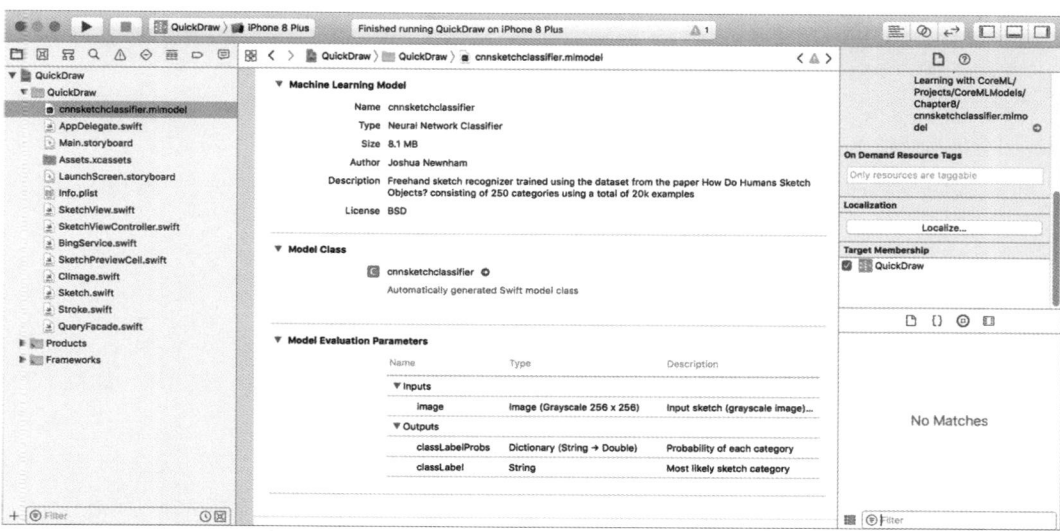

모든 모델과 마찬가지로, 적절한 **Target Membership**이 체크됐는지 검증함으로써 모델이 타겟에 포함됐는지 확인한 다음 우리에게 익숙한 입력과 출력을 살펴보자. 우리 모델은 단일 채널(회색조)의 256×256 크기의 이미지를 받아 출력의 **classLabel** 속성을 통해 지배적인 범주를, **classLabelProbs** 속성을 통해 전체 클래스의 확률을 담은 딕셔너리와 함께 반환한다.

모델을 임포트했으면 이 모델을 프로젝트에 통합하는 방법을 자세히 알아보자. 사용자가 드로잉할 때 SketchView가 UIContol.Event.editingDidStart, UIContol.Event.editingChanged, UIContol.Event.editingDidEnd 이벤트를 낸다는 사실을 기억하자. SketchViewController를 조사해보면 다음 코드에서 보듯이 이미 UIContol.Event.editingDidEnd 이벤트를 수신하도록 등록돼 있음을 알 수 있다.

```
override func viewDidLoad() {
    super.viewDidLoad()
    ...
    ...
    self.sketchView.addTarget(self, action:
        #selector(SketchViewController.onSketchViewEditingDidEnd), for: .editingDidEnd)
    queryFacade.delegate = self
}
```

사용자가 획 그리기를 마칠 때마다 우리는 사용자가 스케치한 것을 추측하기 위한 프로세스를 시작해 적절한 대체 이미지를 검색한다. 이 기능은 .editingDidEnd 작업 메서드인 onSketchViewEditingDidEnd를 통해 트리거되지만, 이 기능의 구현을 담당한 QueryFacade 클래스에 위임된다. 이 절과 다음 절에서는 주로 이 클래스를 살펴보겠다. 또한 앞의 코드에서는 queryFacade.delegate = self가 중요한 문장일 것이다. QueryFacade는 대부분의 작업을 메인 스레드에서 수행하고, 끝나면 상태와 결과를 이 델리게이트에 알려, 우리가 곧 그 상태와 결과를 받게 된다.

QueryFacade 클래스를 살펴보기 전에 먼저 onSketchViewEditingDidEnd 메서드의 기능을 구현하자. SketchViewController 클래스 안에 onSketchViewEditingDidEnd 메서드를 찾아서 다음 코드를 덧붙인다.

```
guard self.sketchView.currentSketch != nil,
    let sketch = self.sketchView.currentSketch as? StrokeSketch else{
    return
}
queryFacade.asyncQuery(sketch: sketch)
```

여기에서는 현재 스케치를 얻어 사용할 수 있는 스케치가 없으면 현재 스케치를 그대로 반환하고, 그렇지 않으면 StrokeSketch를 반환한다. 우리는 이 반환값을 queryFacade(QueryFacade 클래스의 인스턴스)에 전달한다. 이제 QueryFacade 클래스를 보자. Xcode의 왼쪽 패널에서 QueryFacade.swift 파일을 선택해 편집창에 불러오자. 대부분의 배관 작업은 이미 구현돼 있으므로 우리는 예측, 검색, 정렬의 핵심 기능을 중점적으로 살펴보겠다. 우선 속성을 비롯해 세부 사항을 간단히 살펴보자.

```swift
let context = CIContext()
let queryQueue = DispatchQueue(label: "query_queue")
var targetSize = CGSize(width: 256, height: 256)
weak var delegate : QueryDelegate?
var currentSketch : Sketch?{
    didSet{
        self.newQueryWaiting = true
        self.queryCanceled = false
    }
}

fileprivate var queryCanceled : Bool = false
fileprivate var newQueryWaiting : Bool = false
fileprivate var processingQuery : Bool = false
var isProcessingQuery : Bool{
    get{
        return self.processingQuery
    }
}

var isInterrupted : Bool{
    get{
        return self.queryCanceled || self.newQueryWaiting
    }
}
```

QueryFacade는 현재 스케치만 다룬다. 따라서 currentSketch 속성을 사용해 새로운 스케치가 할당될 때마다, queryCanceled가 참으로 설정된다. 예측 수행, 검색, 다운로드 같은 작업마다 isInterrupted 속성을 확인하고, 이 속성이 참이면 조기 종료하고 계속해서 가장 최근 스케치를 처리한다.

스케치를 asyncQuery 메서드에 전달하면 이 스케치가 currentSketch 속성에 할당되고 현재 처리 중인 작업이 없다면 queryCurrentSketch를 호출해 대부분의 일을 수행한다.

```swift
func asyncQuery(sketch:Sketch){
    self.currentSketch = sketch
    if !self.processingQuery{
        self.queryCurrentSketch()
    }
}

fileprivate func processNextQuery(){
    self.queryCanceled = false
    if self.newQueryWaiting && !self.processingQuery{
        self.queryCurrentSketch()
    }
}

fileprivate func queryCurrentSketch(){
    guard let sketch = self.currentSketch else{
        self.processingQuery = false
        self.newQueryWaiting = false
        return
    }
    self.processingQuery = true
    self.newQueryWaiting = false
    queryQueue.async {
        DispatchQueue.main.async{
            self.processingQuery = false
            self.delegate?.onQueryCompleted(
                status:self.isInterrupted ? -1 : -1,
                result:nil)
            self.processNextQuery()
        }
    }
}
```

마침내 queryCurrentSketch 메서드까지 왔다. 이제 눈을 돌려 필요한 기능을 구현하겠다. 그렇지만 그러기 전에 앞으로 할 일을 잠깐 생각해보자.

우리의 목적이 사용자가 그림을 빠르게 스케치할 수 있도록 돕는 데 있음을 기억할 것이다. 이 목적을 이루기 위해 사용자가 그리려는 것을 예측하고 사용자가 자신이 그린 스케치를 대체할 만한 이미지를 추천하려고 한다. 따라서 이 시스템의 핵심 구성요소는 예측이며, 이 예측은 방금 임포트한 훈련된 모델을 통해 이뤄지지만, 이 모델이 검증 데이터셋에서 약 65%의 정확도를 보였다는 점을 기억할 것이다. 이 말은 오차의 여지가 너무 커서 사용자에게 도움이 되기보다 사용자를 방해할 가능성이 높다는 뜻이다. 이런 문제를 완화하고 활용도를 높이기 위해, 하나의 분류 결과에 의존하기보다는 3~4개의 예측을 채택해서 관련 이미지를 도출할 것이다.

이렇게 예측된 범주를 마이크로소프트 Bing Image Search API에 전달해 관련 이미지를 찾은 다음 각 이미지를 내려받는다(물론 가장 최적화된 방식은 아니지만, 프로토타입을 구현하기에는 충분하다). 이미지를 내려받았으면 이 이미지가 사용자가 스케치한 것과 얼마나 유사한지를 기반으로 이미지를 정렬한다. 정렬 작업에 대해서는 다음 절에서 자세히 알아보고, 지금은 그 전까지의 작업 단계를 자세히 살펴보자. 사용자가 그리려고 하는 것을 추측하는 일로 넘어가 보자.

앞에서도 해봤듯이, 상향식으로 queryCurrentSketch 안에 모든 것을 하나로 묶기 전에 지원하는 메서드를 모두 구현하자. 먼저 모델의 인스턴스를 선언하자. QueryFacade 클래스의 거의 첫머리에 다음 변수를 추가한다.

```
let sketchClassifier = cnnsketchclassifier()
```

이제 모델이 인스턴스화되어 준비가 됐으니, QueryFacade의 classifySketch 메서드로 가보자. 이 메서드에서 우리가 임포트했던 모델을 사용해 추론을 수행한다. 먼저 기존에 있던 코드부터 살펴보자.

```
func classifySketch(sketch:Sketch) -> [(key:String,value:Double)]?{
    if let img = sketch.exportSketch(size: nil)?
        .resize(size: self.targetSize).rescalePixels(){
        return self.classifySketch(image: img)
    }
    return nil
}
func classifySketch(image:CIImage) -> [(key:String,value:Double)]?{
    return nil
}
```

여기에서 classifySketch가 Sketch를 받는 메서드와 다른 하나는 CIImage를 받는 메서드로 오버로드된 것을 볼 수 있다. 전자가 호출되면 exportSketch 메서드를 사용해 래스터화된 스케치를 얻게 될 것이다. 이 작업이 성공하면 targetSize 속성을 사용해 래스터화된 이미지의 크기를 재조정한다. 그런 다음 또 다른 classifySketch 메서드에 준비된 CIImage를 전달하기 전에 픽셀 척도를 재조정한다.

픽셀값은 0~255 범위의 값을 갖는다(채널당, 이 경우에는 단일 채널이다). 일반적으로 신경망에서는 큰 수를 다루는 것을 피하려고 한다. 큰 수를 다루면 모델이 학습(수렴)하는 데 어려움을 겪기 때문이다. 이것은 왼쪽 또는 오른쪽으로 급커브만 가능한 차를 운전하는 것과 흡사하다. 이러한 극단적인 상황은 급커브 현상을 일으키고 어떤 장소로 가는 것을 매우 어렵게 만든다.

두 번째 classifySketch 메서드에서 실제 추론을 수행한다. 실제 추론 방식에 대해서는 3장, '실세계에서 객체 인식하기'에서 이미 살펴봤다. classifySketch(image:CIImage) 메서드에 다음 코드를 추가하자.

```swift
if let pixelBuffer = image.toPixelBuffer(context: self.context, gray: true){
    let prediction = try? self.sketchClassifier.prediction(image: pixelBuffer)
    if let classPredictions = prediction?.classLabelProbs{
        let sortedClassPredictions = classPredictions.sorted(by: { (kvp1, kvp2) -> Bool in
            kvp1.value > kvp2.value
        })
        return sortedClassPredictions
    }
}
return nil
```

여기서는 이미지를 회색조의 CVPixelBuffer로 표현한 것을 얻기 위해 이미지와 3장의 CIImage 클래스에 추가했던 확장 메서드인 toPixelBuffer를 사용한다. 이제 이 버퍼에 대한 참조를 가지고 우리 모델 인스턴스의 예측 메서드인 sketchClassifier에 전달해 레이블별 확률을 얻는다. 마지막으로 이 확률을 가장 가능성이 높은 레이블부터 가장 낮은 레이블까지 순서대로 정렬한 다음 호출자에게 정렬된 결과를 반환한다.

이제 사용자가 무엇을 스케치하려고 하는지 어느 정도 감을 잡았으니, 가장 자신 있는 레이블에 대한 이미지를 검색해서 내려받는다. 검색과 다운로드 작업은 QueryFacade 클래스의 downloadImages 메서드에서 담당한다. 이 메서드는 이미지 검색과 다운로드를 위한 메서드를 공개한 기존의 BingService를 사용한다. 이제 이것을 연결하자. downloadImages 메서드로 들어가서 그 본문에 다음에서 강조된 코드를 덧붙인다.

```swift
func downloadImages(searchTerms:[String],
                    searchTermsCount:Int=4,
                    searchResultsCount:Int=2) -> [CIImage]?{
    var bingResults = [BingServiceResult]()
    
    for i in 0..<min(searchTermsCount, searchTerms.count){
        let results = BingService.sharedInstance.syncSearch(
            searchTerm: searchTerms[i], count:searchResultsCount)
        for bingResult in results{
            bingResults.append(bingResult)
        }
        if self.isInterrupted{
            return nil
        }
    }
}
```

downloadImages 메서드는 searchTerms, searchTermsCount, searchResultsCount 인수를 취한다. searchTerms는 classifySketch 메서드에서 반환한 레이블의 정렬된 리스트이며, searchTermsCount는 이 검색 용어를 얼마나 많이 사용할 것인지 결정한다(기본값은 4). 마지막으로 searchResultsCount는 검색 용어 단위로 반환할 결과의 개수를 제한한다.

앞의 코드는 메서드에 전달된 검색 용어를 사용해 순차적 검색을 수행한다. 이전에 언급했듯이, 여기서는 마이크로소프트의 Bing Image Search API를 사용하는데, 이 API는 등록 절차가 필요하다. 이에 대해서는 곧 다시 알아보겠다. 각 검색이 끝날 때마다 isInterrupted 속성을 확인해 조기 종료해야 하는지 여부를 확인하고 그렇지 않으면 다음 검색을 이어간다.

검색에서 반환된 결과에는 이미지를 가리키는 URL이 포함돼 있다. 우리는 이를 사용해 호출자에게 CIImage의 배열을 반환하기 전에 각 결과에 대한 이미지를 내려받는다. 이 작업을 추가해보자. downloadImages에 다음 코드를 덧붙이자.

```swift
var images = [CIImage]()

for bingResult in bingResults{
    if let image = BingService.sharedInstance.syncDownloadImage(
        bingResult: bingResult){
```

```
            images.append(image)
        }
        if self.isInterrupted{
            return nil
        }
    }

    return images
```

이전과 마찬가지로 이 프로세스는 동기식으로 이미지 다운로드가 끝날 때마다 isInterrupted 속성을 확인해서 조기 종료할지 결정하고, 아니면 호출자에게 내려받은 이미지 리스트를 반환한다.

지금까지 예측, 검색, 다운로드를 지원하는 기능을 구현했다. 다음으로 이 기능들을 모두 연결하겠다. queryCurrentSketch 메서드로 다시 돌아와서 queryQueue.async 블록 안에 다음 코드를 추가한다. 반드시 DispatchQueue.main.async 블록을 대체해야 한다.

```
queryQueue.async {
    guard let predictions = self.classifySketch(sketch: sketch) else{
        DispatchQueue.main.async{
            self.processingQuery = false
            self.delegate?.onQueryCompleted(status:-1, result:nil)
            self.processNextQuery()
        }
        return
    }
    let searchTerms = predictions.map({ (key, value) -> String in
        return key
    })
    guard let images = self.downloadImages(
        searchTerms: searchTerms,
        searchTermsCount: 4) else{
        DispatchQueue.main.async{
            self.processingQuery = false
            self.delegate?.onQueryCompleted(status:-1, result:nil)
            self.processNextQuery()
        }
        return
```

```
        }
        guard let sortedImage = self.sortByVisualSimilarity(
            images: images,
            sketch: sketch) else{
                DispatchQueue.main.async{
                    self.processingQuery = false
                    self.delegate?.onQueryCompleted(status:-1, result:nil)
                    self.processNextQuery()
                }
                return
        }
        DispatchQueue.main.async{
            self.processingQuery = false
            self.delegate?.onQueryCompleted(
                status:self.isInterrupted ? -1 : 1,
                result:QueryResult(
                    predictions: predictions,
                    images: sortedImage))
            self.processNextQuery()
        }
    }
}
```

코드 양이 많긴 하지만 복잡하지는 않다. 간단히 살펴보자. 먼저 방금 구현했던 classifySketch 메서드를 호출한다. 기억하겠지만 이 메서드는 중단되지 않는 한 정렬된 레이블 리스트와 레이블별 확률을 반환하고, 중단된 경우 nil 값을 반환한다. 메서드를 조기 종료하기 전에 델리게이트에 알림으로써 인터럽트된 경우를 처리한다(모든 작업에 적용되는 검사 과정임).

정렬된 레이블 리스트를 얻었으면 이를 downloadImages 메서드에 전달해 관련 이미지를 받아 sortByVisualSimilarity 메서드에 전달한다. 지금으로서는 이 메서드에서 이미지 리스트만 반환하고 있으며, 거기에 구현될 내용은 다음 절에서 다시 살펴보겠다. 마지막으로 이 메서드는 상태와 정렬된 이미지를 QueryResult 인스턴스에 감싸서 메인 스레드를 통해 델리게이트에 전달하고, processNextQuery 메서드를 호출해 새로운 스케치를 처리해야 하는지 여부를 검사한다.

이 단계에서 우리는 사용자가 현재 스케치하고 있는 것을 추측한 결과를 기반으로 대체 이미지를 내려받는 데 필요한 모든 기능을 구현했다. 이제 SketchViewController 클래스로 돌아가서 이 모든 기능을 연결해야 한다. 그러기 전에 Bing Image Search를 사용하기 위해 구독 키를 얻어야 한다.

브라우저에서 https://azure.microsoft.com/ko-kr/services/cognitive-services/bing-image-search-api/ 로 가서 다음 화면처럼 **Bing Image Search 사용해보기** 링크를 클릭한다.

Bing Image Search 사용해보기를 클릭한 다음 일련의 대화창을 보게 될 것이다. 읽어보고 동의한 다음 등록하면 된다. 다음 화면에서 보듯이 Bing Search API가 성공적으로 여러분의 구독에 추가됐음을 알려주는 페이지가 나올 때까지 화면을 따라 계속 진행한다.

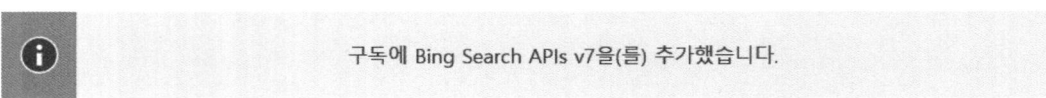

이 페이지에서 **Bing Search APIs v7**의 항목을 만날 때까지 스크롤한다. 이 블록을 확인하면 **끝점**과 **키** 목록을 볼 것이다. 그중 한 키를 BingService.swift 파일에 복사해 붙이고 subscriptionKey 상숫값을 교체한다. 다음 화면은 서비스 키를 포함한 웹 페이지를 보여준다.

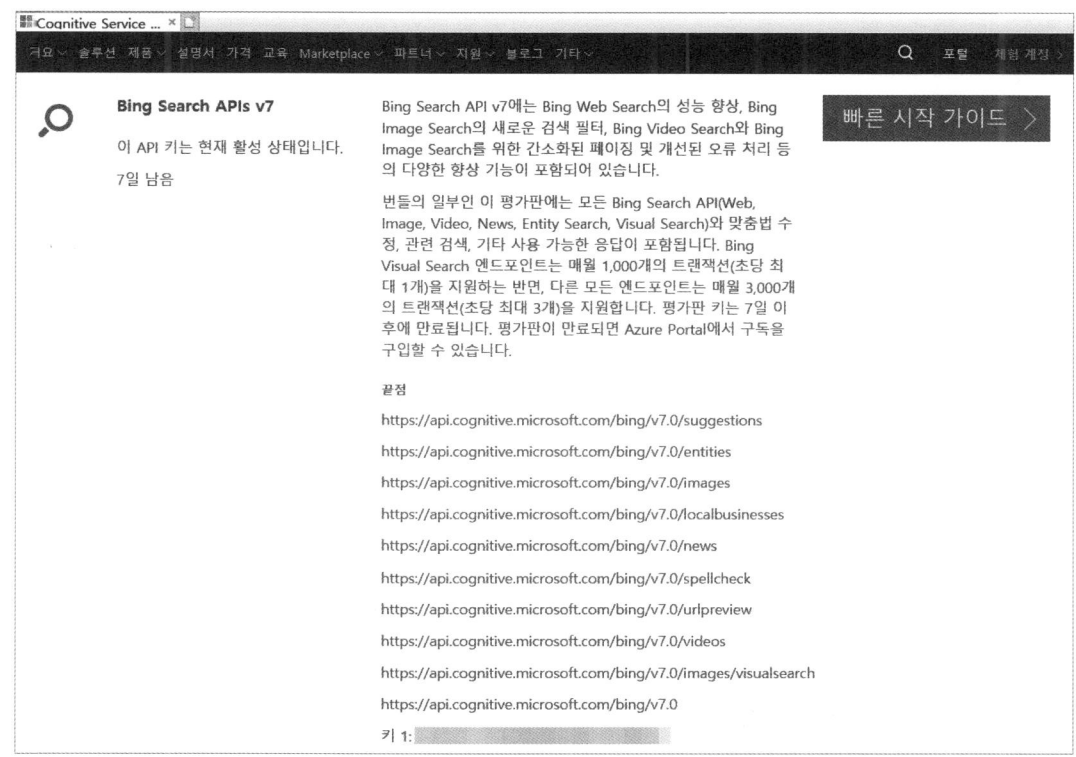

왼쪽 패널에서 SketchViewController.swift 파일을 선택해 SketchViewController로 돌아가 onQueryCompleted 메서드를 찾는다.

```
func onQueryCompleted(status: Int, result:QueryResult?){

}
```

QueryFacade에서 쿼리가 실패하거나 완료되면 델리게이트에 알리기 위해 QueryDelegate 프로토콜에 정의된 메서드 시그니처를 사용한다는 점을 기억하자. 여기서 우리가 방금 구현했던 프로세스를 통해 찾은 일치하는 이미지를 보여줄 것이다. 먼저 상태를 검사한다. 성공했다면(0보다 크다면) 사용자에게 추천 이미지를 보여주기 위해 사용될 UICollectionView의 데이터 원본인 queryImages 배열에서 참조한 모든 항목을 지운다. 모든 항목을 비웠다면 QueryResult 인스턴스 내에서 참조된 모든 이미지를 반복하고, UICollectionView에 데이터 재로딩을 요청하기 전에 queryImages 배열에 모든 이미지를 추가한다. onQueryCompleted 메서드 본문에 다음 코드를 추가한다.

```
guard status > 0 else{
    return
}

queryImages.removeAll()

if let result = result{
    for cimage in result.images{
        if let cgImage = self.ciContext.createCGImage(cimage, from:cimage.extent){
            queryImages.append(UIImage(cgImage:cgImage))
        }
    }
}

toolBarLabel.isHidden = queryImages.count == 0
collectionView.reloadData()
```

여기까지다. 사용자가 그리는 것을 추측하고 가능한 추천 이미지를 보여주는 일까지 모두 구현됐다. 이제 시뮬레이터나 기기에서 애플리케이션을 빌드하고 실행해 모든 작업이 제대로 동작하는지 검사해 보자. 그렇다면 다음과 비슷한 결과를 보게 될 것이다.

이 절을 끝내기 전에 한 가지 작업을 더 하자. 우리의 목적이 사용자가 장면 또는 그 비슷한 것을 빠르게 스케치할 수 있게 보조하는 데 있으며, 사용자가 그리고 있는 것이 무엇인지 추측하고 이미 그려진 이미지를 추천하면 사용자가 그리는 작업을 도울 수 있다고 가설을 세웠음을 기억하자. 지금까지 예측을 수행하고 사용자에게 추천을 제공하지만, 지금으로서는 사용자가 자신의 스케치를 제시된 추천 이미지로 대체할 수 없다. 이 문제를 해결하자.

현재 SketchView는 StrokeSketch(사용자 드로잉의 메타데이터를 캡슐화한)만 렌더링한다. 우리의 추천 이미지는 래스터화된 이미지이기 때문에 이 클래스를 확장하거나(획과 래스터화된 이미지를 렌더링하도록) Sketch 프로토콜을 새로 구현할 수도 있다. 이 예제에서는 후자를 선택해 래스터화된 이미지를 렌더링할 수 있는 새로운 유형의 Sketch를 구현할 것이다. Sketch.swift 파일을 선택해 Xcode 편집 영역에 불러와서 끝까지 스크롤해서 다음 코드를 추가한다.

```swift
class ImageSketch : Sketch{
    var image : UIImage!
    var size : CGSize!
    var origin : CGPoint!
    var label : String!
    init(image:UIImage, origin:CGPoint, size:CGSize, label: String) {
        self.image = image
        self.size = size
        self.label = label
        self.origin = origin
    }
}
```

여기서 이미지, 원점, 크기, 레이블을 참조하는 단순한 클래스를 정의했다. 원점은 이미지가 어디부터 렌더링돼야 하는지를 정의하는 상단 왼쪽의 위치를 결정하고, 크기는 당연히 크기를 결정한다. Sketch 프로토콜을 만족시키기 위해 center와 boundingBox 속성과 함께 draw와 exportSketch 메서드를 구현해야 한다. 이제 boundingBox를 시작으로 이들을 차례대로 구현하자.

boundingBox 속성은 origin과 size 속성으로부터 도출된 계산된 속성이다. 다음 코드를 ImageSketch에 추가한다.

```swift
var boundingBox : CGRect{
    get{
        return CGRect(origin: self.origin, size: self.size)
    }
}
```

이와 비슷하게 center도 origin과 size 속성으로부터 도출된 계산된 속성으로 origin을 size 기준으로 변환하기만 한다. ImageSketch 클래스에 다음 코드를 추가한다.

```
var center : CGPoint{
    get{
        let bbox = self.boundingBox
        return CGPoint(x:bbox.origin.x + bbox.size.width/2,
                       y:bbox.origin.y + bbox.size.height/2)
    } set{
        self.origin = CGPoint(x:newValue.x - self.size.width/2,
                              y:newValue.y - self.size.height/2)
    }
}
```

draw 메서드는 단순히 전달된 context를 사용해 boundingBox 내에 할당된 이미지를 렌더링한다. ImageSketch 클래스에 다음 코드를 덧붙인다.

```
func draw(context:CGContext){
    self.image.draw(in: self.boundingBox)
}
```

마지막으로 구현할 exportSketch도 아주 단순하다. 여기서는 CIImage 인스턴스를 생성하고 이미지(UIImage 형식의)를 전달한다. 그런 다음 3장에서 구현했던 확장 메서드를 사용해 이미지 크기를 재조정한다. ImageSketch 클래스를 마무리하기 위해 다음 코드를 추가하자.

```
func exportSketch(size:CGSize?) -> CIImage?{
    guard let ciImage = CIImage(image: self.image) else{
        return nil
    }
    if self.image.size.width == self.size.width && self.image.size.height == self.size.height{
        return ciImage
    } else{
        return ciImage.resize(size: self.size)
    }
}
```

이제 래스터화된 이미지(검색으로부터 반환된 이미지 같은)를 렌더링할 수 있는 Sketch를 구현했다. 마지막 작업은 사용자 스케치를 사용자가 UICollectionView에서 선택한 항목으로 맞바꾸는 것이다. Xcode의 왼쪽 패널에서 SketchViewController.swift를 선택해서 편집 영역에 불러들여 SketchViewController로 돌아가자. 파일을 로딩했으면 collectionView(_ collectionView:, didSelectItemAt:)까지 찾아가자. 이 메서드는 익숙할 것이다. 이것은 UICollectionView에서 선택된 셀을 전처리하기 위한 델리게이트 메서드이며, 여기서 사용자의 현재 스케치를 선택된 항목으로 바꾸는 작업을 처리한다.

먼저 현재 스케치와 이와 관련된 선택된 이미지를 얻자. 다음 코드를 collectionView(_collectionView:, didSelectItemAt:) 메서드에 추가한다.

```
guard let sketch = self.sketchView.currentSketch else{
    return
}
self.queryFacade.cancel()
let image = self.queryImages[indexPath.row]
```

이제 현재 스케치와 이미지에 대한 참조를 얻었으면 사용자 스케치와 동일한 크기를 유지해야 한다. 이를 위해 스케치의 윤곽 상자를 얻고 선택된 이미지의 가로세로 비율을 맞추기 위해 차원의 척도를 조정한다. 이를 처리하기 위해 다음 코드를 추가한다.

```
var origin = CGPoint(x:0, y:0)
var size = CGSize(width:0, height:0)
if bbox.size.width > bbox.size.height{
    let ratio = image.size.height / image.size.width
    size.width = bbox.size.width
    size.height = bbox.size.width * ratio
} else{
    let ratio = image.size.width / image.size.height
    size.width = bbox.size.height * ratio
    size.height = bbox.size.height
}
```

다음으로 스케치의 중심을 얻고 너비와 높이를 기준으로 오프셋을 적용해 원점(이미지 왼쪽 상단)을 얻는다. 다음 코드를 덧붙여서 이를 구현한다.

```
origin.x = sketch.center.x - size.width / 2
origin.y = sketch.center.y - size.height / 2
```

이제 이미지, 크기, 원점을 사용해 ImageSketch를 생성하고 이를 SketchView 인스턴스의 currentSketch 속성에 할당해 현재 스케치를 교체할 수 있게 됐다. 이를 위해 다음 코드를 추가한다.

```
self.sketchView.currentSketch = ImageSketch(image:image,
                                            origin:origin,
                                            size:size,
                                            label:"")
```

마지막으로 몇 가지 정리 작업을 하자. queryImages 배열(데이터 원천)에서 모든 이미지를 제거해 UICollectionView를 지우고 UICollectionView에 재로딩을 요청한다. collectionView(_collectionView:,didSelectItemAt:) 메서드를 마무리하기 위해 다음 코드 블록을 추가한다.

```
self.queryImages.removeAll()
self.toolBarLabel.isHidden = queryImages.count == 0
self.collectionView.reloadData()
```

이제 모든 것이 다 연결됐다. 사용자가 그리는 것을 추측하고, 추천 이미지를 보여주고, 사용자가 자신이 그린 대강의 스케치를 대체 이미지로 바꾸는 기능을 모두 구현했다. 이제 모든 것이 계획대로 동작하는지 확인하기 위해 빌드하고 실행하자. 제대로 동작한다면 여러분이 그린 스케치를 다음 화면에서 보듯이 상단에 표시된 추천 이미지 중 하나로 바꿀 수 있을 것이다.

이 장을 마무리하기까지 마지막 한 절만 남았다. 이 절에서는 사용자가 그린 것과 더 일치하는 결과를 얻기 위해 검색을 세부 조정하는 기법을 살펴볼 것이다.

시각적 유사성을 기준으로 정렬하기

지금까지 우리 목적인 사용자가 그리고자 하는 것을 추론해 사용자 스케치와 맞바꿀 수 있는 추천을 제공하는 일을 모두 구현했다. 하지만 이 솔루션은 현재 사용자를 이해하기에는 부족하다. 물론 이 모델이 사용자가 그리는 것을 정확하게 예측하고 정확한 범주를 제공하지만, 사용자 드로잉의 스타일이나 세부적인 사항은 무시한다. 예를 들어 사용자가 그림을 그리고 있고 고양이 머리만 그리려고 한다면, 우리 모델은 사용자가 고양이를 그리고 있다는 데까지는 정확히 예측할 수 있으나 사용자 그림에 몸통이 없다는 사실은 무시한다. 그러므로 우리 모델은 몸통까지 모두 그린 고양이 그림을 추천할 가능성이 크다.

이 절에서 사용자 입력에 보다 민감한 기술을 살펴보고 매우 기초적이지만 이를 기반으로 구축할 수 있는 솔루션을 제공한다. 이 방식은 사용자 스케치와 얼마나 유사한지를 기준으로 이미지를 정렬할 것이다. 코드를 보기에 앞서, 문장 같은 다른 영역에서 둘 사이의 유사도를 측정하는 방법을 살펴봄으로써 유사도 지표를 간단히 알아보자. 다음은 우리 논의의 기초가 될 세 가지 문장이다.

- 'the quick brown fox jumped over the lazy dog'
- 'the quick brown fox runs around the lazy farm dog'
- 'machine learning creates new opportunities for interacting with computers'

이 실습은 https://packt-type-cloud.s3.amazonaws.com/uploads/sites/1956/2018/06/B09544_08_14.png의 표현에 익숙할 것이다. 여기서 우리 말뭉치(이 경우, 세 개의 문장)에 존재하는 모든 단어로 단어장을 생성한 다음, 다음 화면처럼 단어장에서 문장을 구성하는 단어에 대응하는 인덱스를 가지고 문장 단어들을 하나씩 증가시킴으로써 각 문장에 해당하는 벡터를 생성한다. 이 과정은 다음 그림과 같다.

문장이 벡터로 인코딩됐으니, 유클리드 거리와 코사인 거리 같은 거리 연산을 수행해 각 문장 사이의 유사도를 측정할 수 있다. 각 거리 계산 공식은 다음과 같다.

$$\sqrt{\sum_{i=0}^{n}(sentVecA_i - sentVecB_i)^2}$$

유클리드 거리

$$1 - \frac{\sum_{i=0}^{n}sentVecA_i \times sentVecB_i}{\sqrt{\sum_{i=0}^{n}(sentVecA_i)^2}\sqrt{\sum_{i=0}^{n}(sentVecB_i)^2}}$$

코사인 거리

이제 각 문장 사이의 거리를 계산하고 결과를 비교하자. 다음 화면은 그 결과다.

	"the quick brown fox jumped over the lazy dog"		"the quick brown fox ran around the lazy farm dog"		"machine learning creates new opportunities for interacting with computers"	
	유클리드 거리	코사인 거리	유클리드 거리	코사인 거리	유클리드 거리	코사인 거리
"the quick brown fox jumped over the lazy dog"	0.0	0.0	2.2	0.2	4.5	1.0
"the quick brown fox ran around the lazy farm dog"	2.2	0.2	0.0	0.0	4.6	1.0
"machine learning creates new opportunities for interacting with computers"	4.5	1.0	4.6	1.0	0.0	0.0

예상했듯이 "the quick brown fox jumped over the lazy dog"와 "the quick brown fox ran around the lazy farm dog" 사이의 거리는 "machine learning creates new opportunities for interacting with computers"와의 거리보다 작다. 순진한 방식이긴 해도 추천 엔진을 구축하려고 한다면 문장 사이의 공통된 언어가 많으면 순위를 높게, 공통된 언어가 적으면 순위를 낮게 하여 문장의 순위를 정할 것이다. 이미지에서도 마찬가지다. 그렇지만 문장과는 달리 우리는 단어를 특징으로 사용할 수 없으므로 신경망 계층에서 유도된 특징을 사용한다.

스케치를 분류하는 신경망이 컨볼루션 계층을 쌓아 구성돼 있으며, 각 계층은 그 아래 계층에서 얻은 패턴을 기반으로 더 높은 수준의 패턴을 구축한다. 직관적으로 이 고차원 패턴을 단어(특징)로 생각할 수 있고, 완전 연결 계층은 주어진 이미지에 대해 어떤 단어가 존재하는지를 나타내는 문장으로 생각할 수 있다. 좀 더 명확하게 보여주자면 다음 그림처럼 설명할 수 있다.

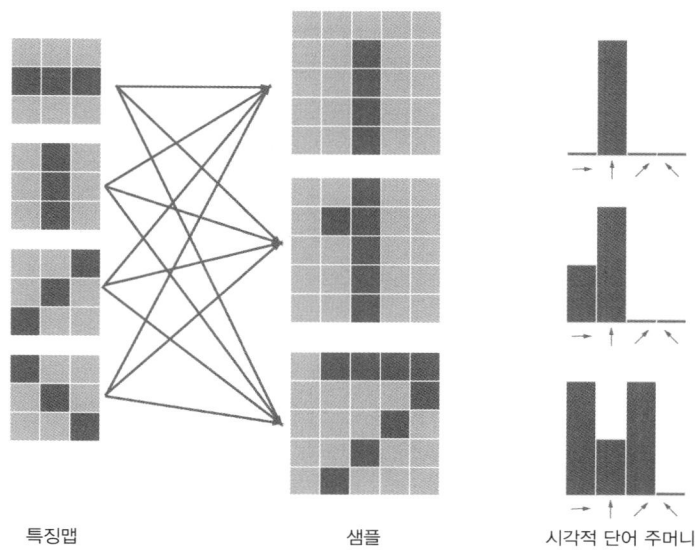

특징맵   샘플   시각적 단어 주머니

이 그림을 보면 왼쪽에는 일련의 특징맵이 있는데, 이것은 이미지의 가로, 세로, 왼쪽 사선, 오른쪽 사선 테두리를 추출하기 위해 사용되는 컨볼루션 커널로 생각할 수 있다.

가운데 있는 샘플은 이 특징들을 추출해내는 대상이다. 마지막으로 맨 오른쪽에는 샘플마다 추출해낸 특징(히스토그램)이 있다. 이 추출된 특징을 특징 벡터로 사용하고, 이전 그림에서 봤듯이 이 특징 벡터를 사용해 둘 사이의 거리를 계산할 수 있다.

따라서 이미지에서 이러한 유형의 특징 벡터를 추출할 수 있다면 사용자 스케치와 관련하여 정렬할 수 있을 것이다(추출된 특징 벡터를 사용해). 그렇다면 이 특징 벡터를 어떻게 얻을까? 기억하겠지만 우리는 이미 고차원 특징맵을 학습한 신경망을 가지고 있다. 이 특징 중 어느 특징이 주어진 이미지에 대해 가장 많이 활성화되는지를 가리키는 벡터를 얻을 수 있다면 이 벡터를 특징 벡터로 사용해 사용자 스케치와 내려받은 이미지처럼 다른 이미지 사이의 거리를 계산할 수 있다. 이것이 바로 우리가 할 작업이다. 소프트맥스 활성화 계층을 통해 네트워크를 공급하는 대신(범주에 대한 예측을 수행하기 위해), 네트워크에서 이 계층을 제거하여 마지막 완전 연결 계층을 새로운 출력 계층으로 남긴다. 이렇게 하면 본질적으로 다른 그림과 비교할 때 사용할 수 있는 특징 벡터를 얻을 수 있다. 이렇게 업데이트된 네트워크를 다이어그램으로 그려보면 다음 그림과 같다.

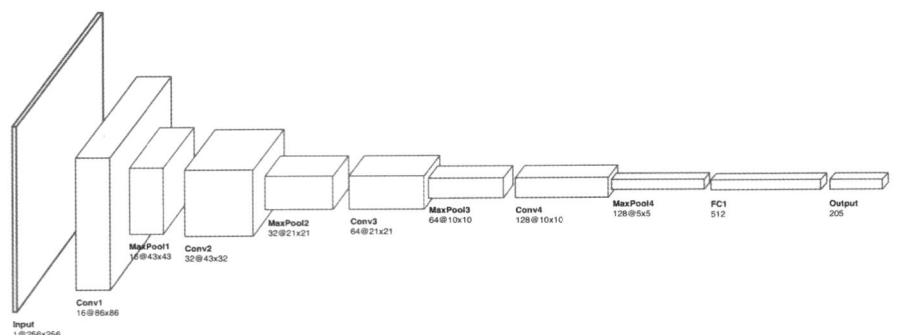

이전 절에서 봤던 네트워크와 비교해보면, 완전 연결 계층이 없다는 점만 유일하게 다르다. 이 네트워크의 출력은 크기가 512인 특징 벡터다. 이 개념을 활용해 더 구체적으로 만들어보자.

이미 https://github.com/packtpublishing/machine-learning-with-core-ml에서 관련 코드를 내려받았을 것이다. Chapter7/Start/QuickDraw/ 디렉터리로 가서 FeatureExtraction.playground 플레이그라운드를 열자. 이 플레이그라운드에는 생성된 코드와 앞에서 설명했던 컴파일된 모델이 우리가 활용할 몇 가지 뷰와 헬퍼 메서드와 함께 포함돼 있다. 이들은 모두 별도의 설명이 필요 없을 정도로 명확하다. 먼저 플레이그라운드 첫머리에 다음 코드를 추가해 일부 종속성을 임포트하고 몇 가지 변수를 선언하자.

```
import Accelerate
import CoreML

let histogramViewFrame = CGRect(
    x: 0, y: 0,
    width: 600, height: 300)

let heatmapViewFrame = CGRect(
    x: 0, y: 0,
    width: 600, height: 600)

let sketchFeatureExtractor = cnnsketchfeatureextractor()
let targetSize = CGSize(width: 256, height: 256)
let context = CIContext()
```

여기서는 두 개의 사각형을 선언한다. 이 사각형은 나중에 생성할 뷰의 프레임을 결정하고 가장 중요하게는 각 이미지에서 특징을 추출하기 위해 사용할 모델을 인스턴스화한다. 이와 관련해 말하자면, 왼쪽 패널에서 Resources 폴더를 확장한 다음 Images 폴더에 가면 다음처럼 우리가 사용할 이미지를 보게 될 것이다.

앞에서 논의했듯이, 사용자가 그린 것과 가장 일치하는 이미지를 추천하기 위해 이미지를 정렬하는 것이 좋다. 계속해서 사용자가 고양이 머리만 그리는 예제에서 우리는 고양이와 몸통이 모두 나온 이미지보다 고양이 머리만 나오는 이미지를 먼저 보여주기 위해 이미지를 정렬할 방법이 필요하다. 실험을 계속 이어나가 보자. 주어진 이미지에서 특징을 추출하기 위해 다음 메서드를 추가하자.

```
func extractFeaturesFromImage(image:UIImage) -> MLMultiArray?{
    guard let image = CIImage(image: image) else{
        return nil
    }
    return extractFeaturesFromImage(image: image)
}

func extractFeaturesFromImage(image:CIImage) -> MLMultiArray?{
    guard let imagePixelBuffer = image.resize(size: targetSize)
        .rescalePixels()?
        .toPixelBuffer(context: context, gray: true) else {
        return nil
    }
    guard let features = try? sketchFeatureExtractor.prediction(image: imagePixelBuffer) else{
        return nil
    }
    return features.classActivations
}
```

대부분의 코드가 익숙해 보일 것이다. 우리는 UIImage를 처리하기 위해 오버로드된 메서드를 가지고 있다. 이 메서드는 단순히 다른 메서드에 UIImage를 전달하기 전에 CIImage 인스턴스를 생성한다. 이 메서드에서 이미지를 준비하고 마지막으로 모델에 이미지를 제공한다. 추론이 수행됐으면 이전에 논의했듯이 모델의 classActivations 속성을 반환한다. 이 속성이 마지막 완전 연결 계층에서 나오는 출력으로 이미지 비교를 위한 특징 벡터로 사용될 것이다.

다음으로 모든 이미지를 로딩해 각 이미지로부터 특징을 추출할 것이다. 플레이그라운드에 다음 코드를 추가한다.

```
var images = [UIImage]()
var imageFeatures = [MLMultiArray]()
for i in 1...6{
    guard let image = UIImage(named:"images/cat_\(i).png"),
        let features = extractFeaturesFromImage(image:image) else{
            fatalError("Failed to extract features")
    }
    images.append(image)
    imageFeatures.append(features)
}
```

우리 이미지와 특징을 사용할 수 있게 됐으니, 몇 가지 이미지와 그 이미지의 특징 맵을 확인해 보자. HistogramView 인스턴스를 생성하고 특징을 전달함으로써 이 작업을 수행할 수 있다. 다음은 그 작업을 하는 코드다.

```
let img1 = images[0]
let hist1 = HistogramView(frame:histogramViewFrame, data:imageFeatures[0])

let img2 = images[1]
let hist2 = HistogramView(frame:histogramViewFrame, data:imageFeatures[1])

// 고양이 정면
let img3 = images[2]
let hist3 = HistogramView(frame:histogramViewFrame, data:imageFeatures[2])

let img4 = images[3]
let hist4 = HistogramView(frame:histogramViewFrame, data:imageFeatures[3])

// 고양이 머리
let img5 = images[4]
let hist5 = HistogramView(frame:histogramViewFrame, data:imageFeatures[4])
```

```
let img6 = images[5]
let hist6 = HistogramView(frame:histogramViewFrame, data:imageFeatures[5])
```

다음 화면에서 보듯이 상태와 관련된 미리 보기 뷰 내의 눈동자 아이콘을 클릭하면 각 이미지를 직접 확인할 수 있다.

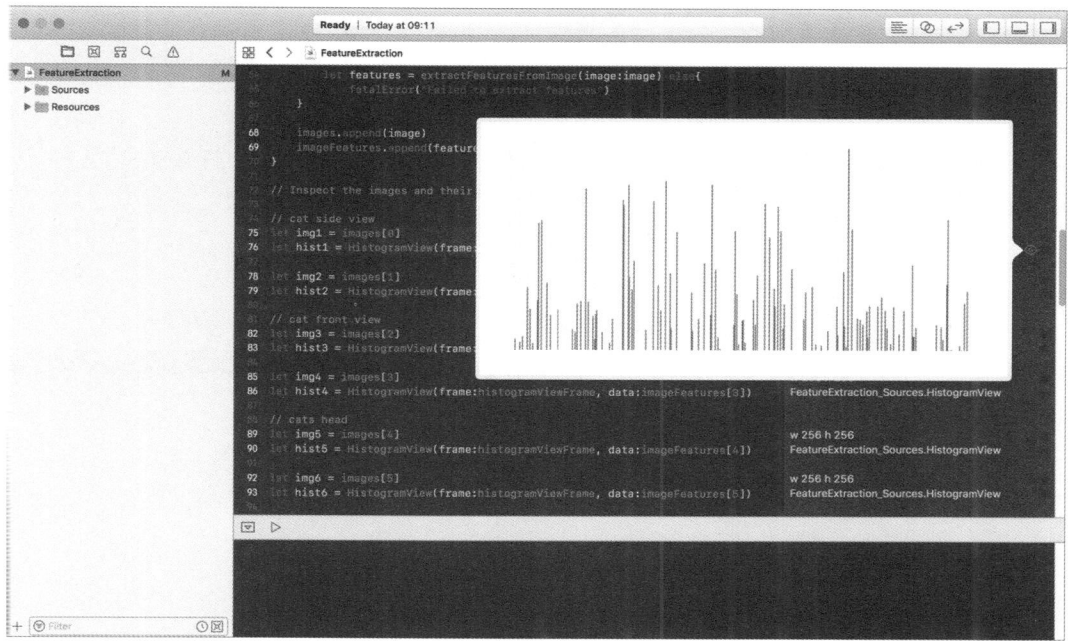

각 이미지를 개별적으로 검사해도 많은 통찰을 얻지 못한다. 따라서 이 그림에서 우리가 검사할 수 있는 세 개의 이미지를 보여준다.

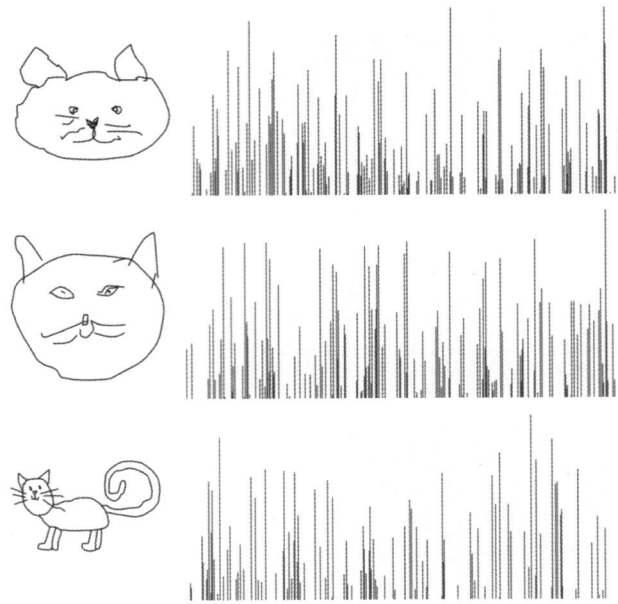

상당한 집중을 기울이지 않으면, 특히 그림 오른쪽에서 보면 고양이 머리의 특징 벡터가 고양이 측면의 특징 벡터보다 더 가깝다고 느낄 것이다.

각 이미지 사이의 코사인 거리를 계산해 히트맵(heat map)으로 그려서 더 자세히 알아보자. 먼저 코사인 거리를 계산할 때 사용할 다음 코드를 추가한다.

```
func dot(vecA: MLMultiArray, vecB: MLMultiArray) -> Double {
    guard vecA.shape.count == 1 && vecB.shape.count == 1 else{
        fatalError("Expecting vectors (tensor with 1 rank)")
    }
    guard vecA.count == vecB.count else {
        fatalError("Excepting count of both vectors to be equal")
    }
    let count = vecA.count
    let vecAPtr = UnsafeMutablePointer<Double>(OpaquePointer(vecA.dataPointer))
    let vecBPptr = UnsafeMutablePointer<Double>(OpaquePointer(vecB.dataPointer))
    var output: Double = 0.0
    vDSP_dotprD(vecAPtr, 1, vecBPptr, 1, &output, vDSP_Length(count))
    var x: Double = 0
    for i in 0..<vecA.count{
```

```
        x += vecA[i].doubleValue * vecB[i].doubleValue
    }
    return x
}

func magnitude(vec: MLMultiArray) -> Double {
    guard vec.shape.count == 1 else{
        fatalError("Expecting a vector (tensor with 1 rank)")
    }
    let count = vec.count
    let vecPtr = UnsafeMutablePointer<Double>(OpaquePointer(vec.dataPointer))
    var output: Double = 0.0
    vDSP_svsD(vecPtr, 1, &output, vDSP_Length(count))
    return sqrt(output)
}
```

공식의 세부 내용은 앞에서 보여줬으며 이 코드는 그 공식을 스위프트로 옮긴 것뿐이다. 중요한 것은 iOS의 Accelerate 프레임워크내에서 사용할 수 있는 **vDSP(vector Digital Signal Processing)**를 사용한다는 점이다. 공식 문서에서도 설명했듯이 vDSP API는 음성, 소리, 오디오, 비디오 처리, 의료 진단 영상, 레이더 신호 처리, 지진 해석, 과학 데이터 분석 같은 애플리케이션을 위한 수학 함수를 제공한다. 이 API는 Accelerate 프레임워크 위에 구성됐으므로, 데이터 벡터에 대해 동일한 명령어를 동시에 실행하는 **SIMD(single instruction, multiple data)**를 통해 얻는 성능상의 이점을 상속받았다. 이는 신경망처럼 대규모 벡터를 처리할 때 매우 중요한 장점이다. 당연히 처음에는 직관적으로 이해되지 않겠지만 문서는 이를 잘 활용하기 위해 필요한 대부분의 내용을 제공한다. 이제 감을 좀 잡기 위해 magnitude 메서드를 살펴보자.

vDSP_svsD 함수를 사용해 특징 벡터의 크기를 계산한다. 이 함수는 데이터에 대한 포인터(UnsafePointer<Double>), 이동 간격(vDSP_Stride), 출력 변수에 대한 포인터(UnsafeMutablePointer<Double>), 마지막으로 길이(vDSP_Length)를 순서대로 인수로 받는다. 이 코드에서 보듯이 대부분의 작업은 이 인수들을 준비하는 일이다.

```
var similarities = Array(repeating: Array(repeating: 0.0, count: images.count), count: images.count)

for i in 0..<imageFeatures.count{
    for j in 0..<imageFeatures.count{
```

```
        let sim = cosineSimilarity(
            vecA: imageFeatures[i],
            vecB: imageFeatures[j])
        similarities[i][j] = sim
    }
}
```

여기서는 각 이미지 사이의 거리(유사도)를 저장하기 위해 각 이미지를 두 번씩 반복해 행렬(이 경우, 다차원 행렬)을 만든다. 이제 이 행렬을 관련 이미지와 함께 HeatmapView의 인스턴스에 공급해 두 이미지 사이의 거리를 시각화한다. 다음 코드를 추가한 다음 결과 패널에서 눈동자 아이콘을 클릭해 뷰를 확장해 결과를 확인하자.

```
let heatmap = HeatmapView(
    frame:heatmapViewFrame,
    images:images,
    data:similarities)
```

이전에 언급했듯이 뷰를 미리 보면 다음 그림과 비슷한 그래프를 보게 될 것이다.

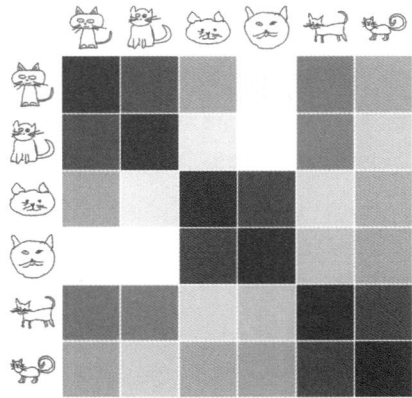

이 그래프에서 각 이미지 사이의 거리를 확인할 수 있다. 셀의 색이 어두울수록 두 이미지 사이의 거리는 가깝다. 예를 들어, 1×1 셀과 2×2 셀 등을 보면 이 셀들이 다른 셀들보다 훨씬 어두움을 알 수 있다(이들은 동일한 이미지이기 때문에 거리가 0이다). 또한 다른 패턴 형태도 보이는데, 그래프의 대각선을 따라 4개의 셀로 이루어진 클러스터가 생성됨을 볼 수 있다. 그 결과로 우리의 목적인 스케치를 정면 고양이, 고양이 머리, 측면 고양이와 같은 유사도에 따라 정렬할 수 있는지를 알 수 있다.

이 새로운 지식을 가지고 QuickDraw.xcodeproj 프로젝트로 돌아와 이 코드를 복사해서 붙이고 정렬을 구현하자.

CuickDraw 프로젝트를 열고 프로젝트 저장소 폴더 /CoreMLModels/Chapter7/cnnsketchfeatureextractor.mlmodel에서 특징 추출 모델을 찾자. 모델을 선택해 Xcode 프로젝트로 드래그 앤 드롭하자. 이때 임포트 옵션은 기본 설정 그대로 둔다.

모델을 임포트했으면 Xcode의 왼쪽 패널에서 QueryFacade.swift 파일을 선택해 편집 영역에 띄운다. 클래스가 열렸으면 다음에 보듯이 QueryFacade 클래스의 첫머리에 인스턴스 변수를 추가한다.

```
let sketchFeatureExtractor = cnnsketchfeatureextractor()
```

다음으로 플레이그라운드에서 작성했던 extractFeaturesFromImage, cosineSimilarity, dot, magnitude 메서드를 다음처럼 QueryFacade 클래스에 복사한다.

```
func extractFeaturesFromImage(image:CIImage) -> MLMultiArray?{
    // 이미지로부터 CVPixelBuffer 획득
    guard let imagePixelBuffer = image.resize(size: self.targetSize)
                                    .rescalePixels()?
                                    .toPixelBuffer(context: self.context, gray: true) else {
        return nil
    }
    guard let features = try? self.sketchFeatureExtractor.prediction(image: imagePixelBuffer) else{
        return nil
    }
    return features.classActivations
}

func cosineSimilarity(vecA: MLMultiArray, vecB: MLMultiArray) -> Double {
    return 1.0 - self.dot(vecA:vecA, vecB:vecB) /
        (self.magnitude(vec: vecA) * self.magnitude(vec: vecB))
}
```

```
func dot(vecA: MLMultiArray, vecB: MLMultiArray) -> Double {
    guard vecA.shape.count == 1 && vecB.shape.count == 1 else{
        fatalError("Expecting vectors (tensor with 1 rank)")
    }
    guard vecA.count == vecB.count else {
        fatalError("Excepting count of both vectors to be equal")
    }
    let count = vecA.count
    let vecAPtr = UnsafeMutablePointer<Double>(
    OpaquePointer(vecA.dataPointer))
    let vecBPptr = UnsafeMutablePointer<Double>(OpaquePointer(vecB.dataPointer))
    var output: Double = 0.0
    vDSP_dotprD(vecAPtr, 1, vecBPptr, 1, &output, vDSP_Length(count))
    var x: Double = 0
    for i in 0..<vecA.count{
        x += vecA[i].doubleValue * vecB[i].doubleValue
    }
    return x
}

func magnitude(vec: MLMultiArray) -> Double {
    guard vec.shape.count == 1 else{
        fatalError("Expecting a vector (tensor with 1 rank)")
    }
    let count = vec.count
    let vecPtr = UnsafeMutablePointer<Double>(OpaquePointer(vec.dataPointer))
    var output: Double = 0.0
    vDSP_svsD(vecPtr, 1, &output, vDSP_Length(count))
    return sqrt(output)
}
```

메서드 구현을 마쳤으니 이 메서드를 사용해보자. sortByVisualSimilarity(images:[CIImage], sketch Image:CIImage) 메서드를 찾자. 이 메서드는 이미 queryCurrentSketch 메서드에서 호출됐으나 현재로서는 전달된 리스트만 반환한다. 이 메서드 내에 사용자 스케치와 가장 유사한 이미지를 제일 앞에 위치시키도록 리스트를 정렬함으로써 순서를 추가해야 한다. 이 메서드 전체를 구현하겠다. 먼저 사용자 스케치의 이미지 특징을 추출하는 것으로 시작하자. 다음 코드를 sortByVisualSimilarity 메서드의 본문에 현재 내용을 대체하여 추가한다.

```
guard let sketchFeatures = self.extractFeaturesFromImage(image: sketchImage) else{
    return nil
}
```

다음으로 다른 모든 이미지의 특징이 필요하다. 단순히 리스트를 반복해 배열에 저장하면 된다. 그 작업을 위해 다음 코드를 추가한다.

```
var similatiryScores = Array<Double>(repeating:1.0, count:images.count)

for i in 0..<images.count{
    var similarityScore : Double = 1.0
    if let imageFeatures = self.extractFeaturesFromImage(image: images[i]){
        similarityScore = self.cosineSimilarity(
            vecA: sketchFeatures,
            vecB: imageFeatures)
    }
    similatiryScores[i] = similarityScore
    if self.isInterrupted{
        return nil
    }
}
```

이전에 했듯이, 각 이미지 처리가 끝난 뒤 다음 이미지로 넘어가기 전에 isInterrupted 속성을 검사해 프로세스가 중단됐는지 여부를 확인한다. 마지막으로 이 이미지를 정렬해서 반환하는 일이 남았다. 다음 코드를 sortByVisualSimilarity 메서드 본문에 추가하자.

```
return images.enumerated().sorted { (elemA, elemB) -> Bool in
    return similatiryScores[elemA.offset] < similatiryScores[elemB.offset]
    }.map { (item) -> CIImage in
        return item.element
}
```

이 메서드까지 구현이 끝났으니, 프로젝트를 빌드하고 실행해 모든 작업이 제대로 동작하는지 확인하고 이전 빌드의 결과와 비교해보자.

이 장에서 다룰 내용은 여기까지다. 다음 장으로 넘어가기 전에 이 장에서 배운 내용을 간단히 요약하자.

요약

여기까지 읽었다니, 감명받았고 아울러 축하할 일이다! 이 장은 내용이 길기는 하나 유익했다. 여기서 우리는 CNN을 적용하는 또 다른 예제를 봤고, 그 과정에서 이 신경망이 어떻게 동작하는지, 어떻게 조정하는지, 그 신경망을 어떻게 변경하는지를 더 깊이 이해할 수 있게 됐다. 분류 말고도 순위를 매기는 데 학습된 특징을 사용하는 방법을 배웠다. 이는 패션 검색이나 추천 엔진 같이 다양한 분야에서 사용될 수 있는 기법이다. 또한 상당 시간을 들여 드로잉 애플리케이션을 구축했다. 다음 장에서도 계속해서 이 애플리케이션을 사용할 것이다. 거기서는 구글 `QuickDraw` 데이터셋에서 훈련된 RNN을 사용해 스케치 분류를 수행하는 방법을 배울 것이다. 앞으로 흥미롭고 재미있는 내용이 더 많아질 것이다. 그럼 다시 출발하자!

08

RNN으로
드로잉 보조하기

이전 장에서는 사용자가 그리고자 하는 것을 추론해서 가장 가능성 있는 예측된 범주를 기반으로 대안이 될 만한 이미지를 사용자에게 제시하는 간단한 드로잉 애플리케이션을 구축했다. 이 애플리케이션의 목적은 사용자가 세부 사항까지 신경 쓰느라 시간을 낭비하는 대신 마이크로소프트 빙 이미지 검색을 통해 얻은 완성된 스케치를 사용자에게 제공함으로써 스케치 작업의 효율성을 개선하는 데 있다.

이 장에서는 이 애플리케이션을 다시 가져와서 사용자가 그리는 것을 추론하는 다른 방식을 살펴보겠다. 그 과정에서 우리는 새로운 유형의 데이터와 머신러닝 모델을 배울 것이다. 익숙한 형식을 따라, 먼저 작업 내용을 수정하고 데이터와 모델을 살펴본 다음 플레이그라운드에서 필요한 기능을 구현해 애플리케이션에서 옮길 것이다. 그럼 시작해보자!

드로잉 보조하기

이 절에서는 이 장의 프로젝트와 우리 목적을 간단히 설명하겠다. 이전 장에서 다룬 애플리케이션은 사용자가 스케치하고자 하는 것을 예측하고 예측된 범주(예, 요트)를 기반으로 비슷한 이미지를 가져올 수 있어야 한다고 설명한 내용을 기억할 것이다. 이 예측을 기반으로 애플리케이션은 해당 범주의 이미지를 검색하고 내려받았다. 그런 다음 애플리케이션은 내려받은 이미지를 사용자 스케치와의 유사도를 기준으로 정렬했다. 그리고 사용자가 자신의 스케치와 맞바꿀 수 있게 대안 이미지를 정렬된 순서대로 사용자에게 제시했다.

완성된 프로젝트는 다음과 같다.

이 분류를 수행하기 위해 사용된 모델은 **컨볼루션 신경망**(Convolutional Neural Network, CNN)을 기반으로 한다. 컨볼루션 신경망은 부분적인 패턴을 발견하고 이러한 하위 수준의 패턴을 기반으로 구성하여 좀 더 복잡하고 흥미로운 패턴을 발견할 수 있는 능력 덕분에 이미지를 이해하기에 매우 적합한 신경망 중 하나다. 이러한 높은 수준의 패턴을 우리가 내려받은 이미지를 정렬하기 위한 기준으로 활용함으로써 스타일이 사용자 스케치와 더 비슷한 이미지를 가장 먼저 보여준다. 단어(단어는 고차원 패턴과 유사하다)를 특징으로 사용하고 거리 공식을 적용해 문장 사이의 유사도를 측정하는 것과 비교해 봄으로써 이 모델이 어떻게 동작하는지 생각해봤다.

그러나 이 방식에는 다소 오버헤드가 있다. 정확한 분류를 수행하기 위해 상당한 양의 스케치가 완성돼 있어야 하고, 이미지를 모델에 제공하기 전에 래스터화하기 위해 메모리와 CPU 주기를 사용해야 한다. 이 장에서는 픽셀을 특징으로 하지 않고 드로잉에 사용된 획의 순서를 특징으로 하는 방법을 사용할 것이다. 이 방식을 사용하는 데는 여러 이유가 있는데, 그중에는 다음의 이유들이 포함된다.

- 데이터나 더 큰 규모의 데이터셋에 대한 접근성
- 예측 정확도를 개선할 가능성
- 다음에 나올 일련의 획을 예측하고 생성할 수 있는 생성 능력

그렇지만 여기에서 본질적으로 같은 것, 즉 스케치를 인코딩하는 데이터 유형을 알아볼 기회. 다음 절에서는 이 프로젝트에서 사용될 데이터셋과 모델을 소개하면서 이 데이터 유형에 대해 더 알아보겠다.

드로잉 분류에 사용할 순환 신경망

이 장에서 사용될 모델은 구글의 AI 실험 *Quick, Draw!*에서 사용된 데이터셋에서 훈련됐다.

*Quick, Draw!*는 컴퓨터가 그림을 인식할 수 있는지 확인하기 위해 플레이어가 주어진 객체를 그려야 하는 게임이다. 데이터 중 일부를 발췌하면 다음과 같다.

이 기법은 손으로 쓴 글씨를 인식하는 작업(구글 번역)에서 영감을 얻었다. 이 팀은 이미지를 전체로 보는 대신 문자가 그려지는 방식을 설명하는 데이터 특징으로 작업했다. 이는 다음 그림처럼 설명할 수 있다.

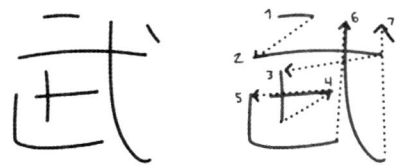

출처: https://experiments.withgoogle.com/ai/quick-draw

여기에서 전제는 사람들이 특정 유형의 객체를 그리는 데는 일관된 패턴이 존재한다는 것이다. 그러나 그 패턴을 발견하기 위해서는 대량의 데이터가 필요하다. 데이터셋은 영리하게도 *Quick, Draw!* 게임의 플레이어로부터 얻은 345개 범주의 5천만 개의 드로잉으로 구성돼 있다. 각 샘플은 타임스탬프가 찍힌 벡터와 플레이어가 위치한 국가와 사용자가 요청받은 범주를 설명하는 관련 메타데이터로 설명된다. 데이터셋에 대한 더 자세한 내용은 공식 웹사이트(https://github.com/googlecreativelab/quickdraw-dataset)에서 확인할 수 있다.

데이터셋과 훈련 과정을 처리 가능한 수준으로 만들기 위해, 여기서는 모델을 345개 범주 중 172개에 대해서만 훈련시켰지만 세부 내용을 확인하고 싶은 사람들을 위해 모델을 생성하고 훈련시키는 데 사용된 노트북을 부록으로 포함시켰다. 데이터 이해를 돕기 위해 샘플 하나만 골라 살펴보면 다음과 같다.

```
{
    "key_id":"5891796615823360",
    "word":"nose",
    "countrycode":"AE",
    "timestamp":"2017-03-01 20:41:36.70725 UTC",
    "recognized":true,
    "drawing":[[[129,128,129,129,130,130,131,132,132,133,133,133,133,...]]]
}
```

스케치의 세부 사항은 획의 배열로 나눌 수 있고 각 획은 x, y 위치와 해당 획이 만들어진 타임스탬프(timestamp)를 포함한 3차원 배열로 묘사된다.

```
[
    [ // 첫 번째 획
        [x0, x1, x2, x3, ...],
        [y0, y1, y2, y3, ...],
        [t0, t1, t2, t3, ...]
    ],
    [ // 두 번째 획
        [x0, x1, x2, x3, ...],
        [y0, y1, y2, y3, ...],
        [t0, t1, t2, t3, ...]
    ],
    ... // 추가 획
]
```

이전에 언급했듯이, 이것은 원시 데이터셋의 한 예제로 *Quick, Draw!* 팀은 원시 샘플을 비롯해 전처리되고 압축된 버전의 샘플까지 다양한 데이터 변형을 출시했다. 여기서는 주로 원시 버전(raw version)과 단순화된 버전(simplified version)의 데이터에 관심이 있다. 전자는 우리가 사용자로부터 얻은 데이터를 가장 잘 보여주는 표현이고, 후자는 모델을 훈련시키는 데 사용됐기 때문이다.

스포일러: 이 장의 대부분은 사용자 입력을 전처리하는 작업을 다룬다.

원시 버전과 단순화된 버전 모두 NDJSON 파일 형식의 개별 파일에 범주 별로 저장돼 있다.

NDJSON(newline delimited JSON의 약자) 파일 형식은 한 번에 하나의 레코드를 처리하는 구조화된 데이터를 저장하고 스트리밍하기 편리한 형식이다. 이름에서도 알 수 있듯이 이 형식은 여러 JSON 형식의 객체를 한 줄에 하나씩 저장한다. 우리의 경우, 이는 각 샘플이 줄마다 개별 객체로 저장됨을 뜻한다. 이 형식에 대해서는 http://ndjson.org에서 자세히 배울 수 있다.

아마 원시 버전과 단순화 버전 사이의 차이가 무엇인지 궁금할 것이다. 이 장의 애플리케이션에서 필요한 전처리 기능을 구현할 때 자세한 내용을 다루겠지만 이름에서도 알 수 있듯이 단순화 버전은 어느 정도의 표준화(샘플을 비교할 수 있게 만들기 위해 데이터를 처리할 때 일반적으로 필요한 과정임)를 적용하고 불필요한 점들을 제거함으로써 획의 복잡도를 낮췄다.

이제 우리가 다룰 데이터를 알아봤으니, 이 장에서 사용할 모델의 세부 사항을 간단히 살펴봄으로써 이 획 순서로부터 어떻게 학습할 수 있을지 알아보자.

이전 장에서 CNN이 부분적인 2차원 조각으로부터 유용한 패턴을 학습하는 방법에 대한 많은 예제를 봤다. 이 2차원 조각들은 원시 픽셀에서 설명력을 갖춘 무언가로 더 추상적으로 만들기 위해 구성될 수 있다. 우리가 이미지를 개별 픽셀을 가지고 이해하는 것이 아니라, 객체의 일부를 설명하는 서로 이웃한 픽셀들의 집합으로 이해한다는 점에 비추어보면 매우 당연하다. 1장, '머신러닝 소개'에서 언어 번역에 사용된 **시퀀스-시퀀스(Sequence to Sequence, Seq2Seq)** 모델을 구축하는 주요 구성 요소로 **순환망(RNN)**을 소개했으며, 모델의 기억하는 능력으로 인해 모델이 순서가 중요한 시퀀스로 이뤄진 데이터에 잘 어울린다는 사실을 알았다. 이전에 강조했듯이, 여기에서 주어진 샘플은 획의 순서로 구성돼 있다. 따라서 RNN이 스케치 분류를 위한 학습에 가장 좋은 후보다.

이전에 배운 내용을 간단히 되돌아보면, RNN은 훈련 과정에서 스스로를 조정하는 피드백 루프를 사용하는 일종의 선택적 메모리를 구현한다. 이를 다이어그램으로 표현하면 다음 그림과 같다.

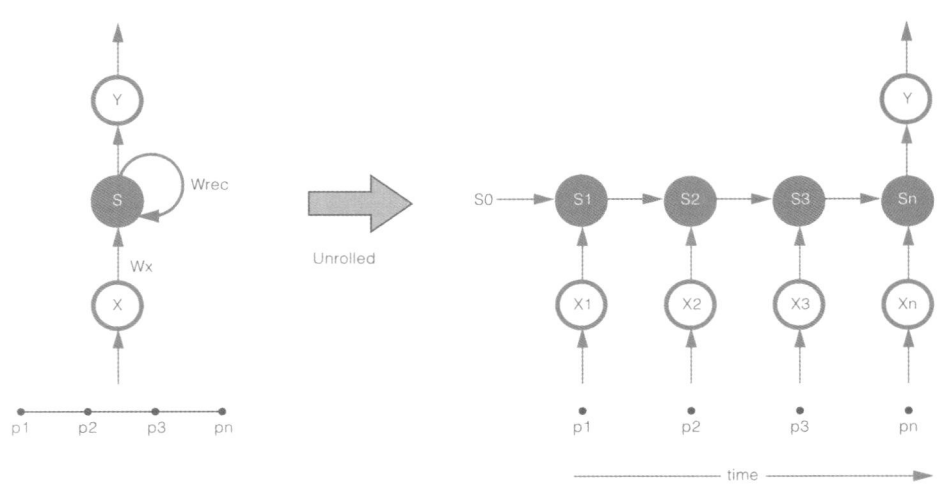

왼쪽은 실제 네트워크이며, 오른쪽은 동일한 네트워크를 4번의 시간 단계로 풀어놓은 것이다. 스케치 획을 이루는 점이 들어오면, 피드백하거나 출력하기 전에 해당 계층의 가중치와 현재 상태로 곱한다. 모델을 훈련시키는 동안 이 피드백을 통해 네트워크는 순서가 매겨진 시퀀스의 패턴을 학습하게 된다. CNN에서 했듯이, 이 순환 계층을 서로 쌓아 올려서 더 복잡하고 추상적인 패턴을 학습할 수 있다.

그렇지만 순환 계층이 순차적 데이터로부터 패턴을 학습하는 유일한 방법은 아니다. CNN 개념을 어떤 차원에서도(2차원만 가능한 것이 아니라) 부분적인 패턴을 학습할 수 있도록 일반화하면 1차원 컨볼루션 계층을 사용해 순환 계층과 비슷한 효과를 낼 수 있음을 알 수 있다. 그런 점에서 2차원 컨볼루션 계층과 비슷하게 시퀀스(시간을 공간적 차원으로 취급함)에서 1차원 커널을 학습해 데이터를 표현하는 부분적인 패턴을 발견할 수 있다. 컨볼루션 계층은 연산적인 측면에서 상당히 비용이 적게 들기 때문에 모바일 폰처럼 프로세서와 전력이 제한된 기기에서는 이상적인 솔루션이다. 또한 2차원 커널이 위치를 바꾸지 않는 것처럼 순서와 상관없는 패턴을 학습하기에 유리하다. 다음 그림에서는 1차원 컨볼루션 계층이 입력 데이터에 어떻게 동작하는지 보여준다.

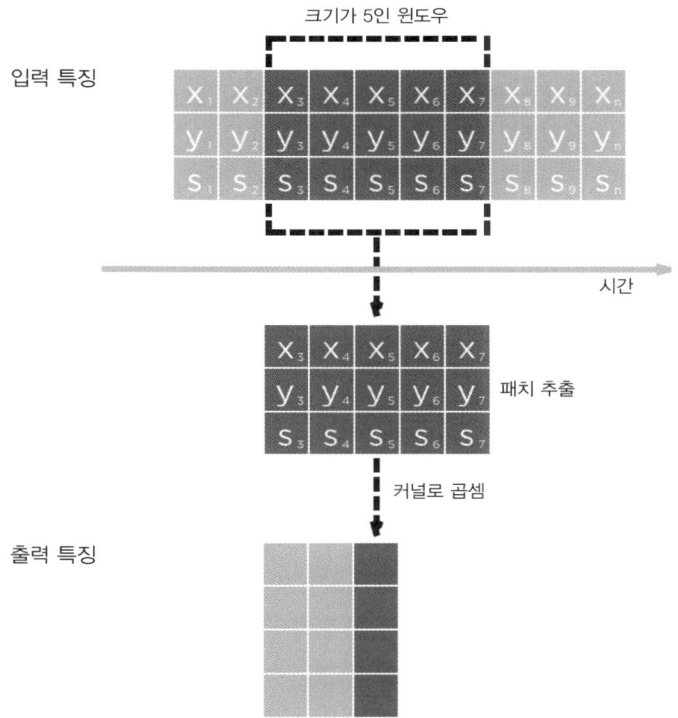

이 경우, 획(윈도우 크기에 국한)은 시퀀스에서 어디에 위치하는지 상관없이 학습되고, 이를 압축한 표현이 출력되면 이를 RNN에 제공해 이 획으로부터(원시 점으로부터가 아니라) 순서가 매겨진 시퀀스를 학습할 수 있다. 직관적으로 이 모델을 처음에는 세로/가로획처럼 획을 학습한(시간과 무관하게) 다음 이 획의 순서가 매겨진 시퀀스로부터 모양과 같은 고차원의 패턴을 학습하는(그 뒤를 따라 RNN으로 구성된 계층에서) 것으로 생각할 수 있다. 이 개념을 그림으로 설명하면 다음과 같다.

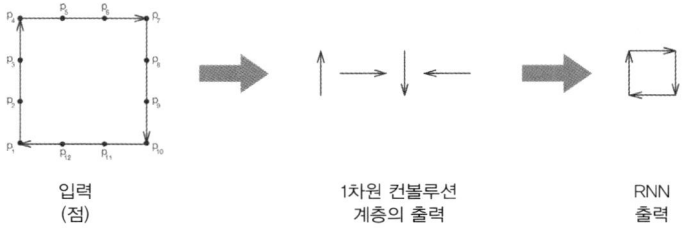

왼쪽에는 모델에 입력된 원시 점들이 있다. 가운데는 1차원 컨볼루션 계층이 이 점으로부터 획의 형태로 부분 패턴을 학습하는 방법을 보여준다. 마지막으로 맨 오른쪽에는 그 뒤를 이어 이 획의 시퀀스로부터 순서에 민감한 패턴을 학습하는 RNN을 볼 수 있다.

모델을 소개하기 전에 알아두어야 할 개념이 하나 더 있다. 이를 소개하기 전에 간단히 네모를 어떻게 그리는지 생각해보면 좋겠다. 여러분은 시계 방향으로 그리는가, 아니면 반시계 방향으로 그리는가?

이 절에서 마지막으로 소개할 개념은 양방향 계층(bidirectional layer)이다. 양방향 계층을 사용하면 이 질문에 따라 신경망을 변경하지 않아도 된다. 앞에서 설명했듯 RNN이 순서에 민감하기 때문에 여기에서 유용하지만 이미 강조했듯이 스케치는 역순으로 그릴 수도 있다. 이를 설명하기 위해, 이름에서도 알 수 있듯이, 두 방향의 입력 순서(시간 순과 시간 역순)를 처리하고 이 둘의 표현을 병합하는 양방향 계층을 사용할 수 있다. 양쪽 방향으로 시퀀스를 처리함으로써 어느 방향으로 그리더라도 모델을 변경할 필요가 없다.

이제 이 모델에 사용되는 모든 구성 요소들을 소개했다. 다음 그림은 모델 전체의 구성을 보여준다.

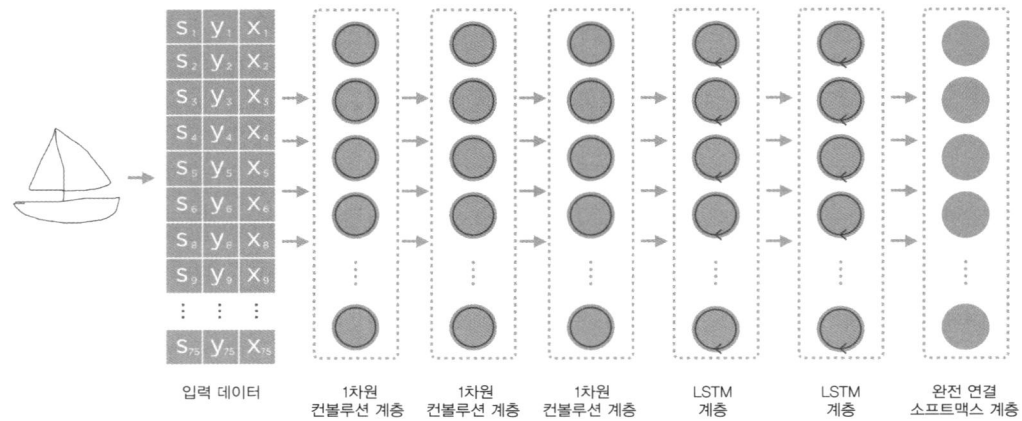

 이 책은 CORE ML과 관련해 머신러닝 애플리케이션 만드는 방법을 중점적으로 다루고 있다. 따라서 이 모델의 세부 사항을 다루지 않지만 여러분이 모델을 사용하고 더 살펴보기 위해 모델의 동작 방식을 직관적으로 이해하기에 충분한 만큼만 다룰 것이다.

이전에 봤듯이, 이 모델은 일련의 1차원 컨볼루션 계층 다음에 일련의 **장단기 메모리**(Long Short-Term Memory, LSTM) 계층을 지나 예측이 만들어지는 완전 연결 계층으로 이뤄져 있다. 이 모델은 172개의 범주, 범주별 10,000개의 훈련 샘플과 1,000개의 검증 샘플을 사용해 훈련됐다. 16세대가 지난 후 모델은 훈련과 검증 데이터 모두에서 약 78%의 정확도를 달성했다.

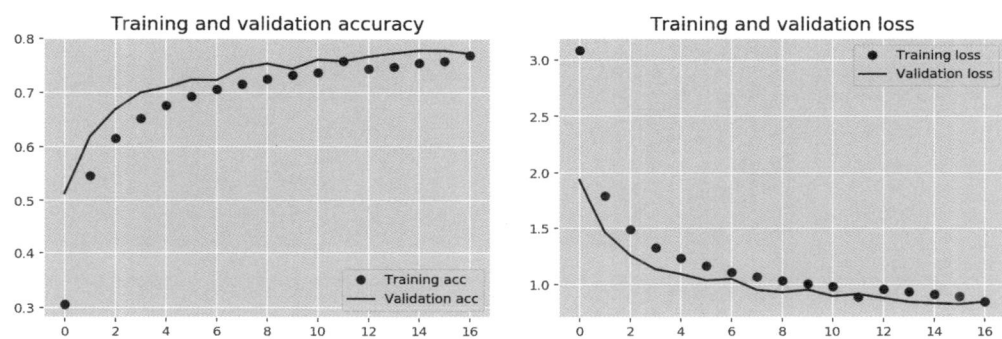

지금까지 모델을 만들었지만 실제로 이 모델에 무엇을 공급하는지에 대해서는 생략했다. 다음 절에서는 우리 모델이 어떤 데이터에서 훈련됐는지 알아보고 그 데이터를 준비하기 위해 필요한 기능을 구현할 것이다.

입력 데이터와 전처리

이 절에서는 원시 사용자 입력을 모델에서 받을 입력으로 변환하기 위해 필요한 전처리 기능을 구현하겠다. 이 기능을 플레이그라운드 프로젝트에서 구현하고 다음 절에서 우리의 프로젝트로 옮길 것이다.

최신 코드를 내려받지 않았다면 관련 저장소(https://github.com/PacktPublishing/Machine-Learning-with-Core-ML)에서 최신 코드를 가져오자. 코드를 내려받았으면 Chapter8/Start로 가서 ExploringQuickDrawData.playground 플레이그라운드 프로젝트를 열자. 프로젝트가 로딩되면 다음처럼 이 장에서 사용할 플레이그라운드를 보게 될 것이다.

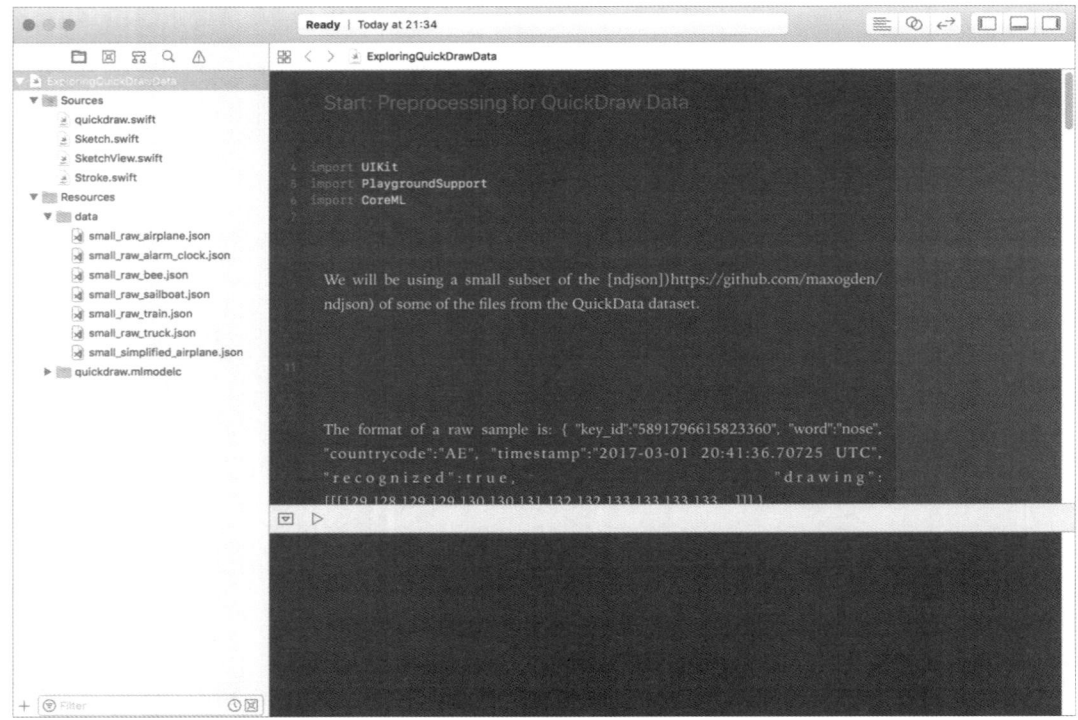

이 플레이그라운드에는 원시 *Quick, Draw!* 데이터셋의 몇 가지 샘플과 단순화된 데이터셋에서 발췌한 샘플 하나, 컴파일된 모델과 스케치를 표현(Stroke.swift, Sketch.swift)하고 렌더링(SketchView.swift)하기 위해 이전 장에서 생성했던 지원 클래스가 포함돼 있다. 이 절에서는 데이터를 이해하고 모델에 제공하기 전에 필요한 전처리가 무엇인지 알아보는 것을 목표로 한다. 그 과정에서 이 기능을 캡슐화하기 위해 기존 클래스를 확장 구현하겠다.

진행에 앞서 기존 코드를 먼저 검토하자. 열린 소스 파일을 스크롤해 내리면, createFromJSON과 drawSketch 메서드를 보게 될 것이다. 전자는 JSON 객체(샘플이 저장된 형식)를 취해 강력한 형식의 객체(StrokeSketch)를 반환한다. 기억을 되살려보면, 각 샘플은 다음으로 구성된다.

- key_id: 고유 식별자
- word: 범주 레이블
- countrycode: 샘플이 그려진 국가 코드
- timestamp: 샘플이 생성된 타임스탬프

- recognized: 스케치가 현재 인식되는지 여부를 가리키는 플래그
- drawing: x, y 좌표의 배열과 점이 생성된 시점부터 경과한 시간으로 구성된 다차원 배열

StrokeSketch는 단어를 레이블 속성에, x, y 좌표를 획 점에 매핑한다. 다른 모든 것은 분류에 별로 유용하지 않고 모델에서 사용되지 않으므로 폐기한다. drawSketch 메서드는 척도가 조정되고 중심에 맞춘 스케치를 렌더링하기 위해 SketchView 인스턴스를 생성하기 전에 스케치의 척도를 조정하고 가운데 맞춤하는 유틸리티 메서드다.

코드의 마지막 블록에서 JSON 파일을 미리 로딩해 loadedJSON 사전을 통해 이 파일을 사용할 수 있게 만든다. 여기에서 키는 관련 파일명이고, 그 값은 로딩된 JSON 객체다.

먼저 데이터를 살짝 엿보고 원시 샘플과 단순화된 샘플을 비교해보자. 다음 코드를 플레이그라운드에 추가하자.

```swift
if let rJson = loadedJSON["small_raw_airplane"],
    let sJson = loadedJSON["small_simplified_airplane"]{
    if let rSketch = StrokeSketch.createFromJSON(json: rJson[0] as? [String:Any]),
        let sSketch = StrokeSketch.createFromJSON(json: sJson[0] as? [String:Any]){
        drawSketch(sketch: rSketch)
        drawSketch(sketch: sSketch)
    }
    if let rSketch = StrokeSketch.createFromJSON(json: rJson[1] as? [String:Any]),
        let sSketch = StrokeSketch.createFromJSON(json: sJson[1] as? [String:Any]){
        drawSketch(sketch: rSketch)
        drawSketch(sketch: sSketch)
    }
}
```

앞의 코드에서 로딩된 JSON 파일에 대한 참조를 얻고 인덱스 0과 1에 있는 샘플을 createFromJSON 파일에 전달한다. 그러면 createFromJSON 파일은 StrokeSketch 표현을 반환한다. 그런 다음 뷰를 생성하고 렌더링하기 위해 이를 drawSketch 메서드에 전달한다. 실행이 끝나고 drawSketch 메서드를 호출한 줄에서 오른쪽 패널에 위치한 눈동자 아이콘을 클릭하면 각 스케치를 미리 볼 수 있다. 다음 그림은 비교를 위해 출력을 나란히 보여준다.

| 원시 비행기 | 단순화된 비행기 |

위 그림에서 원시 데이터셋 샘플과 단순화된 데이터셋 샘플의 가장 큰 차이점을 볼 수 있다. 원시 샘플이 훨씬 크고 선이 매끄럽다. 앞의 그림에서 분명하지 않은 것은 단순화된 샘플은 왼쪽 위에 위치하지만 원시 샘플은 원래의 절대적 위치에 있는 점으로 구성된다(drawSketch 메서드가 척도를 조정하고 필요한 경우 스케치를 가운데에 맞춘다).

기억하겠지만 원시 샘플은 사용자로부터 받는 입력과 유사하지만 모델은 단순화된 데이터셋의 샘플에서 훈련됐다. 따라서 원시 데이터를 모델에 제공하기 전에 그에 상응하는 단순화된 데이터로 변환하기 위해 사용됐던 것과 동일한 전처리 단계를 수행해야 한다. 이 단계들은 데이터 저장소(https://github.com/googlecreativelab/quickdraw-dataset)에 다음과 같이 정리돼 있다. 이 단계들이 지금부터 플레이그라운드에서 구현할 내용이다.

- 드로잉을 왼쪽 위 모서리에 맞춰 최솟값이 0이 되게 한다.
- 드로잉 척도를 균등하게 조정해 최댓값이 255가 되게 한다.
- 모든 획을 1픽셀 간격으로 다시 샘플링한다.
- Ramer-Douglas-Peucker 알고리즘에 엡실론 값을 2.0으로 해서 모든 획을 단순화시킨다.

 Ramer-Douglas-Peucker 알고리즘은 선분 세그먼트(획)로 구성된 곡선을 취해 더 적은 개수의 점으로 이뤄진 단순화된 곡선을 찾는다. 이 알고리즘에 대한 자세한 내용은 https://en.wikipedia.org/wiki/Ramer-Douglas-Peucker_algorithm에서 확인할 수 있다.

이 단계들을 뒷받침하는 이론적 근거는 상당히 자명하며, 비행기를 그린 두 스케치를 보여주는 그림에서 확실히 알 수 있다. 즉, 비행기가 실제 화면에서 어디에 위치하든지 변하지 않고 어떤 척도에도 변하지 말아야 한다. 획을 단순화하면 눈에 띄는 특징만 캡처할 수 있게 해주므로 모델이 학습하기 더 쉬워진다.

먼저 StrokeSketch 클래스의 확장을 생성하고, simplify 메서드를 만든다.

```
public func simplify() -> StrokeSketch{
    let copy = self.copy() as! StrokeSketch
}
```

우리는 StrokeSketch 인스턴스 복제를 변형할 것이기 때문에 먼저 복사본을 만든다. 다음으로 스케치의 가로세로 비율은 유지하면서 최대 높이와 너비를 255로 만들기 위해 스케치 척도를 맞출 때 필요한 척도 인자를 계산해야 한다. 이를 위해 simplify 메서드에 다음 코드를 추가한다.

```
let minPoint = copy.minPoint
let maxPoint = copy.maxPoint
let scale = CGPoint(x: maxPoint.x-minPoint.x, y:maxPoint.y-minPoint.y)

var width : CGFloat = 255.0
var height : CGFloat = 255.0

// 가로세로 비율 조정
if scale.x > scale.y{
    height *= scale.y/scale.x
} else{
    width *= scale.y/scale.x
}
```

각 차원(width와 height)에 대해 스케치를 255에 맞춰 크기를 키우거나 줄일 때 필요한 척도를 계산했다. 이제 이 척도를 StrokeSketch 클래스가 담고 있는 각각의 획과 연결된 각 점에 적용해야 한다. 각 점을 반복하면서 필수 전처리 단계로 스케치를 좌측 상단(x= 0, y = 0)에 맞추는 작업도 함께 하는 것이 타당하다. 이 작업은 각 차원의 최솟값을 빼면 된다. simplify 메서드에 이 작업을 위한 다음 코드를 덧붙이자.

```
for i in 0..<copy.strokes.count{
    copy.strokes[i].points = copy.strokes[i].points.map({ (pt) -> CGPoint in
        let x : CGFloat = CGFloat(Int(((pt.x - minPoint.x)/scale.x) * width))
        let y : CGFloat = CGFloat(Int(((pt.y - minPoint.y)/scale.y) * height))
        return CGPoint(x:x, y:y)
    })
}
```

마지막 단계로 Ramer-Douglas-Peucker 알고리즘을 사용해 곡선을 단순화한다. 이를 위해 Stroke에 세부 사항을 구현하고 거기에 이 작업을 위임하게 만들 것이다. 마지막 코드를 StrokeSketch 확장 클래스 내의 simplify 메서드에 추가한다.

```
copy.strokes = copy.strokes.map({ (stroke) -> Stroke in
    return stroke.simplify()
})

return copy
```

Ramer-Douglas-Peucker 알고리즘은 재귀적으로 곡선을 따라 움직이면서 초기에 첫 번째 점과 마지막 점에서 시작해서 이 선분 세그먼트에서 가장 멀리 있는 점을 구한다. 점이 주어진 임계치보다 가까우면 현재 유지하기로 마킹돼 있는 점을 폐기하고, 해당 점이 임계치보다 크다면 그 점은 유지돼야 한다. 그런 다음 이 알고리즘은 첫 번째 점과 가장 먼 점을 가지고 반복적으로 자기 자신을 호출하며, 마찬가지로 가장 먼 점과 최신 점을 가지고도 호출한다. 전체 곡선을 다 돌고 나면 앞에서 설명했듯이 결과적으로 유지돼야 하는 점으로만 구성된 단순화된 곡선을 얻게 된다. 이 절차는 다음 그림으로 요약된다.

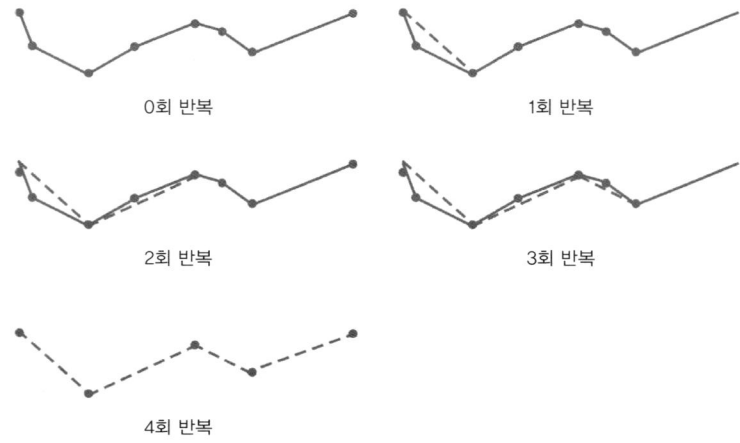

먼저 CGPoint 구조체를 확장해 주어진 선분에서 두 점 사이의 거리를 계산하는 메서드를 포함시키자. 이 코드를 플레이그라운드에 추가한다.

```
public extension CGPoint{
    public static func getSquareSegmentDistance(p0:CGPoint, p1:CGPoint, p2:CGPoint) -> CGFloat{
        let x0 = p0.x, y0 = p0.y
        var x1 = p1.x, y1 = p1.y
        let x2 = p2.x, y2 = p2.y
        var dx = x2 - x1
        var dy = y2 - y1
        if dx != 0.0 && dy != 0.0{
            let numerator = (x0 - x1) * dx + (y0 - y1) * dy
            let denom = dx * dx + dy * dy
            let t = numerator / denom
            if t > 1.0{
                x1 = x2
                y1 = y2
            } else{
                x1 += dx * t
                y1 += dy * t
            }
        }
        dx = x0 - x1
        dy = y0 - y1
        return dx * dx + dy * dy
    }
}
```

여기에서는 CGPoint 구조체에 정적 메서드(static method)를 추가했다. 이 메서드는 주어진 선분에서 두 점 사이의 수직 거리를 계산한다(이 값은 이전에 설명했듯이 선분을 단순화하기 위해 우리의 임계치와 비교할 값이다). 다음으로 재귀적 메서드를 구현할 것이다. 이 메서드는 우리 임계치보다 작은 점을 테스트하고 폐기함으로써 곡선을 구성할 때 사용된다. 언급했듯이, 이 기능을 Stroke 클래스 자체 내에 캡슐화해서 확장 클래스 구현을 마무리한다.

```
public extension Stroke{
}
```

이제 확장 클래스에 이 재귀적 메서드를 추가한다.

```swift
func simplifyDPStep(points:[CGPoint], first:Int, last:Int,
                    tolerance:CGFloat, simplified: inout [CGPoint]){
    var maxSqDistance = tolerance
    var index = 0
    for i in first + 1..<last{
        let sqDist = CGPoint.getSquareSegmentDistance(
            p0: points[i],
            p1: points[first],
            p2: points[last])
        if sqDist > maxSqDistance {
            maxSqDistance = sqDist
            index = i
        }
    }
    if maxSqDistance > tolerance{
        if index - first > 1 {
            simplifyDPStep(points: points,
                           first: first,
                           last: index,
                           tolerance: tolerance,
                           simplified: &simplified)
        }
        simplified.append(points[index])
        if last - index > 1{
            simplifyDPStep(points: points,
                           first: index,
                           last: last,
                           tolerance: tolerance,
                           simplified: &simplified)
        }
    }
}
```

이 코드의 대부분은 알고리즘을 설명한 대로 직접 구현했기 때문에 이해하기 쉽다. 먼저 가장 먼 거리를 구하면 이 거리는 분명히 우리 임계치보다 클 것이다. 그렇지 않으면 그 점은 폐기된다. 이 점을 유지할 점의 배열에 추가한 다음, 전체 곡선을 다 돌 때까지 이 세그먼트의 양쪽 끝을 우리의 재귀적 메서드에 전달한다.

마지막으로 이 프로세스를 초기화하는 메서드를 구현해야 한다. 이 메서드 역시 Stroke 확장 클래스에 캡슐화할 것이다. 따라서 계속해서 다음 메서드를 확장 클래스에 추가하자.

```swift
public func simplify(epsilon:CGFloat=3.0) -> Stroke{
    var simplified: [CGPoint] = [self.points.first!]
    self.simplifyDPStep(points: self.points,
                        first: 0, last: self.points.count-1,
                        tolerance: epsilon * epsilon,
                        simplified: &simplified)
    simplified.append(self.points.last!)
    let copy = self.copy() as! Stroke
    copy.points = simplified
    return copy
}
```

simplify 메서드는 방금 구현했던 재귀적 메서드를 시작하기 전에 첫 번째 점을 추가해 단순화된 곡선의 점의 배열을 생성한다. 그런 다음 곡선을 전부 돌았으면, 마지막으로 단순화된 점을 Stroke에 반환하기 전에 마지막 점을 추가한다.

지금까지 *Quick, Draw!* 저장소에서 명시한 대로 원시 입력을 단순화된 형식으로 변환하기 위해 필요한 기능을 구현했다. 우리가 원시 스케치를 단순화시킨 버전과 동일한 스케치에 대해 기존의 단순화된 버전을 비교해 작업 결과를 검증해 보자. 다음 코드를 플레이그라운드에 추가하자.

```swift
if let rJson = loadedJSON["small_raw_airplane"],
    let sJson = loadedJSON["small_simplified_airplane"]{
    if let rSketch = StrokeSketch.createFromJSON(json: rJson[2] as? [String:Any]),
        let sSketch = StrokeSketch.createFromJSON(json: sJson[2] as? [String:Any]){
        drawSketch(sketch: rSketch)
        drawSketch(sketch: sSketch)
        drawSketch(sketch: rSketch.simplify())
    }
}
```

이전에도 해봤듯이, drawSketch를 호출한 줄의 오른쪽 패널에 있는 눈동자 아이콘을 클릭해 각 스케치를 미리 볼 수 있다. 첫 번째는 원시 데이터셋의 스케치이며, 두 번째는 단순화된 데이터셋의 스케치이고,

세 번째는 우리가 구현한 단순화 메서드를 원시 데이터셋의 샘플에 적용해 얻은 결과 스케치이다. 모든 것이 계획대로 구현됐다면 다음과 비슷한 결과를 볼 수 있다.

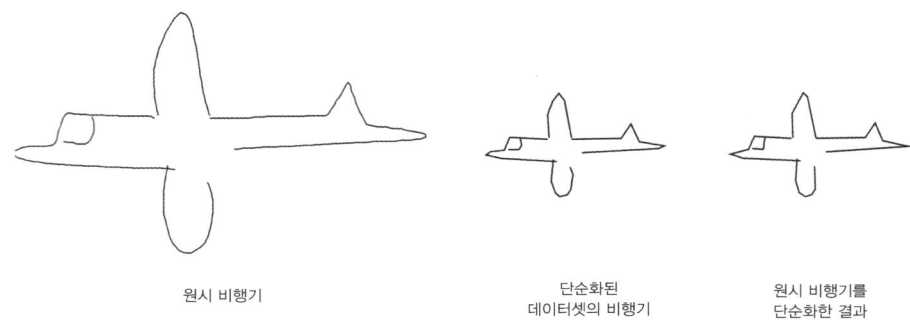

원시 비행기   단순화된 데이터셋의 비행기   원시 비행기를 단순화한 결과

자세히 살펴보면, 우리가 단순화시킨 버전이 단순화된 데이터셋의 샘플보다 더 공격적인 것처럼 보이지만, 임곗값을 조정해 쉽게 변경할 수 있다. 하지만 사실상 지금으로서는 이것만으로도 충분하다. 이제 데이터셋을 단순화시켜, 모델이 훈련된 데이터셋과 비슷하게 변환하기 위해 필요한 기능을 갖게 됐다. 하지만 데이터를 모델에 제공하기 전에 해야 할 전처리 작업이 남아 있다. 이를 위해 먼저 우리 모델이 입력으로 무엇을 받는지 잠시 살펴보자.

이 모델은 3차원 샘플을 입력으로 받는다. 이 차원은 점의 위치 (x, y)와 이 점이 관련 획의 마지막 점인지 여부를 가리키는 플래그로 구성된다. 이 플래그는 크기가 75로 고정된 길이의 시퀀스를 전달하기 때문에 필요하다. 즉, 각 스케치를 표현하기 위해 고정 길이의 시퀀스 안에 모두 집어넣기 위해 잘라내거나 이 시퀀스의 앞부분을 0으로 채운다. 플래그를 사용하면 획을 이루는 마지막 점인지 여부를 가리키는 컨텍스트를 추가할 수 있다(우리 시퀀스가 스케치를 표현하고 스케치는 여러 획으로 구성된다는 점을 기억하자).

다음으로 보통 때처럼 가중치 값이 커서 훈련 과정에 모델의 변동폭이 커지는 것을 피하기 위해 입력값을 0.0 ~ 1.0 사이에 오도록 정규화한다. 마지막 조정 작업으로 절댓값을 델타로 변환한다. 생각해보면 당연하다. 첫 번째 이유는 모델이 각 점의 실제 위치와 관계없이 유지되기 바라기 때문이다. 즉, 우리는 동일한 스케치를 나란히 그릴 수 있고, 이상적으로 이들을 동일한 범주로 분류하기 원한다. 이전 장에서는 여기에서와 마찬가지로 픽셀 데이터 범위와 위치에서 작동하는 CNN을 사용해 달성할 수 있었다. 절댓값 대신 델타를 사용하는 두 번째 이유로는 델타가 절대 위치보다 더 유용한 정보, 즉 방향을 전달하기 때문이다. 여기까지 구현했으면, 모델을 테스트할 준비가 끝났다. 먼저 이 전처리 단계를 수행하는 다음 확장과 메서드를 추가하자.

```
extension StrokeSketch{
    public static func preprocess(_ sketch:StrokeSketch) -> MLMultiArray?{
        let arrayLen = NSNumber(value:75 * 3)
        guard let array = try? MLMultiArray(shape: [arrayLen],
                                            dataType: .double)
            else{ return nil }
        let simplifiedSketch = sketch.simplify()
    }
}
```

여기에서 확장을 통해 StrokeSketch 클래스에 정적 메서드인 preprocess를 추가했다. 이 메서드에서는 먼저 모델에 전달될 버퍼를 구성한다. 이 버퍼의 크기는 전체 시퀀스에 맞아야 한다. 이 크기는 시퀀스 길이(75)를 차원 개수(3)로 곱한 값이다. 그런 다음 단순화된 스케치를 얻기 위해 StrokeSketch 인스턴스의 simplify 메서드를 호출해 이 스케치를 우리 모델이 훈련된 데이터와 비슷하게 만든다.

다음으로 모든 획의 각 점을 반복해 그 점을 정규화하고 플래그 값(그 점이 획의 끝이면 1, 그렇지 않으면 0)을 결정한다. preprocess 메서드에 다음 코드를 덧붙인다.

```
let minPoint = simplifiedSketch.minPoint
let maxPoint = simplifiedSketch.maxPoint
let scale = CGPoint(x: maxPoint.x-minPoint.x, y:maxPoint.y-minPoint.y)

var data = Array<Double>()
for i in 0..<simplifiedSketch.strokes.count{
    for j in 0..<simplifiedSketch.strokes[i].points.count{
        let point = simplifiedSketch.strokes[i].points[j]
        let x = (point.x-minPoint.x)/scale.x
        let y = (point.y-minPoint.y)/scale.y
        let z = j == simplifiedSketch.strokes[i].points.count-1 ? 1 : 0
        data.append(Double(x))
        data.append(Double(y))
        data.append(Double(z))
    }
}
```

먼저 최솟값과 최댓값을 얻는 것으로 시작하자. 이 값들은 각 점을 정규화하는 데 사용된다. 정규화에는 $(x_i - min(x))/(max(x) - min(x))$ 공식이 사용되는데, 여기에서 x_i는 단일 점을 나타내며 x는 해당 획을 이루는 모든 점을 나타낸다. 그런 다음 모든 점을 반복하기 전에 데이터를 저장할 임시 공간을 생성하고, 이전에 설명했듯이 각 점을 정규화하고 플래그 값을 결정한다.

이제 각 점의 델타를 계산하고 마지막으로 델타를 계산할 수 없는 마지막 점을 제거해야 한다. 다음 코드를 preprocess 메서드에 덧붙이자.

```
let dataStride : Int = 3
for i in stride(from: dataStride, to:data.count, by: dataStride){
    data[i - dataStride] = data[i] - data[i - dataStride]
    data[i - (dataStride-1)] = data[i+1] - data[i - (dataStride-1)]
    data[i - (dataStride-2)] = data[i+2]
}

data.removeLast(3)
```

앞의 코드는 별도 설명이 필요 없을 정도로 자명하다. 한 가지만 짚고 넘어가자면, 여기서는 평면화된 배열을 다루고 있기 때문에 데이터를 돌아다닐 때 이동 간격(stride)으로 3을 사용해야 한다.

이제 마지막으로 코드 하나만 더 추가하면 된다! 우리는 배열을 75개의 샘플(시퀀스 길이, 즉 배열 길이로는 225)과 동일하게 맞춰야 한다. 이 작업은 배열이 너무 크면 잘라내고 너무 작으면 0으로 채운다. 이 작업은 임시 배열의 데이터인 data를 모델에 전달할 버퍼인 array에 복사하는 과정에서 쉽게 수행할 수 있다. 여기에서 먼저 시작 인덱스를 계산한 다음 전체 시퀀스를 반복하고 현재 인덱스가 시작 인덱스보다 크면 데이터를 복사하고 그렇지 않으면 0으로 채운다. preprocess 메서드를 마무리하기 위해 다음 코드를 추가하자.

```
var dataIdx : Int = 0
let startAddingIdx = max(array.count-data.count, 0)

for i in 0..<array.count{
    if i >= startAddingIdx{
        array[i] = NSNumber(value:data[dataIdx])
        dataIdx = dataIdx + 1
    } else{
```

```
        array[i] = NSNumber(value:0)
    }
}

return array
```

preprocess 메서드가 완성됐으니 모델을 테스트할 준비가 끝났다. 먼저 모델(플레이그라운드에 포함된)을 인스턴스화한 다음, 다른 범주까지 테스트하기 전에, 이전에 사용했던 비행기 샘플을 모델에 제공한다. 플레이그라운드에 다음 코드를 덧붙이자.

```
let model = quickdraw()

if let json = loadedJSON["small_raw_airplane"]{
    if let sketch = StrokeSketch.createFromJSON(json: json[0] as? [String:Any]){
        if let x = StrokeSketch.preprocess(sketch){
            if let predictions = try? model.prediction(input:quickdrawInput(strokeSeq:x)){
                print("Class label \(predictions.classLabel)")
                print("Class label probability/confidence
                    \(predictions.classLabelProbs["airplane"] ?? 0)")
            }
        }
    }
}
```

모든 것이 제대로 진행됐다면, 플레이그라운드는 콘솔에 다음을 출력한다.

```
Class label airplane
Class label probability/confidence 0.7733651995965887
```

이 모델은 상당히 높은 신뢰도로(약 77%의 확률로) 샘플을 비행기 범주로 예측했다. 이 코드를 애플리케이션으로 옮기기 전에, 다른 범주도 테스트해보자. 먼저 이 모든 작업을 다룰 메서드를 구현하고 일부 샘플을 전달해 추론을 수행하겠다. 다음 메서드를 플레이그라운드에 추가한다. 이 메서드는 예측을 위해 샘플을 모델에 전달하기 전에 샘플을 얻어 전처리하고, 결과로 가장 가능성 있는 범주와 확률을 서식이 지정된 문자열로 반환한다.

```swift
func makePrediction(key:String, index:Int) -> String{
    if let json = loadedJSON[key]{
        if let sketch = StrokeSketch.createFromJSON(
            json: json[index] as? [String:Any]){
            if let x = StrokeSketch.preprocess(sketch){
                if let predictions = try? model.prediction(input:quickdrawInput(strokeSeq:x)){
                    return "\(predictions.classLabel)
                        \(predictions.classLabelProbs[predictions.classLabel] ?? 0)"
                }
            }
        }
    }
    return "None"
}
```

대부분의 작업이 끝났으니 전처리 작업을 구현한 내용과 모델이 우리가 전달한 샘플을 충분히 정확하게 예측할 수 있는지 테스트할 일만 남았다. 범주별로 테스트해보자. 다음 코드를 플레이그라운드에 추가한다.

```swift
print(makePrediction(key: "small_raw_airplane", index: 0))
print(makePrediction(key: "small_raw_alarm_clock", index: 1))
print(makePrediction(key: "small_raw_bee", index: 2))
print(makePrediction(key: "small_raw_sailboat", index: 3))
print(makePrediction(key: "small_raw_train", index: 4))
print(makePrediction(key: "small_raw_truck", index: 5))
print(makePrediction(key: "small_simplified_airplane", index: 0))
```

각 코드의 출력은 다음 화면에서 볼 수 있다.

```
Class label airplane
Class label probability/confidence 0.773365199565887
airplane 0.773365199565887
alarm clock 0.92908126115799
bee 0.99956601858139
sailboat 0.999997138977051
train 0.909866809844971
truck 0.411328673362732
airplane 0.838698148727417
```

나쁘지 않다! 트럭은 41%의 낮은 확률로 예측했지만, 이를 제외하고는 모든 범주를 정확하게 예측했다. 그리고 단순화된 비행기 샘플(84%)이 그에 대응하는 원시 데이터셋(77%)보다 더 높은 확률을 보인다는 점이 흥미롭다.

그럼 호기심에서 41%의 낮은 확률로 예측했던 트럭 샘플을 들여다보자.

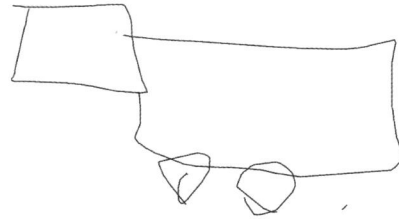

예술가를 존경하지만 이 스케치로 트럭을 예측하기는 너무 힘들다. 따라서 우리 모델은 전적으로 신뢰할 만하다.

이제 다양한 범주에 모델을 노출시켰고, 각 범주를 정확하게 예측할 수 있었으므로 우리가 작성한 전처리 코드가 만족할 만하게 구현됐음을 뜻한다. 이제 코드를 애플리케이션에 옮길 준비가 됐지만 그 전에 마지막으로 실험할 것이 남았다. 모델이 어떻게 훈련됐는지 애플리케이션 내에서 어떻게 사용될지 생각해보자. 이 모델은 사용자가 스케치를 그리는 동안 만든 획에 해당하는 시퀀스에서 훈련됐다. 이것이 정확히 사용자가 애플리케이션과 상호작용하는 방법이다. 사용자는 일련의(혹은 순차적인) 획으로 무언가를 스케치하고, 한 획이 끝날 때마다 우리는 사용자가 그리고자 하는 것을 예측하려고 한다. 모델이 실제 환경에서 예측을 잘 수행하는지 평가하기 위해, 획이 늘어날 때마다 샘플을 구성하고 다음 획이 추가될 때마다 예측함으로써 그 행위를 모방하자. 다음 코드를 플레이그라운드에 추가하자.

```
if let json = loadedJSON["small_raw_bee"]{
    if let sketch = StrokeSketch.createFromJSON(json: json[2] as? [String:Any]){
        let strokeCount = sketch.strokes.count
        print("\(sketch.label ?? "" ) sketch has \(strokeCount) strokes")
        for i in (0..<strokeCount-1).reversed(){
            let copyOfSketch = sketch.copy() as! StrokeSketch
            copyOfSketch.strokes.removeLast(i)
            if let x = StrokeSketch.preprocess(copyOfSketch){
                if let predictions = try? model.prediction(input:quickdrawInput(strokeSeq:x)){
                    let label = predictions.classLabel
                    let probability =
                        String(format: "%.2f",predictions.classLabelProbs[predictions.classLabel] ?? 0)
                    print("Guessing \(label) with probability of
                        \(probability) using \(copyOfSketch.strokes.count) strokes")
                }
            }
        }
    }
}
```

여기서 새로 소개할 내용은 없다. 우리는 스케치에 로딩하고, 앞에서 말했듯이 획이 늘어날 때마다 천천히 스케치를 구성하고, 이 부분 스케치를 모델에 전달해 추론을 수행한다. 다음은 그 결과다. 결과의 전후 관계를 알 수 있게 그에 대응하는 스케치를 함께 보여준다.

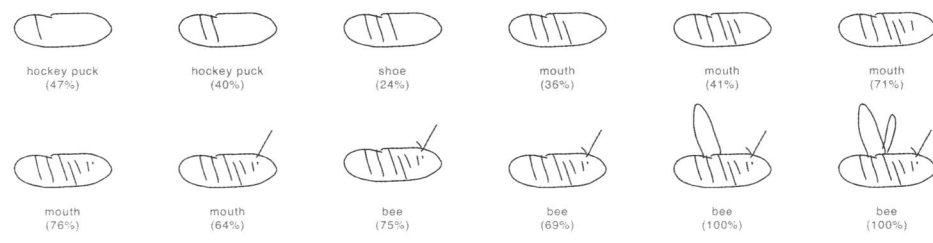

이 모든 합리적인 예측을 통해 아마 많은 사람이 하키 퍽, 입, 꿀벌을 어떻게 그리는지 밝혀낼 수 있다. 이제 만족스럽게 구현이 끝났으니 다음 절로 넘어가 이 코드를 플레이그라운드로 옮기고 실행 시간에 모델을 얻어 컴파일하는 방법을 살펴보자.

종합

아직 최신 코드를 내려받지 않았다면 관련 저장소(https://github.com/packtpublishing/machine-learning-with-core-ml)에서 코드를 내려받자. 코드를 내려받았으면 Chapter8/Start/QuickDrawRN 디렉터리로 가서 QuickDrawRNN.xcodeproj 프로젝트를 열자. 프로젝트가 로딩됐으면 익숙한 프로젝트를 보게 될 것이다. 이전 장에서 구축했던 프로젝트를 복제해 둔 것과 거의 다름없다. 이러한 이유로 여기서 자세한 내용은 다루지 않겠다. 내용을 되짚어보고 싶다면 이전 장을 훑어보면 된다.

그 대신 여기서는 사람과 머신러닝 시스템 사이의 인터페이스를 설계하고 구축하는 데 있어서 가장 중요한 측면 중 하나를 생각해보고자 한다. 이를 시작으로 계속해서 코드를 플레이그라운드 프로젝트로 옮기자.

나는 *Quick, Draw!*가 머신러닝 시스템 인터페이스를 설계하는 사람의 주요 책임을 강조하는 훌륭한 예제라 생각한다. 이 예제가 눈에 띄는 이유는 척도와 변형에 따라 변하지 않게 만드는 영리한 전처리나 복잡한 시퀀스를 효과적으로 학습할 수 있는 정교한 아키텍처 때문이 아니라, 훈련 데이터를 캡처하는 데 사용된 방법 때문이다. 지능형 시스템을 구성하는 데 있어서 한 가지 주요 장애물은 모델을 훈련시키기 위해 사용할 수 있는 (충분히) 깨끗하고 레이블이 달린 데이터를 얻는 것이다. *Quick, Draw!*는 의도적으로(내 생각으로는) 매력적인(상당히 많은 사용자가 충분한 양의 레이블이 달린 데이터를 생성할 마음이 들 만큼 충분히 매력적인) 게임의 허울을 쓰고 데이터를 캡처해 레이블을 다는 도구로 만들어 이 문제를 해결했다. 일부 스케치는 의문의 여지가 있지만, 스케치 수만 보더라도 이러한 특이점은 희석된다.

요점은 머신러닝 시스템은 정적이지 않으므로, 암묵적으로든(사용자 동의 하에) 명시적으로든 적용 가능한 경우 사용자가 시스템을 교정할 수 있고 새로운 데이터를 캡처할 기회를 설계해야 한다. 사용자와 시스템 사이를 투명하게 만들어 모델이 잘못됐을 때 모델을 교정하게 함으로써 모델을 개선하기 위해 새로운 데이터를 제공할 뿐 아니라 (그만큼 중요하게) 사용자가 시스템의 유용한 인식 모형(mental model)을 구축하는 일을 돕는다. 이로써 우리 시스템이 어떻게 사용자 행동을 유도할 수 있는지 알게 됐으며, 이러한 행동 유도성은 사용자가 시스템을 올바르게 사용하도록 돕는다.

우리 예제 프로젝트에서 예측을 쉽게 공개하고 사용자가 모델을 교정하는 수단을 제공할 수 있다. 하지만 이 장의 내용을 간결하게 정리하기 위해, 우리는 일반적으로(Core ML은 훈련이 아닌 추론에 적합하다는 사실을 기억하라) 기기 밖에서 훈련시킨 업데이트된 모델을 얻는 방법만 살펴볼 것이다. 그런 경우,

데이터를 중앙 서버에 업로드하고 가능한 경우 업데이트된 모델을 가져온다. 이전에 언급한 대로, 여기서는 업데이트된 모델을 얻는 방법을 살펴보겠다. 그 방법을 살펴보자.

이전에도 말했듯이, 일반적으로는 여러분은 새로운 훈련 데이터를 업로드하고, 모델을 기기 밖에서 훈련시킬 것이다. 물론 이것이 유일한 방법은 아니며 모델을 조정하기 위해 사용자의 개인 데이터를 사용해 기기에서 훈련을 수행하는 것도 합리적인 방법이다. 기기 내에서 훈련시키면 개인 정보 보호와 대기 시간이 줄어든다는 장점이 있지만, 집단 지성 즉, 집단행동으로부터 모델을 개선할 기회가 줄어든다는 단점이 있다. 구글은 개인 정보 보호를 보장하면서 협업을 가능하게 하는 영리한 솔루션을 제안했다. 구글은 *Federated Learning: Collaborative Machine Learning without Centralized Training Data*라는 제목의 글에서 개인화된 데이터를 사용해 로컬 기기에서 훈련시키고, 조정된 모델만 서버로 업로드해 사용자들로부터 받은 가중치를 평균 내어 중앙 모델을 업데이트하는 기법을 설명했다. https://research.googleblog.com/2017/04/federated-learning-collaborative.html에서 이 글을 읽어 보기 바란다.

예상대로 Core ML을 사용할 때 대부분의 작업은 이 프레임워크와 인터페이스하는 것이 아니라, 그 전후의 활동에 해당한다. 모델을 컴파일하고 인스턴스화하는 작업은 다음 두 줄의 코드만으로 수행할 수 있다.

```
let compiledUrl = try MLModel.compileModel(at: modelUrl)
let model = try MLModel(contentsOf: compiledUrl)
```

여기에서 `modelUrl`은 로컬 기기에 저장된 .mlmodel 파일의 URL이다. 이것을 `compileModel`에 전달하면 .mlmodelc 파일을 반환한다. 이 파일은 여러분의 애플리케이션에 번들로 포함된 모델과 동일한 능력을 제공하는 `MLModel` 인스턴스를 초기화하는 데 사용될 수 있다.

모델을 내려받아 컴파일하는 데는 시간이 많이 걸린다. 따라서 이 작업은 메인 스레드에서 실행해서는 안 되고 불필요한 작업을 수행하는 일을 피해야 한다. 즉, 로컬 캐시에 저장하고 필요한 경우에만 업데이트해야 한다. 이제 이 기능을 구현하자. 왼쪽 패널에서 `QueryFacade.swift` 파일을 클릭해 메인 편집 창에 이 파일을 불러오자. 그런 다음 `QueryFacade` 클래스에 새 확장을 추가하자. 우리는 여기에 모델을 내려받아 컴파일하는 코드를 추가할 것이다.

먼저 모델을 내려받아야 할지 여부를 테스트한다. 모델이 있는지와 그 모델이 최신인지 여부만 검사하면 된다. 마지막으로 언제 모델이 업데이트됐는지 나타내는 타임스탬프와 함께 `NSUserDefaults`를 사용해 컴파일된 모델의 위치를 기록한다. 모델을 내려받아야 하는지 여부를 검사하는 다음 코드를 `QueryFacade` 확장에 추가하자.

```swift
private var SyncTimestampKey : String{
    get{
        return "model_sync_timestamp"
    }
}

private var ModelUrlKey : String{
    get{
        return "model_url"
    }
}

private var isModelStale : Bool{
    get{
        if let modelUrl = UserDefaults.standard.string(forKey: self.ModelUrlKey){
            if !FileManager.default.fileExists(atPath: modelUrl){
                return true
            }
        }
        let daysToUpdate : Int = 10
        let lastUpdated = Date(timestamp:UserDefaults.standard.integer(forKey: SyncTimestampKey))

        guard let numberOfDaysSinceUpdate =
            NSCalendar.current.dateComponents([.day], from: lastUpdated, to: Date()).day else{
            fatalError("Failed to calculated elapsed days since the model was updated")
        }
        return numberOfDaysSinceUpdate >= daysToUpdate
    }
}
```

이미 말했듯이, 먼저 모델이 존재하는지 여부를 검사하고 모델이 존재한다면 모델이 마지막으로 업데이트된 뒤 며칠이 지났는지 테스트하고 이 기간을 우리가 모델이 오래됐다고 여기는 임의의 임곗값과 비교해 테스트한다.

다음으로 모델(.mlmodel 파일)을 내려받는 메서드를 구현하자. 이 메서드는 iOS 개발자라면 익숙할 것이다. 한가지 주목할 만한 코드는 호출 메서드가 메인 스레드에서 실행되지 않기 때문에 세마포(semaphore)를 사용해 작업을 동기식으로 만드는 부분이다. 다음 코드를 QueryFacade 확장 클래스에 덧붙인다.

```swift
private func downloadModel() -> URL?{
    guard let modelUrl = URL(
        string:"https://github.com/joshnewnham/MachineLearningWithCoreML/blob/maste
        r/CoreMLModels/Chapter8/quickdraw.mlmodel?raw=true") else{
        fatalError("Invalid URL")
    }
    var tempUrl : URL?
    let sessionConfig = URLSessionConfiguration.default
    let session = URLSession(configuration: sessionConfig)
    let request = URLRequest(url:modelUrl)
    **let semaphore = DispatchSemaphore(value: 0)**
    let task = session.downloadTask(with: request) { (tempLocalUrl, response, error) in
        if let tempLocalUrl = tempLocalUrl, error == nil {
            tempUrl = tempLocalUrl
        } else {
            fatalError("Error downloading model \(String(describing:
                error?.localizedDescription))")
        }
        **semaphore.signal()**
    }
    task.resume()
    **_ = semaphore.wait(timeout: .distantFuture)**
    return tempUrl
}
```

이 작업을 동기식으로 만드는 데 관련된 문장은 굵은 글씨체로 강조했다. 기본적으로 semaphore.wait(timeout: .distantFuture)를 호출하면 semaphore.signal()을 통해 계속 진행하라는 시그널을 받을 때까지 현재 쓰레드는 대기한다. 성공했으면 이 메서드는 내려받은 파일의 로컬 URL을 반환한다.

마지막으로 이 모두를 하나로 묶으면 된다. 다음에 구현할 메서드는 QueryFacade가 인스턴스화될 때 호출될 것이다(바로 다음에 추가할 것이다). 이 메서드에서는 모델을 내려받아야 할지 여부를 검사하고 필요한 경우 모델을 내려받아 컴파일한 다음 추론을 수행할 때 사용할 수 있는 인스턴스 변수인 model을 인스턴스화한다. 마지막으로 다음 코드를 QueryFacade 확장 클래스에 덧붙인다.

```swift
private func syncModel(){
    queryQueue.async {
        if self.isModelStale{
```

```swift
        guard let tempModelUrl = self.downloadModel() else{
            return
        }
        guard let compiledUrl = try? MLModel.compileModel(
            at: tempModelUrl) else{
            fatalError("Failed to compile model")
        }
        let appSupportDirectory = try! FileManager.default.url(
            for: .applicationSupportDirectory,
            in: .userDomainMask,
            appropriateFor: compiledUrl,
            create: true)
        let permanentUrl = appSupportDirectory.appendingPathComponent(
            compiledUrl.lastPathComponent)
        do {
            if FileManager.default.fileExists(
                atPath: permanentUrl.absoluteString) {
                _ = try FileManager.default.replaceItemAt(
                    permanentUrl,
                    withItemAt: compiledUrl)
            } else {
                try FileManager.default.copyItem(
                    at: compiledUrl,
                    to: permanentUrl)
            }
        } catch {
            fatalError("Error during copy: \(error.localizedDescription)")
        }
        UserDefaults.standard.set(Date.timestamp,
                                  forKey: self.SyncTimestampKey)
        UserDefaults.standard.set(permanentUrl.absoluteString,
                                  forKey:self.ModelUrlKey)
    }
    guard let modelUrl = URL(
        string:UserDefaults.standard.string(forKey: self.ModelUrlKey) ?? "")
        else{
        fatalError("Invalid model Url")
    }
```

```
        self.model = try? MLModel(contentsOf: modelUrl)
    }
}
```

먼저 모델을 내려받아야 하는지 여부를 검사하고 그런 경우 계속해서 모델을 내려받아 컴파일한다.

```
guard let tempModelUrl = self.downloadModel() else{
    return
}

guard let compiledUrl = try? MLModel.compileModel(
    at: tempModelUrl) else{
    fatalError("Failed to compile model")
}
```

불필요하게 이 단계를 수행하는 것을 피하기 위해 모델의 위치와 현재 타임스탬프를 NSUserDefaults에 설정하고 세부 사항을 별도의 장소에 영구적으로 저장한다.

```
let appSupportDirectory = try! FileManager.default.url(
    for: .applicationSupportDirectory,
    in: .userDomainMask,
    appropriateFor: compiledUrl,
    create: true)

let permanentUrl = appSupportDirectory.appendingPathComponent(
    compiledUrl.lastPathComponent)
do {
    if FileManager.default.fileExists(
        atPath: permanentUrl.absoluteString) {
        _ = try FileManager.default.replaceItemAt(
            permanentUrl,
            withItemAt: compiledUrl)
    } else {
        try FileManager.default.copyItem(
            at: compiledUrl,
            to: permanentUrl)
    }
} catch {
```

```
    fatalError("Error during copy: \(error.localizedDescription)")
}

UserDefaults.standard.set(Date.timestamp,
                    forKey: self.SyncTimestampKey)
UserDefaults.standard.set(permanentUrl.absoluteString,
                    forKey:self.ModelUrlKey)
```

마지막으로 MLModel을 인스턴스화하고 MLModel 인스턴스를 우리 인스턴스 변수인 model에 할당한다. 마지막으로 클래스가 인스턴스화될 때 이 프로세스를 시작하도록 QueryFacade 클래스의 생성자를 업데이트한다. QueryFacade init 메서드를 다음 코드로 업데이트하자.

```
init() {
    syncModel()
}
```

이 단계에서 모델이 추론을 수행할 수 있게 준비한다. 다음으로 우리가 플레이그라운드에서 구현한 코드를 프로젝트로 옮긴 다음 모두 연결한다. 이 장의 첫 부분에서 자세한 내용을 설명했으니, 여기서는 구체적인 내용은 건너뛰고 편의성과 완전성을 위해 몇 가지 내용을 추가하겠다.

먼저 CGPoint 구조체를 확장하자. 프로젝트에 CGPointRNNExtension.swift라는 이름의 새로운 스위프트 파일을 추가하고 다음 코드를 그 안에 추가한다.

```
extension CGPoint{
    public static func getSquareSegmentDistance(
        p0:CGPoint,
        p1:CGPoint,
        p2:CGPoint) -> CGFloat{
        let x0 = p0.x, y0 = p0.y
        var x1 = p1.x, y1 = p1.y
        let x2 = p2.x, y2 = p2.y
        var dx = x2 - x1
        var dy = y2 - y1
        if dx != 0.0 && dy != 0.0{
            let numerator = (x0 - x1) * dx + (y0 - y1) * dy
            let denom = dx * dx + dy * dy
            let t = numerator / denom
```

```
            if t > 1.0{
                x1 = x2
                y1 = y2
            } else{
                x1 += dx * t
                y1 += dy * t
            }
        }
        dx = x0 - x1
        dy = y0 - y1
        return dx * dx + dy * dy
    }
}
```

다음으로 프로젝트에 StrokeRNNExtension.swift라는 이름의 새로운 스위프트 파일을 추가하고 다음 코드를 추가한다.

```
extension Stroke{
    public func simplify(epsilon:CGFloat=3.0) -> Stroke{
        var simplified: [CGPoint] = [self.points.first!]
        self.simplifyDPStep(points: self.points,
                            first: 0, last: self.points.count-1,
                            tolerance: epsilon * epsilon,
                            simplified: &simplified)
        simplified.append(self.points.last!)
        let copy = self.copy() as! Stroke
        copy.points = simplified
        return copy
    }
    func simplifyDPStep(points:[CGPoint],
                        first:Int,
                        last:Int,
                        tolerance:CGFloat,
                        simplified: inout [CGPoint]){
        var maxSqDistance = tolerance
        var index = 0
        for i in first + 1..<last{
            let sqDist = CGPoint.getSquareSegmentDistance(
```

```
                    p0: points[i],
                    p1: points[first],
                    p2: points[last])
            if sqDist > maxSqDistance {
                maxSqDistance = sqDist
                index = i
            }
        }
        if maxSqDistance > tolerance{
            if index - first > 1 {
                simplifyDPStep(points: points,
                        first: first,
                        last: index,
                        tolerance: tolerance,
                        simplified: &simplified)
            }
            simplified.append(points[index])
            if last - index > 1{
                simplifyDPStep(points: points,
                        first: index,
                        last: last,
                        tolerance: tolerance,
                        simplified: &simplified)
            }
        }
    }
}
```

마지막으로 필요한 전처리 작업을 수행하기 위해 플레이그라운드에서 구현했던 몇 가지 메서드를 StrokeSketch 클래스에 추가하겠다. StrokeSketchExtension.swift라는 이름의 새로운 스위프트 파일을 추가해서 다음과 같이 확장 클래스 블록을 만든다.

```
import UIKit
import CoreML

extension StrokeSketch{

}
```

다음으로 우리가 플레이그라운드에서 구현한 simplify 메서드를 그 안에 복사해 붙여 넣는다.

```swift
public func simplify() -> StrokeSketch{
    let copy = self.copy() as! StrokeSketch
    copy.scale = 1.0
    let minPoint = copy.minPoint
    let maxPoint = copy.maxPoint
    let scale = CGPoint(x: maxPoint.x-minPoint.x,
                        y:maxPoint.y-minPoint.y)
    var width : CGFloat = 255.0
    var height : CGFloat = 255.0
    if scale.x > scale.y{
        height *= scale.y/scale.x
    } else{
        width *= scale.y/scale.x
    }
    // 점마다, 최솟값을 빼서 최댓값으로 나눔
    for i in 0..<copy.strokes.count{
        copy.strokes[i].points = copy.strokes[i].points.map({
            (pt) -> CGPoint in
            let x : CGFloat = CGFloat(
                Int(((pt.x - minPoint.x)/scale.x) * width)
            )
            let y : CGFloat = CGFloat(
                Int(((pt.y - minPoint.y)/scale.y) * height)
            )
            return CGPoint(x:x, y:y)
        })
    }
    copy.strokes = copy.strokes.map({ (stroke) -> Stroke in
        return stroke.simplify()
    })
    return copy
}
```

이전에 설명했듯이 이 메서드는 획의 순서를 전처리한다. 다음으로 정적 메서드 preprocess를 StrokeSketch 확장 클래스에 추가한다. 이 메서드는 StrokeSketch 인스턴스를 취해 추론을 위해 이 인스턴스의 단순화된 상태를 모델에 전달할 수 있는 데이터 구조에 넣는다.

08 _ RNN으로 드로잉 보조하기

```swift
public static func preprocess(_ sketch:StrokeSketch) -> MLMultiArray?{
    let arrayLen = NSNumber(value:75 * 3)
    let simplifiedSketch = sketch.simplify()
    guard let array = try? MLMultiArray(shape: [arrayLen],
                                        dataType: .double)
        else{ return nil }
    let minPoint = simplifiedSketch.minPoint
    let maxPoint = simplifiedSketch.maxPoint
    let scale = CGPoint(x: maxPoint.x-minPoint.x, y:maxPoint.y-minPoint.y)
    var data = Array<Double>()
    for i in 0..<simplifiedSketch.strokes.count{
        for j in 0..<simplifiedSketch.strokes[i].points.count{
            let point = simplifiedSketch.strokes[i].points[j]
            let x = (point.x-minPoint.x)/scale.x
            let y = (point.y-minPoint.y)/scale.y
            let z = j == simplifiedSketch.strokes[i].points.count-1 ? 1 : 0
            data.append(Double(x))
            data.append(Double(y))
            data.append(Double(z))
        }
    }
    let dataStride : Int = 3
    for i in stride(from: dataStride, to:data.count, by: dataStride){
        data[i - dataStride] = data[i] - data[i - dataStride]
        data[i - (dataStride-1)] = data[i+1] - data[i - (dataStride-1)]
        data[i - (dataStride-2)] = data[i+2] // EOS
    }
    
    data.removeLast(3)
    var dataIdx : Int = 0
    let startAddingIdx = max(array.count-data.count, 0)
    for i in 0..<array.count{
        if i >= startAddingIdx{
            array[i] = NSNumber(value:data[dataIdx])
            dataIdx = dataIdx + 1
        } else{
            array[i] = NSNumber(value:0)
        }
    }
}
```

```
    return array
}
```

익숙해 보이지 않는 부분이 있다면, 이 메서드들이 하는 작업과 그 이유에 대해 자세히 설명한 이전 절을 다시 복습하기 바란다.

이제 모델과 입력을 전처리하기 위한 기능을 갖게 됐다. 마지막 작업은 이들을 한데 묶는 것이다. 다시 QueryFacade 클래스로 돌아가서 classifySketch 메서드를 찾자. 이 메서드는 queryCurrentSketch를 통해 호출되며 결국 사용자가 획을 완성할 때마다 트리거된다. 이 메서드는 가장 가능성 있는 범주와 관련된 드로잉을 검색하고 내려받기 위해 사용되는 범주와 확률 쌍으로 구성된 딕셔너리를 반환하게 된다. 이 시점에는 이전에 했던 작업을 활용하기만 하면 된다. 이때 한 가지만 주의를 기울이자. 이전 장에서 모델을 프로젝트에 임포트할 때 학습한 내용을 기억한다면, 편리하게도 Xcode는 모델을 감싼 강력한 타입의 래퍼와 그와 관련된 입력과 출력을 생성한다. 실행 시간에 내려받고 임포트하면 이렇게 생성된 래퍼를 포기하고 직접 래퍼를 생성해야 한다는 단점이 있다.

거꾸로 출발하여 예측을 만들고 나면 MLFeatureProvider 인스턴스가 반환될 것이며 이 인스턴스에는 featureValue는 메서드가 있다. 이 메서드는 주어진 출력 키(classLabelProbs)에 대해 MLFeatureValue 인스턴스를 반환한다. 반환된 MLFeatureValue 인스턴스는 추론하는 동안 모델이 설정한 속성들을 제공한다. 여기서 우리가 관심 있는 속성은 [String:Double] 형식(범주와 그와 관련된 확률)의 dictionaryValue 속성이다.

분명히 이 출력을 얻으려면, 이전에 말했듯이 우리 모델의 predict를 호출해야 한다. 이 메서드는 MLFeatureProvider 프로토콜을 지키는 인스턴스를 취한다. 대부분의 경우 모델에 접근할 수 있고 그에 대한 지식을 갖고 있으므로 이 래퍼를 생성하는 가장 쉬운 방법은 모델을 임포트하고 생성된 입력을 추출하는 것이다. 바로 이것이 우리가 수행할 작업이다.

관련 저장소(https://github.com/packtpublishing/machine-learning-with-core-ml)에서 CoreMLModels/Chapter8/quickdraw.mlmodel을 찾아 이전 장에서 했듯이 해당 파일을 프로젝트에 끌어온다. 모델을 임포트했으면, 다음 화면처럼 왼쪽 패널에서 모델을 선택하고 **Model Class** 부분에서 화살표 버튼을 클릭한다.

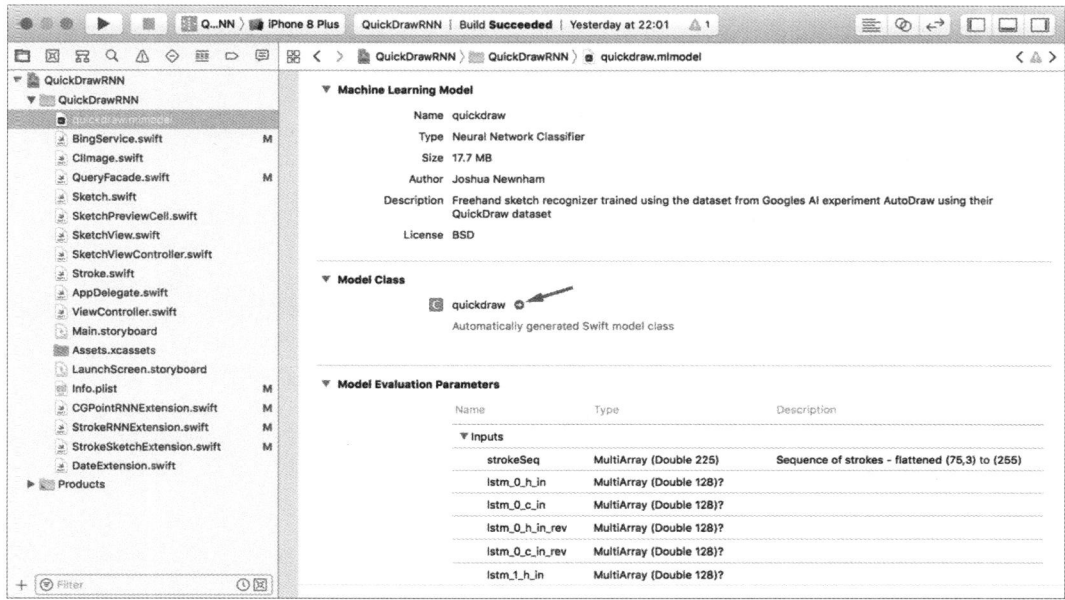

그러면 생성된 클래스가 열린다. quickdrawInput 클래스를 찾아서 그 클래스를 QueryFacade.swift에 복사해 붙이되 반드시 QueryFacade 클래스(혹은 확장) 밖에 위치하게 만든다. 우리는 strokeSeq 입력에만 관심 있으므로 다른 모든 변수는 제거해도 된다. 다음 내용만 남기고 나머지는 모두 삭제하자.

```
class quickdrawInput : MLFeatureProvider {
    var strokeSeq: MLMultiArray
    var featureNames: Set<String> {
        get {
            return ["strokeSeq"]
        }
    }
    func featureValue(for featureName: String) -> MLFeatureValue? {
        if (featureName == "strokeSeq") {
            return MLFeatureValue(multiArray: strokeSeq)
        }
        return nil
    }
    init(strokeSeq: MLMultiArray) {
        self.strokeSeq = strokeSeq
    }
}
```

드디어 추론을 수행할 준비가 됐다. QueryFacade 클래스의 classifySketch 메서드로 돌아와서 다음 코드를 추가하자.

```
if let strokeSketch = sketch as? StrokeSketch, let
    x = StrokeSketch.preprocess(strokeSketch){
    if let modelOutput = try! model?.prediction(from:quickdrawInput(strokeSeq:x)){
        if let classPredictions = modelOutput.featureValue(
            for: "classLabelProbs")?.dictionaryValue as? [String:Double]{
            let sortedClassPredictions = classPredictions.sorted(
                by: { (kvp1, kvp2) -> Bool in
                kvp1.value > kvp2.value
            })
            return sortedClassPredictions
        }
    }
}

return nil
```

코드 대부분이 익숙할 것이다. 먼저 이 장의 서두에서 구현했던 preprocess 메서드를 통해 특징을 추출한다. 이 특징들을 획득했으면, 추론을 수행하기 위해 모델의 prediction 메서드에 전달하기 전에 quickdrawInput 인스턴스에 이 특징들을 감싼다. 성공했으면 출력을 반환받고, 계속해서 이 출력을 가지고 적절한 출력을 추출한다. 마지막으로 호출자에서 결과를 반환하기 전에 정렬한다.

여기까지 마무리했으면, 이제 테스트할 일만 남았다. 시뮬레이터나 기기에서 빌드해서 배포하고, 모든 것이 계획대로라면 모델(또는 보는 방법에 따라 드로잉)의 정확도를 테스트할 수 있다.

지금까지 다뤘던 내용을 복습하고 이 장을 마무리하자.

요약

이 장에서는 이전 장의 문제(스케치 인식)를 다시 다루지만 다른 데이터셋과 다른 접근법을 사용했다. 이전에는 이 문제를 CNN을 사용해 해결했지만, 이 장에서는 데이터가 수집되는 방법의 미묘한 차이를 밝혀내어 RNN을 사용하는 다른 방식을 취할 수 있었다. 다른 때와 마찬가지로, 모델을 위해 데이터를 준비하는 데 대부분의 노력을 기울였다. 그 과정에서 데이터가 크기와 변형에 변하지 않게 만드는 데 사용할 수 있는 몇 가지 기법과 함께 입력의 세부 사항을 줄이는(단순화를 통해) 작업이 모델에서 패턴을 발견하는 일을 쉽게 만드는 데 얼마나 유용한지 강조했다.

마지막으로 머신러닝 시스템을 위한 인터페이스를 설계하는 데 있어 중요한 측면 즉, 일정 수준의 투명성과 사용자가 시스템의 유용한 인식 모형(mental model)을 구성하는 것을 돕고 교정 과정처럼 명시적인 사용자 피드백을 통해 모델을 개선하는 컨트롤을 추가하는 것을 강조했다.

계속해서 머신러닝 애플리케이션을 알아보도록 하자. 다음 장에서는 시각 애플리케이션으로는 마지막으로 이미지 분할(image segmentation)을 살펴보겠다.

09
CNN을 활용한 객체 분할

이 책에서는 다양한 머신러닝 모델을 살펴봤으며, 각 모델은 지각 능력을 혁신적으로 개선했다. 처음에는 이미지에 존재하는 단일 객체를 분류할 수 있는 모델을 소개했다. 그런 다음 여러 객체를 분류하고 그에 대응하는 윤곽 상자도 분류할 수 있는 모델을 살펴봤다. 이 장에서는 다음 그림처럼 각 픽셀을 특정 범주에 할당할 수 있는 의미론적 분할(semantic segmentation)을 도입해 계속 발전시킨다.

출처: http://cocodataset.org/#explore

이로써 장면에 대한 이해력이 더 높아지고 따라서 더 알기 쉬운 인터페이스와 서비스를 만들 수 있게 된다. 하지만 이 장에서 다룰 주요 내용은 이것이 아니다. 이 장에서는 불완전한 예측을 보여주는 방법으로 의미론적 분할을 사용해 이미지 효과 애플리케이션을 생성한다. 이를 활용해 모델로부터 확률적 혹은 불완전한 결과를 다루는 머신러닝(또는 인공지능) 인터페이스를 설계하고, 구현하는 데 있어서 가장 중요한 측면 중 하나를 토론할 것이다.

이 장을 마치면 여러분은 다음을 얻을 수 있다.

- 의미론적 분할을 이해
- 이를 어떻게 달성하는지(학습하는지)에 대한 직관적인 이해
- 액션 샷 사진 효과 애플리케이션을 구축해 실생활 애플리케이션을 위해 새로운 방식으로 이를 적용하는 방법
- 머신러닝 모델의 확률 결과를 처리하는 것에 관심을 갖게 되고 그 진가를 알게 됨

먼저 의미론적 분할이 무엇인지 이해하고 이를 달성하는 방법을 직관적으로 이해해보자.

픽셀 분류하기

이미 논의했듯이, 의미론적 분할을 수행하는 모델의 바람직한 출력은 픽셀마다 가장 가능성 있는 범주(또는 구체적인 클래스 인스턴스)의 레이블이 할당된 이미지다. 또한 이 책에서 심층 신경망의 계층이 특정 특징을 만족하는 해당 입력이 탐지될 때 활성화되는 특징을 학습하는 것도 봤다. **CAM(class activation maps, 클래스(범주)[8] 활성화 맵)** 이라는 기법을 사용해 이 활성화를 시각화할 수 있다. 출력은 입력 이미지 위에 범주 활성화의 히트맵을 생성한다. 이 히트맵은 특정 범주와 관련된 점수 매트릭스로 구성되어 본질적으로 입력 영역이 지정된 범주를 얼마나 강하게 활성화하는지 보여주는 공간 맵을 제공한다. 다음 그림은 고양이 범주에 대한 CAM 시각화 결과를 보여준다. 여기서 히트맵은 모델이 이 범주에 대해 무엇을 중요한 특징으로 여기는지(그 결과, 영역)를 보여준다.

---

[8] 이 책에서는 코드에서 사용되는 클래스와 분류 모델의 분류 기준이 되는 클래스를 구분하기 위해 후자를 범주로 통일하여 표기했다. 따라서 CAM은 일반적으로 클래스 활성화 맵으로 표기되나 혼동을 피하기 위해 범주라는 용어를 병기했다.

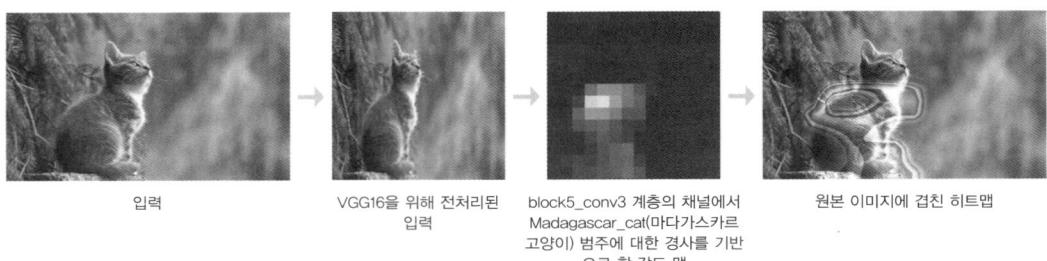

| 입력 | VGG16을 위해 전처리된 입력 | block5_conv3 계층의 채널에서 Madagascar_cat(마다가스카르 고양이) 범주에 대한 경사를 기반으로 한 강도 맵 | 원본 이미지에 겹친 히트맵 |

> 앞의 그림은 R. Selvaraju가 쓴 논문 *Grad-CAM: Visual Explanations from Deep Networks via Gradient-based Localization*에서 설명한 구현을 사용한다. 이 방식은 컨볼루션 계층의 출력 특징 맵을 취해 그 특징 맵의 모든 채널에 해당 클래스의 경사값으로 가중치를 부여한다. 이 동작 방식의 더 자세한 내용은 본 논문 https://arxiv.org/abs/1610.02391을 참고하기 바란다.

초기에는 VGG와 Alexnet처럼 분류 모델을 살짝 바꿔 의미론적 분할을 하려고 시도했지만, 조잡한 근삿값만 만들 뿐이었다. 이는 이전 그림에서 확인할 수 있으며, 그 이유는 주로 반복적인 풀링 계층을 사용하는 네트워크가 공간 정보의 손실을 일으키기 때문이다.

U-Net은 이 문제를 해결하는 아키텍처로, **인코더(encoder)**, **디코더(decoder)**와 함께 그 둘 사이에 공간 정보를 보존하기 위한 **지름길(shortcut)**로 구성된다. 2015년 *O. Ronneberger, P. Fischer, T. Brox*가 생체의학 이미지 분할을 위해 출시한 모델로, 그때부터 그 효과(작은 데이터셋에 훈련될 수 있음)와 성능 덕분에 분할에 유용한 아키텍처 중 하나가 됐다. 다음 그림은 이 장에서 사용할 수정된 U-Net을 보여준다.

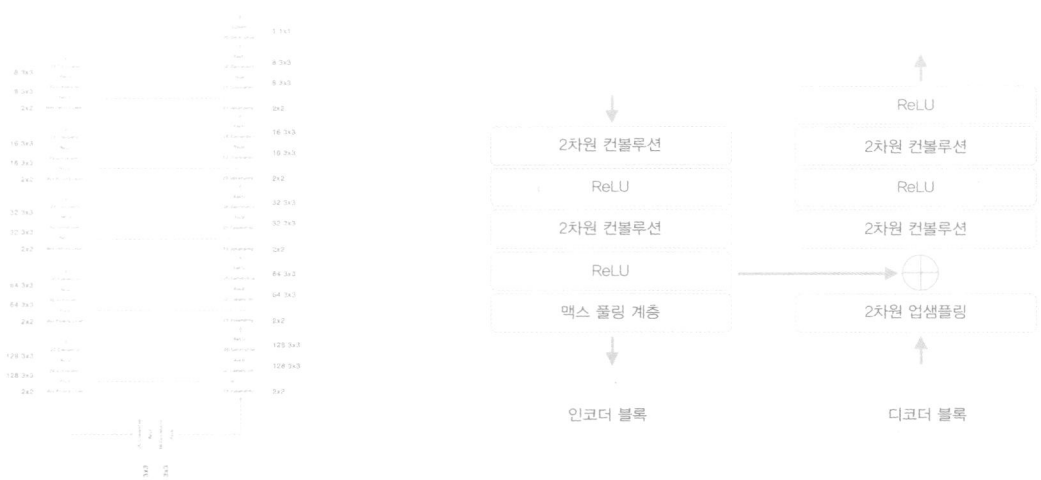

U-Net은 의미론적 분할을 수행하는 아키텍처 중 하나다. Sasank Chilamkurthy는 *A 2017 Guide to Semantic Segmentation with Deep Learning*에서 의미론적 분할과 관련된 가장 유명한 아키텍처들을 훌륭하게 요약하고 비교했다. 이 글은 http://blog.qure.ai/notes/semanticsegmentation-deep-learning-review에서 확인할 수 있다. U-Net에 대한 더 자세한 내용은 앞서 언급한 논문을 참고하기 바란다. 해당 논문은 https://arxiv.org/pdf/1505.04597.pdf에서 볼 수 있다.

앞의 그림 왼쪽에는 이 장의 프로젝트에서 사용된 전체 네트워크를 보여주고 있고 오른쪽에는 그 네트워크의 인코더와 디코더 부분에 사용된 블록을 발췌해 보여준다. 다시 한번 말하지만, 이 책은 모델 자체의 세부사항보다 머신러닝을 적용하는 방법을 중점적으로 다룬다. 이런 이유로 세부 사항을 자세히 다루지 않고 다만 몇 가지 흥미로운 부분과 짚고 넘어갈 만한 유용한 내용만 살펴보겠다.

제일 먼저 네트워크의 일반적인 아키텍처를 알아보자. 이 네트워크는 인코더와 디코더로 이뤄져 있다. 인코더의 역할은 컨텍스트를 캡처하는 것이다. 디코더가 하는 일은 이 컨텍스트와 해당 지름길의 특징을 사용해, 픽셀 공간에 자신의 이해를 투영하여 밀도 있고 정확한 분류를 얻는 것이다. VGG16처럼 훈련된 분류 모델의 아키텍처와 가중치를 부트스트랩으로 사용해 인코더를 구성하는 것이 일반적이다. 이러면 그 모델이 일반적으로 더 큰 데이터셋에서 훈련된 이미지에 대한 이해도 덕분에 훈련 속도가 높아질 뿐 아니라 성능 또한 향상시킬 수 있다.

또 다른 중요한 점은 인코더와 디코더 사이의 지름길(shortcut)이다. 이전에 언급했듯이, 이 지름길은 맥스 풀링(max pooling)을 사용해 샘플을 줄여 손실되기 전에 인코딩 블록의 컨볼루션 계층마다 출력된 공간 정보를 보존하기 위해 사용된다. 이 정보는 모델이 정확한 위치 측정을 하도록 지원하기 위해 사용된다.

이 책에서 업샘플링 계층을 보는 것은 처음이다. 이름에서 알 수 있듯이 이것은 이미지(또는 특징맵)를 고해상도로 업샘플링하는 기법이다. 가장 쉬운 방법 중 하나는 이미지를 업샘플링할 때 사용하는 것과 동일한 기법을 사용하는 것으로, 입력 척도를 원하는 크기로 조정하고 쌍선형 보간법(bilinear interpolation) 같은 보간법을 사용해 각 점의 값을 계산한다.

끝으로 모델의 입력과 출력을 살펴보자. 이 모델은 입력으로 448×448 컬러 이미지를 받아 $448 \times 448 \times 1$ (단일 채널) 행렬을 출력한다. 아키텍처를 검사하면 마지막 계층이 일반적으로 이진 분류(정확히 여기서 하려고 하는 일)를 위한 시그모이드(sigmoid) 함수가 사용되는 시그모이드 활성화 계층임을 알 것이다. 일반적으로 의미론적 분할 작업에는 다중 범주 분류를 수행한다. 이 경우에는 시그모이드 활성화 함수를 소프트맥스(softmax) 활성화 함수로 바꾸면 된다. 의미론적 분할을 소개할 때 공통으로 사용되는 예제는 자율 주행 차의 장면 이해 기능이다. 다음은 케임브리지 대학 Motion-based

Segmentation and Recognition Dataset에서 가져온 레이블이 달린 장면의 예제이다. 여기서 각 색깔은 다른 범주를 나타낸다[9].

출처: http://mi.eng.cam.ac.uk/research/projects/VideoRec/CamVid/

이 예제에서는 이진 분류기로 충분하며, 이 프로젝트의 세부 사항을 살펴보면 그 이유는 더 분명해질 것이다. 하지만 여기에서 강조하고 싶은 내용은 마지막 계층을 소프트맥스 활성화로 바꾸고 손실 함수를 변경하는 것만으로 아키텍처가 다중 범주 분류로 확장될 수 있다는 점이다.

이 장에서 사용할 아키텍처를 봤다. 이제 이 아키텍처를 사용하는 방법과 모델을 훈련시키기 위해 사용된 데이터를 살펴보자.

원하는 효과를 내기 위한 데이터 - 액션 샷

이제 이 장에서 만들고자 하는 사진 효과를 소개하려고 한다. 내가 아는 대로라면 이 효과의 이름은 액션 샷(action shot)이다. 기본적으로는 스틸 사진이지만 누군가(혹은 무언가)가 동작 중임을 보여준다. 이미지로 보면 바로 이해될 것이다.

---

9 컬러 이미지는 위키북스 홈페이지의 'Core ML을 활용한 머신러닝'에서 확인해주세요.

 이전에 언급했듯이, 이 장에서 사용된 모델은 이진(혹은 단일-범주) 분류를 수행한다. 다중 범주 분류기 대신 이진 분류기를 사용하는 이 단순화 기법은 배경에서 사람을 분리해내는 용도로 사용됐다. 다른 소프트웨어 프로젝트와 마찬가지로 가능한 한 단순하게 만들려고 노력해야 한다.

여기서는 사람을 추출하기 위해 사람과 그와 관련한 픽셀을 인식하는 방법을 학습할 모델이 필요하다. 이를 위해 사람 이미지와 그와 관련해 사람 픽셀에 레이블이 달린 이미지로 구성된 데이터셋이 필요하다. 그것도 많이 필요하다. 분류에 사용되는 데이터셋과 달리 객체 분할에 사용되는 데이터셋은 그렇게 보편적이지도 않고, 양이 방대하지도 않다. 그런 데이터셋에 레이블을 붙일 때 들여야 하는 노력을 생각하면 당연한 일이다. 객체 분할에 보편적으로 사용되며, 이 장에서 염두에 둔 데이터셋으로는 다음과 같은 것들이 있다.

- PASCAL VOC: 20개의 범주에 9,9993개의 레이블이 달린 이미지로 구성된 데이터셋이다. 이 데이터셋은 http://host.robots.ox.ac.uk/pascal/VOC/voc2012/index.html에서 찾을 수 있다.

- 메사추세츠 대학 애머스트의 Labeled Faces in the Wild (LFW): 2,927개의 얼굴로 구성된 데이터셋이다. 각 얼굴의 머리, 피부, 배경(세 개의 범주)에 레이블이 달려 있다. 이 데이터셋은 http://vis-www.cs.umass.edu/lfw/part_labels/에서 찾을 수 있다.

- Common Objects in Context (COCO) 데이터셋: 분할을 포함해 컴퓨터 비전과 관련된 모든 것을 담은 유명한 데이터셋이다. 이 분할된 데이터셋은 80개 범주에 약 200,000개의 레이블이 달린 이미지로 구성된다. 이 절에서 이 데이터셋을 간단히 살펴볼 것이다. 이 데이터셋은 http://cocodataset.org/#home에서 찾을 수 있다.
- 이 프로젝트에서 고려하지는 않았지만 알아두면 좋을 데이터셋으로는 케임브리지 대학의 Cambridge-driving Labeled Video Database(CamVid)이다. 이름에서도 분명하지만 데이터셋이 차량 카메라에서 공급된 비디오 프레임으로 구성된다. 자율 주행 차를 훈련시키는 데 관심 있다면 이상적인 데이터셋이다. 이 데이터셋은 http://mi.eng.cam.ac.uk/research/projects/VideoRec/CamVid/에서 찾을 수 있다.

 여기에 데이터셋을 나열하는 것이 필요 없어 보이지만 의미론적 분할이 엄청난 잠재력을 지닌 흥미로운 기회이므로, 여기에 나열한 데이터셋을 가지고 새로운 애플리케이션을 살펴보고 실험해보기 바란다.

다행히 COCO의 13GB 이상 되는 데이터셋은 사람 레이블이 달린 수많은 이미지와 관련 이미지를 쉽게 찾을 수 있도록 지원하는 편리한 API를 포함하고 있다. 이 장에서도 사람을 포함한 모든 이미지를 쉽게 발견할 수 있게 COCO의 API를 사용한다. 그런 다음 이 이미지들을 추가로 필터링해서 사람이 한둘만 포함되고, 이들이 이미지에서 차지하는 영역이 20~70% 정도 되는 이미지만 남기고 사람이 너무 작거나 너무 큰 이미지를 폐기한다. 이렇게 해서 남긴 각 이미지에 대해 각 사람의 윤곽을 가져온 다음 이를 사용해 이진 마스크(binary mask)를 생성하는데, 이 마스크가 훈련에 사용될 레이블이 된다. 다음 그림은 단일 이미지에 대해 이 절차를 보여준다.

샘플 입력(x)　　　　　　　　　　　　　　　　　　　샘플 레이블 (y)

출처: COCO 데이터셋(http://cocodataset.org)

40세대 동안 8,689개의 이미지에 훈련시킨 다음, 검증 데이터(약 300개)에서 **IoU(Intersection of Union)** 계수(**다이스 계수, dice coefficient**라고도 함)가 0.8192에 달한다.

IoU는 5장에서 우리가 사용했으므로 아마 익숙하게 들릴 것이다. 기억을 되짚어보면, IoU는 두 개의 윤곽 상자가 서로 얼마나 겹치는지 측정하기 위해 사용된 평가 지표다. 두 윤곽 상자가 서로 완벽하게 겹치면 1.0을 반환한다(훈련 기간 동안 손실이 0이 되기 때문이다).

다음 이미지를 보면, 검증 집합에서 임의로 추출한 예제를 시작으로 결과 레이블이 어떤 모습인지 알 수 있다. 그런 다음, 작업을 묘사하는 레이블처럼 일부는 수동으로 검색된다.

입력 (x)　　　예상 출력 (y)　　　출력 ($\bar{y}$)

출처: COCO 데이터셋(http://cocodataset.org)

다음은 모델이 이미지에서 사람을 충분히 분할해낼 수 있는 액션 이미지의 몇 가지 예를 보여준다.

입력 (x)　　출력 ($\bar{y}$)　　　입력 (x)　　출력 ($\bar{y}$)　　　입력 (x)　　출력 ($\bar{y}$)

마지막으로 다음은 모델이 그다지 성공적이지 않았던 액션 이미지의 예이다.

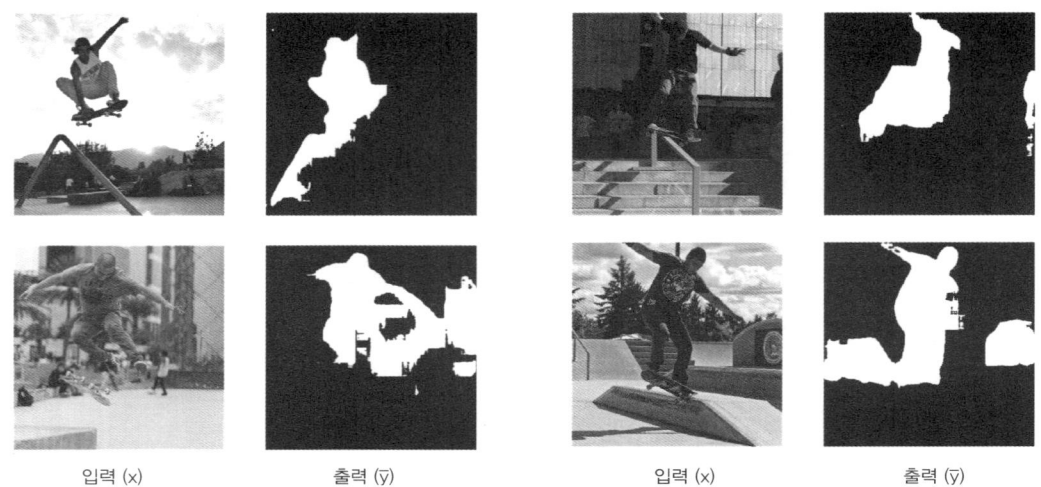

입력 (x)   출력 (ȳ)   입력 (x)   출력 (ȳ)

지금까지 모델과 훈련 데이터를 다뤘고 모델의 출력까지 검토했다. 이제 다음 절부터 이 장의 애플리케이션을 살펴보겠다.

사진 효과 애플리케이션 구축하기

이 절에서는 단순히 애플리케이션을 살펴보고, 코드에서 이전에 이미 논의했던 대부분은 생략하고 흥미로운 부분만 강조하겠다. 소개에서 언급했듯이 뒤에서 이 예제를 사례 연구로 활용해 지능형 인터페이스와 서비스를 구축할 때 사용할 수 있는 몇 가지 광범위한 전략을 논의할 것이다.

최신 코드를 받지 않았다면 관련 저장소(https://github.com/packtpublishing/machine-learning-with-core-ml)에서 코드를 내려받자. 코드를 내려받았으면 Chapter9/Start/ 디렉터리로 가서 ActionShot.xcodeproj 프로젝트를 연다.

이전 절에서 언급했듯이 이 장의 예제는 사진 효과 애플리케이션이다. 다음 그림에서 보여주듯이 사용자가 액션 샷을 찍으면, 애플리케이션이 프레임에서 사람을 각각 추출하고, 이를 최종 프레임으로 구성한다.

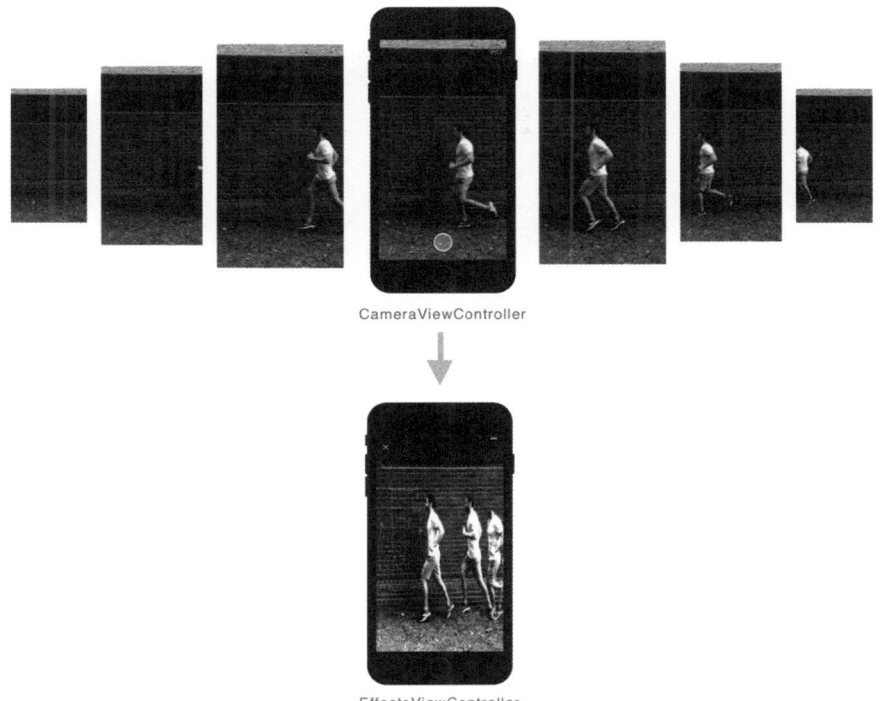

이 애플리케이션은 두 개의 뷰 컨트롤러로 구성된다. 하나는 프레임을 캡처하며, 다른 하나는 합성 이미지를 보여준다. 다시 말하지만, 이 처리는 ImageProcessor 클래스에 위임돼 있으므로 이 클래스를 통해 이 프로젝트를 검토하면 된다.

ImageProcessor는 싱크(sink)와 프로세서(processor) 역할을 모두 한다. 싱크(sink)로 말할 것 같으면 CameraViewController를 사용해 카메라로부터 캡처된 프레임을 전달받는 클래스를 의미하며, 이를 처리하기 위해 메모리에 저장한다. 이를 위한 코드가 어떻게 생겼는지 살펴보자. 왼쪽 패널에서 ImageProcessor.swift를 선택해서 소스 코드를 불러오자. 먼저 기존 코드를 보자. 특히 초기에 받은 프레임을 처리하기 위한 속성과 메서드를 중점적으로 살펴보고, 그런 다음 계속해서 그 처리 방식을 알아보겠다.

파일 첫머리에 EffectViewController에 의해 구현된 프로토콜이 선언돼 있음을 보게 될 것이다. 이 프로토콜은 작업 진행 상황을 브로드캐스트하기 위해 사용된다.

```
protocol ImageProcessorDelegate : class{

    func onImageProcessorFinishedProcessingFrame(status:Int, processedFrames:Int, framesRemaining:Int)

    func onImageProcessorFinishedComposition(status:Int, image:CIImage?)
}
```

첫 번째 콜백 onImageProcessorFinishedProcessingFrame은 프레임 단위 처리 과정을 델리게이트에 알리기 위해 사용되는 반면, 다른 콜백 onImageProcessorFinishedComposition은 최종 이미지가 생성됐음을 델리게이트에 알린다. 처리 작업이 분할과 구성으로 나뉘기 때문에 이 개별 콜백 함수를 의도적으로 나눴다. 분할은 모델을 사용해 각 프레임을 분할하고 구성은 처리된(분할된) 프레임을 사용해 마지막 이미지를 생성한다. 또한 이 구조는 클래스의 레이아웃을 따라 구성된다. 이 클래스가 4개의 부분으로 나뉘며 이 절에서는 그 순서에 따라 설명한다.

첫 번째 부분은 모든 변수를 선언한다. 두 번째 부분에서는 프레임이 캡처되는 동안 프레임을 검색하는 속성과 메서드를 구현한다. 세 번째 부분에서는 프레임을 처리하는 메서드를 모두 포함하므로 델리게이트는 onImageProcessorFinishedProcessingFrame 콜백을 사용해 알림을 받는다. 마지막 부분은 우리가 가장 중점적으로 살펴볼 내용으로, 마지막 이미지를 구성하는 즉, 프레임을 합성하는 메서드를 포함하고 있다. 다음 코드에서 보듯이 어떤 변수를 사용할 수 있는지 감을 잡기 위해 첫 번째 부분부터 살펴보자.

```
class ImageProcessor{
    weak var delegate : ImageProcessorDelegate?
    lazy var model : VNCoreMLModel = {
        do{
            let model = try VNCoreMLModel(
                for: small_unet().model
            )
            return model
        } catch{
            fatalError("Failed to create VNCoreMLModel")
        }
    }()
    var minMaskArea:CGFloat = 0.005
    var targetSize = CGSize(width: 448, height: 448)
    let lock = NSLock()
    var frames = [CIImage]()
```

```
        var processedImages = [CIImage]()
        var processedMasks = [CIImage]()
        private var _processingImage = false
        init(){
        }
}
```

특별한 것은 없다. 먼저 Vision 프레임워크의 전처리 기능을 활용할 수 있도록 모델을 VNCoreMLModel 인스턴스에 감싼 속성을 선언한다. 그런 다음 프레임을 저장하고 그 처리를 제어하는 작업을 다루는 일련의 변수를 선언한다. 서로 다른 스레드에서 유효하지 않은 속성값을 읽는 것을 피하기 위해 NSLock 인스턴스를 사용한다.

ImageProcessor 클래스의 일부인 다음 코드에는 캡처된 프레임을 가져와 공개하는 변수와 메서드가 포함돼 있다.

```
extension ImageProcessor{
    var isProcessingImage : Bool{
        get{
            self.lock.lock()
            defer {
                self.lock.unlock()
            }
            return _processingImage
        }
        set(value){
            self.lock.lock()
            _processingImage = value
            self.lock.unlock()
        }
    }

    var isFrameAvailable : Bool{
        get{
            self.lock.lock()
            let frameAvailable = self.frames.count > 0
            self.lock.unlock()
            return frameAvailable
```

```swift
        }
    }
    public func addFrame(frame:CIImage){
        self.lock.lock()
        self.frames.append(frame)
        self.lock.unlock()
    }
    public func getNextFrame() -> CIImage?{
        self.lock.lock()
        let frame = self.frames.removeFirst()
        self.lock.unlock()
        return frame
    }
    public func reset(){
        self.lock.lock()
        self.frames.removeAll()
        self.processedImages.removeAll()
        self.processedMasks.removeAll()
        self.lock.unlock()
    }
}
```

코드가 꽤 길지만, 모두 이해하기 쉽다. 아마 이 중 따로 살펴볼 만한 메서드는 카메라에 의해 프레임이 캡처될 때마다 호출되는 addFrame 메서드다. 이 모든 것이 어떻게 결합되는지 설명하기 위해, 다음 다이어그램은 프레임을 캡처할 때의 일반적인 흐름을 보여준다.

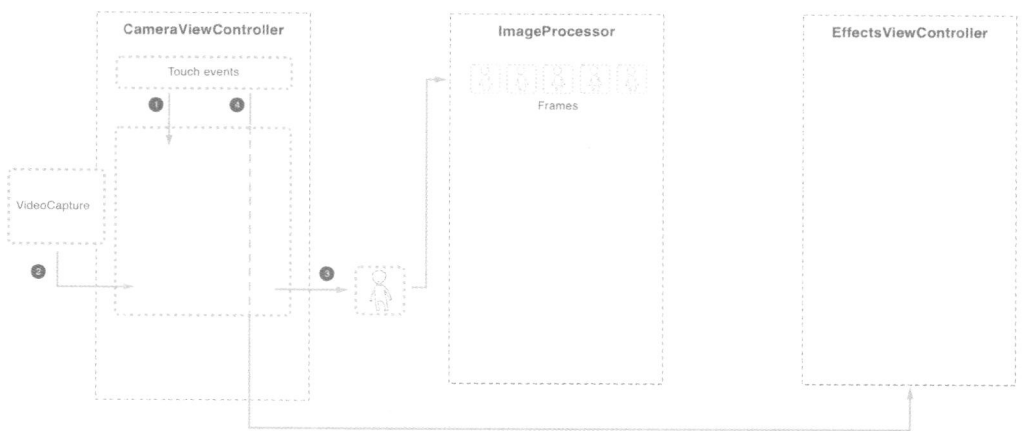

이 흐름의 세부 사항은 다음과 같다.

1. 프레임을 캡처하면 CameraViewController의 수명 기간 동안 지속되지만, 사용자가 손가락으로 액션 버튼을 탭하거나 눌러서 플래그가 달린 프레임만 ImageProcessor에 전달된다.
2. 이 시간 동안, 캡처된 각 프레임(조절 속도 – 현재로는 초당 10개 프레임)은 CameraViewController에 전달된다.
3. 이어서 이 컨트롤러는 앞에서 봤던 addFrame 메서드를 사용해 ImageProcessor에 이 프레임을 전달한다.
4. 사용자가 액션 버튼에서 손가락을 떼면 캡처가 끝나고, 일단 완료되면 캡처된 프레임에 대한 참조를 포함한 ImageProcessor에 대한 참조를 전달받아 EffectsViewController가 인스턴스화되어 표시된다.

ImageProcessor 클래스의 다음 부분은 이러한 각 이미지를 처리한다. 이 클래스는 EffectsViewController가 로딩되면 호출되는 processFrames 메서드를 사용해 초기화된다. 이 부분은 상당히 많은 코드로 구성됐지만 대부분은 이 책에서 본 수많은 프로젝트에서 사용됐던 표준 코드이기 때문에 익숙할 것이다. 먼저 다음 코드에서 보듯이 processFrames 메서드를 살펴보자.

 나머지 코드는 따로 언급하지 않는 한, ImageProcessor 클래스에 있다고 가정한다. 즉, 코드를 읽기 쉽게 클래스와 클래스 확장 선언 부분은 생략한다.

```
public func processFrames(){
    if !self.isProcessingImage{
        DispatchQueue.global(qos: .background).async {
```

```
            self.processesingNextFrame()
        }
    }
}
```

단순히 이 메서드는 processingNextFrame 메서드 호출을 백그라운드 스레드에 보내기만 한다. 이는 Core ML로 추론을 수행할 때 필수적이며 연산 집약적인 작업을 수행할 때 사용자 인터페이스를 잠그는 것을 피하기 좋은 방법이다. 계속해서 다음 코드에서 보여주는 VNCoreMLRequest 인스턴스를 반환하는 메서드와 함께 processingNextFrame 메서드를 살펴보자.

```
func getRequest() -> VNCoreMLRequest{
    let request = VNCoreMLRequest(model: self.model,
                                  completionHandler: { [weak self] request, error in
        self?.processRequest(for: request, error: error)
    })
    request.imageCropAndScaleOption = .centerCrop
    return request
}

func processesingNextFrame(){
    self.isProcessingImage = true
    guard let nextFrame = self.getNextFrame() else{
        self.isProcessingImage = false
        return
    }
    var ox : CGFloat = 0
    var oy : CGFloat = 0
    let frameSize = min(nextFrame.extent.width, nextFrame.extent.height)
    if nextFrame.extent.width > nextFrame.extent.height{
        ox = (nextFrame.extent.width - nextFrame.extent.height)/2
    } else if nextFrame.extent.width < nextFrame.extent.height{
        oy = (nextFrame.extent.height - nextFrame.extent.width)/2
    }
    guard let frame = nextFrame
        .crop(rect: CGRect(x: ox,
                           y: oy,
                           width: frameSize,
                           height: frameSize))?
```

```
        .resize(size: targetSize) else{
            self.isProcessingImage = false
            return
    }
    self.processedImages.append(frame)
    let handler = VNImageRequestHandler(ciImage: frame)
    do {
        try handler.perform([self.getRequest()])
    } catch {
        print("Failed to perform classification.\n\(error.localizedDescription)")
        self.isProcessingImage = false
        return
    }
}
```

먼저 isProcessingImage 속성을 참으로 설정하고 처리할 프레임이 있는지 검사해서 처리할 프레임이 없다면 메서드를 조기 종료한다.

다음으로 볼 내용은 직관에 반하는 것 같다(실제로 그렇기 때문에). 이전 장에서 VNCoreMLRequest가 이미지를 잘라낸 부분의 크기를 재조정하는 전처리 작업을 처리하는 것을 봤다. 그러면 여기에서는 왜 이 작업을 직접 하는 걸까? 그 이유는 코드를 간단하게 유지하고 게시 마감 시간을 맞추는 것과 상당히 관련 있다. 이 예제에서 최종 이미지는 모델 출력 척도를 맞추고 오프셋을 적용하는 것을 피하기 위해 크기가 재조정된 프레임을 사용해 합성된다. 이 작업은 여기서 연습 문제로 남겨 두겠다. 따라서 여기서는 그 작업을 수행하고 결과를 마지막 단계에 사용할 processedImages 배열에 저장한다. 마지막으로 이미지를 전달해 요청을 실행하고, 완료되면 모델의 결과를 전달해 processRequest 메서드를 호출한다.

계속해서 지금은 processRequest 메서드를 검사하겠다. 이 메서드는 상당히 길기 때문에 몇 가지 부분으로 나누어 처음부터 끝까지 살펴보겠다.

```
func processRequest(for request:VNRequest, error: Error?){
    self.lock.lock()
    let framesReaminingCount = self.frames.count
    let processedFramesCount = self.processedImages.count
    self.lock.unlock()
    
    ...
}
```

먼저 이 메서드가 완료되거나 실패할 때 그 델리게이트에 브로드캐스팅할 최신 카운트를 가져온다. 다음 블록은, 다음 코드에서 볼 수 있듯이 결과가 [VNPixelBufferObservation] 형식으로 반환됐는지 확인하고, 그렇지 않으면 델리게이트에 알리고 반환한다.

```
func processRequest(for request:VNRequest, error: Error?){
    ...
    guard let results = request.results,
        let pixelBufferObservations = results as? [VNPixelBufferObservation],
        pixelBufferObservations.count > 0 else {
            print("ImageProcessor", #function, "ERROR:",
                String(describing: error?.localizedDescription))
            self.isProcessingImage = false
            DispatchQueue.main.async {
                self.delegate?.onImageProcessorFinishedProcessingFrame(
                    status: -1,
                    processedFrames: processedFramesCount,
                    framesRemaining: framesReaminingCount)
            }
            return
    }
    ...
}
```

우리 결과(CVBufferPixel)에 대한 참조를 가지고, 그 버퍼를 전달하고 단일 채널 이미지가 생성되도록 색 공간을 회색조로 요청해 CIImage 인스턴스를 생성한다. 그런 다음 이 인스턴스를 processedMasks 배열에 추가할 것이다.

```
func processRequest(for request:VNRequest, error: Error?){
    ...
    let options = [
        convertFromCIImageOption(CIImageOption.colorSpace):CGColorSpaceCreateDeviceGray()
        ] as [String:Any]
    let ciImage = CIImage(
        cvPixelBuffer: pixelBufferObservations[0].pixelBuffer,
        options: convertToOptionalCIImageOptionDictionary(options))
    self.processedMasks.append(ciImage)
    ...
}
```

두 가지 작업이 더 남았다! 우리는 프레임을 끝냈음을 델리게이트에 알리고, 계속해서 다음 프레임이 있으면 해당 프레임을 처리한다.

```
func processRequest(for request:VNRequest, error: Error?){
    ...
    DispatchQueue.main.async {
        self.delegate?.onImageProcessorFinishedProcessingFrame(
            status: 1,
            processedFrames: processedFramesCount,
            framesRemaining: framesReaminingCount)
    }
    if self.isFrameAvailable{
        self.processesingNextFrame()
    } else{
        self.isProcessingImage = false
    }
}
```

이것으로 ImageProcessor의 세 번째 부분이 끝났다. 여기에서 캡처되어 크기가 재조정된 프레임과 모델 결과인 분할된 이미지를 포함하는 두 개의 배열을 갖게 된다. 계속해서 이 클래스의 마지막 부분을 살펴보기 전에 다음 흐름도를 보면서 지금까지 했던 작업을 요약해보자.

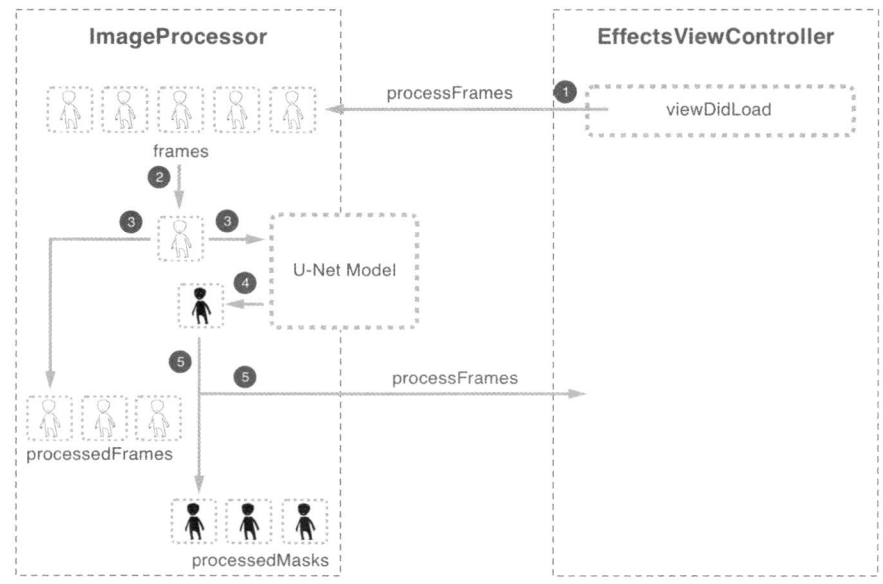

이 흐름의 세부 사항은 다음과 같다.

1. 앞의 다이어그램에서 언급했듯이, 캡처된 각 프레임을 처리하기 위해 백그라운드 스레드를 시작하는 `EffectsViewController`가 로딩되면 처리 작업이 초기화된다.
2. 각 프레임은 먼저 모델 출력에 맞게 크기가 재조정되고 잘린다.
3. 그런 다음 `processedFrames` 배열에 추가되고 추론(분할)을 위해 모델에 전달된다.
4. 모델이 결과를 반환하면, `CIImage`의 단일 색상 인스턴스를 인스턴스화한다.
5. 이 인스턴스는 `processedMasks` 배열에 저장되고 델리게이트는 진행 상황을 알림 받는다.

모든 프레임이 처리되고 나면 어떤 일이 발생할까? 그 답은 다음 부분에서 효과를 생성하는 방법의 세부 내용을 논의할 때 찾아보겠다. 먼저 이 절차가 어떻게 시작되는지 알아보자.

델리게이트(`EffectsViewController`)가 모든 프레임이 처리되는 `onImageProcessorFinishedProcessingFrame`를 사용해 콜백을 받으면, 효과를 생성하는 프로세스를 시작하기 위해 `ImageProcessor`의 `compositeFrames` 메서드를 호출한다. 이 과정과 `ImageProcessor` 클래스의 이 부분에 포함된 기존 코드를 검토하자.

```
func compositeFrames(){
    var selectedIndicies = self.getIndiciesOfBestFrames()
    if selectedIndicies.count == 0{
        DispatchQueue.main.async {
            self.delegate?.onImageProcessorFinishedComposition(
                status: -1,
                image: self.processedImages.last!)
        }
        return
    }
    var finalImage = self.processedImages[selectedIndicies.last!]
    selectedIndicies.removeLast()

    // TODO: 중간 프레임에서 얻은 세그먼트를 사용해 최종 이미지 합성
    DispatchQueue.main.async {
        self.delegate?.onImageProcessorFinishedComposition(
            status: 1,
            image: finalImage)
    }
```

```
}

func getIndiciesOfBestFrames() -> [Int]{
    // TODO: 시퀀스를 위한 최적의 프레임을 구함 즉, 과도한 오버랩을 피함
    return (0..<self.processedMasks.count).map({ (i) -> Int in
        return i
    })
}

func getDominantDirection() -> CGPoint{
    var dir = CGPoint(x: 0, y: 0)
    // TODO: 지배적인 방향 탐지
    return dir
}
```

중요하고 흥미로운 부분을 굵은 글씨체로 표기했으며, 이 부분이 우리가 구현할 부분이다. 하지만 코드를 작성하기 전에 먼저 현재 우리가 가지고 있는 것(처리된 이미지 관점에서)과 효과를 생성하는 방식을 검토하자.

이 단계에서 캡처된 이미지의 크기가 재조정되고 잘린 버전을 포함하는 processedFrames 배열과 분할 모델에서 얻은 단일 채널 이미지를 포함하는 processedMasks 배열을 갖고 있다. 이에 대한 예제는 다음 그림에서 볼 수 있다.

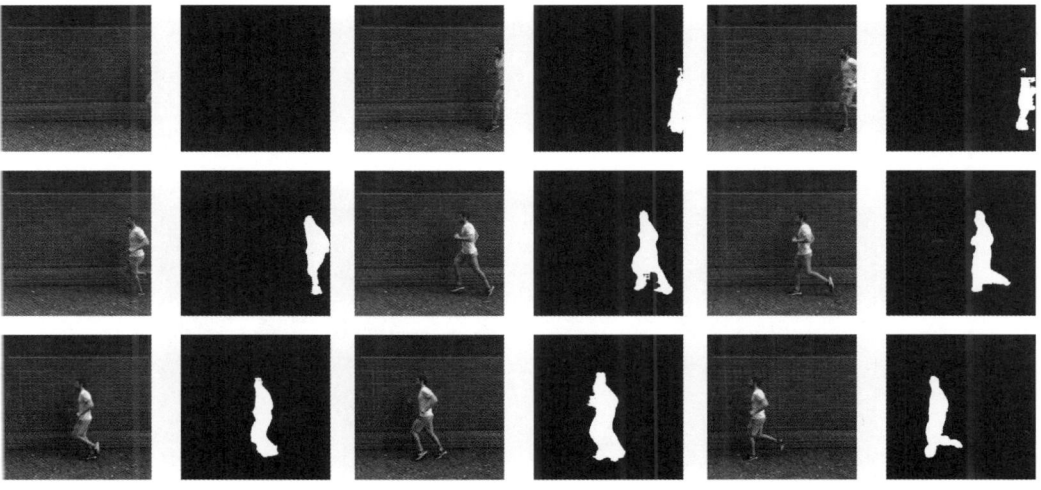

각 프레임을 그대로 합성하면 원하지 않은 수많은 결과물과 과도한 오버랩이 생길 것이다. 한 가지 방법으로 처리된(아마도 캡처된) 프레임을 조정하는 것이다. 즉, n 프레임씩 건너뛰어 프레임을 펼칠 수 있다. 이 방식의 문제점은 모든 대상이 같은 속도로 움직이고 있다고 가정한다는 데 있다. 이를 고려해, 여러분은 이 조정된 결과를 사용자에게 보여주어 직접 조정할 수 있게 해야 한다(이것이 합리적인 방법이다). 여기에서 우리가 취할 접근법은 각 프레임에 대한 윤곽 상자를 추출하고 이 윤곽 상자의 위치를 바꾸고 상대적 오버랩을 사용해 프레임을 삽입할 때와 프레임을 건너뛸 때를 결정하는 것이다.

윤곽 상자를 계산하기 위해 이미지의 각 가장자리 즉, 위에서 아래로 각각의 선을 스캔해 객체의 상단을 결정하기만 하면 된다. 그런 다음 같은 작업을 아래에서 위로 수행하여 객체의 하단을 결정한다. 마찬가지로 가로축으로도 같은 작업을 수행한다. 이 과정은 다음 그림과 같다.

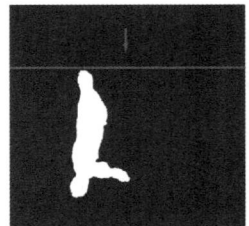 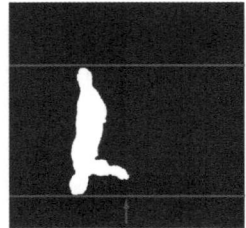 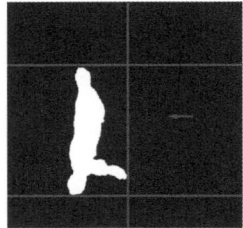 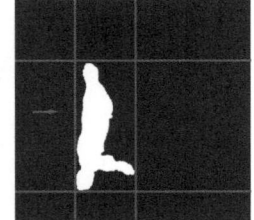

윤곽 상자가 있더라도, 프레임을 삽입하기 전에 객체가 얼마나 멀리 움직여야 할지 결정해야 한다. 이를 결정하기 위해 먼저 분할된 객체의 첫 번째 프레임과 마지막 프레임 사이의 방향을 구함으로써 주요 이동 방향을 결정한다. 이것은 위치 변화를 비교할 축을 결정하는 데 사용된다. 즉 주요 방향이 가로축에 있으면(위 그림 참조) y축을 무시하고 x축을 따라 위치 변화를 측정한다. 그런 다음 프레임 사이의 거리를 미리 정해 놓은 임곗값과 비교해 해당 프레임을 합성할지 무시할지 여부를 결정하기만 하면 된다. 이는 다음 그림과 같다.

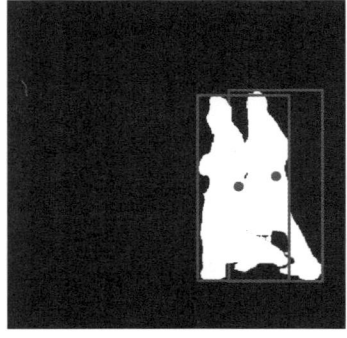 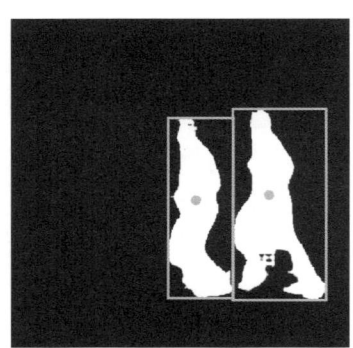

프레임 무시   프레임 추가

그럼 코드에서 어떻게 보일지 살펴보자. 먼저 주요 방향을 결정한다. 다음 코드를 getDominantDirection 메서드에 추가한다.

```swift
var dir = CGPoint(x: 0, y: 0)

var startCenter : CGPoint?
var endCenter : CGPoint?

// startCenter를 구함
for i in 0..<self.processedMasks.count{
    let mask = self.processedMasks[i]
    guard let maskBB = mask.getContentBoundingBox(),
        (maskBB.width * maskBB.height) >=
            (mask.extent.width * mask.extent.height) * self.minMaskArea else {
        continue
    }
    startCenter = maskBB.center
    break
}

// endCenter를 구함
for i in (0..<self.processedMasks.count).reversed(){
    let mask = self.processedMasks[i]
    guard let maskBB = mask.getContentBoundingBox(),
        (maskBB.width * maskBB.height) >=
            (mask.extent.width * mask.extent.height) * self.minMaskArea else {
        continue
    }
    endCenter = maskBB.center
    break
}

if let startCenter = startCenter, let endCenter = endCenter, startCenter != endCenter{
    dir = (startCenter - endCenter).normalised
}

return dir
```

앞서 설명했듯이 먼저 우리 프레임 시퀀스의 시작과 끝의 윤곽 상자를 구하여 그 윤곽 상자의 중심을 사용해 주요 방향을 계산한다.

 CIImage의 getContentBoundingBox 메서드 구현은 여기에서 생략했지만, 관련 소스 코드는 CIImage+Extension.swift 파일에서 확인할 수 있다.

주요 방향까지 구했으니, 이제 어느 프레임을 포함시키고 어느 프레임을 무시할지 결정하면 된다. 이 작업은 ImageProcessor 클래스의 getIndiciesOfBestFrames 메서드에 구현하는데, 여기에서 모든 프레임을 반복해 겹치는 영역을 측정하고 특정 임곗값을 만족하지 않는 프레임은 무시한다. 이 메서드는 이 임곗값을 만족하는 인덱스 배열을 반환해 최종 이미지에 합성되게 한다. 다음 코드를 getIndiciesOfBestFrames 메서드에 추가한다.

```swift
var selectedIndicies = [Int]()
var previousBoundingBox : CGRect?
let dir = self.getDominateDirection()

for i in (0..<self.processedMasks.count).reversed(){
    let mask = self.processedMasks[i]
    guard let maskBB = mask.getContentBoundingBox(),
        maskBB.width < mask.extent.width * 0.7,
        maskBB.height < mask.extent.height * 0.7 else {
        continue
    }
    if previousBoundingBox == nil{
        previousBoundingBox = maskBB
        selectedIndicies.append(i)
    } else{
        let distance = abs(dir.x) >= abs(dir.y)
            ? abs(previousBoundingBox!.center.x - maskBB.center.x)
            : abs(previousBoundingBox!.center.y - maskBB.center.y)
        let bounds = abs(dir.x) >= abs(dir.y)
            ? (previousBoundingBox!.width + maskBB.width) / 4.0
            : (previousBoundingBox!.height + maskBB.height) / 4.0
        if distance > bounds * 0.5{
            previousBoundingBox = maskBB
            selectedIndicies.append(i)
```

```
            }
        }
}

return selectedIndicies.reversed()
```

먼저 앞서 언급했듯이 주요 방향을 얻은 다음 계속해서 역순으로 프레임 시퀀스를 반복한다(사용자의 주인공 샷이 마지막 프레임이라고 가정할 때와 반대). 각 프레임에서 윤곽 상자를 얻고 이것이 검사해야 할 첫 번째 프레임이면 이를 previousBoundingBox 변수에 할당한다. 이 변수는 그다음 윤곽 상자를 비교하는 데 사용되고 가장 최근에 포함된 프레임으로 업데이트된다. previousBoundingBox가 널이 아니면 주요 방향을 기준으로 그 둘 사이의 위치 변화를 계산한다. 다음 코드를 보자.

```
let distance = abs(dir.x) >= abs(dir.y)
    ? abs(previousBoundingBox!.center.x - maskBB.center.x)
    : abs(previousBoundingBox!.center.y - maskBB.center.y)
```

그런 다음 두 객체를 분리하기 위해 필요한 최소 길이를 계산한다. 이 길이는 상대적인 축의 결합된 크기를 2로 나누어 구한다. 이는 결합된 프레임의 반에 해당하는 거리다. 다음 코드를 보자.

```
let bounds = abs(dir.x) >= abs(dir.y)
    ? (previousBoundingBox!.width + maskBB.width) / 2.0
    : (previousBoundingBox!.height + maskBB.height) / 2.0
```

다음으로 윤곽 상자 사이의 거리와 임곗값을 비교하고, 그 거리가 이 임곗값을 만족하면 현재 인덱스에 해당 프레임을 추가한다.

```
if distance > bounds * 0.15{
    previousBoundingBox = maskBB
    selectedIndicies.append(i)
}
```

compositeFrames 메서드로 돌아와서 이제 선택된 프레임을 합성하자. 이를 위해 CoreImages 필터를 활용할 것이다. 하지만 그 전에 우리가 원하는 작업이 정확히 무엇인지 검토하자.

선택된(처리된) 이미지와 마스크 쌍마다 이미지를 잘라내서 최종 이미지에 덮어씌운다. 효과를 개선하기 위해 알파값을 점진적으로 증가시켜서 최종 프레임에 가까운 프레임일수록 1.0에 가까운 불투명도를 갖게 되고, 먼 프레임일수록 점진적으로 투명하게 만든다. 이렇게 해서 페이드 효과를 얻을 수 있다. 이 과정을 요약하면 다음 그림과 같다.

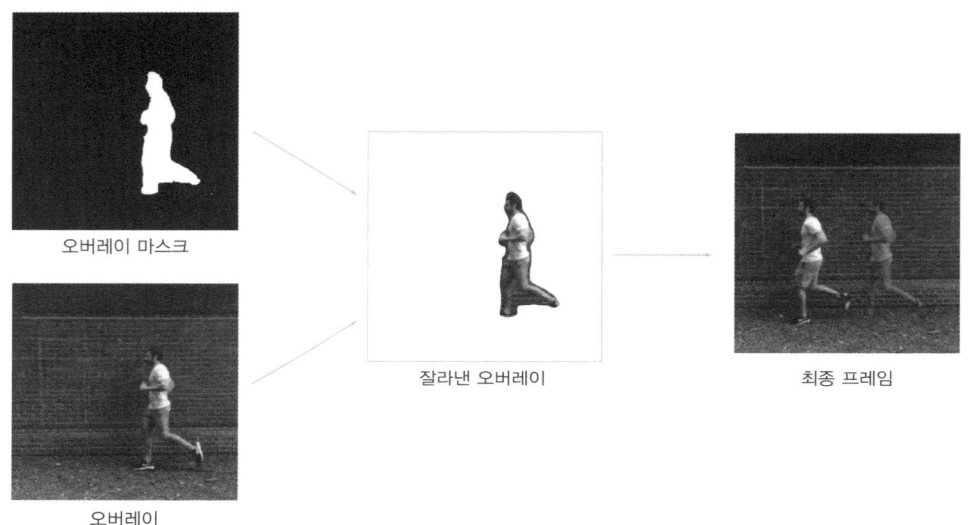

오버레이 마스크

잘라낸 오버레이

최종 프레임

오버레이

먼저 필터를 구현해 이를 코드로 변경하자. 앞서 봤듯이, 출력 이미지, 오버레이, 그에 대응하는 마스크, 알파값을 커널에 전달한다. `ImageProcessor` 클래스의 거의 첫 부분에 다음 코드를 추가한다.

```
lazy var compositeKernel : CIColorKernel? = {
    let kernelString = """
        kernel vec4 compositeFilter(
            __sample image,
            __sample overlay,
            __sample overlay_mask,
            float alpha){
            float overlayStrength = 0.0;

            if(overlay_mask.r > 0.0){
                overlayStrength = 1.0;
            }
            overlayStrength *= alpha;
```

```
            return vec4(image.rgb * (1.0-overlayStrength), 1.0)
                + vec4(overlay.rgb * (overlayStrength), 1.0);
        }
        """
    return CIColorKernel(source:kernelString)
}()
```

앞에서 우리는 모든 프레임을 최종 이미지로 합성하는 CIColorKernel을 구현했다. 먼저 마스크값을 테스트해서 값이 1.0이면 강도 1.0을 할당한다(이는 최종 이미지에서 해당 위치의 색상을 오버레이의 색상으로 교체하겠다는 것을 뜻한다). 그렇지 않으면 0을 할당하고 무시한다. 그런 다음 이 강도를 커널에 전달된 조합된 인수로 곱한다. 마지막으로 vec4(image.rgb * (1.0-overlayStrength), 1.0) + vec4(overlay.rgb * (overlayStrength), 1.0) 문장으로 최종 색상을 계산해 반환한다. 필터가 구현됐으니 compositeFrames 메서드로 돌아와 이 필터를 활용하자. compositeFrames 안에 '// TODO: 중간 프레임에서 얻은 세그먼트를 사용해 최종 이미지 합성' 주석을 다음 코드로 교체한다.

```
let alphaStep : CGFloat = 1.0 / CGFloat(selectedIndicies.count)

for i in selectedIndicies{
    let image = self.processedImages[i]
    let mask = self.processedMasks[i]
    let extent = image.extent
    let alpha = CGFloat(i + 1) * alphaStep
    let arguments = [finalImage, image, mask, min(alpha, 1.0)] as [Any]
    if let compositeFrame = self.compositeKernel?.apply(extent: extent, arguments: arguments){
        finalImage = compositeFrame
    }
}
```

이 코드의 대부분은 별도의 설명이 필요 없다. 먼저 최종 프레임에 가까워질수록 불투명도를 점진적으로 높이기 위해 사용될 알파 이동 간격을 계산한다. 그런 다음 선택된 프레임을 모두 반복하면서 이전 코드에서 구현했던 필터를 적용해 최종 이미지를 합성한다.

여기까지 끝나면 이 메서드와 이 장의 코딩이 모두 끝났다. 잘했다! 이제 테스트하자. 지금까지 했던 작업이 실제로 어떻게 작동하는지 보기 위해 프로젝트를 빌드하고 실행하자. 다음은 주말 공원 놀이에서 얻은 결과다.

이 장을 마무리하기 전에, 머신러닝 모델을 사용할 때의 전략을 간단히 논의해보자.

확률적 결과 활용하기

이 장의 서두에서 언급하고 이전 절에서 직접 봤듯이, 머신러닝 모델을 사용하면 불확실성을 처리하기 위한 새로운 기술과 전략이 필요하다. 그 방법은 응용 분야에 따라 달라지겠지만, 기억해야 할 몇 가지 광범위한 전략이 있다. 이 절에서는 이 장의 예제 프로젝트를 가지고 이 전략을 알아보겠다.

모델 개선하기

첫 번째는 모델을 개선하는 것이다. 물론 모델과 데이터셋의 출처에 따라 제약사항이 있을 수 있지만, 모델의 출력이 사용자 경험의 질에 직결되기 때문에 모델을 개선할 방법들을 이해하는 것이 중요하다.

이 프로젝트를 생각해보면, 앞서 언급했듯이 이미 훈련된 기존 이미지 분류기를 인코더로 사용함으로써 모델을 보강할 수 있다. 이렇게 하면 훈련 시간을 단축시키고 더 많이 반복할 수 있을 뿐 아니라 모델이 더 광범위한 데이터셋으로부터 얻은 기존 지식을 넘겨줌으로써 성능을 개선할 가능성이 높다.

또 다른 방법은 모델이 훈련된 데이터셋을 조정하는 것이다. 모델이 어떻게 개선될 수 있는지에 대한 간단하면서도 적절한 예제는 사용자가 객체(레이블이 달린)를 담고 있는 모든 이미지에서 볼 수 있다. 이에 대한 예제는 다음 그림에서 볼 수 있다. 이 그림에서는 사람에서 기타를 잘라냈다.

이를 처리하는 방법은 모델이 원하는 특성에 따라 다르다. 이 장에서 보여준 애플리케이션의 경우, 일반적으로 사람이 잡고 있는 객체를 포함하는 다중 범주 분류를 수행하거나 그 객체들을 마스크에 포함시키는 것 모두 생각해볼 수 있다.

또 다른 보편적인 기법은 **데이터 보강**이다. 이 기법에서는 인위적으로 이미지(입력)를 조정해 데이터셋의 분산을 증가시킬 수도 있고 이미지를 조정해 특정 사례를 위한 데이터에 맞게 정렬할 수 있다. 보강의 예로는 번짐 효과(빠르게 움직이는 객체를 다룰 때 유용함), 회전, 확률 잡음(random noise) 추가, 색상 조정 등을 들 수 있다. 본질적으로 실세계에서 볼 수 있는 뉘앙스를 줄 수 있는 모든 이미지 조작 효과가 여기에 포함된다.

물론 모델과 데이터를 개선할 수 있는 기법과 도구는 이 외에도 훨씬 더 많다. 여기에서는 세부 사항을 꼼꼼히 알기보다 주요 영역만 강조했다.

제약 조건을 두어 설계하기

이는 다소 피할 수 없는 일로, 지능형 인터페이스를 설계하는 것은 아직 초기에 머물러 있다. 다시 말해 사용자에게 얼마나 투명하게 노출시켜야 할까? 그리고 처음 모델을 사용할 때의 편의성을 산만하게 하거나 잃지 않으면서 시스템의 유용한 인식 모형(mental model)을 구축하는 데 효과적으로 도움을 줄 방법은 무엇일까? 하지만 여기에서는 모델이 성공할 기회를 높이기 위해 경험 내에서 제약 사항을 설계하는 것만 얘기하겠다. 이에 대해 완전히 관련 있다 볼 수는 없지만, 훌륭한 예로 가정용 로봇과 식기 세척기를 들 수 있다. 로봇은 아니지만 믿을 만한 식기 세척기는 만화 제슨 가족(Jetsons)의 로지(Rosie) 처럼 가사일을 위한 1세대 로봇으로 볼 수 있다. 그렇지만 로지와 달리 우리는 식기 세척기를 환경에 맞춰 조정할 수 없다. 따라서 우리는 식기 세척기를 위한 환경을 조정했다. 즉, 우리에게 익숙한 기존 부엌 싱크대를 사용하지 않고 상자 안에 캡슐화했다.

한 가지 간단한 방법으로 사용자에게 최선의 결과를 내는 방법을 알려 주는 것이 있다. 이 예제에서는 사용자에게 배경으로 벽을 사용하도록 요청하는 것처럼 간단한 것일 수 있다. 이러한 힌트는 사용 전에 제시하거나 성능 저하의 징후가 있을 때(혹은 두 경우 모두) 제시할 수 있다. 성능 저하를 자동으로 감지하는 한 가지 방법은, 다음 그림처럼 윤곽 상자와 질량 중심을 측정하고 이를 예상 질량 중심과 비교하는 것이다.

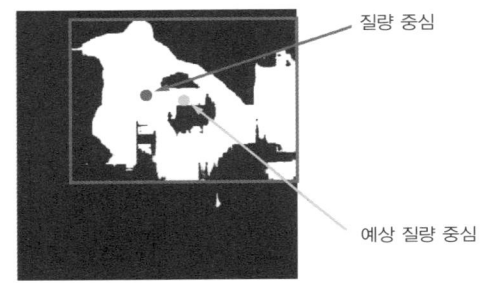

이는 자연스럽게 휴리스틱을 포함시키는 다음 전략으로 이어진다.

휴리스틱 포함

휴리스틱은 본질적으로 특정 작업을 해결하기 위해 여러분 머릿속에 들어 있는 규칙들을 체계화하는 것으로, 일반적으로 점수를 반환하는 함수를 사용해 구현된다. 이것은 여러 대안들의 순위를 매기기 위해 사용된다. 이전 절 '제약 조건 내에서 설계하기'에서 분할된 이미지에 픽셀이 얼마나 잘 분포돼 있는지 구하기 위해 질량 중심과 윤곽 상자를 사용하는 방법을 봤다. 결국 이것은 질량 중심이 경계 상자의 중심과 가까우면 높은 순위를 주는 방식으로 각 프레임의 순위를 매기기 위해 사용될 수 있다. 또한 우리는 애플리케이션에서 겹치는 영역을 측정해 유지할 프레임과 무시할 프레임을 결정할 때 일종의 휴리스틱을 구현했다.

휴리스틱은 강력한 지원 도구일 수 있지만, 여러분이 가진 문제에 좋은 모델을 기대하는 것처럼 여러분이 도출한 휴리스틱이 문제를 잘 일반화할 수 있도록 주의해야 한다. 또한 휴리스틱을 사용함으로써 발생하는 추가적인 계산 비용에 유의해야 한다.

사후 처리 및 앙상블 기법

이미지 처리, 컴퓨터 비전, 컴퓨터 그래픽에서 비롯한 기술은 탐지뿐 아니라 출력 품질을 개선할 때도 빌려 쓸 수 있다. 그 예로 일반적인 이미지 처리 작업은 열기(opening)와 닫기(closing)의 모폴로지 연산(morphology operations)을 수행한다. 이 조합은 보통 바이너리 이미지에서 잡음을 제거하고 작은 공백을 채우기 위해 사용된다. 컴퓨터 비전에서 빌려올 수 있는 또 다른 유용한 사후 처리 작업으로는 워터쉐드(watershed)가 있다. 이것은 변화의 강도가 융기 부분과 채울 영역의 경계(혹은 분할)를 정의하는 지형도로 이미지를 처리하는 분할 기법이다.

이 외에도 다른 모델을 사용해 사후 처리를 할 수 있다. 여러분은 객체 탐지를 위한 모델인 YOLO에 익숙하다. 객체의 예측된 경계를 얻기 위해 이를 적용할 수 있고, 그런 다음 분할을 세분화하기 위해 사용할 수 있다. 또 다른 모델이자 이 작업에 채택된 모델은 조건부 랜덤 필드(**conditional random fields, CRF**)로, 이를 사용하면 마스크의 가장자리를 부드럽게 할 수 있다.

이미지 처리, 컴퓨터 비전, 컴퓨터 그래픽 분야에서 사용할 수 있는 기법은 방대하다. 따라서 각자의 도구들을 구성하기 위해 각 영역을 탐색해보기 바란다.

 컴퓨터 비전을 처음 접하는 독자라면 이 분야를 소개하는 실용서인 팀 모리스(T. Morris)가 쓴 《Computer Vision and Image Processing》과 J. R. 파커(J. Parker)가 쓴 《Algorithms for Image Processing and Computer Vision》을 읽어볼 것을 추천한다.

인적 보조

때에 따라 모델 출력을 조정하는 데 사람의 개입을 피할 수 없거나 오히려 바람직한 경우가 있다. 이러한 경우, 모델은 작업을 완전히 자동화하는 것이 아니라 사용자를 보조하기 위해 사용된다. 이 장의 프로젝트에서 사용할 수 있는 몇 가지 방식은 다음과 같다.

- 사용자가 마스크를 깔끔하게 정리할 수 있는 중간 단계를 제공한다. 이것은 사용자가 잘못 분류되었거나 원하지 않는 마스크의 일부를 지울 수 있게 허용하는 것을 뜻한다.

- 사용자에게 일련의 프레임을 제시하고 합성에 사용할 프레임을 선택하게 한다.
- 사용자에게 최종 합성된 이미지의 여러 변형들을 제시하고 가장 마음에 드는 이미지를 선택하게 한다.

이와 관련한 또다른 개념은 인간 참여(human-in-the-loop, HITL) 머신러닝을 도입하는 것이다. 이것은 모델이 자신의 예측을 신뢰할 수 없을 때 사람을 개입시켜 분류와 교정의 책임을 사용자에게 전가한다. 사용자가 수정한 내용은 저장되고 성능 개선을 위해 모델을 훈련시킬 때 사용된다. 이 예제에서 우리는 사용자가(혹은 이 작업을 크라우드소싱하여) 이미지를 분할하게 하고, 모델을 다시 훈련시킬 때 이 데이터를 사용한다. 결국 충분한 데이터가 주어지면 모델은 사용되는 컨텍스트와 관련된 성능을 향상시킨다.

이 절에서 머신러닝 모델을 사용할 때 불확실성을 처리하는 일의 중요성을 강조했고, 여기에서 요약한 관점에서 지능형 애플리케이션을 설계할 때 적용할 수 있는 충분한 발판을 제공했다. 이제 이 장에서 다뤘던 내용을 검토하고 마무리하자.

요약

이 장에서는 애플리케이션이 사진과 동영상에 대한 지각적 이해를 높이는 방식인 의미론적 분할 개념을 소개했다. 의미론적 분할은 각 픽셀을 특정 범주에 할당하기 위해 모델을 훈련시킴으로써 동작한다. 이를 위한 한 가지 유명한 아키텍처로는 컨볼루션 계층 사이에 다리를 놓아서 공간 정보를 보존함으로써 고정밀 위치 측정(high-precision localization)을 구현하는 U-Net이 있다. 그런 다음 모델 출력 중 모델의 제약 사항을 명백히 보여주는 예제를 포함한 몇 가지 예제와 함께 훈련에 사용된 데이터를 검토했다.

그런 다음 이미지 효과 애플리케이션을 만들면서 이 모델이 어떻게 사용될 수 있는지 살펴봤다. 이 애플리케이션에서는 분할된 이미지를 사용해 일련의 프레임에서 사람을 잘라내고 이들을 함께 합성해 액션 샷을 생성한다. 이것은 의미론적 분할이 어떻게 적용될 수 있는지를 보여주는 하나의 예에 지나지 않으며, 두서너 가지만 예로 들면 로봇 공학, 보안 감사, 공장 품질 보증 등의 분야에서 자주 사용된다. 이 외에 이 모델을 어떻게 적용할 수 있을지는 여러분의 손에 달렸다.

마지막 절에서는 모델을 다룰 때 특히, 모델의 확률적(혹은 어느 정도 불확실한) 출력을 다룰 때 사용자 경험을 개선시키기 위한 전략을 논의했다.

머신러닝을 적용한 예제는 이것이 마지막이다. 다음 마지막 장에서는 방향을 바꿔 Create ML의 도움을 받아 자신만의 모델을 구축하는 방법에 대한 입문서를 제공한다. 그럼 시작하자.

10
Create ML 소개

이 책은 특히 컴퓨터 비전 작업에 초점을 맞춰 아이폰에 머신러닝을 적용하는 방법을 알아보는 데 있다. 그렇게 특정 분야에만 초점을 맞췄음에도 현재 가능한 방법들을 피상적으로만 다뤘을 뿐이다. 그렇지만 여러분의 흥미를 불러일으키기에는 충분한 내용을 다뤘고 지능형 앱을 구축하는 과정에 도움이 될 만한 머신러닝 모델의 세부 내용에 대해 충분한 직관적 지식을 제공했기 바란다.

이 장은 맞춤 데이터를 사용해 일반적인 모델을 쉽게 생성할 수 있는 방법을 제공하는 Core ML 2와 함께 출시된 도구인 Create ML을 소개하여 이 여정을 계속 이어 나가기 위한 입문서다. 특히 컴퓨터 비전과 관련해 개략적 수준의 소개만 제공하지만 그것만으로도 각자 애플리케이션에서 사용하는 것을 돕기에 충분하다.

이 장의 끝에 이르면 다음을 얻게 될 것이다.

- 머신러닝 작업 흐름을 변경
- 데이터를 훈련 집합과 검증 집합으로 나누는 것의 중요성을 알게 됨

- Create ML을 사용해 맞춤 이미지 분류기를 생성
- 이 여정을 이어 나가기 위한 다른 도구와 프레임워크를 알게 됨

먼저 전형적인 머신러닝 작업 흐름을 살펴보자.

전형적인 작업 흐름

여느 프로젝트와 마찬가지로 프로세스의 시작은 무엇을 구현하고자 하는지를 이해하는 데서 출발한다. 이를(문제) 잘 이해할수록 더 잘 해결할 수 있다.

여러분이 하고자 하는 바를 이해한 뒤, 다음 질문(머신러닝 모델을 구축하는 경우)은 어떤 데이터가 필요한가이다. 여기에는 어떤 데이터를 사용할 수 있는지 그리고 어떤 데이터를 직접 생성해야 하는지를 탐색하는 것이 포함된다.

무엇을 하고자 하는지, 어떤 데이터가 필요한지 이해했다면 다음 질문/작업은 어떤 알고리즘(또는 모델)이 필요한지 결정하는 것이다. 당연히 이것은 여러분의 작업과 여러분이 가지고 있는 데이터에 따라 달라진다. 어떤 경우에는 독자적인 모델을 생성해야 하겠지만, 대부분의 경우에는 여러분이 사용할 수 있는 적절한 모델 혹은 최소한 각자가 가진 데이터를 가지고 활용할 수 있는 아키텍처가 있다. 다음 표는 일반적인 컴퓨터 비전 작업과 그에 대응하는 머신러닝을 보여준다.

작업	머신러닝 알고리즘
이미지에 레이블 달기	이미지 분류
여러 객체와 그 위치를 인식하기	객체 탐지 및 의미론적 분할
비슷한 이미지 찾기	이미지 유사도
스타일이 적용된 이미지 생성하기	스타일 전이

다음 단계에서는 모델을 훈련시킨다. 일반적으로 이것은 상당한 미세조정을 동반한 반복적인 프로세스로 모델 훈련에 사용되지 않은 데이터에서 모델이 그 작업을 충분히 달성할 때까지 계속된다.

마지막으로 모델이 훈련됐으면 이 모델을 애플리케이션에 배포해 사용하면 된다. 이 프로세스를 요약하면 다음 다이어그램과 같다.

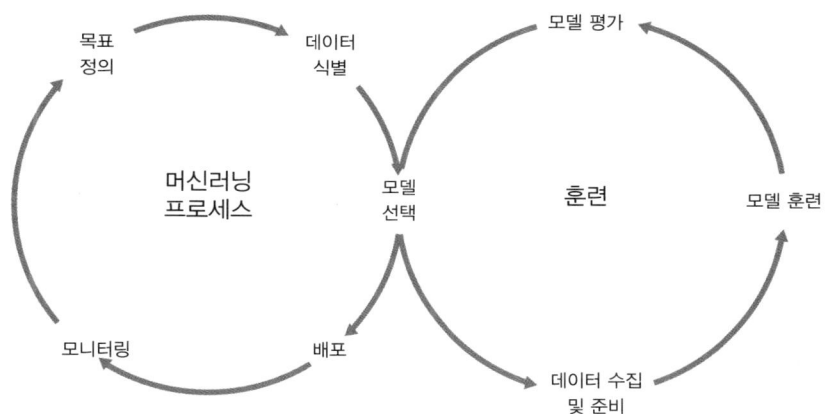

 위 다이어그램은 절차를 아주 간략하게 도식화한 것이다. 일반적으로 이 작업 흐름은 모델 훈련, 선택, 조정 사이를 몇 차례 반복하는 훨씬 주기적인 형태를 띈다. 또한 동시에 여러 모델(과 모델 매개변수)을 실행하는 것도 보편적이다.

이 장의 개념을 보다 구체적으로 만들기 위해, 어린 아이가 과일 이름을 배우는 데 도움이 되는 재미있는 애플리케이션을 만들어야 한다는 가정을 사용해 작업해보자. 여러분과 여러분의 팀은 아이에게 특정 과일을 찾도록 요청하는 게임을 생각해냈다. 아이가 기기의 카메라를 사용해 과일을 정확하게 찾아내면 포인트를 획득한다. 이제 작업을 정의했으니, 필요 데이터를 논의해보자.

데이터 준비하기

이 작업을 위해서는 레이블이 달린 과일 사진 모음이 필요하다. 1장의 내용을 기억해보면, 이러한 유형의 머신러닝 문제를 **지도 학습(supervised learning)**이라고 한다. 우리 모델은 이미지를 취해 모델이 그 이미지를 무엇이라 생각하는지를 나타내는 레이블을 반환하는데 이를 **다중 범주 분류(multi-class classification)**라고 한다.

계속해서 과일 사진을 수집한다. Create ML은 데이터를 체계화하는 다양한 방식을 제공하지만 여기에서 보여주듯이 애드혹 수집(ad-hoc collection)이 데이터를 폴더로 구성해 가장 쉽게 체계화할 수 있다.

출처: http://www.image-net.org/

여기에서는 데이터를 폴더로 구성했고 폴더 이름으로 그 콘텐츠의 레이블이 사용된다. 또다른 방법으로는 각 이미지에 레이블을 다는 것으로 이 경우 특정 범주에 해당하는 각 인스턴스는 banana.0.jpg, banana.1.jpg처럼 뒤에 숫자가 붙는다. 또는 단순히 레이블 딕셔너리에 그와 관련된 이미지 URL 리스트를 전달한다.

이 단계에서 얼마나 많은 이미지를 얻어야 할지 궁금할 것이다. 애플에서는 범주 당 최소 10개의 이미지는 필요하다고 권고하지만 일반적으로는 모델을 훈련시키는 동안 다양한 변형을 볼 수 있도록 해 모델을 일반화시킬 수 있도록 가능한 한 많이 수집하려고 할 것이다. 또한 모델이 실세계에서 사용될 데이터와 마찬가지로 가능한 한 실제 데이터와 가까운 이미지를 얻는 것이 중요하다. 그래야 모델이 학습된 데이터에 따라 왜곡되지 않기 때문이다. 모델은 단지 학습해야 할 것을 학습한다. 즉, 여러분이 가진 예제가 모두 하얀 배경에 빨간 사과라면, 모델은 사과와 이 색상을 연결해 학습할 것이고 이 색깔을 볼 때마다 그 이미지에 사과가 포함되어 있다고 예측할 것이다.

이전에 언급했듯이, 애플은 최소 10개의 이미지를 권고한다. 이 권고사항에 다소 놀랐을 것이다. 일반적으로 심층 신경망 훈련을 얘기할 때면 데이터셋이 커야 한다고 그것도 상당히 커야 한다고 생각하기 때문이다. 예를 들어 이미지 분류기를 훈련시키기 위해 사용된 표준 데이터셋은 ImageNet이다. 이 데이터셋은 1400만 개 이상의 이미지로 구성되어 있고 이것이 비결의 일부이다. 이 책에서 살펴봤듯이, CNN의 계층은 이미지로부터 의미 있는 특징을 추출하는 방법을 학습하고 그런 다음 이를 사용해 이미즈 범주를 추론한다. 과일 분류기처럼 특화된 분류기는 보통 수백만 개의 이미지에서 훈련된 모델에서 이러한 학습 결과를 빌려와, 추출한 특징을 사용해 더 작은 데이터셋에서 분류기를 훈련시키는 것이다. 이 기법을 전이 학습이라고 한다.

다음 두 다이어그램은 이에 대한 예제를 보여준다. 첫 번째는 방대한 데이터셋에서 훈련된 네트워크를 보여주고 두 번째는 이 네트워크가 학습한 것을 사용해 더 특화된 데이터셋에서 훈련하는 것을 보여준다.

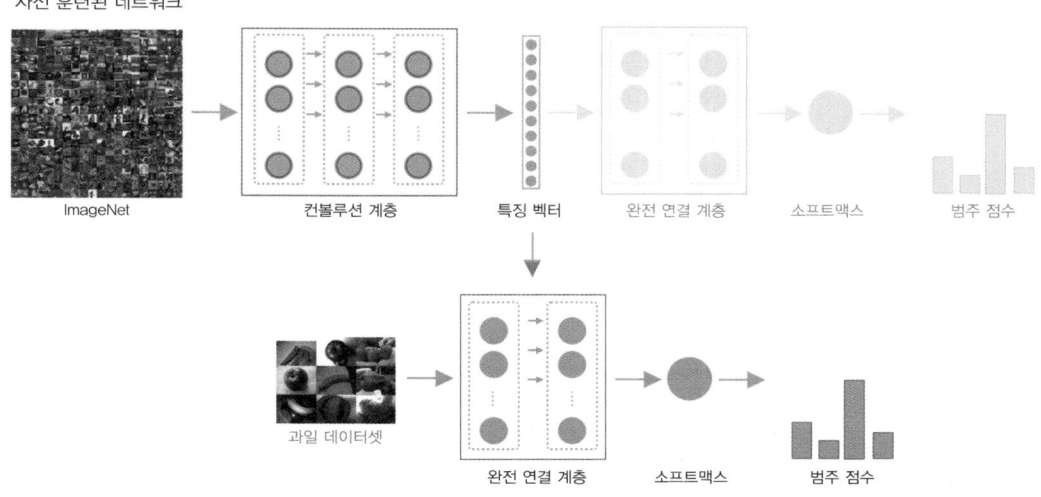

우리는 컨볼루션 계층이 학습한 특징 벡터에 관심이 있다. 이 특징 벡터는 입력 이미지를 이해한 바를 인코딩한 것으로 생각하면 된다. 그리고 다음 다이어그램에서 보듯이, 각자만의 분류기를 훈련시킬 때 이 특징 벡터를 사용하게 된다.

이 방식을 사용하면 특징 추출하는 방법을 학습할 필요가 없으며, 이전 네트워크의 의미 있는 특징을 추출하는 능력을 활용해 분류를 위한 완전 연결 네트워크의 가중치를 학습하기만 하면 된다. Create ML은 이미지 분류 모델을 위해 이 기법을 사용한다. 1,000개 이상의 범주에 미리 훈련된 모델이 기기에 상주한다면 우리는 분류를 위해 상대적으로 작은 네트워크를 훈련시키기만 하면 된다는 것을 뜻한다. 이는 미리 훈련된 네트워크에서 제공하는 특징을 사용함으로써 가능하다. 이로써 더 작은 데이터셋에서 학습해도 될 뿐 아니라 훈련에 필요한 시간도 단축된다.

Create ML이 작은 데이터셋에서 효과적으로 훈련시키기 위해 제공하는 또다른 기능은 데이터 보강(data augmentation)이라 부르는 기법이다. 데이터 보강은 단순히 데이터를 수평으로 뒤집는 것처럼 훈련 과정에서 이미지가 네트워크에 전달되기 전에 각 이미지를 여러차례 무작위로 변환해 데이터셋의 분산을 증가시키는 방법이다. 목표는 훈련하는 동안 모델이 다양한 이미지를 보게 해서 모델의 일반화 능력을 개선하는 것 즉, 모델이 이전에 보지 못했던 데이터에도 동작하는 의미 있는 특징을 학습하는 것이다. 다음 그림은 데이터 보강을 위해 일반적으로 수행되는 변환 기법 중 몇 가지를 보여준다.

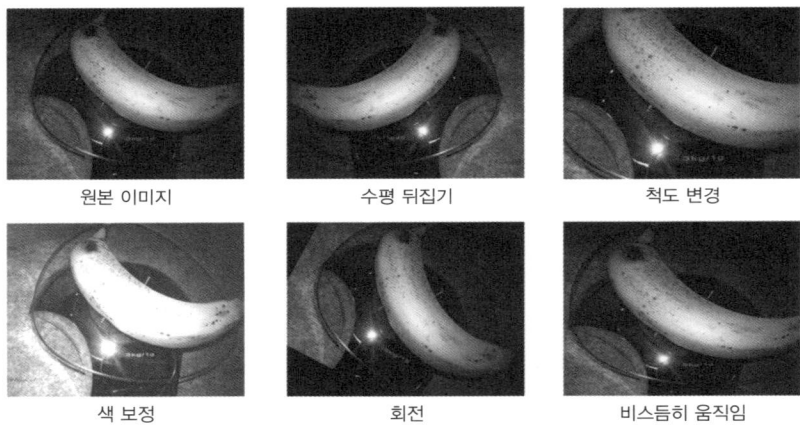

Create ML이 제공하는 또다른 편리한 기능으로는 이미지 자르기와 크기 변경 같이 이미지를 사용할 때 필요한 일반적인 전처리 작업을 처리한다는 것이다. 모델에서는 일반적으로 고정된 크기의 입력과 출력을 가지기 때문에 모델에 맞추기 취해 이미지를 명시적으로 전처리하거나, Vision 프레임워크를 사용해 처리해야 한다. Create ML이 Vision 프레임워크 위에 구성되어 있기 때문에, 모델을 훈련시킬 때 일반적으로는 직접 해야 할 여러 파이프라인을 Create ML이 처리한다.

도델 생성 및 훈련에 대해 알아보기 전에 한 가지 주제만 더 알아보자. 균형 잡힌 데이터셋 또는 균형이 맞지 않는 데이터셋의 효과와 관련된 것이다. 균형 잡힌 데이터셋은 각 범주 마다 같은 양의 예제가 있음을 뜻한다. 즉, 범주 별로 가지고 있는 예제 개수 사이의 분산이 커지는 것을 피한다. 이것이 왜 중요할까? 이에 대해 대답하기 위해 모델이 어떻게 훈련되고 무엇을 학습하는지 되짚어보자. 다음 그림은 훈련 절차를 보여준다. 여기에서 훈련은 주어진 입력에 대해 추론을 수행하는(전방 전달, forward pass) 반복적인 절차다. 그런 다음 예측과 기댓값 사이의 차이(손실)를 줄이기 위해 모델 가중치를 약간 조정한다.

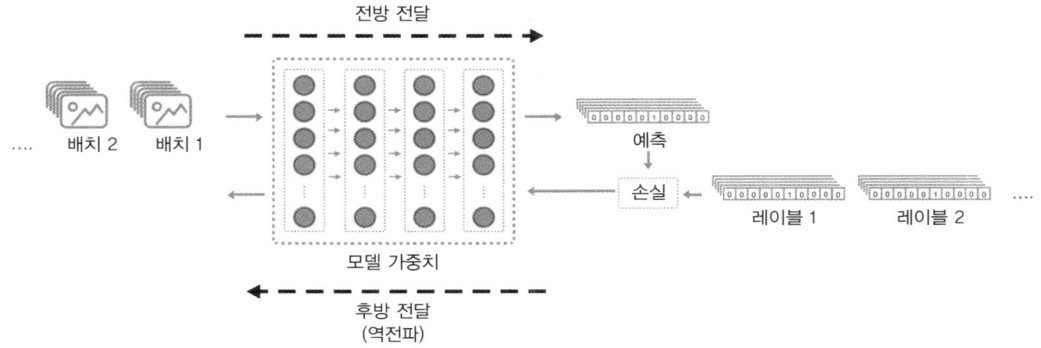

다른 말로 하면, 한 범주를 과다 노출시키면 가중치를 조정하는 이 과정을 지배적으로 사용하게 되므로 그 결과로 얻은 가중치는 다른 범주보다 그 범주에 훨씬 적합하게 될 것이다. 이는 오차가 일반적으로 배치 내 모든 샘플의 평균이기 때문에, 배치로 훈련시킬 때 특히 그렇다. 따라서 모델이 지배적인 범주를 효과적으로 예측할 수 있다면, 손실은 합리적인 수준에서 이루어지지만 다른 범주에 대해서는 어떤 유용한 것도 학습할 수 없다.

이 시점에서 우리는 우리의 목적을 알게 됐고, 균형 잡힌 훈련 집합을 갖게 되었으며 우리에게 필요한 머신러닝 작업이 무엇인지 알게 됐다. 이제 모델을 빌드하고 훈련시키자.

모델 생성 및 훈련

애플 엔지니어들의 부단한 노력 덕분에 보편적인 머신러닝 모델을 생성하는 절차는 믿을 수 없을 정도로 쉽고 앞으로 몇 개월 사이에 지능형 앱의 새로운 물결을 불러 일으킬 것이다.

이 절에서 Create ML을 사용해 애플리케이션에서 사용할 이미지 분류기를 생성하면서 이 작업이 얼마나 쉬운지 보게 될 것이다.

Create ML은 Xcode Playground에서 접근 가능하므로 여기서 시작하자. 다음 그림처럼 Xcode를 열고 새로운 Playground를 생성하고 플랫폼으로 **macOS**를 선택하자.

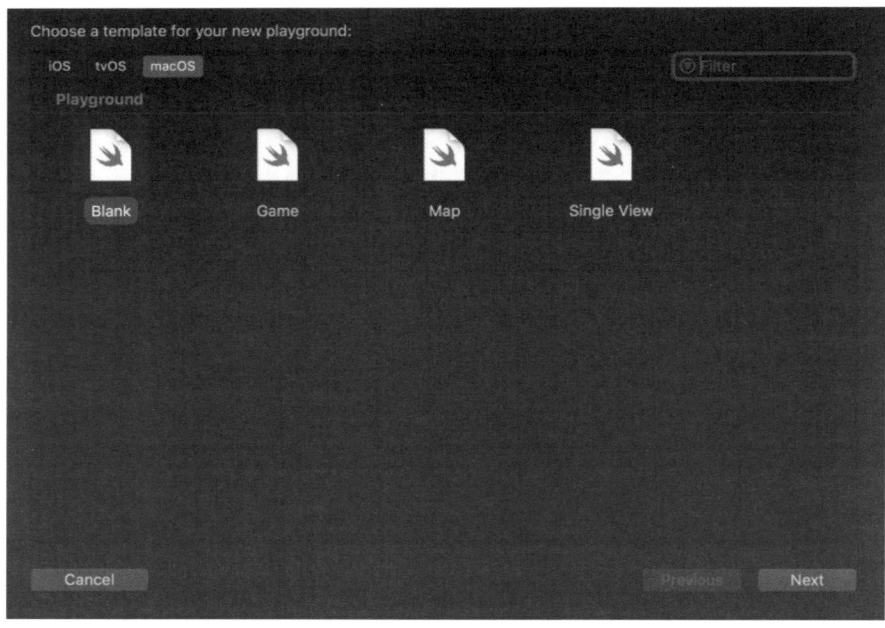

플레이그라운드에서 다음 코드처럼 CreateML과 Foundation을 임포트한다.

```
import CreateML
import Foundation
```

다음으로 훈련 데이터를 포함하고 있는 디렉터리를 가리키는 URL을 생성한다.

```
let trainingDir = URL(fileURLWithPath: "/<PATH TO DIRECTORY WITH TRAINING DATA>")
```

남은 작업은 훈련 데이터 경로를 전달해 모델 인스턴스를 생성하는 것이다. (말하지 않았는가? 이 작업은 놀랄 정도로 간단하다)

```
let model = try MLImageClassifier(trainingData: .labeledDirectories(at: trainingDir))
```

Create ML은 `MLImageClassifier.DataSource`의 편의 메서드를 통해 맞춤형 레이블 딕셔너리와 그와 관련된 파일을 제공하는 유연성을 제공한다. 이는 범주가 개별 폴더로 구성되는 계층 디렉터리 구조 (`MLImageClassifier.DataSource.labeledDirectories`, 이 예제는 여기에 해당한다)이거나 각 파일이 관련 범주의 이름을 갖는(`MLImageClassifier.DataSource.labeledFiles`) 형태이다.

모델이 인스턴스화되고 나면 바로 훈련을 시작할 것이다. 훈련이 끝나면 다음 화면처럼 콘솔에 훈련 집합에서 달성한 정확도를 출력할 것이다.

```
Extracting image features from full data set.
Analyzing and extracting image features.
+------------------+--------------+------------------+
| Images Processed | Elapsed Time | Percent Complete |
+------------------+--------------+------------------+
| 1                | 15.95s       | 2%               |
| 2                | 16.05s       | 4.25%            |
| 3                | 16.16s       | 6.25%            |
| 4                | 16.27s       | 8.5%             |
| 5                | 16.38s       | 10.5%            |
| 10               | 16.93s       | 21.25%           |
| 47               | 20.93s       | 100%             |
+------------------+--------------+------------------+
Skipping automatic creation of validation set; training set has fewer than 50 points.
Beginning model training on processed features.
Calibrating solver; this may take some time.
+-----------+--------------+-------------------+
| Iteration | Elapsed Time | Training-accuracy |
+-----------+--------------+-------------------+
| 1         | 0.231359     | 0.297872          |
| 2         | 0.328348     | 0.680851          |
| 3         | 0.405243     | 0.851064          |
| 4         | 0.469038     | 0.978723          |
| 5         | 0.534865     | 0.978723          |
| 10        | 0.854753     | 1.000000          |
+-----------+--------------+-------------------+
SUCCESS: Optimal solution found.
```

거의 다 됐다. 여기에서 모델이 훈련 데이터에 잘 맞는지는 알려주지만, 모델이 전에 보지 못했던 이미지에 얼마나 잘 동작하는지 즉 모델이 얼마나 잘 일반화하는지는 알 수 없다. 심층 신경망은 훈련 데이터를 기억할 수 있으며 이는 일반적이다. 이를 보통 과적합(overfitting)이라고 한다. 과적합을 피해 실세계에서 활용할 수 있는 결과를 생성할 가능성을 높이기 위해, 데이터를 세 부분으로 나누는 것이 일반적이다. 첫 번째 부분은 모델을 훈련시킬 때 사용된다. 두 번째 모델은 검증 데이터라고 하며 훈련 과정에 (보통 각 반복/세대가 끝난 시점에) 모델이 일반화를 얼마나 잘하는지 확인하기 위해 사용된다. 마지막 부분은 모델인 검증 데이터에서 만족할 수준의 성능을 냈을 때에만 사용되며 모델이 실제로 얼마나 잘 동작하는지를 결정한다. 이 부분을 테스트 데이터라고 한다.

검증과 테스트를 위해 얼마나 많은 데이터를 남겨둬야 할까? 얕은 수준의 모델일 경우, 훈련/검증/테스트 데이터를 70/20/10의 비율로 나누는 것이 일반적이다. 하지만 딥러닝은 보통 방대한 데이터셋을 가지고 있으므로 이 경우, 검증과 테스트를 위해 남겨둔 데이터가 지나치게 많을 수 있다. 따라서 그 대답은 실제로 얼마나 많은 데이터를 가지고 있는지와 어떤 유형의 데이터인지에 따라 달라진다.

따라서 모델을 배포하기 전, 모델이 훈련 과정에서 보지 못했던 데이터셋에서 평가한다. 다시 말하지만 범주 별로 동일한 양의 데이터를 수집하고 그런 다음 여기로 돌아온다.

이전에도 했듯이, 검증 데이터를 포함하는 디렉터리를 가리키는 URL을 생성한다.

```
let validationDir = URL(fileURLWithPath: "/<PATH TO DIRECTORY WITH VALIDATION DATA>")
```

이제 여기서 보듯이 모델에 evaluation을 호출하기만 하면 된다.

```
model.evaluation(on: .labeledDirectories(at: validationDir))
```

이 문장으로 각 검증 샘플에 추론을 수행하고 정확도를 보고하며 애플의 훑어보기(quick look) 기능을 통해 접근할 수 있다.

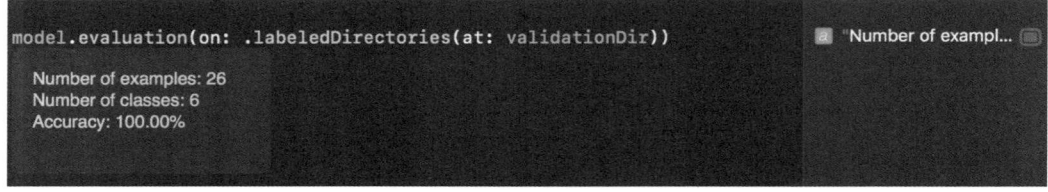

만족스러운 수준의 검증 정확도를 얻었으니 이제 모델을 내보낼 준비가 됐다. 그렇지만 그 전에 개별 이미지에 예측을 수행해 보자.

이는 다음 코드처럼 모델 인스턴스의 prediction 메서드를 호출하기만 하면 된다(또는 추론을 수행하고 싶은 샘플이 여러 개라면 predictions를 호출한다).

```
let strawberryUrl = URL( fileURLWithPath: "/<PATH TO STRAWBERRY>")

print(try model.prediction(from: strawberryUrl))
```

모든 것이 제대로 진행됐으면, 딸기가 콘솔에 출력될 것이다. 이제 모델에 대한 신뢰를 가지고 모델을 내보내자.

Create ML의 특성에 맞게, 코드 한 줄만으로 모델을 내보낼 수 있다.

```
try model.write(toFile: "<PATH TO FILE>")
```

여기부터는 이 책에서 수차례 봤듯이 Core ML 모델을 프로젝트로 임포트하기만 하면 된다.

Create ML 소개도 거의 끝나간다. 그렇지만 계속 진행하기 전에 모델 매개변수를 비롯해 몇 가지를 빠르게 짚고 넘어가자.

모델 매개변수

이전 절에서 데이터셋이 작을 때는 데이터 보강을 사용하는 것이 유용하다고 말했다. 그렇다면 훈련 과정에서 이를 어떻게 사용할 수 있을까? `MLImageClassifier.ModelParameters` 구조체를 사용해 그 옵션에 접근할 수 있으며, 분류기를 인스턴스화할 때 이 구조체의 인스턴스를 전달할 수 있다. 이 매개변수 중 하나가 `OptionSet CreateML.MLImageClassifier.ImageAugmentationOptions`로 이를 사용해 다양한 보강 기법을 설정/해제(토글) 할 수 있다.

또한 `MLImageClassifier.ModelParameters`를 사용해 최대 반복 횟수, 특징 추출 버전, 검증 데이터를 지정할 수 있다. 이에 대해서는 공식 웹 페이지 https://developer.apple.com/documentation/create_ml/mlimageclassifier/modelparameters에서 더 자세히 배울 수 있다.

모델 메타데이터

5장과 6장에서 Core ML Tools 패키지를 사용해 케라스 모델을 Core ML로 변환할 때, Xcode에서 메타데이터를 명시적으로 설정하는 방법을 봤다. Create ML은 모델을 내보낼 때 `MLModelMetadata` 인스턴스를 전달함으로써 이 데이터를 명시적으로 설정하는 방법을 제공한다. 이 방법은 Core ML Tools 패키지를 사용할 때 봤던 이름, 설명 등과 같은 메타데이터를 모두 제공한다.

다른 작업 흐름(그래픽 버전)

다음 절로 넘어가기 전 마지막으로 한가지 더 알아보자! 이 절에서 프로그램적으로 모델을 생성, 훈련, 검증하는 방법을 배웠다. Create ML은 모델을 구성하기 위한 다른 대안으로 코드를 사용하는 대신 그래픽 인터페이스를 사용할 수 있다. 이는 CreateMLUI 라이브러리를 통해 접근 가능하고 이 라이브러리에서는 MLImageClassifierBuilder 인스턴스를 생성하고 그 인스턴스의 showInLiveView 메서드를 호출하기만 하면 된다.

```
import CreateMLUI

let builder = MLImageClassifierBuilder()
builder.showInLiveView()
```

이 코드를 실행하면, 라이브 뷰에서 위젯을 볼 수 있다. 이 도구를 사용하면 훈련 및 검증 예제를 드래그 앤 드롭하여 모델을 간단하게 훈련시킬 수 있다. 다음 그림은 훈련과 검증이 끝난 다음의 위젯과 메타데이터 입력을 위한 패널을 보여준다.

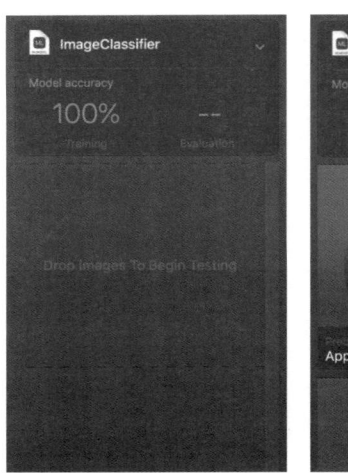
Training

Validation

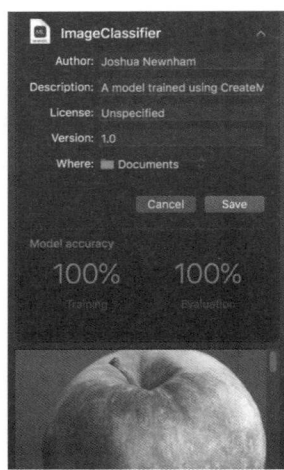
Metadata panel

이것으로 이 절, 장, 책을 마친다. 좀 더 지능적인 앱을 만들기 위한 여러분의 여정에 도움이 될만한 몇 가지 다른 도구 목록을 포함해 몇 가지 사항을 생각하고 마무리하자.

마무리

이 도구는 본질적으로 누구나 (할 수 있다면) 맞춤 모델을 생성할 수 있도록 머신러닝을 대중화하지만 단순함과 표현력 사이에는 항상 트레이드오프가 있다. 따라서 여기에서는 여러분이 탐색해볼 만한 도구들을 간단히 나열했다.

- Turi create: 2016년 애플이 인수한 기업에서 만들어졌다. 이 도구는 Core ML과의 긴밀한 통합을 제공해 배포를 용이하게 하고 맞춤 모델을 구현할 수 있게 해준다. 또한 스타일 전이와 분할 같은 보다 포괄적인 머신러닝 모델 모음을 제공한다. Turi create에 대해서는 https://github.com/apple/turicreate에서 더 자세히 배울 수 있다.

- IBM Watson Services for Core ML: IBM Watson은 IBM의 AI 플랫폼으로 보편적인 머신러닝 모델 배열을 서비스로 공개한다. 이들은 최근에 이 중 일부 서비스를 Core ML 모델을 통해 제공해, 여러분의 애플리케이션에서 IBM Watson 서비스를 오프라인에서도 사용할 수 있게 됐다.

- ML Kit: 구글은 2018년 초에 이미지 레이블링, 광학 글자 인식 같은 보편적인 머신러닝 작업을 위한 플랫폼으로 ML Kit을 발표했다. 또한 이 플랫폼은 맞춤형 모델을 포함해 모델 배포도 처리한다.

- TensorFlowLite: 유명한 머신러닝 프레임워크인 텐서플로의 경량 버전이다. Core ML처럼 기기에서 추론을 수행할 수 있다.

이들은 머신러닝을 여러분의 애플리케이션에 통합시키기 위해 사용할 수 있는 옵션 중 극히 일부일 뿐이며 이 모든 것은 앞으로 몇 년 사이에 상당히 증가할 것이다. 하지만 이 책에서 봤듯이 머신러닝 알고리즘은 (문자 그대로) 등식의 한 부분일 뿐이다. 경험을 유도하는 것은 데이터이기 때문에 새로운 데이터 셋을 찾아 실험해보면서 여기서 배운 내용을 활용해 어떤 독특한 경험을 만들어낼 수 있는지 알아보는 것이 좋다.

머신러닝은 놀라운 속도로 발전하고 있다. Arxiv 웹사이트는 연구원들이 자신의 논문을 게재하는 유명한 저장소다. 일주일 넘게 이 사이트를 모니터링하기만 해도 발표된 논문의 양과 그동안 이룬 발전에 놀랄 것이다.

하지만 지금은 연구진과 업계 종사자 사이에 격차가 있어 부분적으로는 이 책을 쓰게 된 동기가 되었다. 이 책을 읽으면서 심층 신경망에 대한 충분한 직감을 얻고 더 중요하게는 여러분이 계속 탐색과 실험을 이어 나갈 호기심과 흥미를 갖게 되었기 바란다. 이 장의 서두에 언급했듯이, 우리는 무엇이 가능한지 피상적으로만 배웠다. 그러니 앞으로 12개월 내에 어떤 일이 일어날지 신경 쓰지 않아도 된다.

그러면 이 책을 차세대 애플리케이션을 만드는 데 참여해달라는 초청 또는 도전이라고 생각하면 된다. 여러분이 무엇을 만들게 될지 기대하고 있다!

요약

이 장에서 일반적인 머신러닝 모델을 훈련시키고 배포하는 작업을 놀라울 정도로 쉽게 만드는 도구인 Create ML을 소개했다. 최소한의 예제와 최소한의 코드로 이미지 분류기를 생성하는 것이 얼마나 쉬운지 봤다. 전이 학습을 사용해 이를 달성하는 방법을 배웠고 훈련 데이터와 관련해 유념해야 할 고려사항과 검증, 테스트 데이터를 분리하는 작업의 중요성을 다뤘다.

A – B

Accelerate	25
AI	2, 8
anchor box	117
AR	24
Artificial Intelligence	2
Augmented Intelligence	8
augmented reality	24
AVFoundation 프레임워크	45
backpropagation	164
bag of visual words	10

C

CAM	295
Cambridge-driving Labeled Video Database	300
CamVid	300
CF	6
class activation maps	295
classifier	5
clustering	8
CNN	14, 165
COCO	120, 300
Collaborative Filtering	6
Common Objects in Context	120, 300
conditional random fields	323
confidence value	116
convolutional neural networks	165
Core ML	26
Core ML Tools	26
CoreVideo	46
Create ML	325
CRF	323

D

darknet	120
data preprocessing	10
dice coefficient	300
DragonBot	98
dynamic target resizing	16

E – F

edge computing	23
edge detection	42
edge filter	42
embedding	18
Euclidean distance	6
FacialEmotionDetection	97
feature engineering	10, 43
fps	47
Frames per second	47

G – H

GPU 활용하기	195
gram matrix	168
HCI	8
Hey Siri	24
histogram of oriented gradients	11
HOG	11
human-computer interaction	8

I – L

IBM Watson Services for Core ML	337
ICML	70
ILSVRC	13
ImageNet Large-Scale Visual Recognition Challenge	13
International Conference on Machine Learning	70
Internet of Things	23
Intersection of Union	300
intersection over union	116
iOS 키보드 예측	16
IoT	23
IoU	116, 300
K-means	11
Labeled Faces in the Wild	299
Lambda layers	177
LFW	299
Long Short-Term Memory	263
loss function	22
LSTM	263

M – N

metal performance shaders	25
ML 알고리즘	5
ML을 사용하는 일반적인 경우	24
ML 작업 흐름	19
ML Kit	337
MPSes	25
multi-class classification	19, 327
named entity recognition	26
natural language procession	26
NDJSON	259
NER	26
newline delimited JSON	259
NLP	26
non-max suppression	115

O – R

object detection	108
object location	108
object recognition	108
one-hot encoding	18
padding	43
PASCAL VOC	120, 299
Ramer – Douglas – Peucker	266
recurrent neural network	16
RNN	16

S

Seq2Seq	259
Sequence to Sequence	259
Shadow draw	8
Shutterstock	13
SIMD	194, 249
sliding window detection algorithm	112
stride value	43
supervised learning	327
supervision	5
support vector machines	12
SVM	12
Symbolic AI	2

T – Y

TensorFlowLite	337
tokenization	18
training	5
Turi create	337
U-Net	296, 297
unsupervised learning	8
vDSP	249
vector Digital Signal Processing	249
vectorization	194
Visual Object Classes	120
VNRecognizedObjectObservation	147
weak supervision	19
YOLO 알고리즘	113

ㄱ - ㄴ

개체명 인식	26
객체 분할 데이터셋	299
객체 위치 찾기	24
객체 위치 측정	108
객체 인식	44, 108
객체 탐지	108
계수	300
계층 속도 높이기	193
광학 문자 인식	24
그람 행렬	168
기호적 인공지능	2
넷플릭스	5

ㄷ - ㄹ

다이스 계수	300
다중 범주 분류	327
다중 범주 분류화	19
데이터 보강	321
데이터 전처리	10, 55
데이터 준비하기	327
데이터 캡처	44
동작 인식	24
등적 타깃 크기 재조정	16
드래곤봇	98
드로잉 기능 구현	207
드로잉 보조하기	205, 256
드로잉 분류에 사용할 순환 신경망	257
람다 계층	177

ㅁ

머신러닝	2
모델 가중치 줄이기	198
모델 개선하기	320
모델 검토	223
모델 매개변수	335
모델 메타데이터	335
모델 생성	331
목판화	168

ㅂ

방향성 있는 경사의 히스토그램	11
배치로 최적화	158
번역	24
벡터화	194
분류기	5, 12
비지도 학습	8
비최댓값 억제	115

ㅅ

사용자 스케치 인식하기	222
사진을 쉽게 찾는 방법	128
사진 효과 애플리케이션 구축	302
사후 처리	323
서포트 벡터 머신	12
선처리	74
셔터스톡	13
손실 함수	22
순환 신경망	16
스웨덴 자동차 보험	28
스위프트에서 맞춤 계층 구축	183
스케치 분류하기	225
스타일 전이	170
스타일 행렬	168
스트라이드 값	43
슬라이딩 윈도우 탐지 알고리즘	112
시각 단어 주머니	10
시각적 유사성을 기준으로 정렬	241
시퀀스-시퀀스	259
신뢰도 값	116

ㅇ

앙상블 기법	323
액션 샷	298
앵커 상자	117
약한 지도 학습	19
얼굴 표정	70
에지 컴퓨팅	23
역전파	164
예상 출력	164
예제 코드 파일 내려받기	xiii

예측된 출력	164
원-핫 인코딩	18
유클리드 거리	6
이미지 이해하기	40
이미지 인식	24
인간-컴퓨터 상호작용	8
인공지능	2
인적 보조	323
임베딩	18
입력 데이터	74, 263

ㅈ

자연어 처리	26
작업 흐름	26
장단기 메모리	263
전처리	263
전형적인 작업 흐름	326
제약 조건을 두어 설계하기	321
조건부 랜덤 필드	323
증강 지능	8
증강 현실	24
지도	5
지도 학습	327
지도 학습에 필요한 주요 구성 요소	28
지원 학습 알고리즘	34

ㅊ - ㅋ

초당 프레임 수	47
추론하기	67
추천	5
컨볼루션 신경망	165
케라스 모델을 Core ML로 변환	172
케라스 Tiny YOLO	119
클래스(범주) 활성화 맵	295
클러스터링	8

ㅌ

테두리 탐지	42
테두리 필터	42
텍스트 분류	25

텍스트 예측	25
토큰화	18
특징 공학	10, 43

ㅍ - ㅎ

패딩	43
픽셀 분류하기	295
학습 알고리즘	28
헤이 시리	24
협업 필터링	6
확률적 결과 활용	320
훈련	5, 331
훈련과 추론의 차이	22
훈련 데이터	223
휴리스틱 포함	322